KB046098

라벨 뒤의 진실

조작된 약물의 은밀한 거래

라벨 뒤의 진실

BOTTLE OF LIES

캐서린 에반 지음

조은아 옮김

시공사

나의 인생에서 최초이자

최고의 작가이자 편집자였던

어머니 엘리너 폭스와

아버지 마이클 O. 핀켈슈타인을 위하여

일러두기

- 이 책은 Katherine Eban의 *Bottle of Lies*(ECCO, 2019)를 우리말로 옮긴 것입니다.
- 지은이 주는 미주로, 옮긴이 주는 '—옮긴이' 표시와 함께 괄호 병기로 본문에 처리했습니다.
- 원문의 이탤릭체는 고딕체로 처리했습니다.

제네릭 의약품은 보건 의료 시스템에 필수적이며,
그것의 품질은 우리 모두에게 중요하다.
그럼에도 나는 10년 전 조 그레이든이 제기한 질문
'제네릭 의약품에 무슨 문제가 있는 걸까'에 답하려고 노력했고,
세계에서 가장 훌륭한 공중보건의 혁신이
어떻게 가장 위대한 사기로 전락했는지에 대한
얽히고설킨 이야기를 찾아냈다

작가의 말

이 책은 풀리지 않는 퍼즐에서 시작되었다. 나는 2008년 봄, 공영 라디오 프로그램 〈피플스 파머시〉의 진행자 조 그레이든Joe Graedon에게 연락을 받았다. 10년 동안 의약품 산업에 대해 보도하면서 그의 라디오 프로그램에 게스트로 여러 번 참여했다. 그는 환자들이 전화나 편지를 통해 효과가 없거나 심각한 부작용을 일으키는 제네릭 의약품에 대해 불만을 쏟아내고 있다며 도움을 요청했다. 우울증부터 심장 질환까지 다양한 질환을 위해 제조한 의약품들은 모두 브랜드 의약품의 특허가 만료된 후 여러 제조업체에서 합법적으로 만들어진 저가의 제네릭 의약품이었다.

그레이든은 환자들의 불평 사항을 미국 식품의약국Food and Drug Administration, FDA의 고위 임원들에게 전달했지만, 제네릭 의약품은 브랜드 의약품과 동등하며 환자들의 반응은 주관적이라고 주장했다. 그는 그들의 반응이 과학적이라기보다 방어적이라고 느꼈다. 제네릭 의약품은 미 전역의 예산 균형을 맞추기 위한 필수품이 되었다. 제네릭 의약품 없이는 건강보험 개혁법Affordable Care Act, ACA, 메디케어 파트 DMedicare Part D, 재향군인 건강관리Veterans Health Administration, 아프리카와 개발도상국을 위한 자선 프로그램 등 대규모 정부 보건 프로그램의 비용을 감당할 수 없었다. 그레이든은 제네릭 의약품을 더 많이 생산하여 더 널리 사용해야 한다는 견해를 오랫동안 지지해왔다. 하지만 환자들의 불만 사항은 매우 설득력 있었고 서로 유사했다. 그는 제네릭 의약품이 무언가 대단히 잘못되었다고 느꼈지만 그것이 무엇인지 알 수 없었고, '강력한 수사력'을 가지고 환자들의 주장을 주의 깊게 살펴볼 수 있는 사람을 원했다.

수년 동안 나는 탐사 보도 전문 기자로서 제약 산업과 공중보건에 대해 보도했다. 오피오이드opioid(마약성 진통제—옮긴이) 제조업체들이 판매량을 늘리기 위해 중독의 위험을 은폐하려는 시도 등 브랜드 의약품 기업에 관한 이야기를 보도했다. 첫 번째 책인 《위험한 투여Dangerous Doses》에서 나는 희미한 회색시장에서 의약품 도매업자들이 의약품을 되팔아 출처를 불분명하게 만들고 위조범들에게 길을 열어준 과정을 폭로했다. 제네릭 의약품이 미국 의약품 공급량의 60퍼센트 이상(현재는 90퍼센트)을 차지하며 끝없이 오르는 브랜드 의약품의 가격에 반드시 필요한 균형추라는 것을 알고 있었다.

나는 그레이든과 환자들이 알려준 바로 그 지점에서 출발했다. 2009년 6월, 브랜드 의약품으로 안정을 찾았다가 특정 제네릭 의약품으로 바꾼 후 병이 재발한 사례들을 다룬 기사를 〈셀프Self〉에 게재했다. 의사들에게는 이런 반응을 설명할 데이터나 중요한 비교 연구가 없었다. FDA가 제네릭 기업의 데이터를 검토하고 제조 공장을 점검했지만, 제네릭 의약품을 체계적으로 시험하지는 않았다. 시카고의 정신과 의사이자 미국 정신의학회 회장인 나다 스톳랜드Nada Stotland 박사는 나에게 말했다. "FDA는 제네릭 의약품이 괜찮다며 만족하고 있이요. 내가 궁금한 건, 우리가 만족하냐는 거예요."

나는 기사를 쓰면서 한계를 느꼈다. 환자들의 피해를 증명하면서 제네릭 의약품이 무언가 잘못되었다는 것은 알 수 있었다. 하지만 무엇이 잘못된 걸까? 그리고 왜 그렇게 된 걸까? 이런 질문의 답은 대개 실험실과 제조 공장, 제약 회사 이사회실에 있었고, 그중 상당수는 해외에서 운영되었다. 제네릭 의약품의 약 40퍼센트는 인도에서 생산되고, 브랜드 의약품과 제네릭 의약품에 사용되는 유효 성분의 80퍼센트는 인도와 중국에서 생산된다. 한 의약품 성분 수입업자는 나에게 "외국산 제품 없이는 알약 하나도 만들지 못합니다"라고 말했다.

제네릭 의약품에 무슨 문제가 있는 걸까라는 한 가지 질문에 답하려는 노력은 결국 10년에 걸쳐 네 개 대륙에서 취재를 진행하는 대서사시로 이어졌고, 나는 세계화가 생존에 필수적인 제네릭 의약품에 어떻게 영향을 미쳤는지를 샅샅이 조사했다. 자신을 드러내기를 꺼리는 내부 고발자들을 인도에서 찾아내고, 제조 공장을 방문하고, 정부 관료를 취재했다. 중국에서 정보원들을 만나려고 시도하자 중국 정부는 나를 추적해서 휴대폰을 해킹하고, 내가 묵고 있던 호텔 로비에 앉아 영자 신문을 들고 있는 보안 관계자의 사진을 휴대폰 바탕화면으로 전송했다. 그것은 분명 너를 지켜보고 있다는 경고였다. 멕시코시티의 어느 바에서 만난 내부 고발자는 제네릭 기업의 제조 공장에서 가져온 내부 자료를 한 무더기 안겨주었다. 가나의 병원과 실험실에서는 의사들과 과학자들을 만났고, 아일랜드 코크에 있는 한 제조 공장에서는 미국에서 가장 유명한 의약품 중 하나인 리피토가 제조되는 것을 지켜보았다.

전 세계에 판매되는 특정 의약품들의 자취를 좇으며 단서를 이어보려고 노력했다. 환자들은 무엇에 대해 불만을 제기했는가? FDA 수사관들은 무엇을 찾았는가? 규제관들은 어떤 조치를 취했는가? 기업들은 어떤 주장을 했는가? CEO들은 어떤 결정을 내렸는가? 범죄 수사관들은 무엇을 찾아냈는가? 나는 기업의 내부 문건, 법 집행 기록, FDA 점검 기록, FDA 내부에서 오고 간 내용 수천 건을 사무실에 쌓아놓고 샅샅이 조사했다.

내 취재는 나를 국제 사기의 미로로 이끌었다. 2013년, 나는 인도에서 가장 큰 제네릭 의약품 기업의 사기 행각에 대한 1만자 분량의 기사를 〈포천〉의 미국 웹사이트에 실었다. 자체적으로 만든 의약품과 브랜드 의약품이 생물학적으로 동등하다는 허위 데이터를 제출하여 전 세계 규제기관들을 속인 과정을 자세히 설명했다. 하지만 그 기사는 아직 미해결된 질문을 남겼다. 그 기업은 단독범이었을까, 아니면 빙산의 일각이었을까? 그들의 행위는 단발성 스캔들이었을까, 아니면 업계 관행이었을까?

취재 과정에서 일부 중요한 정보원들이 그 질문에 대한 답을 찾도록 도와주었다. 한 제네릭 기업 임원은 '4 Dollar Refill'이라는 필명으로 나에게 연락했다. 그리고 제네릭 의약품 기업에게 요구되는 규정과 그들의 행동 방식에 차이가 있다고 설명했다. 기업들은 비용을 최소화하고 이윤을 극대화하기 위해 규정을 회피하고 사기에 의지했다. 시험을 조작하여 긍정적인 결과를 얻어내고 데이터를 은폐하거나 변경하여 그 흔적을 감추었다. 필요한 안전장치 없이 의약품을 저렴하게 생산하고 필요한 모든 규정을 준수했다고 주장하면서 규제가 엄격하고 비용도 많이 드는 서구 시장에 판매함으로써 막대한 수익을 거둘 수 있었다.

오랜 시간을 해외 공장에서 보낸 FDA 컨설턴트도 연락을 해왔는데, 기업의 행동을 유도하는 문화적 '데이터 포인트data point', 즉 상황에 따른 외력을 조사하는 전문가였다. 한 가지 요소는 경영진이 조성하는 분위기, 사무실이나 제조 공장 벽에 붙여놓은 경고문이나 슬로건, 직원들에게 제공하는 훈련 과정 같은 기업 문화였다. 안전 규정과 관련하여 작은 과실을 허용하는 기업 문화에서는 참사에 가까운 결함이 발생할 확률이 매우 크다. 한 의약품 제조업체 임원은 "비행기를 탔는데 식사용 테이블에 컵 자국이 남아 있으면, 엔진은 잘 관리하고 있는지 궁금해요"라고 말했다.

FDA 컨설턴트는 기업 문화가 지역 문화에도 영향을 받는다고 설명했다. 공동체가 계급을 중시하는가, 협력을 중시하는가? 반대 의견을 격려하는가, 권위에 대한 존중을 요구하는가? 이러한 요소들은 제조 품질에 영향을 주고 특정 제네릭 의약품과 브랜드 의약품 간의 불일치는 물론, 호환이 가능해야 하는 제네릭 의약품 간의 불일치로도 이어질 수 있다.

이 프로젝트를 시작하기 전에는 약은 약일 뿐이고, 전 세계 어느 시장에서 팔든 리피토와 제네릭 버전은 모두 같을 것이라고 생각했다. 그리고 제네릭 의약품이 체내에서 비슷한 효과를 발휘하려면 브랜드 의약품과 생물학적으로 동등해야 하기 때문에 제네릭 버전 사이에는 별반 차이가 없을 것이라고 생각했다. 하지만 내 생각은 틀렸다. 저렴하게 만든 의약품은 해외의 열악한 노동환경에서 빠르게 생산되는 값싼 옷이나 전자제품보다 나을 것이 없었다. FDA 컨설턴트는 의약품이 "매우 낮은 가격으로" 소비자에게 판매된다면서 "어쩌면 그것은 돈으로 가치를 매기기 어려운 원칙들을 희생한 결과일지 모른다"라고 말했다.

소비자들은 체다 치즈라고 해서 다 같은 치즈가 아니라는 것을 알고 있다. 장인 치즈artisanal cheddar, 카봇 치즈Cabot cheddar, 벨비타Velveeta, 아니면 치즈처럼 색칠한 플라스틱 블록도 있다. 환자들은 약국에 갈 때마다 무의식 중에 품질과 관련하여 이와 비슷한 상황에 놓인다. 하지만 이러한 차이가 존재한다는 것을 모르기 때문에 더 좋은 약을 구할 수가 없다. 환자들은 FDA가 의약품 품질을 보장해줄 것이라고 철석같이 믿는다. 그러다 보니 대부분의 환자들은 약을 살 때보다 통신사를 바꾸거나 새 차를 살 때 사전 점검을 더 많이 한다. 그들은 약국으로 걸어가면서 "자신의 입에 들어가는 것이 자신을 죽일 수 있다는 생각은 조금도 하지 않을 것이다". 한 내부 고발자의 변호사가 나에게 말했다.

우리는 멀리 떨어진 의약품 제조업체에 의존하기 때문에 그들의 제조 방식을 직접 보지 못한다. 내가 취재한 공장들은 FDA 수사관의 방문이 드물었고 이윤에 대한 압박이 심했다. 그렇다 보니 어두운 현실을 가리기 위해 보여주기 식으로만 규정을 따를 뿐이었다. "20세기로 접어들던 무렵 같다." 중국의 한 제조 공장에서 개구리 떼와 마주쳤던 독일의 제약업계 관계자가 말했다. 그리고 "《정글》과 같다"며 미국 도축 공장들의 섬뜩한 환경을 폭로했던 업튼 싱클레어의 저서를 언급했다.

잘 만든 제네릭 의약품이 유익하다는 것은 반박할 수 없는 사실이다. 제네릭 의약품이 완벽히 작용할 때(실제로 많은 의약품이 그렇다) 그 결과는 기적적일 수 있다. "인도를 비롯한 여러 국가가 아주 적은 비용으로 제네릭 의약품을 생산한 덕에 개발도상국의 수백만 명이 목숨을 구했다." 국경없는의사회의 필수 의약품 접근성 강화 캠페인Access to Essential Medicines Campaign의 미국 대표였던 에미 맥린Emi MacLean이 말했다. 고가의 브랜드 의약품에 대한 강력한 가격 규제 말고는 대안이 없었던 수백만 명의 미국인 역시 적정가격으로 의약품을 구입하고 치료를 받을 수 있게 되었다.

제네릭 의약품은 보건 의료 시스템에 필수적이며, 그것의 품질은 우리 모두에게 중요하다. 그럼에도 나는 10년 전 조 그레이든이 제기한 질문 '제네릭 의약품에 무슨 문제가 있는 걸까'에 답하려고 노력했고, 세계에서 가장 훌륭한 공중보건의 혁신이 어떻게 가장 위대한 사기로 전락했는지에 대한 얽히고설킨 이야기를 찾아냈다.

보도에 관하여

이 책에 등장하는 모든 장면, 그리고 그 안의 대화와 주장은 광범위한 인터뷰와 직접 취재한 내용, 자료를 바탕으로 한다. 나는 규제관, 의약품 조사관, 범죄 수사관, 외교관, 검사, 과학자, 변호사, 공중보건 전문가, 의사, 환자, 기업 임원, 컨설턴트, 내부 고발자 등 240명 이상을 여러 차례 인터뷰했다. 이 책을 위한 1차 취재는 2014년 1월부터 2018년 11월까지 인도, 중국, 가나, 영국, 아일랜드, 멕시코, 미국 전역에서 진행되었다. 또한 이 책은 제네릭 의약품에 관해 2008년에서 2013년까지 〈셀프〉와 〈포천〉에 게재한 일련의 기사를 보도하는 동안 수집한 자료를 포함한다.

대화가 포함된 모든 장면은 관계자들의 기억에 더하여 회의록, 자필 메모, 범죄 수사관들의 인터뷰 기록 등의 문서에서 인용한 내용을 재구성했다. 이메일과 그 외의 문서는 그대로 인용했고 철자 오류는 수정하지 않았다. 인물들의 이름도 바꾸지 않았다.

취재 과정에서 상당수의 기밀문서를 입수했다. 여기에는 이메일, 제안서, 회의록, 보고서, 데이터 등 FDA의 내부 문건 2만여 건, 란박시 수사와 관련된 정부의 내부 자료 수천 건, 이메일, 보고서, 전략 기획서, 서신, 비공개 법원 기록 등 일부 제네릭 기업들의 내부 자료 수천 건이 포함되어 있다.

나는 FDA에 정보공개를 16차례 요청했고, 한 FDA 임원을 상대로 소송을 제기하여 달력과 회의록을 받아냈다. 또한 열람 가능한 FDA 점검 기록 수년치를 읽었다.

개인 또는 기업이 질문이나 주장에 대해 답변한 내용은 이 책의 미주나 본문에서 찾아볼 수 있다. 미주는 독자들에게 공개된 출처와 자료를 안내하거나 특정 주제에 관해 더 자세한 내용을 제공하기 위한 것이다. 개인적인 이메일, 비공개 법원 기록, 기타 기밀문서와 같은 비공개 자료의 인용구는 포함하지 않는다.

이 책에 사용된 기금은 책에 기술한 사건들의 결과와 아무런 이해관계가 없는 공정한 출처에서 제공받았다. 여기에는 하퍼콜린스HarperCollins의 전도금과 카네기 재단Carnegie Corporation, 알프레드 P. 슬론 재단Alfred P. Sloan Foundation, 크레이그 뉴마크 언론 대학원Craig Newmark Graduate School of Journalism의 비즈니스 저널리즘을 위한 맥그로 센터McGraw Center for Business Journalism, 조지 포크 재단George Polk Foundation의 지원금이 포함된다.

인물은 책에 등장하는 순서에 따라 정리했다. 다수의 인물이 가졌던 직함에 따라 시기를 포함했다. 일부 FDA 부서의 이름은 정부 개편으로 인해 바뀌었다.

제약 회사

[란박시]

상무이사

아룬 소니Arun Sawhney, CEO & 상무이사, 2010~2015

어툴 솝티Atul Sobti, CEO & 상무이사, 2009~2010

말빈데르 싱Malvinder Singh, CEO & 상무이사, 2006~2009

시빈데르Shivinder, 말빈데르의 동생

브라이언 템페스트Brian Tempest, CEO & 상무이사, 2004~2005

다빈데르 싱 "D.S." 브라Davinder Singh "D.S." Brar, CEO & 상무이사, 1999~2004

파르빈데르 싱Parvinder Singh, 회장 & 상무이사, 1992~1998, 아버지 바이 모한과 공동 상무이사, 1976~1991

바이 모한 싱Bhai Mohan Singh, 회장 & 공동 상무이사, 1976~1991, 회장 & 상무이사, 1961~1975

연구 개발

라진데르 "라즈" 쿠마르Rajinder "Raj" Kumar, 팀장, 2004~2005

라쉬미 바르바이야Rashmi Barbhaiya, 팀장, 2002~2004

라지브 말릭Rajiv Malik, 제형 개발 및 인허가 총괄

아룬 쿠마르Arun Kumar, 인허가 부팀장

디네시 타쿠르Dinesh Thakur, 연구 정보 및 포트폴리오 관리, 팀장 및 해외 총괄

소날 타쿠르Sonal Thakur, 디네시 타쿠르의 아내

앤드루 베아토Andrew Beato, 스타인, 미첼, 뮤즈 앤드 시펄로니의 변호사

미국 사업부

제이 데시무크Jay Deshmukh, 국제 지적재산 부문 수석 부사장

아브하 판트Abha Pant, 인허가 부문 부사장

외부 변호사와 컨설턴트

케이트 비어즐리Kate Beardsley, 벅 앤드 비어즐리의 공동 대표

크리스토퍼 미드Christopher Mead, 런던 앤드 미드의 공동 대표

워런 하멜Warren Hamel, 베너블 LLP의 공동 대표

아그네스 바리스Agnes Varis, 컨설턴트

[시플라]

유수프 "유쿠" 콰자 하미드Yusuf "Yuku" Khwaja Hamied, 회장 & 상무이사

콰자 압둘 "K.A." 하미드Khwaja Abdul "K.A." Hamied, 창립자

[다이이찌산쿄]

츠토무 우네Tsutomu Une, 국제 전략 부문 총괄

[마일란 N.V.]

경영진

헤더 브레시Heather Bresch, CEO

라지브 말릭Rajiv Malik, 회장

데버라 오터Deborah Autor, 국제 전략적 품질 부문 총괄 부회장

인도 정부

[중앙의약품 표준 관리국]

갸넨드라 나스 "G.N." 싱Gyanendra Nath "G.N." Singh, 의약품청장

[보건복지부]

하쉬 바르단Harsh Vardhan, 장관

미국 정부

[의회]

데이비드 넬슨David Nelson, 미 하원 에너지 상업 위원회 선임 조사관

[식품의약국]

국장

스콧 고틀리프Scott Gottlieb, 국장, 2017~현재

마거릿 햄버그Margaret Hamburg, 국장, 2009~2015

수석 자문 위원실

마르시 노턴Marci Norton, 수석 자문

스티븐 타브Steven Tave, 집행부 부수석 자문

의약품 평가 연구 센터

재닛 우드콕Janet Woodcock, 소장

로버트 템플Robert Temple, 임상 과학 부소장

준법 감시부

데버라 오터Deborah Autor, 부장

톰 코스그로브Tom Cosgrove, 제조 품질팀 팀장

카멜로 로사Carmelo Rosa, 국제 의약품 품질팀 팀장

에드윈 리베라 마르티네스Edwin Rivera-Martinez, 국제 준법 감시팀 팀장

더글러스 캠벨Douglas Campbell, 준법 감시관

캐런 다카하시Karen Takahashi, 준법 감시관

약학부

· 제네릭 의약품과

게리 뷸러Gary Buehler, 팀장

국제 규제 운영 및 정책부

· 국제 프로그램부

[FDA 인도 지부]

알타프 랄Altaf Lal, 지부장

어툴 아그라왈Atul Agrawal, 소비자 안전 감독관

무랄리다라 "마이크" 가비니Muralidhara "Mike" Gavini, 선임 부지점장

피터 베이커Peter Baker, 부지점장

리자이나 브라운Regina Brown, 의약품을 위한 국제 프로그램 및 정책 분석관

· 인허가부

[의약품 전담과]

호세 에르난데스Jose Hernandez, 수사관

[범죄 수사과]

데비 로버트슨Debbie Robertson, 특별 수사관

[법무부]

소비자 소송과

린다 마크스Linda Marks, 선임 법률 고문

미 연방 지방검찰청, 메릴랜드 지부

스튜어트 버먼Stuart Berman, 검사보

의사 및 환자 권익보호 운동가

조 그레이든Joe Graedon, 국영 라디오 프로그램 〈피플스 파머시〉의 공동 진행자

윌리엄 F. 아다드William F. Haddad, 제네릭 의약품 지지자

해리 레버Harry Lever, 클리블랜드병원 HCM 소장

랜들 스탈링Randall Starling, 클리블랜드병원 심부전 및 심장이식의학과 과장

제조 공장

[프레지니우스 카비]

동인도 웨스트 벵갈 나디아 지구 칼랴니

[마일란]

미국 남동부 웨스트버지니아 모건타운

서인도 마하라시트라 나시크 지구 나시크

[화이자]

중국 북동부 라오닝성 랴오둥반도 다롄

남아일랜드 카운티코크 링카스키디

중국 동부 저장성 타이저우 저장 하이정(계열)

[란박시]

중앙 인도 마디야 프라데시 데와스 지구 데와스

북인도 펀자브 SAS 나가르 지구 모할리

미국 북동부 뉴저지 뉴브런즈윅 옴 래버러토리스

북인도 히마찰 프라데시 시어모르 지구 파온타 사히브

북인도 펀자브 나완샤할 지구 토안사

[워하트]

서인도 마하라시트라 아우랑가바드 지구 치칼타나

서인도 마하라시트라 아우랑가바드 지구 와루즈

속임수를 쓰고, 실패한 시험 결과를 파기하고,
원하는 결과를 얻을 때까지 시험을 반복하고,
기준 미달인 제품을 고의로 시장에 판매해도
괜찮다는 말은 법 어디에도 없지만,
제약 산업에서 가장 크고 가장 존경받는 기업이
이런 식으로 운영된다면,
중소기업들이 일을 제대로 할 것이라고
당신은 믿을 수 있겠는가

프롤로그

○

2013년 3월 18일
와루즈
인도, 아우랑가바드

FDA의 수사관 피터 베이커는 트럭 행렬로 정체된 고속도로와 소 떼가 어슬렁거리는 국도를 지나 뭄바이에서 동쪽으로 320킬로미터 떨어진 임무 배정지로 향했다. 철재 울타리 뒤로 인도의 제네릭 의약품 기업 웍하트가 운영하는 대규모 생명공학 단지가 펼쳐져 있었다. 베이커의 임무는 수십 채의 건물 가운데 특정 구역인 H-14/2 지구를 점검하여 미국의 암 환자들에게 사용할 무균 주사제를 안전하게 만들 수 있는지 확인하는 것이었다.

33세의 베이커는 별다른 준비 없이 현장에 도착했다. 배낭에는 카메라, 젤잉크 펜, 정부에서 지급한 녹색 수첩, FDA 신분증뿐이었다. 그는 분석화학 석사로 의약품 제조 과정에 적용하는《연방 규정》21권에 빠삭했다. 하지만 그보다 더 중요한 것은 본능이었다. FDA에서 4년 반 동안 81건의 점검을 완수하고 나니 무엇을 확인하고 어디를 살펴보아야 할지 금방 알 수 있었다.[1]

태양이 작열하는 오전 9시, 베이커와 미생물학자 동료가 출입구의 보안 요원에게 신분증을 보여주고 안내를 받아 공장 안으로 들어가자 초조하게 기다리던 제조 부문의 부사장과 임원들이 그들을 맞이했다. 점검표와 씨름하는 칙칙한 감사관들의 세계에서 베이커는 단연 돋보였다. 갈색빛이 도는 짧은 금발을 가진 미남으로 활력이 넘쳤고, 팔뚝에는 모터사이클 동호회의 커다란 이니셜이 자랑스럽게 새겨져 있었다. 임원들이 점검에 앞서 프레젠테이션을 시작하려는데, 베이커가 뚝뚝 끊어지는 말투로 질문 세례를 퍼부으며 방해했다. "H-14/2 지구 외에 미국 수출용 무균 의약품을 만드는 제조 현장이 더 있습니까?" 그가 거듭 물었고, 임원들은 없다고 장담했다.

과학과 수사의 영역이 합쳐진 베이커의 임무는 세계화의 힘에 의해 변화해왔다. 2001년부터 2008년까지 미국으로 수출되는 의약품 수가 2배로 증가했다. 2005년에는 FDA가 점검해야 하는 의약품 제조 공장이 국내보다 해외에 더 많아졌다.[2] 베이커는 10여 년간 발전한 국제무역의 영향으로 아우랑가바드의 산업 지구에 있는 웍하트에 파견되었다. 인도를 비롯한 여러 국가의 의약품 제조업체들은 세계에서 가장 크고 수익성 좋은 미국 제약 시장에 진입할 수 있게 되었다. 그 덕에 미국 대중은 목숨을 구할 의약품을 합리적인 가격으로 구입할 수 있었다. 하지만 이런 혜택에는 엄중한 책임이 뒤따랐다. 해외 의약품 제조업체들은 '현행 우수 제조 관리 기준current Good Manufacturing Practice, cGMP'으로 알려진 엄격한 미국 규정을 따르고 정기 점검을 받아야 했다. 모든 것이 계획대로 진행되었다면 해외 의약품 제조업체와 미국 소비자 모두에게 이득이었을 것이다.

많은 미국인이 웍하트라는 이름도 모르면서 그들의 의약품을 복용했다. 웍하트는 고혈압 치료에 사용하는 베타 차단제인 메토프롤롤 석시네이트metoprolol succinate를 비롯해 약 110가지의 의약품을 제조하여 미국 시장에 판매했고, 전체 환자의 4분의 1이 이 제네릭 버전을 복용했다.[3] 무균 주사제를 생산하는 아우랑가바드 공장은 더욱 엄격한 규정을 따라야 했다.

모든 세부 사항이 중요했고, 데이터 하나하나가 원본 형태로 보존되어야 했다. 약병이 노출되어 있는 무균실에 접근할 때는 더 제한적인 규정이 적용되었다. 직원들은 단방향 기류를 방해하지 않도록 느리고 신중하게 움직여야 했다. FDA 수사관들은 메모를 할 때에도 보푸라기가 나지 않는 무균 용지를 사용해야 했다. 이런 규정에는 그럴 만한 이유가 있었다. 공기를 적절히 거르지 못하거나 세균 샘플을 오독하거나 기술자가 손목을 노출하는 등의 작은 실수가 제품을 오염시켜 치료가 아닌 죽음을 초래할 수 있기 때문이다.

생명과 이윤이라는 중대한 이해관계가 걸려 있다 보니, 두려움이 점검 과정을 지배했다. 베이커는 자신이 놓친 무언가가 미국 환자들의 목숨을 위협할까 봐 두려워했고, 웍하트의 임원들은 그가 찾아낸 무언가가 미국 시장에 대한 접근을 제한할까 봐 두려워했다. 그들은 FDA의 점검에서 살아남기 위해 모든 상황을 최대한 유리하게 만들어야 했다. 웍하트에게는 이미 몇 가지 유리한 점이 있었다. 공장이 소도시와 맞먹을 만큼 거대했고, 베이커와 동료에게 주어진 시간은 단 1주일뿐이었다. 그중 휴일인 이틀마저 제외하면, 얼마나 찾을 수 있을까?

웍하트는 그보다 더 큰 이점도 가지고 있었다. 임원들은 베이커의 점검 일정을 몇 주 전부터 알고 있었다. 미국 수사관들은 사전 고지 없이 불쑥 들이닥쳐서 필요한 만큼 머물렀다. 하지만 해외 점검에서는 비자를 취득하고 공장에 대한 접근성을 보장하기 위해 점검 일정을 사전에 고지하는 방법을 택했다. 늘 그래왔듯 웍하트는 FDA를 점검에 '초대'했고,

FDA는 제안을 받아들였다. 임원들은 공장 주인으로서 공포의 대상인 베이커를 손님으로 맞이했다.

베이커가 도착하기 몇 주 전부터 임원들은 열성적으로 점검을 준비했다. 바닥에 광을 내고 설비를 청소하고 서류를 샅샅이 뒤져서 이례적인 부분들을 제거했다. 감독관들이 질문에 답하는 동안 직원들은 예의 바른 태도로 침묵을 지켜야 했다. 그들은 15개월 전 다른 점검팀이 왔을 때처럼 수사관들이 살펴볼 만한 것들은 모조리 뜯어고쳤다.

수사관들은 점검 과정에서 물탱크의 벌레, 파손된 바닥재, 효과적이지 않은 세척 절차 등 문제 소지가 있는 몇 가지 결함을 찾아냈다. 하지만 시정 조치를 지시하는 것이 아니라 권고했다. 그리고 FDA의 평가 등급 가운데 합격에 해당하는 '자발적 조치가 필요함Voluntary Action Indicated, VAI'을 매겼다. 웍하트의 운영 방식이 미국에 독점 판매하는 고수익 의약품에 대해 제한 조치를 받지 않고 점검에서 살아남았다는 의미였다.

이번에도 임원들이 점검을 준비했지만, 베이커는 신경 쓰지 않았다. 그는 다른 수사관들과 달리 미리 준비하거나 통제하기 어려운 사람이었다. 임원들이 시간을 벌기 위해 사용하는 전형적 수법인 사전 슬라이드 쇼나 안내도 거부했다. 그는 동에 번쩍 서에 번쩍하며 반복적으로 질문하면서 직원들에게 회피하려는 의도가 있는지를 살폈다. 임원들은 그의 방문이 심각한 위협을 초래할 것이며, 무사히 벗어나려면 과감한 조치가 필요하다고 빠르게 판단했다.

⊖ ⊘ ⦶ ⊘

점검 이튿날, 베이커와 동료는 민감한 시설과 멀리 떨어진 복도에 들어섰다. 경계를 늦출 수 있는 곳이었다. 베이커는 길고 환한 복도를 응시하다 맞은편 멀리서 이쪽을 향해 서둘러 걸어오는 남자를 발견했다.[4] 무언가 수상쩍은 모습이었다. 한 손에 종이와 갖가지 쓰레기가 가득 찬 투명 봉투를 들고 있어서 더욱 이상해 보였다. 그는 맞은편을 흘깃 쳐다보다 베이커를 알아보고 순식간에 얼어붙었다. 두 사람은 서로에게 시선을 고정했다.

그러자 그 직원이 갑자기 돌아서더니 오던 길을 되돌아갔다. 베이커가 빠른 걸음으로 뒤쫓자 그의 걸음도 빨라졌다. 두 사람은 형광등 불빛 아래에서 느린 추격전을 벌였다.

"멈춰!" 베이커의 미생물학자 동료가 소리치자 남자가 대놓고 뛰기 시작했다. 직원은 수사관들의 추격을 피해 달아나다 옆문을 벌컥 열고 복도를 빠져나갔고, 계단 아래에 있는 어둑한 창고의 쓰레기 더미 위에 쓰레기봉투를 던진 후 계단을 한달음에 올라가 콘크리트 미로 속으로 사라졌다.

그를 바짝 뒤쫓던 베이커가 쓰레기봉투를 회수했다. 그리고 그 안에서 인슐린 제품들의 제조 기록을 75개 정도 발견했다. 다급히 반으로 찢어놓은 상태였지만 조각들을 맞추어볼 수 있었고, 우려할 만한 상황이 드러났다. 다수의 약병이 치명적일 수 있는 검은색 입자로 오염되었고 외관 검사도 통과하지 못한 상태였다.[5]

우수 제조 관리 기준에 따르면 공장에서 산출된 모든 기록은 규제관들에게 공개되어야 했다. 하지만 이 문서들에는 '내부에서만 이용 가능'이라고 표시되어 있었다. 베이커는 이 기록들이 비밀에 부쳐진 이유가 있을 거라고 의심했다. 좋지 않은 시험 결과가 외부에 알려지면, 공장은 거액을 들여 내사를 시작해야 할 뿐만 아니라 생산한 배치를 전부 폐기해야 했다.

베이커는 자신의 권한에 따라 웍하트 임원들에게 컴퓨터를 보여달라고 요구했고, 3일 동안 기록을 샅샅이 뒤졌다. 그는 웍하트의 사기 행각을 하나하나 밝혀냈다. 그가 의심했던 것처럼 쓰레기봉투에 들어 있던 자료들은 공식 시스템에 기록되어 있지 않았다. 자료에 표시된 의약품들은 인도와 중동의 환자들에게 제공되었다. 베이커는 그 의약품들이 FDA가 모르거나 점검하지 못한 비밀 장소에서 제조되었다는 사실을 알아냈다. 그리고 웍하트가 동일한 비밀 장소에서 같은 결함이 있는 장비를 사용하여 부정맥 치료에 사용하는 아데노신adenosine 주사제를 비롯한 미국 수출용 의약품을 제조해왔다는 것을 알게 되었다.

웍하트에게는 재앙 같은 결과였다. 점검 두 달 후, FDA가 와루즈 공장에서 생산된 의약품의 미국 수입을 제한하면서 예상 손실액만 1억 달러가 발생했다.[6] 이튿날, 웍하트의 CEO는 긴급 전화 회의를 열어 불안해하는 투자자들에게 "적어도 한두 달 안에" 문제를 시정하겠다고 장담했다.[7]

그 공장은 얼핏 완벽하게 운영되는 것처럼 보였다. 신식 설비가 반짝거렸고 세심한 절차가 잘 지켜졌다. 하지만 찢어진 자료는 흠 잡을 데 없는 공장의 표면 아래 숨겨진 거짓의 미로로 베이커를 이끌었다. 모든 것이 겉보기와 완전히 달랐다. 자료들은 거짓이었고, 의약품은 비밀 장소에서 제조되었다. 그중 일부는 육안으로 확인할 수 있는 오염 물질로 오염되어 환자를 위험에 빠뜨릴 수도 있었다. 5일간의 살인적인 일정 속에서 이 모든 단서를 짜 맞춘 베이커는 궁금해졌다. 이렇게 많은 것이 거짓이었다면, 진짜는 무엇이었을까? 진짜가 있기는 했을까?

차례

2부 인도가 부상하다

3부 쫓고 쫓기는 일

4부 소송

5부 어둠 속의 탐정들

6부 | 분수령

7부 | 심판

1부

지각변동

BOTTLE
OF
LIES

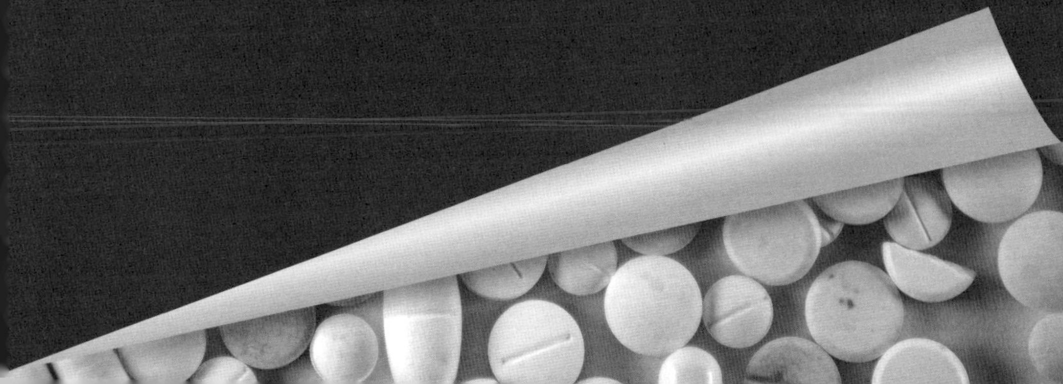

1장

더 먼 곳을 내다본 남자

○

2001년 늦은 가을
뉴저지, 호프웰

디네시 타쿠르는 세심한 사람이었다. 완벽하게 다림질한 카키색 바지, 흰색 버튼다운 셔츠, 짙은 스포츠 재킷을 입고 번쩍번쩍 광을 낸 로퍼를 신었다. 또한 다부진 체격에 보통의 키로 둥근 얼굴과 까맣고 빽빽한 머리카락, 서글픈 분위기를 자아내는 움푹한 두 눈을 가지고 있었다. 잎사귀들이 황금색과 진홍색을 띠기 시작하던 어느 쌀쌀한 오후, 33세의 정보과학자 타쿠르는 풀이 우거진 비탈을 가로질러 인공 호수로 걸어갔다. 브리스톨 마이어스 스퀴브Bristol Myers Squibb, BMS에서 가장 인기 있는 장소인 인공 호수는 점심시간에 엄격한 기업 문화에서 벗어나 머리를 식히려는 직원들이 들르는 곳이었다.

타쿠르가 그날 호수에 간 이유는 선배가 함께 산책하면서 어떤 기회에 대해 논의하자고 요청했기 때문이었다.

녹음이 우거진 웅장한 석조 주택들이 복잡하게 얽혀 있는 뒤로 깔끔하게 손질된 부지와 BMS 연구 개발 센터가 자리해 있었다.[1] 출입구 경계초소 안쪽에는 캄캄한 창문을 가진 낮은 콘크리트 건물이 산 중턱 여기저기에 흩어져 있었고, 주변에는 나무 몇 그루가 일정한 간격으로 심겨 있었다. 호숫가에 무성히 자란 풀은 너무 반듯하게 깎아놓아 흡사 줄무늬 카펫 같았다. 유사시 도움을 요청할 수 있는 응급 호출용 기둥도 30미터 간격으로 서 있었다. 차량들은 시속 24킬로미터를 유지했고, 호수의 거북이들을 위한 전용 횡단보도도 있었다.

질서 정연한 부지는 BMS에서 진행 중인 고된 연구를 반영했다. BMS의 과학자들은 고콜레스테롤혈증을 치료하는 프라바콜부터 혈전을 예방하는 플라빅스까지 세계어휘사전worldwide lexicon(불특정 다수가 전 세계 언어를 공동으로 번역하는 웹사이트—옮긴이)에 수록된 의약품을 개발했다. 그들은 수십 년 전 결핵 치료용 항생제를 개발하여 권위 있는 래스커상을 수상했다. BMS의 전신인 브리스톨 마이어스는 암 연구 분야를 개척했고 1989년에 스퀴브와 합병했다. 그리고 9년 후 백악관 행사에서 국립 기술혁신 메달을 수상했다.

타쿠르도 최첨단 기술을 이용하여 이러한 노력에 작은 힘을 보탰다. 그는 약물검사 업무의 효율성과 신뢰도를 높이기 위해 자동화 실험실의 조력자인 로봇을 만드는 부서를 운영했다. 타쿠르의 실험실은 혁신으로 들끓었다. 10여 명의 과학자가 그에게 수시로 상황을 보고했다. 도르래, 전동기, 벨, 레버가 사방에 널려 있었고 학부생들은 초롱초롱한 눈으로 각 팀을 순회하며 도움이 필요한 작업에 합류했다. 타쿠르는 장시간 근무를 자처했고 가끔 로봇을 지켜보기 위해 날을 새기도 했다. 그들은 실험실의 인적 오류를 없애기 위해 같은 업무를 완전무결하게 반복해야 했다.

하지만 대부분의 결과는 제조 규모 확대에 필요한 기준을 충족하지 못했다. 그럴 경우 타쿠르와 팀원들은 울며 겨자 먹기로 해당 실험을 폐기하고 처음부터 다시 시작해야 했다. 그들은 회사가 이런 실패를 과학 연구의 정상적인 과정으로 여길 거라고 믿었다. 타쿠르의 실험실에서만큼은 스퀴브의 예전 홍보 문구인 "모든 제품에 쓰이는 가장 귀한 재료는 제작자의 명예와 진실함이다"가 여전히 유효해 보였다.

그곳의 업무는 세부 사항까지 꼼꼼히 살피는 타쿠르의 성향과 잘 맞았다. 그는 동료와 상급자를 대할 때 "매우 논리적이고 윤리적이며 충실하다"는 평가를 받으며 꾸준히 승진했다. 그렇게 6년 동안 진급을 거듭하여 전도유망한 정보과학자이자 연구소 소장이라는 직함을 거머쥐었다.

약속 시간에 딱 맞추어 호수를 빙 둘러싼 산책길에 들어서자 상사인 라쉬미 바르바이야가 기다리고 있었다. 건장한 체격에 눈처럼 새하얀 머리카락과 다크서클이 인상적인 바르바이야는 21년 동안 BMS에서 의약품을 개발했다. 고위급 임원 특유의 압도적인 분위기와 부드러운 매너를 지니고 있었다. 이와 대조적으로 타쿠르는 내성적이고 다소 어설펐으며 잡담에도 영 재능이 없었다. 하지만 BMS에는 타쿠르의 로봇공학 연구를 이해하거나 논의하려는 사람이 극소수였기 때문에 이런 성향이 걸림돌로 작용하지 않았다.

두 사람 모두 인도 태생이었다. 2년 전, 타쿠르는 바르바이야가 이끄는 팀을 위해 컴퓨터 자동화 프로그램을 제작했다. 최근 바르바이야가 총괄 책임자로 소규모 제약 회사를 매입할 때 데이터를 이전하고 융합하는 일을 도왔다. 그날 바르바이야는 타쿠르에게 뜻밖의 기회를 제안하려 했다.

바르바이야는 타쿠르와 오솔길을 걸으며 제네릭 의약품을 제조하는 인도 최대 제약 회사 란박시 래버러토리스Ranbaxy Laboratories로부터 연구 개발 총괄 책임자 자리를 제안받아 BMS와 미국을 떠나기로 결정했다고 털어놓았다. 타쿠르는 깜짝 놀랐다. 바르바이야는 세계적인 제약 연구 기업 중 하나인 BMS의 고위직에 오르기 위해 일생을 바쳤다. BMS의 분자 개발자라는 명성 안에서 숨 쉬며 살아왔다. 신약을 개발할 때 타 제약 회사의 일방적 독주를 저지하는 능력도 탁월하여 전문성을 인정받았다.

그런 바르바이야는 이 모든 것을 뒤로하고 떠나려 했다. 미국의 브랜드 의약품 분야에서 인도의 제네릭 의약품 분야로 옮겨가려는 것이었다. 똑같은 제약 연구 분야이지만 정체성에 엄청난 변화가 일어나는 것이었다. 전 세계의 BMS가 신약을 개발하면 전 세계의 란박시는 그것을 복제했다. BMS는 획기적인 과학기술을 선보이고, 란박시는 모방 기술을 선보였다. 하지만 바르바이야의 설명을 들을수록 타쿠르의 의구심은 줄어들었다.

란박시는 인도에서 전설적인 존재였고, 란박시를 설립한 싱 가문은 법인 형태의 왕족처럼 여겨졌다. 또한 인도에서 가장 오래되고 가장 크게 성공한 다국적 기업 가운데 하나로 인도 기업의 역량에 대한 인식을 재창조했다. 미국 시장에 진출한 지 불과 3년 만에 1억 달러의 매출을 올렸고, 2001년에는 총 매출액 10억 달러 달성을 앞두고 있었다.[2] 그리고 이미 열 가지 이상의 의약품 허가 신청서를 제출하여 FDA 승인을 받아놓은 상태였다.[3] 란박시는 미국을 비롯하여 전 세계에 사무실과 제조 공장을 가지고 있으면서도 본사는 인도에 두었다. 그들은 미래를 위한 혁신적인 연구에 거액을 투자하기로 결정했고, 새로운 분자 개발을 목표로 삼았다. 바르바이야는 란박시의 연구 역량을 거의 밑바닥부터 쌓아 올릴 적임자였다. "같이 가지 않겠나?" 그가 제안했다. "부모님과 가까이 살

수 있고 조국을 위해서도 무언가를 할 수 있을 거야."

얼핏 듣기에는 말도 안 되는 제안이었다. 타쿠르는 BMS의 지원으로 컴퓨터공학 박사과정을 밟고 있었다. 게다가 수년 동안 사내 교육을 통해 최고의 제조 공정과 실험실 업무를 배웠다. 하지만 타쿠르 역시 바르바이야처럼 지각변동을 감지했다. 제네릭 의약품 산업이 전 세계적으로 급속히 발전하고 있었다. 브랜드 의약품을 합법적으로 복제하여 생산하는 제네릭 의약품이 미국 내 의약품 공급량의 절반을 차지했고, 그 수치는 꾸준히 증가하는 추세였다.[4] 리피토부터 플라빅스까지 가장 많이 팔리는 수십 가지 의약품의 특허가 10년 내에 만료되면, 제네릭 기업들은 FDA의 승인을 받은 제네릭 의약품을 제조하여 판매할 것이었다. 제네릭 의약품에 대한 수요가 증가하면 그들의 업무도 머지않아 전부 달라질 수밖에 없었다. 이러한 변화를 주도하는 것 중 하나가 제약 산업의 글로벌 플레이어로 빠르게 성장하고 있던 인도였다.

타쿠르는 바르바이야가 제안한 기회의 장단점을 심사숙고하며 많은 생각을 했다. 브랜드 의약품계의 목표는 최대한 높은 가격으로 최상의 의약품을 만드는 것이었다. 당시는 많은 제약 회사가 이름만 들어도 알 만한 의약품을 성공시키며 수십억 달러를 벌어들이던 브랜드 의약품 산업의 전성기였다. BMS의 여유로운 경제 상황이 이러한 시대상을 반영했다. 이를테면 회사에서 개최하는 크리스마스 파티에 캐비아와 샴페인이 등장했다. 이따금 프린스턴, 뉴저지, 월링포드, 코네티컷에 있는 거점을 오가는 임원들의 전용 헬기를 얻어 탈 때면 타쿠르는 고액 연봉자들의 손쉬운 출퇴근에 감탄을 금치 못했다.

반면 제네릭 의약품계는 적정 가격으로 누구나 이용할 수 있는 최상의 치료제를 만들고자 했으므로 문화 차이가 클 수밖에 없었다. 게다가 타쿠르는 수십 년간 최선을 다해 구축해놓은 미국에서의 삶을 떠나야 했다.

⊖ ⦸ ⦶ ⊘

타쿠르는 영화에서 미국을 처음 접했다. 하이데라바드에 있는 대학에서 공학을 전공하면서 〈시민 케인〉이나 〈바람과 함께 사라지다〉 같은 고전 영화를 보러 다녔다.

타쿠르는 대학에 다니며 취득한 GRE 점수로 미국 대학원에 지원했고 뉴햄프셔대학교 대학원 장학생으로 뽑혀 소수의 외국인 학생과 함께 기숙사 생활을 시작했다. 그전에는 외국에 나가본 적도, 눈을 본 적도 없었다. 그는 새로운 집에서 화이트 마운틴의 아름다움, 교회와 광장이 있고 오래된 뉴잉글랜드 마을의 고요함에 감탄했다. 틈만 나면 차를 몰고 아카디아 국립공원에 가서 바위투성이 해안가를 따라 자전거를 탔다. 나머지 시간에는 공부에 매진하여 철문을 받쳐두어도 될 만큼 묵직한 석사 논문을 썼고, 나중에 〈용해 가능한 고정화 카탈라아제: 운동역학과 불활성화에 대한 압력과 억제의 효과Soluble and Immobilized Catalase: Effect of Pressure and Inhibition on Kinetics and Deactivation〉라는 제목으로 한 저널에 게재했다.[5]

타쿠르는 대학원을 졸업하자마자 작은 바이오테크놀로지 회사에 취업하여 실험실 자동화를 도왔다. 한번은 자신이 만든 로봇과 함께 회사 연차보고서에 실리기도 했지만, 타쿠르에 대해 비협조적이던 상사로부터 업무에 필요한 재능이 없다는 말을 듣고 BMS로 이직했다. 그리고 BMS에서 같은 업무를 성공적으로 이어나갔다.

타쿠르가 출세 가도를 달리는 동안에도 어머니는 아들의 혼사 걱정뿐이었다. 그의 부모님은 친척의 소개로 소날 칼추리Sonal Kalchuri라는 여성과 그녀의 부모님을 만났다. 검은색 긴 머리카락과 아몬드 같은 눈을 가진 소날은 고등교육을 받은 장난꾸러기 아가씨였다. 타쿠르는 뭄바이로 가는 길에 그녀를 만났고, 그 후 두 사람은 8개월 동안 전화와 편지를 주고받았다.

하지만 두 사람은 거의 모든 면에서 정반대였다. 타쿠르는 강박에 가까울 정도로 조직적이었고, 소날은 느긋했다. 그는 소날의 말처럼 "편히 쉬는 법이 없는" 일벌레였고, 그녀는 붙임성 좋고 파티를 좋아하는 여성이었다. 하지만 두 사람 모두 과학에 관심이 있었고, 소날은 공학 학사 학위를 받은 공학도였다. 또한 둘 다 노래 부르기를 좋아했다. 어린 타쿠르의 집은 늘 음악으로 가득했다. 그의 부모님은 북인도 전통음악인 힌두스탄 노래를 즐겨 불렀다. 타쿠르는 수년에 걸쳐 멋진 목소리와 특유의 우아한 즉석 연주에 대해 애정을 키웠다. 그들은 힌두스탄 전통 밴드에서 함께 공연하기로 했다.

두 사람은 1995년에 결혼했고, 꽃 장식을 두른 채로 며칠에 걸쳐 전통 혼례를 치렀다. 타쿠르는 전통 터번을 썼고, 소날은 손에 복잡한 헤나 문양을 그렸고 금 세공품을 휘감았다. 소날은 결혼식을 즐겼지만 타쿠르는 하객들과 어울리는 것을 무척 힘들어했다. 그 후 부부는 시러큐스에 신접살림을 차렸다. 타쿠르는 일터로 복귀했지만 소날은 고통스러운 변화를 겪어야 했다. 23년 만에 처음으로 가족과 떨어져 타국의 낯선 집에 홀로 남겨졌다.

그런 와중에도 소날은 시러큐스대학교 대학원의 컴퓨터공학 과정에 입학하여 석사 학위를 받았다. 그리고 캐리어의 소프트웨어 엔지니어라는 근사한 일자리를 얻었다. 타쿠르 역시 BMS에서 꾸준히 승진하여 1999년에는 부소장 자리에 올랐다. 시러큐스 지사에서 근무하던 타쿠르는 진급과 함께 프린스턴 지사로부터 불과 몇 킬로미터 떨어진 뉴저지 호프웰의 연구소로 발령을 받았다. 부부는 넓은 집을 얻었는데, 특히 층고가 높은 거실이 소날의 마음을 사로잡았다. 두 사람은 가정을 꾸릴 준비를 했다.

9·11 테러 발생 후 1주일 만에 아들 이샨Ishan이 태어났다. 프린스턴 지역은 엄청난 충격에 빠졌다. 평소 프린스턴 정크션 역 주차장은 한 시간 거리에 있는 맨해튼으로 출퇴근하는 직장인들의 차량으로 가득 찼다가 밤이 되면 비워졌다. 하지만 9·11 테러가 일어난 후에는 일부 차량이 주차장에 남아 일터에서 돌아오지 않는 주인을 기다렸다.

이샨은 비극의 한복판에서 태어났음에도 불구하고 타쿠르의 삶에 순수한 기쁨을 가져다주었다. 소날의 어머니가 미국으로 건너와 8개월 동안 부부의 집에 머물렀다. 타쿠르의 부모님도 아들을 미국 대학원으로 떠나보내고 11년 만에 처음으로 아들의 집을 방문했다. 이렇게 정신없는 시기에 바르바이야가 인도로 돌아가자고 제안한 것이다.

⊖ ⊘ ⓘ ⊘

타쿠르는 이 일을 소날에게 알리지 않은 채 이직에 대해 숙고하면서 BMS에서 맡은 업무를 해나갔다. 그러는 동안 세 식구는 좋은 학교가 있고 소날의 직장도 가까운 뉴저지 벨 미드로 이사했다. 그는 BMS의 지원하에 컴퓨터공학 석사과정을 이어갔고, 최고의 제조 공정과 실험실 업무에 대한 교육도 지속적으로 제공받았다. 인도의 제네릭 기업으로 옮겨가기 위해 이 모든 혜택을 등지는 것은 커다란 퇴보처럼 느껴졌다.

하지만 이미 한계치까지 올라가 단기적으로 그 이상의 승진 기회를 잡기 어렵다고 판단한 타쿠르는 직장 생활이 영 편치 않았다. 그는 2002년에 여름휴가차 인도에 갔다가 구르가온의 란박시 연구 개발 센터를 찾았다. 거기서 란박시의 활기와 잠재력에 깊은 인상을 받았다. 그곳에서는 훨씬 더 많은 자유와 권한을 보장받을 수 있었다. 아주 흡족할 만한 제안이었다. 소날도 뜻밖의 관심을 보였다. 그녀는 가족을 그리워했고 고향으로 돌아가고 싶어 했다. 그리하여 두 사람은 한번 도전해보기로 결정했다.

타쿠르는 몇몇 팀원을 설득하기 시작했다. 동료이자 소프트웨어 엔지니어인 벤캣 스와미나탄Venkat Swaminathan은 흥미로운 기회라고 생각했다. 란박시가 정말 신약을 개발한다면 BMS의 제한적인 관료 체제를 벗어날 반가운 변화가 될 수 있었다. 디네시 카스투릴Dinesh Kasthuril 역시 큰 관심을 보였다. 그 또한 자신의 일을 사랑하고 BMS의 지원으로 와튼 경영 대학원을 다니고 있었지만, 란박시가 신약을 개발하려 한다는 이야기에 마음이 흔들렸다. 세 사람 모두 인도에서 태어났지만 인도에서 일해본 적은 없었다. 그들은 조국이 세계 무대로 부상하는 데 기여할 수 있기를 바랐다. "많은 부분이 마음에서 우러나온 결정이었어요." 카스투릴은 회상했다.

세 사람의 생각이 비슷하다는 사실은 소날에게 더 강한 확신을 심어주었다. 자신의 풋풋한 가정이 친목과 지지를 얻을 수 있을 것이라고 생각했다. 세 동료는 한 인도 기업을 연구에 전념하는 21세기 화이자로 만들 중대한 모험을 떠나는 것이라고 여겼다. 카스투릴의 상사는 이직을 만류했지만 타쿠르가 뭇사람보다 "더 먼 곳을 볼 수 있다"는 것은 인정해야 했다.

인도로 떠나기 세 달 전, 타쿠르는 오랜 기다림 끝에 미국 시민권을 얻었고, 그 사실을 이력서 맨 위에 자랑스럽게 적었다. 하지만 그때는 이미 동료들과 진로를 결정한 후였다.

2장

골드러시

○

2002년 8월 17일
인도, 뉴델리

타쿠르가 란박시에 도착하기 1년 전 어느 습한 날, 한 기업 임원이 인디라 간디 국제공항에서 뉴저지 뉴어크행 항공편에 올랐다. 거의 16시간이 걸리는 항공편을 타기 위해 그가 "미친 듯이 서둘러" 사무실을 떠났다고 한 직원이 회상했다.

그는 극비 임무를 수행하고 있었고, 짐 안에는 서류로 가득 채워진 약 8센티미터 두께의 바인더 다섯 권이 들어 있었다. FDA에 제출할 약식 신약 허가 신청서Abbreviated New Drug Application, ANDA의 핵심 서류였다.[1] 이 신청서는 업계 용어로 '재킷jacket'이라고 불렸다.

하지만 그것은 평범한 재킷이 아니었다. 그가 운반하고 있었던 것은 전 세계에서 가장 많이 팔린 리피토의 첫 제네릭 버전을 제조하기 위한 신청서에 쓰일 자료였다. 미국 시장에 출시되면 제네릭 의약품계 역사상 가장 많은 수익을 올릴 수 있었다. 화이자의 자랑인 콜레스테롤 치료제 리피토는 월 스트리트 애널리스트들 사이에서 '스타틴계(콜레스테롤 생성을 억제하는 의약품 계열—옮긴이)의 술탄'으로 불렸다. 아토르바스타틴 칼슘이라는 분자 자체가 노벨상을 수상한 과학적 결과물에서 유래한 것이었다. 여기에 화이자의 마케팅이 더해져 세계 최초로 연간 100억 달러의 매출액을 달성했다.[2]

만약 이 소식이 알려졌다면 환자 대변인과 국회의원, 리피토에 의존하여 콜레스테롤 수치를 조절해온 1,100만 명의 환자 등 수많은 미국인이 반겼을 것이다. 미국인 모두가 동일한 약효를 가진 저가 의약품을 원했을 것이다. 주 정부와 연방 정부의 예산은 천문학적인 약값을 감당하지 못해 무너지고 있었다. 의료보험 비가입자들은 경쟁사에 비해 저렴한 브랜드 의약품 리피토에 의존하며 연간 800달러를 지불했다. 의료보험 가입자들도 고용인 단독 부담을 기대하기는 어려웠다.

이론상으로만 보면 바인더 안의 서류가 이 문제를 해결해줄 수 있었다. 그것은 란박시 버전이 화이자 버전과 거의 같은 수준으로 혈류에 흡수되며, 아토르바스타틴 칼슘이라는 동일한 유효 성분을 사용했음을 보여주는 자료였다. 신청서 내용이 전부 사실이라면 란박시 버전은 미국 환자들에게 뜻밖의 선물이 될 수 있었다.

동틀 무렵, 뉴어크 국제공항에서 대기하고 있던 차량이 그를 태우고 뉴저지 프린스턴의 칼리지 로드 이스트 600에 있는 란박시의 미국 본사로 빠르게 이동했다. 란박시의 열성적인 지지자이자 유일한 여성 임원인 아브하 판트가 이끄는 인허가팀이 곧장 바인더 다섯 권에 들어 있는 핵심 서류와 기타 필요한 문서를 취합하기 시작했다.

그날 밤 최종 제출 서류가 준비되있다.[3] 총 17권으로 7,500쪽에 달했고, 북인도 히마찰프라데시주에 있는 파온타 사히브 공장에서 제조하여 포장할 네 가지 용량에 대해 다루었다. 신청서는 속달로 부쳐져 이튿날 FDA의 메릴랜드 록빌 지사에 도착했고 '수령함: 2002년 8월 19일'이라는 확인 도장을 받았다.[4]

하지만 판트와 동료들은 가장 중요한 선출원 여부를 알 수 없었기에 만족하지 않았다. 가장 먼저 신청서를 제출하고 승인을 받으면 다른 기업들이 끼어들기 전에 6개월 동안 제네릭 의약품을 독점 판매할 수 있었다. 제네릭 의약품 기업인 테바Teva가 벌써 신청서를 제출했다는 루머가 돌았고 산도스, 마일란, 바 같은 기업들이 임상 시험을 진행해왔다는 소문도 들렸다. 불길한 적막 속에서 며칠이 지나고 몇 주가 지났다.

2015년까지 미국 시장에서 매출액 10억 달러를 달성하려는 계획의 초석이었던 란박시의 신청서는 FDA 내에서 ANDA 76-477로 불렸다.[5] 란박시 임원들은 결과 발표만을 기다렸다.

⊖ ⦸ ⓘ ⊘

화이자의 변리사 제프리 마이어스Jeffrey Myers는 맨해튼 미드타운 이스트 42번가에 있는 본사 사무실에서 한 제네릭 의약품 기업이 제네릭 리피토를 제조하기 위한 신청서를 제출했다는 사실을 통보받았다. '4항 확인서paragraph IV certification'로 알려진 리피토 특허권에 대한 전면 도전이었다. 마이어스는 자세를 바르게 고쳐 앉았다. 당시 리피토는 5년째 미국 시장에서 판매되고 있었고, 2011년이 되어야 특허권이 만료될 예정이었다.

마이어스는 특허 무효 신청에 대해 자주 들었지만 이 사례에 유독 신경이 쓰였다. "사전에 어떤 조짐도 없었어요." 그는 회상했다.

물론 이런 날이 올 줄은 알고 있었다. 다만 마일란이나 산도스처럼 탄탄한 제네릭 기업이 도전해올 거라고 기대했다. 그는 이런 기업의 업무 파트너와 자주 점심을 먹었다. 생뚱맞은 인도 기업의 도전은 처음이었다. 그들의 움직임은 마치 원양 정기선 측면을 기어오르는 해적 같았다.

마이어스는 작은 글자들을 면밀히 검토했고 문제점을 발견했다. 일단 의약품 제형이 달랐다. 리피토는 정제로 판매되었지만, 란박시의 화학자들은 마치 리피토를 한 번도 보지 못한 사람들처럼 캡슐제로 제출했다. 또한 그들은 결정질 대신 비정질이라는 분자 형태를 제안했는데, 화이자의 과학자들이 수년간 비정질 버전을 만들려고 노력했지만 극심한 불안정성으로 실패했기 때문에 거짓이라는 것을 금세 알아차릴 수 있었다.

리피토는 그렇게 쉽게 복제할 수 없었다. 복제하기 위해서는 제네릭 버전을 개발할 과학자팀과 이를 시장에 출시할 업계 최고의 마케팅팀, 복잡한 제작 과정과 그 문제점을 이해하는 제조팀이 필요했다. 1998년 이후, 전 세계로 공급되는 리피토의 유효 성분은 전부 아일랜드 코크 카운티에 있는 화이자의 대규모 제조 공장 세 곳에서 만들어졌다. 화이자는 유효 성분의 생산량이 50톤까지 꾸준히 증가할 것으로 예상했고, 리피토 출시 후 5년 만에 그 숫자는 네 배 증가하여 200톤이 되었다.

80만 제곱미터 부지에 위치하며 24시간 가동되는 린가스키디 제조 공장은 0에 가까운 결함 발생률을 목표로 하는 '품질 문화'를 지향했다. 직원들은 공장 벽에 붙어 있는 경고성 표어인 화이자 품질 지키기를 주기적으로 훈련했다.

린가스키디는 잿빛 풍경만큼 변덕스러운 리피토를 가지고 불패의 제조 시스템을 개발했다.[6] "굉장히 까탈스러운 약이지만 제조법을 알아내는 데 성공했습니다." 화이자의 생물약제 제조 사업부 부사장 폴 더피Paul

Duffy 박사가 말했다. "무언가를 20년간 다루다 보니 마치 자식 같아서 기분까지 알 수 있어요."

코넬대학교에서 화학 박사 학위를 받은 변호사 마이어스는 란박시의 화학자들이 리피도를 만들기는커녕 이해하지도 못할까 봐 지레 겁먹었을 것이라고 짐작했다. 그래서인지 전투를 목전에 두고 어렴풋한 흥분마저 느꼈다.[7] "제 삶의 목표는 그런 놈들을 없애는 겁니다." 그는 제네릭 의약품계의 경쟁자들에 대해 말했다. "그들을 막는 게 제 임무예요."

각자의 입장에 따라 란박시에 대한 시각이 달랐다. 맨해튼 미드타운에 있는 화이자 본사의 마이어스는 "란박시를 상대하려면 피라미들과 헤엄칠 수밖에 없다"고 생각했다. 하지만 그 시장은 여러모로 빠르게 부상하고 있었다. 브랜드 의약품 산업의 승리주의는 민간과 정계의 지원을 받으며 급성장하던 제네릭 의약품 산업에 의해 바닥부터 침식되고 있었다. 리피토를 제조하려는 란박시의 시도가 알려지자 〈CNN 비즈니스〉의 한 기자는 "화이자의 매출 규모가 왜소한 도전자에 비해 약 50배 크다는 점에서 전형적인 다윗 대 골리앗의 시나리오"라고 평가했다.[8]

⊖ ⦸ ⦶ ⊘

1984년 이전까지만 해도 란박시는 화이자의 경쟁 상대가 될 수 없었다. 제네릭 의약품이 미국의 승인을 받을 수 있는 확실한 경로가 없었기 때문이다. 브랜드 의약품 기업이 안전성과 효과를 증명했더라도 특허가 만료되면 제네릭 의약품 기업들은 FDA 규정에 따라 거액을 들여 광범위한 임상 시험을 반복해야 했다.

당시 약자의 역할을 자처하며 정치사회적 문제를 제기하던 기자 윌리엄 F. 아다드William F. Haddad가 이러한 관례를 바꾸기 시작했다. 한 동료에 따르면 아다드는 '땀 대신 세간의 관심을 생성하는 여분의 분비선'을 가지고 있었고, 언론 매체에 정통한 제네릭 의약품 변호사가 되었다.[9] 그는 초창기에 소비자를 보호하기 위해 제약 산업에 맞서 싸웠던 상원 반독점 분과 위원회Senate Antitrust and Monopoly Subcommittee 회장인 에스테스 케파우버Estes Kefauver 상원 의원의 보좌관으로 일했다. 케파우버는 화이자가 라틴아메리카에서 항생제 테트라사이클린의 가격을 통제하기 위해 카르텔을 주도하고 있다고 의심했고, 그 사실을 아다드에게 알렸다. 1963년에 케파우버가 사망한 후, 아다드는 가격 담합 카르텔에 관한 일련의 기사를 〈뉴욕 헤럴드 트리뷴〉에 게재하여 세간의 이목을 끌었다.

아다드는 언론계를 떠나 보이지 않는 곳에서 제네릭 제약 산업 협회를 이끌었다. 그는 FDA의 제네릭 의약품 승인 절차를 확립하기 위해 소규모의 핵심 지지 집단과 의회에 로비를 하기 시작했다. 그는 브랜드 의약품 기업들이 "모든 정치적 접근 수단을 통제했다"고 회상했다. 그래서 아다드와 지지 집단은 의회 복도를 오가며 관심을 가져줄 만한 몇몇 의원에게 자신들의 주장을 전달했다.

전환점이 찾아온 때는 보수적인 유타의 공화당원 오린 해치Orrin Hatch 상원 의원을 만난 1980년대 초반이었다. 아다드는 해치 의원이 거대 제약 업계와 내통하고 있을 거라고 짐작했다. 하지만 예상과 달리 그는 아다드의 이야기에 상당한 관심과 흥미를 보였다. 아다드는 두 시간에 걸쳐 특허가 150건 이상 만료되었지만 FDA 승인을 받을 길이 없어 브랜드 의약품들과 경쟁할 수 없고, 그 결과 미국인들이 너무 많은 약값을 지불해야 한다고 설명했다. 아다드는 "해치 의원이 마치 지방 검사처럼 심문했다"고 회상했다.

며칠 후 해치는 아다드에게 전화를 걸었고, "당신 말이 맞는 것 같다"고 말하며 그를 깜짝 놀라게 했다. 해치는 캘리포니아 하원 의원이자 민주당원인 헨리 왁스먼Henry Waxman과 손을 잡았다. 두 사람은 거대 제약 업계의 CEO들을 압박하여 합의를 이끌어내고, 과학적인 FDA 승인 절차를 확립할 법안의 초안을 작성했다. 이것이 바로 ANDA다. 이 법안 덕분에 제네릭 의약품 기업들은 값비싼 장기 임상 시험을 통해 의약품의 안정성과 효과를 증명하는 과정을 반복하지 않아도 되었다. 대신 몇 가지 제한적인 시험을 통해 제네릭 의약품이 브랜드 의약품과 생물학적으로 동등하고 체내에서 비슷하게 작용한다는 사실을 증명하면 FDA 승인을 받을 수 있었다.

하지만 커다란 장애물이 하나 더 있었다. 법안 심의 기간에 제네릭 의약품 기업의 임원이 아다드를 한쪽 구석으로 잡아당기더니 "이봐요, 소송을 해서 이긴다고 합시다. 그렇게 해서 내가 얻는 게 뭡니까?"라고 물었다. 제네릭 버전을 개발하는 데 드는 선불 비용, 특허권을 지키려는 브랜드 의약품 기업과 법정에서 다툴 가능성, 두 가지 모두를 감당할 만큼 강력한 인센티브는 무엇이었을까?

그 해답인 '선출원first-to-file' 인센티브는 제네릭 의약품 산업을 송두리째 바꾸어놓았다. 제네릭 의약품 허가 신청서를 FDA에 가장 먼저 제출한 기업은 경쟁자들이 뛰어들어 가격을 급락시키기 전에 6개월간 제네릭 의약품을 브랜드 의약품에 준하는 가격으로 독점 판매할 수 있는 엄청난 보상을 얻었다. 선출원 여부가 큰돈을 버느냐와 푼돈을 버느냐를 판가름했다.

해치 왁스먼Hatch-Waxman법으로 알려진 의약품의 가격 경쟁 및 특허 존속기간의 회복에 관한 법Drug Price Competition and Patent Term Restoration Act이 1984년

에 미국 하원에서 362명 전원의 동의를 얻어 만장일치로 통과되었다. 이 법안은 제네릭 의약품 제조사들에게 거대한 승리를 안겨주었을 뿐 아니라 브랜드 의약품 기업들의 특허 기간을 몇 년 더 연장해주었다. 로널드 레이건 대통령은 그해 9월에 열린 백악관 장미 정원 행사에서 이 법안에 서명했다. 그는 저가 의약품의 유익함을 홍보하며 청중에게 "어르신들에게는 우리 사회의 다른 어떤 부문보다 더 많은 약이 필요합니다. 이 부분에 대해서는 저도 말할 자격이 있다고 봅니다"라고 웃으며 말했다.[10]

아다드는 해치 왁스먼 법안이 "제네릭 산업의 진정한 출발점이었어요"라고 말했다. "제네릭 산업의 발판을 마련하고 기초를 닦았으며 기업을 성장시키고 가격을 극적으로 낮추었습니다."

제네릭 의약품 기업들이 막대한 수익을 올릴 수 있다는 점도 처음부터 명확했다. 전 정부 관료는 법안이 발효되던 날 기업들이 "ANDA로 가득 찬 견인 트레일러"를 FDA에 보냈다고 회상했다. "프로그램을 시작한 지 한 달 만에 1,000건의 신청서가 접수되었습니다." FDA에서 초창기에 제네릭 의약품을 담당했던 마빈 사이페Marvin Seife 박사의 주장처럼 선출원의 잠재적 대성공과 결부된 신청서 접수량은 제네릭 의약품 공장이 "원재료를 배합 통에 넣고 꼭지를 틀면 금이 쏟아져 나오는 곳"이었음을 분명히 보여주었다.[11]

⊖ ⦸ ⦶ ⊘

선출원 인센티브는 제네릭 의약품 기업의 광란에 불을 지폈다. "그보다 더 중요한 것은 없었습니다." 란박시의 수석 부사장으로 국제 지적재산권을 담당했던 제이 데시무크가 말했다. 신청서가 메릴랜드 록빌에 있는

FDA 제네릭 의약품 본부에 도착하는 날짜뿐만 아니라 순서도 논쟁거리였다. "분 단위로 갈리는 문제였어요." 데시무크가 말했다.

경쟁이 심화되면서 기다림도 치열해졌다. 특히 만료일을 앞둔 기간에는 각 기업 임원들이 출입문 맨 앞에 서기 위해 FDA 주차장에 차량을 세워두고 잠을 청하는 모습을 심심치 않게 볼 수 있었다. 임원들이 한 번에 몇 주씩 야영을 하는 통에 주차장에는 주기적으로 텐트촌이 형성되었다. 각 기업은 어떻게 대기하고 어떻게 맨 앞에 설지에 대한 전략을 마련했다. 몇몇 기업은 대신 줄 설 사람을 고용하여 주차장에 대기시키기도 했고, 테바는 직원들에게 인근 호텔 방을 예약해주고 교대로 밤샘 근무를 시켰다.

크리스마스를 이틀 앞둔 2002년 12월 23일 어느 춥고 청명한 밤, FDA 주차장이 사람들로 북적였다.[12] 란박시, 테바, 마일란, 바에서 나온 대리인들이 몇 시간 전에 문을 닫은 FDA 건물 앞에 줄지어 서서 발을 구르고 장갑 낀 손을 맞부딪치며 체온을 유지하고 있었다. 란박시는 가장 신뢰하는 직원 둘을 고급 리무진에 태워 보냈고, 교대로 잠을 자며 줄을 서게 했다.

그들의 목표는 오직 하나, 이튿날 출입문이 열리면 그곳을 첫 번째로 통과하는 것이었다. 세팔론에서 주간 졸림증 치료제로 프로비질을 개발했는데, 이 치료제의 제네릭 버전 제조에 필요한 신청서를 제출하려는 것이었다. 선출원 하면 큰 횡재를 얻을 수 있었다.

날이 밝아오자 란박시 임원이 비장한 마음으로 대기 줄 맨 앞자리를 지켰다. 하지만 문이 열리는 순간 마일란에서 나온 젊고 체구가 작은 여성이 그를 밀쳐내고 출입문으로 돌진하더니 모두가 원하던 타임 스탬프를 찍어 1등을 차지했다.

미국 본사의 인허가 사업부 사장 판트는 그나마 2등이라는 사실에 안도했다. 1등이라고 무조건 성공하는 것이 아니었기 때문에 실패했다고 단정하기는 일렀다. FDA는 '완성도 높은' 신청서만 고려 대상으로 삼았다. 제네릭 기업들이 완성되지 않은 신청서를 일단 던져서 1등 자리부터 맡아놓고, 그 후에 제조법을 연구하는 것을 방지하기 위해서였다. 판트는 희망의 끈을 놓지 않았다. 2등이라는 자리는 그만큼 중요했고, 판트는 선두 주자가 발을 헛디뎌 추락하기만을 기다렸다.

FDA는 야영 문제를 해결하려고 애썼다. 2003년 7월, FDA는 특정 날짜에 신청서를 제출한 제네릭 기업 모두 6개월 동안 독점권을 공유할 수 있도록 규정을 변경했다. 그리고 이에 관한 서면 지침을 업체들에 전달했다.[13]

> 최근 복수의 ANDA 신청자나 대리인이 특허 무효 신청서를 가장 먼저 제출하려고 야외에서 줄을 서거나 FDA 건물 근처에서 짧게는 하루, 길게는 3주 이상 야영을 하는 경우가 많았습니다. 이로 인해 발생하는 법적 책임과 보안 및 안전 문제를 우려한 부지 소유주들이 제출일 전 줄 서는 것을 금지하기로 했습니다.

제네릭 의약품 기업들이 독점권을 공유하면서 매력이 다소 떨어지기는 했지만, 선출원은 여전히 고수익을 창출할 기회였다.

ANDA는 비상하는 인도 독수리의 이름을 따 일명 '가루다 비전$_{\text{Garuda Vision}}$'이라고 불린 전략 기획의 필수 요소로 자리 잡았다. 란박시는 전 직원에게 기업 목표를 상기시키기 위해 '2015 전략'이라는 표제를 단 포스터를 액자에 넣어 뉴저지 사무실에 걸었다. 첫 번째 항목은 진하게 쓴

'매년 주목할 만한 신청서 선출원 하기'였고, 그 아래 헤드라인은 'USA: 2015년까지 매출액 10억 달러를 유지할 수익 사업'이었다. 당시 란박시 CEO였던 다빈데르 싱 브라는 기업 후원으로 저술한 책에서 10억 달러의 꿈이 "전 직원의 마음에 뚜렷이 새겨진 (…) 비전"이었다고 설명했다.[14]

⊖ ⊘ ⦶ ⊘

란박시의 선출원 신청서를 감독하는 업무는 호리호리하고 냉소적인 지적재산 전문 변호사 데시무크에게 맡겨졌다. 1998년, 신시내티에서 지루한 일상을 보내던 젊은 변호사 데시무크는 특허 상표권 사무소 협회 저널에서 뜻밖의 구인 광고를 보았다. 란박시에서 변리사를 구하고 있었다. "인도 기업이 변리사를 구하는 건 처음 보았어요." 데시무크가 회상했다. 그는 충동적으로 그 일에 지원했다.

인도 태생으로 화학공학을 전공한 엔지니어 데시무크는 "대단히 영리하고 매력적이며" 선견지명을 가진 전무이사 파르빈데르 싱 박사를 만나고 난 후 그 자리에 더 강한 흥미를 느꼈다. 결국 그들의 제의를 받아들였고 월급도 두 배 인상하기로 했다. 그는 가족들과 함께 뉴저지 프린스턴으로 이사했다. 매우 흡족한 조건으로 이직한 것처럼 보였지만, 그는 "고향으로 돌아가 인도에 기여할 수 있다"는 점을 가장 중요하게 생각했다.

인도의 기업 문화에 무지했던 데시무크는 얼마 지나지 않아 '상사는 곧 아버지이고 항상 옳다'고 여기는 '극도로 가부장적'인 분위기를 감지했다. 그리고 곧 상사와 마찰을 빚었다. 결국 이직한 지 1년도 채 지나지 않아 파르빈데르에게 면담을 요청했고, CEO인 브라에게 직접 보고할 수 있게 해달라고 요청하여 허락을 받았다. 1년 후, 브라가 전무이사로 승진하면서 데시무크는 자신의 입지를 견고히 다질 수 있었다. 제네릭 리피토라는 목표를 설정하도록 데시무크를 격려한 사람도 바로 브라였다.

란박시 내에서 리피토 프로젝트는 단순히 이윤을 목적으로 하는 평범한 시도가 아니었다. "리피토는 매혹적인 나체의 여인처럼 뿌리치기 힘든 유혹이었어요." 데시무크가 말했다. "남자들은 거절하기 어렵습니다. 어떻게 그러겠어요?"

ANDA 76-477을 제출하고 거의 두 달이 지난 2002년 10월 9일, FDA는 전화와 공문을 통해 란박시가 리피토의 제네릭 버전인 아토르바스타틴을 제조하기 위한 신청서를 선출원 했고, 이를 심사할 예정이라고 전했다.

이 소식을 전해 들은 란박시 직원들은 크게 기뻐했다. 경쟁자를 한참 앞선 덕에 FDA 주차장이 비어 있을 때 신청서를 제출할 수 있었다. 이로써 제네릭 의약품 역사상 가장 큰 성공을 거둘 수 있는 길이 열렸지만 여러 난관이 남아 있었다. 일단 FDA 규제관이 서류에 포함된 과학적 내용을 모두 가치 있는 것으로 판단해야 했다. 또한 실험 자료를 통해 제네릭 리피토가 같은 양의 유효 성분을 혈류로 방출한다는 것을 충분히 증명해야 했다. 그다음에는 수년 동안 리피토를 성공적으로 지켜온 화이자 소속 변리사 군단의 공격에서 살아남아야 했다. 란박시는 세계에서 가장 지배적인 의약품 시장의 세심한 움직임을 따르는 동시에 철저한 검토를 견디어야 했다.

이론상 모든 기업은 엄격한 GMP를 일괄적으로 따라야 했다. 하지만 품질보다 이윤을 더 중요하게 여기는 기업들은 다양한 임시 방편과 지름길을 활용했다. 데시무크는 선출원 인센티브 때문에 신청서를 가장 먼저 제출해야 할 뿐 아니라, 수단과 방법을 가리지 않고 그것을 보호해야 하는 '거친 서부'와 같은 환경이 조성되었다고 인정했다. 타쿠르가 도착하기 몇 개월 전, 란박시는 1등을 차지하고 유지하기 위해 냉혹한 선택을 했다.

⊖ ⊘ ⓘ ⊘

2003년 5월, 란박시의 고위급 임원들이 플로리다 보카러톤의 어느 호텔 회의실에 모여 핵심 전략 회의를 열었다.[15] CEO인 브라가 흠잡을 데 없이 완벽한 터번을 쓰고 회의를 주재했다. 타쿠르를 란박시로 데려간 연구 개발팀 팀장 바르바이야와 회장 브라이언 템페스트도 참석했다. 그들은 업무상 주고받은 메일을 가득 채운 한 가지 주제에 대해 논의하기 시작했고, 극비 보고서를 작성하여 회의실에 모인 사람들끼리 공유하기로 했다.

세 달 전, 란박시는 로슈에서 만든 유명 여드름 치료제 아큐탄의 제네릭 버전 소트레트를 미국 시장에 출시했다. 소트레트는 미국 환자들에게 최초로 제공된 저가 버전으로 순식간에 시장을 점유했고, 란박시는 10년 안에 해외 매출액 50억 달러를 달성하겠다던 목표를 넘어 더 큰 목표를 향해 도약했다.

하지만 회의가 열리기 며칠 전, 란박시 임원들은 수익성 좋은 소트레트의 판매를 중단했다. 그들은 40밀리그램 캡슐의 용해 속도 '저하'를 확인하여 원인 규명을 마칠 때까지 세 가지 품목을 시장에서 일시 회수하겠다고 미국 규제관들에게 말했다. 하지만 그것은 거짓말이었다. 무작위 시험에서 소트레트 제형의 결함이 드러났고, FDA 규정에 알맞은 선택지는 오직 하나였다. 규제관에게 모든 사실을 낱낱이 밝히고 소트레트를 전량 회수한 후 실험실로 돌아가 약효가 나타날 때까지 재설계하는 것이었다.

그전에 정말 다른 선택지가 없는지 확인해야 했다. “가서 말릭을 찾아와.” 브라가 툭 내뱉으며 보좌진을 노려보자 한 사람이 서둘러 회의실을 빠져나갔다. 약삭빠르고 패기만만한 가공화학자로 제형 개발과 인허가 업무를 총괄하던 라지브 말릭은 동료들 사이에서 제네릭 의약품계의 후디니(탈출 마술의 귀재—옮긴이)로 여겨졌다. 그는 타의 추종을 불허하는 역설계 기술을 가지고 있었고, 무엇이든 원하는 대로 바꿀 수 있을 것 같았다. 그라면 탈출할 방법을 찾아낼 것이다.

18년 동안 란박시 일을 간헐적으로 맡아온 말릭은 평소의 쾌활한 모습과 달리 불안한 얼굴로 회의실에 들어섰다. 말릭은 실험실 연구를 주도하여 소트레트를 개발했다. 동료들은 조바심을 내며 그가 상황을 빨리 수습해주기를 바라고 있었다.

“금방 해결할 수 있는 문제가 아닙니다.” 말릭은 회의실 사람들에게 말했다. “저도 마법 지팡이 같은 건 없어요.”

말릭은 실망한 기색이 역력한 동료들을 위해 자신이 지휘한 소트레트 개발의 힘들었던 과정을 재검토했다. 5년 넘게 비용이 많이 드는 실험실 연구에도 불구하고 란박시 소속 화학자들은 소트레트의 정확한 용해법을 찾지 못했다. 부유 상태인 연질 겔 제품으로는 입자 크기를 조절하기 어려웠기 때문이다.

FDA 승인을 받기 위해 실험한 배치(1회 배양에서 생산되는 배양액의 단위—옮긴이)를 통제된 환경에서 제조하자 원제품을 모방하여 충분한 약효를 발휘했다. 하지만 상업용으로 제조 과정을 확대하자 불순물 준위가 치솟았고 용해 방식이 부정확해졌다. 말릭은 연성 젤라틴이 산소에 노출되면서 화학반응을 일으켜 용해에 영향을 주는 것이라고 본인의 작업가설에 대해 설명했다. 해결책을 찾으려면 시간이 필요하고, 그동안 소트레트 판매를 중단해야 했다.

"소트레트 판매를 재개하기까지 얼마나 걸릴지 모릅니다." 그가 임원들에게 말했다.

말릭은 회의실 사람들이 익히 알고 있던 사실은 언급하지 않았다. 소트레트는 제형이 완벽하더라도 유례없이 위험한 약품이었다. FDA는 '블랙박스' 경고문을 라벨에 표시해서, 임신 중에 복용하면 심각한 선천성 결함이나 유산을 야기할 수 있으며 특히 십 대들에게 자살 충동을 일으킬 수 있다는 사실을 환자들에게 알릴 것을 권고했다. 한 하원 의원의 아들이 브랜드 버전인 아큐탄을 복용하다 자살한 후 이 약은 의회 청문회 때마다 단골 주제로 등장했다.[16] 규제관들은 이 약을 제한하기 위해 기업들에 판매, 만료, 폐기에 대해 빠짐없이 보고하도록 명령했다. 이는 주의와 투명성이 필요한 위험한 약품이었다.

상황이 이렇다 보니 FDA 규정에 따라 결함을 해결할 때까지 소트레트를 시장에서 회수하고 제조를 중단해야 했다. 하지만 열띤 논의는 계속해서 상업적 압력으로 돌아갔다. 판매를 중단한 채로 주춤하다가는 기회만 엿보던 경쟁사가 자체 버전을 출시하여 밥그릇을 뺏을 수 있었다.

말릭은 탁자를 둘러보았다. 나중에 그는 동료들의 태도에서 '불합리함'을 보았다고 말했다. 탁자에 둘러앉은 임원들은 냉혹한 선택의 기로에 섰다. 출시 중단은 이윤 추구라는 목표를 포기한다는 의미였다. 하지만 규제관들에게 더 이상 문제를 보고하지 않고 판매를 지속하면 환자들을 위험에 빠뜨리고 FDA 규정을 위반할 수밖에 없었다.

결국 이윤 추구가 승리했다. 그들은 규제관들에게 문제를 감추고 상품을 계속 판매하면서 해결책을 찾기로 결정했다. 수년 후 브라는 보카러톤 회의를 구체적으로 기억하지 못한다고 했지만, 재임 기간에 대해 "임원들이 시장에 출시하는 기간을 우회하게 만드는 과정과 절차를 단축해야 한다고 하는 건 한 번도 들어본 적 없습니다"라고 말했다. 오히려 "우리는 미국에서 문제를 일으킬 만한 일을 할까 봐 늘 노심초사했어요. 회사 내부의 정밀 감시체계 같은 것이었지요"라고 덧붙였다.

하지만 회의 후 얼마 지나지 않아 임원들은 그들의 여드름 치료제에 나타난 질적 결함을 〈소트레트 감정 보고서〉라는 제목의 문서로 제출했고, 인허가 사업부 부사장이었던 판트는 그것을 뉴저지의 본사 사무실에 보관했다. 표지에는 굵은 글씨로 '**FDA에 제출하지 말 것**'이라고 적혀 있었다.

3장

부자를 위한 빈민가

○

2003년 8월
인도, 구르가온

세계화의 본부가 있다면, 도시 전체가 〈포천〉 선정 500대 기업의 아웃소싱 활동으로 만들어진 구르가온일 것이다. 구르가온은 뉴델리에서 남서쪽으로 29킬로미터 떨어져 있다. 20년 전에는 아름다운 아라발리 산맥 아래에 터를 잡은 어느 숲속의 한적한 농촌 마을이었다. 전 세계 다국적 기업들이 후선 업무를 인도로 이전하는 것을 고려하는 동안, 개발업자들은 기회를 감지했다. 들판에 업무용 빌딩이 들어섰고, 사이버 시티라고 이름 붙인 도로와 골프장이 세워졌다. 구르가온은 단기간에 '밀레니엄 시티'로 유명세를 탔다.

세계 자본주의에 의해 스카이라인이 액센츄어, 모토로라, IBM, 휴렛패커드 등 유명 브랜드로 도배되었고, 많은 기업이 새로 사들인 건물에 로고를 붙였다. 도시계획이라고 해보았자 개발업자들을 반기는 것 외에는 딱히 하는 일이 없어 보였던 하리아나 도시계획 공사Haryana Urban Development Authority의 격려 속에서 수많은 사람과 자동차, 쇼핑몰이 줄지어 들어왔다.[1] 란박시도 경비가 삼엄하고 고급스러운 지역에 연구 본부를 설립했다.

건축 광란이 불어닥친 구르가온에는 규제나 사회 기반 시설이라고 할 만한 것이 거의 없었다. 사후 정수처리장, 하수관, 지하철역, 전력선에 대한 수요를 따라잡을 수 없었다. 업체 측 거주민들과 부유한 직원들은 부족한 물과 전기를 두고 싸워야 했다. 그들은 터무니없이 비싼 전력을 대부분 사비로 구입했고 대기오염을 악화시키는 디젤 발전기를 사용했다.

여기저기 움푹 팬 도로 위로 기사 딸린 타운카들이 정체되어 있었고, 그 사이를 당나귀와 돼지 들이 휘젓고 다녔다.[2] 공식 추산에 따르면, 사택과 사업체가 물을 찾느라 사방에 우물을 파헤친 탓에 지하수면이 곤두박질치고 있어 20년 안에 고갈될 예정이었다. 인도는 구르가온이 21세기 경제에서 국가의 중심 역할을 하고 있다는 것을 증명하는 전시장이 되기를 원했다. 하지만 BBC는 구르가온을 "부자를 위한 빈민가"라고 불렀다.[3]

업체와 직원들은 이곳에 머물러야 했다. 2003년 여름, 타쿠르는 경비 초소와 단독 출입구가 있고 경비원이 밤새 근무하는 집으로 이사했다. 그들은 구르가온에서 최초로 지어졌으며 그곳의 비약적 발전상을 보여주는 '1단계Phase 1' 지역에 살았다. 집에는 잔디밭, 하얀 타일 바닥, 품격 있는 응접실이 있었다. 혹사당한 그리드가 깜박거리다 꺼지면 디젤 발전기가 작동했다. 타쿠르는 이샨의 지하실 놀이방 옆에 사무실을 만들어놓고, 주말에 아이가 바니와 클리포드 비디오를 보는 동안 사무실에서 업무를 보았다.

인도계 미국인인 타쿠르는 구르가온에 도착하자마자 지역 경찰서에 등록해야 했다. 허름한 구르가온 경찰서에 가서 비자 요건을 충족시키러 왔다고 설명하니 경찰관들이 당혹스러워했다. 타쿠르는 그들이 집행해야 할 정책에 대해 직접 알려주기로 결심했고, 집에서 관련 양식을 출력해 와서 자세히 설명했다. 그는 법을 지키기 위해 온종일 애를 썼다.

그는 수기로 작성하고 여기저기에 서명한 새 양식을 들고 경찰서를 나섰다. 경찰서를 다시 찾는 일을 미연에 방지하고자 코팅까지 했다. 인도의 문서 작업은 혼란의 대비책인 동시에 원인인 듯했다. 나중에 타쿠르는 "내일 무슨 일이 생기더라도 파일을 확인할 수 있도록 산더미 같은 서류를 작성했다"라고 신중히 말했다. "어떤 행동이든 정당화할 수 있는 훌륭한 방법이에요. 파일 어딘가에 기록되어 있기만 하면 됩니다."

타쿠르는 인도에서의 삶이 녹록지 않다는 것을 알고 있었다. 그래도 윤리적 가치와 타협하지 않기로 했다. 현금이 오가는 암묵적 동의가 수많은 상호작용을 지배하는 나라에서 원칙을 고수할 생각이었다. 타쿠르는 란박시에서 맡은 업무에 집중하면서, 인도 기업들은 부패하고 오만한 공공 부문과 다르게 운영될 것이라고 믿었다. 그리고 그러한 기업의 효율성이 인도를 21세기로 진입하게끔 도울 것이라고 확신했다.

⊖ ⦸ ⦶ ⊘

오토바이, 트럭, 택시, 오토릭샤가 구르가온의 주요 도로인 메라울리 구르가온로를 빠른 속도로 지나갔다. 길가에 당나귀가 끄는 과일 수레, 주인 없는 염소와 버팔로가 드문드문 서 있었다. 수백 명의 사람이 도로변 천막촌의 다 떨어진 방수포 밑에서 생활했다.

골목을 따라 들어가면 감시초소와 미닫이문 뒤로 란박시 래버러토리즈의 중앙 연구 개발 센터가 보였다. 완벽하게 다듬은 관목과 식물 들이 정문의 테두리를 감싸고 있었다. 정문 안으로 들어서면 반짝이는 타일 바닥과 4년 전 암 투병 끝에 56세의 나이로 세상을 떠난 전무이사 파르빈데르의 초상화가 나타났다. 흰 수염을 기른 파르빈데르는 호화로운 붉은색 휘장 아래에서 하얀 시크교 터번과 검은 정장에 색깔을 맞춘 행커치프를 꽂고, 부정행위를 감시하듯 혹은 축복하듯 고요한 미소를 지으며 두 손을 포갠 채 앉아 있었다. 인도 언론은 창립자의 아들인 파르빈데르를 "내일을 보는 연금술사"라고 불렀다.[4] 그의 지휘 아래 란박시는 세계적 기업으로 성장했고, 이 변화는 타쿠르의 새 일자리를 만드는 데에도 도움을 주었다.

타쿠르는 정보 연구 및 포트폴리오 관리 책임자로서 세계적으로 급증하는 판로에 질서와 투명성을 부여하는 일을 했다. 란박시의 데이터에 비계(건축 공사를 할 때 높은 곳에 설치하는 임시 구조물—옮긴이)를 세우는 정보의 설계자였다. 타쿠르는 새로운 임무를 맡으면서 란박시가 진출한 해외 시장을 훤히 꿰뚫고 있는 소수의 경영진에 속하게 되었다. 온몸을 바쳐 일했다. 직원 여섯 명을 고용하여 포트폴리오 관리를 교육했고, 복잡한 엑셀 스프레드시트를 개발하여 세계 각지에 수출할 의약품과 관련된 진척 상황을 알아보기 쉽게 정리했다.

동료들이 모두 퇴근한 후에도 그는 연장 근무를 하기 일쑤였다. 이따금 저녁에 가족의 운전기사인 비자이 쿠마르Vijay Kumar가 소날과 이샨을 태우고 타쿠르를 데리러 왔다. 어린 아들은 아빠가 퇴근하기를 기다리며 사무실 화이트보드에 글자를 휘갈겨 쓰거나 빈 복도를 아장걸음으로 신나게 오갔다.

매일 메라울리 구르가온로를 오가야 했던 비자이는 그곳을 최대한 빨리 벗어나려고 했다. 하지만 정체 구간은 계속 길어졌고 차량들은 그 안에 꼼짝없이 갇혔다. 정체가 풀려도 신호등이 적고 도로 표지판이나 차선을 지키는 사람도 거의 없어서 정신이 하나도 없었다. 밤에는 움푹 팬 도로와 미약한 가로등 불빛, 거리를 활보하는 버팔로 때문에 너무 위험했다.

비자이와 타쿠르는 지난여름 타쿠르가 란박시에 면접을 보러 왔을 때 처음 만났다. 이십 대 초반인 비자이는 택시 회사에서 일하다 타쿠르의 운전기사로 배정되었다. 타쿠르는 그의 과묵하고 듬직한 태도와 구르가온의 도로 위에 도사리는 위험천만한 요소들을 처리하는 능력에 깊은 인상을 받았다. 그래서 인도로 돌아갔을 때 비자이를 가족의 운전기사로 고용했다. 가난한 농사꾼 가정에서 태어난 청년에게는 엄청난 도약이었다.

그 후 몇 달이 지난 어느 늦은 저녁, 비자이가 란박시에서 타쿠르를 태우고 메라울리 구르가온로로 들어섰다. 오토바이와 트럭 들이 어두운 도로를 질주했다. 그런데 갑자기 앞서가던 차량들이 방향을 틀었고, 그 앞에 쓰레기 더미 같은 것이 보였다. 가까이 지나가면서 확인해보니 한 남자가 미동 없이 누워 있었다.

대부분의 운전자처럼 비자이도 외면하는 것이 가장 현명하고 안전한 방법이라고 생각했다. 다른 차량들은 그를 피해 갔지만 타쿠르는 차를 세우라고 지시했다. 비자이가 그냥 가자고 사정해도 말을 듣지 않았다. 타쿠르는 차를 갓길에 세우게 하고 비자이와 함께 내렸다. 어둑어둑한 도로를 달리던 차량들이 두 사람을 피해 갔다. 가까이 다가가보니 머리에 피를 흘리고 있는 취객이었다. 두 사람은 남자를 안전한 곳으로 끌고 갔다. 그를 구조하는 것은 미친 짓이었다. 인도인 대부분이 알고 있는 안전운전과 방어적 생존에 필요한 두 가지 규칙, 즉 나대지 말고 운전하기와 낯선 사람을 돕겠다고 나서지 말기를 어기는 일이었기 때문이다. 이러한 일은 좋은 결과보다는 나쁜 결과를 초래할 가능성이 컸다.

하지만 타쿠르는 남자를 도로에서 데리고 나오는 것만으로 만족하지 않았다. 평소에는 한발 물러서서 조심스럽게 상황을 관망했지만, 일단 시작하면 결과가 어떻게 되든 몰입하고 맞서려는 경향을 보였다. 그는 남자를 한 블록 반 떨어진 병원으로 데려가자고 고집을 부렸다.

남자를 도로 밖으로 끌고 나오는 것은 비자이에게 정말 낯선 경험이었다. 그가 죽든 말든 우리와 아무 상관이 없는데 왜 이런 일을 해야 하지? 놀란 병원 직원도 비자이와 같은 생각이었는지 병원비부터 먼저 내라며 치료를 거부했다. 타쿠르는 7,000루피(약 140달러, 비자이가 받는 주급의 두 배에 해당하는 거액)를 지불하고 명함을 남겼다. 익명으로 처리할 생각은 하지도 않았다. 비자이가 보기에 새 상사는 사람을 구하는 일에 대해 이상한 미국식 사고방식을 가지고 있는 것 같았다. 그리고 그의 예상처럼 결과는 좋지 않았다.

이튿날 경찰관이 란박시에 찾아와 타쿠르를 뺑소니범으로 몰았다. 애초에 나쁜 짓을 하지 않았다면 왜 그렇게 많은 돈을 지불하여 그를 도왔겠는가? 타쿠르는 인사과에 연락해서 상황을 처리해달라고 요청했다. 결국 경찰관은 그곳을 떠났고, 타쿠르는 그가 조사를 강요하지 않는 대가로 돈을 받았다고 확신했다.

인도에서는 '시스템'의 주목을 받아서 좋을 것이 없었다. 이타심은 대개 의심을 받았다. 돈을 주고 혐의를 무마해줄 회사가 있어 다행이지, 경찰관과의 충돌이 어떤 결과로 이어졌을지 모른다. 인도에서는 기업이 왕이었고, 개인은 불필요한 존재로 취급받는 경우가 많았다. 이 사건으로 타쿠르는 인도에 돌아오기로 한 결정에 대해 불안을 느꼈고, 남아 있던 의심은 곧 놀라운 사건에 의해 확신으로 바뀌었다.

2003년 11월 21일, 란박시의 기업 커뮤니케이션 책임자 파레시 초드리Paresh Chaudhry는 미 정보부 직원들이 사무실을 뒤지고 본부 옥상에 저격수를 배치하는 모습을 놀란 눈으로 지켜보았다. 란박시를 비롯한 세 곳의 제네릭 의약품 기업들이 하루에 38센트 정도 드는 에이즈 치료제를 아프리카와 카리브해 국가들을 위해 생산하기로 합의한 것에 대해 공개적으로 감사를 표하기 위해 전 미국 대통령 빌 클린턴이 방문 중이었다. 가장 저렴한 브랜드 의약품보다 약 75퍼센트 낮은 가격이었다. 비용을 부담하는 것은 미국 납세자들이었지만 거래를 성사시킨 것은 윌리엄 제퍼슨 클린턴 재단이었다.

근면하고 창의적이었던 초드리는 역대 미국 대통령 중 인도인에게 가장 많이 사랑받는 클린턴이 참석하는 행사의 세부 사항을 자신이 기획하게 되리라고는 꿈에도 생각하지 못했다. 2000년 3월 말, 클린턴은 미국 대통령으로서 22년 만에 인도를 방문했다. 내방 당시 그는 에이즈 같은 질병과 싸우려면 양국이 협력해야 한다고 강조했다.

인도를 향한 클린턴의 열정은 형식적인 수준을 넘어섰다. 구자라트 지역에 강력한 지진이 발생하여 2만 명이 사망한 후 3개월 만인 2001년 4월에 그는 다시 인도로 돌아왔다. 그리고 미국 인도 재단American India Foundation의 재단장으로서 쑥대밭이 된 마을들을 복구하기 위해 수백만 달러를 모금했다. 그는 열광하는 군중들에게 "저는 평생 인도로 돌아올 것입니다"라고 선언했다.[5]

클린턴은 에이즈와의 전쟁에서 인도와 미국을 결속시키겠다는 약속을 지키기 위해 4년 동안 세 차례나 인도를 방문했다. 초드리는 2주간 거의 매일 손님맞이 준비에 몰두했고 정보부 요원, 명단, 행사에 참석할 직원들의 명찰, 행사용 음식, 클린턴의 동선, 누가 그를 맞이할지를 결정하느라 정신이 없었다. 클린턴의 방문은 엄청난 홍보 효과를 가져올 수 있었고, 초드리는 평생에 다시 없을 기회라는 것을 잘 알고 있었다.

수년간 그는 전 세계 언론인들을 란박시로 초대했다. 그리고 연구 시설과 현대적 제조 공장을 보여주며 새로운 화학물질을 개발하기 위해 활발히 노력하고 있다고 설명했다. 하지만 그들은 대체로 비슷한 반응을 보였다. "정말 감사합니다. 생각해보고 연락드릴게요." 그러고는 감감무소식이었다.

초드리는 싼 게 비지떡이라는 편견 때문이라는 것을 알고 있었다. 인도의 제네릭 의약품 제조업체들이 대개 신약을 개발하기보다 기존의 브랜드 의약품을 재설계하는 데 집중하다 보니 대외적으로 사기꾼이나 위조범처럼 여겨졌다. 그들의 의약품은 아프리카에서조차 저평가되었다.[6] 카메룬 의사들은 인도의 제네릭 의약품을 피피 데 샤pipi de chats, 즉 고양이 오줌이라고 불렀다. 그러다 2001년 9·11 테러 후, 탄저병에 대한 공포가 퍼지면서 상황이 그들에게 유리한 쪽으로 기울기 시작했다. 바이엘(아스피린을 개발한 독일의 대형 제약 회사—옮긴이)이 미국 정부에 몇 안 되는 탄저균 중독 치료제 중 하나이자 항생제인 시프로플록사신을 개당 2달러에 판매하겠다고 제안했다.[7] 란박시 버전은 그것의 5분의 1 가격이었다.[8] "바이엘과 미국의 로비스트들은 란박시가 엉터리 회사라며 최선을 다해 비난했다." 초드리가 회상했다. 하지만 미국 정부는 특허권 문제로 란박시 버전을 구매할 수 없었다. 초드리는 그날의 행사가 게임의 판도를 완전히 바꾸어주기를 바랐다.

김은 정장에 신홍색 넥타이를 맨 클린턴이 미닫이문을 통해 걸어오는 동안, 초드리는 맨 앞에서 환영의 의미로 손을 내밀었다. 제일 좋은 정장을 차려입은 사람들이 전 대통령의 바람에 부응하려는 듯 불안과 흥분이 역력한 얼굴로 몸을 내밀었다.

초드리가 오랫동안 쫓아다녔던 언론인과 열성적인 직원 들이 그의 이야기를 듣기 위해 강당에 몰려들었다. 타쿠르는 맨 앞자리에 앉았다. 클린턴은 검은색 터번과 짙은 색 양복, 빳빳한 흰색 셔츠에 패턴 넥타이를 착용한 란박시의 CEO 브라와 나란히 섰다. 그는 파르빈데르가 세상을 떠난 후 CEO로 임명된 전문 경영인으로서 크게 환영받았고, 이것은 가족 기업인 란박시에서 하나의 이정표로 여겨졌다.

클린턴은 란박시, 시플라, 매트릭스 래버러토리스 같은 인도 기업들이 초저가 의약품을 제조하기로 결정해준 것에 대해 감사를 전하러 왔다고 설명했다. "우리를 믿어준 기업들의 공로를 인정하는 것은 매우 중요합니다."[9] 그는 군중에게 말했다. 그리고 그들의 노력 덕분에 "우리는 다른 나라들과 협력하면서 치료가 적절한 비용으로 실행 가능한 선택지라고 설득할 수 있습니다"라고 덧붙였다.

브라가 바통을 이어받았다. "이런 치료제들은 대량으로 판매되어야 저가로 책정될 수 있으므로 에이즈로 고통받는 국가들이 나서서 대량으로 구입해야 합니다. 클린턴 재단이 나서서 해당 국가들과 의약품 제조업자들을 연결해주기 전까지는 불가능한 일이었습니다."

연설을 마친 클린턴이 군중 속을 헤집고 들어왔고, 타쿠르는 차례를 기다렸다가 그와 악수했다.

클린턴의 방문은 초드리가 바랐던 모든 것, 그 이상이었다. 그 후 란박시의 판매량이 증가했고 평판도 개선되었다. "우리는 제대로 된 기업으로 다시 태어났습니다." 초드리가 회상했다. 란박시는 서양 시장에 몰아닥칠 태세를 갖추었다. "우리 제품으로 미국의 덩치 큰 기업들을 해치울 수 있습니다." 초드리는 자신의 견해를 이렇게 요약했다. "우리 약은 인류에 유익하고, 정부에 유익하고, 사람들에게도 유익합니다. 도대체 왜 저지당해야 합니까?"

클린턴의 방문은 업계 전체를 부양시켰다. 그전까지 전 세계 정부들은 노령화, 에이즈 확산, 치솟는 약값이라는 문제에 직면해 있었다. 이런 환자들에 대한 치료를 어떻게 감당할 수 있을까? 클린턴이 해결책을 제시했다. 인도의 제약 회사들이 정의의 편에 서 있는 것 같았다. 훗날 란박시의 후임 전무이사 템페스트 박사는 〈가디언〉에서 밝혔다.[10] "저가의 에이즈 치료제로는 많은 돈을 벌지 못하고 (…) 이것은 정말 사회적 책임에서 비롯된 것이다. 개발도상국을 기반으로 하다 보니 모든 문제와 밀접하게 연관되어 있다."

기업들이 에이즈 치료제를 대폭으로 할인 판매하여 이윤을 얻을 수 있을지 여부와 무관하게 클린턴은 인도의 제네릭 의약품을 보증했다. 그의 방문으로 세계 곳곳에서 새로운 기회와 잠재적 이득이 이어졌다. 그다음 방문에서 클린턴은 고아에 있는 시플라의 시설을 찾았고, 전설적 인물인 유수프 회장 때부터 이어온 전통에 따라 정원에 소나무를 심어서 중요한 방문을 기념했다. 워싱턴 D.C.에 일류 로비스트를 가지고 있지 않은 기업들에게는 값을 헤아릴 수 없을 만큼 유용한 방문이었다. "인도주의적 노력은 우리의 홍보 수단이었습니다."[11] 유수프는 나중에 이렇게 설명했다. "이제 모든 가능성이 열렸지요."

클린턴은 란박시에 들른 김에 17세기 무굴제국의 황제가 아내를 위해 만든 백색의 대리석 무덤 타지마할을 보기 위해 아그라로 향했다. 대기오염으로부터 세계 문화유산을 보호하기 위한 관례에 따라 외곽부터 입구까지 전차로 이동했다. 하지만 호텔로 돌아가는 길에 전차가 멈추었고, 클린턴은 남은 거리를 걸어야 했다.[12] 화려한 의식과 웅장한 환대를 자랑하는 나라에서 이런 실수는 환하게 빛나는 외관 아래에 낡고 망가진 사회 기반 시설이 도사리고 있음을 시사하여 국제적 망신으로 비칠 수 있었다.

4장

품질이라는 언어

○

2000년 2월 25일
루이지애나, 뉴이베리아

호세 에르난데스가 코를 벌름거리며 공기 냄새를 맡았다. 43세의 FDA 수사관은 K&K 씨푸드의 게 가공 공장으로 더 깊숙이 들어갔다. 그다지 식욕을 당기는 모습은 아니었다. 미국연방 식품 의약품 화장품법U.S. Food, Drug, and Cosmetic Act에 명시된 규정들이 저절로 머릿속을 스쳐 지나갔다. 그는 공장 안을 응시하며 이와 관련된 《연방 규정》 21권 123부 6(b) 수산물 및 수산물 가공품의 '위해 요소 중점 관리 기준'에 대한 방침을 직접 확인할 수 있었다.[1]

하지만 그의 코가 심각한 문제를 감지했다. 이 냄새는 도대체 뭐지? 그것은 바로 반려견 리비우스를 목욕시킬 때마다 나는, 피부까지 흠뻑 젖은 개의 눅눅한 털 냄새였다. GMP에 따라 운영되어야 하는 수산물 제조 시설에서는 좋은 신호가 아니었다. 소비자에게 안전한 시설인지 의심스러웠다.

민머리에 까만 콧수염을 기르고 안경을 쓴 육상 선수 같은 체격의 에르난데스는 루이지애나 라피엣 지점에서 남자 직원 세 명과 함께 근무했다. 그의 업무는 수사관 배지를 달고 그 지역의 수산물 제조 공장과 소규모 의료 시설을 점검하는 것이었다. 그는 4만 5,000달러의 연봉으로 아내와 네 명의 아이를 부양했다. 노트북이 없었기 때문에 수첩을 들고 다니며 점검했고, 사무실로 돌아와 예약해둔 시간에 맞추어 달랑 한 대 있는 컴퓨터에 점검 내용을 기록했다. 수산물 공장을 점검할 때는 작업복과 플라스틱 부츠를 착용했다.

모두가 선호하는 직업은 아니었지만 에르난데스는 나름의 성공을 거두었고 영리하며 직관력 있고 활동적인 수사관으로서 명성을 얻기 시작했다. 그는 정리가 덜 된 140평 넓이의 집을 정성스럽게 수리하면서 살았다. 푸에르토리코에서 자신을 길러준 할아버지에게 전문 목공 기술을 배운 덕분이었다. 에르난데스는 산후안의 인터아메리칸대학교를 졸업하고 1987년부터 FDA에서 평수사관으로 일하기 시작했다. 학벌이 좋지는 않았지만 일머리가 좋았다. 상황이 딱 맞아떨어지는 때와 그렇지 않은 때를 잘 알았다. 사실을 쉽게 조직화하고 기억할 수 있었고, 잘못된 무언가를 감지하는 능력도 탁월했다.

에르난데스는 휴식을 위해 재택근무를 하고 틈틈이 아이들과 캠핑을 갔다. 하지만 그런 와중에도 미국연방 식품 의약품 화장품법의 《연방 규정》 21권을 끊임없이 생각했다. 그는 《연방 규정》을 백과사전처럼 항상 곁에 두고 반복해서 읽었다. 그에게는 성서나 다름없었다. "30년 동안 대중에게 설교하는 사람도 항상 [성경으로] 돌아갑니다." 그가 말했다. "저는 기억에 근거하여 답하거나 추측하지 않습니다. 누군가를 고발하려면 그에 관한 규정이 있어야 합니다."

그는 가시적인 작업 흐름과 비가시적인 교묘한 술책, 관찰한 것과 규정이 요구하는 것 사이의 패턴에 대해 숙고했다. 플라스틱 병에 든 생수를 마시는 일상적인 활동을 할 때에도 관련 규정을 중얼거렸다. 21 CFR165.110은 용기에 담은 물에 관한 규정이었다. 물을 담은 용기에 관한 규정(21 CFR1250.40)은 물 자체에 대한 규정과 달랐다. 그는 퍼즐을 맞추듯 점검을 하며 늘 잃어버린 조각을 찾으려고 애썼다.

에르난데스가 배지를 보여주면, FDA의 규제를 받는 제조 시설은 공장과 주변 부지에 대한 접근을 전면 허용해야 했다. 불필요한 사전 고지는 금물이었다. 수사관의 출입을 거절하면 공장 문을 닫아야 할 수도 있었다. 그는 철저한 점검을 위해 현장에 최대한 오래 머물렀다. 짧으면 하루, 길면 2주가 걸리기도 했다. 그는 점검을 시작할 때 일단 차량을 이용하여 주변을 둘러보면서 최대한 넓은 시야를 확보했다. 카메라의 광각렌즈로 들여다보는 것과 마찬가지였다. 그래야 정말 중요한 사항에 초점을 맞출 수 있었다. K&K 씨푸드의 경우, 그는 정확히 무엇을 해야 할지 알고 있었다. 가장 예상하기 힘든, 가장 원하지 않을 시점에 들이닥쳐야 했다. 그들은 야간에 게를 조리했다. "사건이 성립되려면 현장을 덮쳐야 합니다." 그가 말했다.

에르난데스는 집에서 저녁을 먹고 아이들을 재운 뒤 저녁 9시에 다시 공장으로 돌아갔다. 직원들은 불만스러운 표정으로 그를 들여보냈다. 젖은 개 냄새가 더 강하게 풍겨왔다. 에르난데스는 냄새를 따라 공장 뒤편으로 갔고, 작은 주방의 스토브 위에 놓인 프라이팬에서 고기 조각을 찾았다. 개고기였다.[2] 작업장으로 나가보니 한 직원이 산 게를 조리하면서 무언가를 씹고 있었다. 에르난데스는 식품을 가공하는 장소에서는 음식

섭취가 허용되지 않는다는 다소 절제된 표현의 21 CFR110.10(b)(8) 규정에 근거하여 그 직원을 현행범으로 붙잡았다.

FDA 규정은 제한적이고 구체적이었다. 크래커를 씹든 개의 뒷다리살을 씹든 상관없었다. 에르난데스의 생각도 중요하지 않았다. 혐오스럽다고 해서 더 강한 제재를 가할 수는 없었다.

K&K 게살 공장은 누가 보기에도 의심스러울 정도로 불쾌한 공간이었다. 에르난데스는 명백한 단서를 공격적으로 쫓을 뿐 아니라 완전히 깨끗해 보이는 제조 공장의 이면도 꿰뚫어볼 수 있었다. 그는 루이지애나 아비타 스프링스에서 콘택트렌즈와 처방용 안약에 쓰이는 안구 윤활제를 생산하는 셔먼 제약의 제조 공장을 점검하면서 그 능력을 증명해 보였다.[3] 1994년에는 수습 직원 두 명을 대동하여 7개월 전 점검에서는 흠하나 발견하지 못했던 공장을 재방문했다.

점검할 영역은 공장과 공장 부지였다. 그날도 평소처럼 그는 바깥 부지부터 점검하기 시작했다. 공장 주변의 숲으로 들어가자 저 멀리에 바비큐라도 한 것처럼 검게 그을린 무더기가 보였다. 그는 수습 직원에게 나무 막대기를 주워 잉걸불을 찔러보라고 지시했다. 새카맣게 탄 의약품 더미였다. 하지만 왜? 수사관들은 타다 만 용기에서 제품 번호를 확인했다. 유효 기간이 아직 남아 있었다. "온전한 제품이면 파기하지 않았을 텐데 나머지는 어떻게 된 거지?" 에르난데스는 궁금했다. 알고 보니 이 회사는 오염 문제로 반송된 의약품을 태우고 있었다. 규정에 따라 문제의 원인을 조사하여 FDA에 보고하는 대신 증거를 태워 없애기로 결정한 것이었다. 에르난데스는 483이라고 부르는 보고서 양식에 조사 내용을 상세히 기록했다.

FDA 조사관들은 점검 결과를 다음의 세 등급으로 분류했다. 조치가 불필요함은 공장이 점검을 통과했다는 뜻이고, 자발적 조치가 필요함Voluntary Action Indicated, VAI은 공장이 결함을 바로잡아야 한다는 뜻이고, 최악의 등급인 공식적 조치가 필요함Official Action Indicated, OAI은 공장이 중대한 규정을 위반하여 반드시 시정 조치를 취하거나 처벌을 받아야 한다는 뜻이다. 에르난데스의 날카로운 감시 아래 OAI 등급을 받은 K&K와 셔먼 제약은 더 심각한 제재를 받을 위험에 처했다.

1995년, FDA는 열 가지가 넘는 규제 가운데 신청서 무결성 정책Application Integrity Policy, AIP이라고 불리는 가장 엄중한 처벌을 셔먼 제약에 부과했다. 해당 업체는 엄격한 감시하에 사기를 저지르고 있지 않다는 것을 증명해야 했다. 셔먼 제약은 머지않아 폐업했다. 에르난데스는 이 문제에 관해서만큼은 누구에게도 연민을 느끼지 않았다. 상황을 가볍게 여기거나 다른 식으로 볼 수 있는 일이 아니었다.

⊖ ⦸ ⦶ ⊘

FDA는 정부 기관의 가장 중요한 기능 가운데 한 가지를 제공한다. 식품, 의약품, 의료 기기, 반려동물 식품, 수의학 물품의 안전한 소비와 이용을 보장함으로써 국민의 건강을 보호하는 것이다. 이 과정에서 미국 경제의 약 5분의 1에 해당하는, 즉 미국인들에게 노출되고 소비되는 대부분의 제품을 규제한다. FDA는 직원 1만 7,000여 명을 두고 메릴랜드 실버스프링 곳곳에 있는 본사와 국내 위성 사무소 20곳, 그리고 해외 사무소 일곱 곳을 운영한다.

규제관들을 사명감에 불타는 공무원으로 보든, 클립보드를 들고 다니며 손 씻는 횟수나 세는 골칫거리로 보든, FDA가 전 세계에서 최적의 표준으로 여겨진다는 점에는 의심의 여지가 없다. 세계은행의 고위 보건 전문가는 FDA 규제관을 다른 나라의 규제관과 비교하는 것은 "최신 보잉기 모델을 낡은 자전거에 비교하는 것과 마찬가지"라고 말했다.

FDA의 높은 명성에는 특유의 점검 방식도 영향을 주었다. 그들은 체크리스트나 완제품만 면밀히 조사하는 것이 아니라 복잡한 리스크 기반 시스템을 이용하여 제조 과정을 철저히 조사한다. FDA의 기준에서 제조 과정이 위험하면 제품도 위험한 것으로 간주된다.

FDA는 기업들에게 시정 조치 및 예방 조치Corrective Action and Preventive Action라는 점검 시스템을 이용하여 자체적으로 조사하라고 요구한다. 제약 회사 머크는 이 시스템을 이용하여 품질이 조금이라도 의심스러운 의약품은 폐기하는 것으로 유명했다. "진실을 알기 위해서는 있는 그대로를 보아야 하고, 그것을 볼 줄 아는 사람들이 있어야 한다." 전 수사관이 설명했다. "규제 기관들이 보지 않으면 기업도 보지 않는다."

에르난데스가 사용하는 냄새 맡기, 눈으로 보기, 막대로 찌르기 같은 점검 방식이 단순해 보일 수도 있다. 하지만 그는 한 세기 이상 진화하며 함께 발전해온 의약품 및 식품의 안전성 관련 개념과 규정으로 무장했다. 현대의 제조 공장은 부적합한 의약품을 숲에서 태워버리는 것이 아니라 품질 문제의 원인을 반드시 밝히고 조사해야 한다. 제조 공장은 작업환경의 오염원을 통제해야 하므로, 게살 통조림을 가공하는 직원들은 개고기(오염 문제에 있어서는 그 어떤 식품도)를 섭취해서는 안 된다. 통제와 투명성, 일관성이라는 개념은 식품 가공과 의약품 제조를 지배하는 규정으로 정교하게 지어낸 건축물, cGMP에 포함된다.

20세기의 여명기에는 이런 규정들이 존재하지 않았다. 요즘 전 세계 어느 시설에서나 흔히 쓰이는 'GMP'라는 말도 1962년 미국연방 식품 의약품 화장품법을 개정할 때 처음 등장했다.[4] 오늘날의 의약품 제조업체들에게 cGMP는 모든 의약품이 동일하고 안전하고 효과적이며 포장지에 적힌 성분들을 함유한다는 것을 보장하기 위해 반드시 준수해야 하는 최소한의 필요조건이다. 이 필요조건은 한 세기 넘게 식품 및 의약품의 안전성을 확보할 최선의 방법을 논의하는 과정에서 진화했다.

중세 치료사들은 의약품의 품질이 제조 과정에 달려 있다는 발상을 최초로 알린 사람들이었다. 1025년, 페르시아의 철학자 이븐 시나Ibn Sina는 《의학 규범Canon of Medicine》이라고 불리는 백과사전을 편찬하여 조제약을 검사하는 일곱 가지 규칙을 제시했다.[5] 그는 실험자들에게 물질의 상태를 변화시키면, 예를 들어 꿀을 가열하거나 세인트존스워트(우울, 불안 등에 효과적이라고 알려진 허브—옮긴이)를 쥐약 옆에 보관하면 치료 효과가 바뀔 수도 있다고 경고했다.

중세의 통치자들은 모순된 언행의 위험성과 식품 및 의약품을 다루는 상인들이 질 나쁜 재료를 사용하여 소비자를 속이려 한다는 것을 알고 있었다. 13세기 중반 빵에 관한 법률Assize of Bread로 알려진 영국 법은 제빵사가 빵에 톱밥이나 대마같이 먹을 수 없는 충전제를 섞는 것을 금지했다.[6] 16세기 유럽의 도시들은 의약품의 표준 제조법을 약전pharmacopoeia으로 출판하기 시작했다.[7] 1820년, 미국 의사 11명이 최초의 미국 약전을 편찬하기 위해 워싱턴 D.C.에 모였는데, 서문에서 밝힌 것처럼 "의약품 준비 과정의 불규칙성과 불확실성의 유해함"에서 미국을 해방시키기 위해서였다.[8]

그해 독일 화학자 프레더릭 어큠Frederick Accum이 출간한 책인 《식품의 불순물과 음식의 독성에 관한 논문. 빵, 맥주, 와인, 증류주, 차, 커피, 크림, 과자, 식초, 머스터드, 후추, 치즈, 올리브오일, 피클, 기타 가정용품에서 발견되는 세련된 사기. 그리고 그것을 찾아내는 방법을 제시하기》는 긴 제목만으로 큰 논란이 되었다.[9] 어큠은 올리브오일에 납을 넣거나 맥주에 아편을 첨가하는 등 포장 식품에 방부제를 비롯한 첨가제를 사용하는 제조 공장의 행태에 분노했다. 유럽과 미국 전역에 널리 알려진 어큠의 논문은 식품의 안전성과 감독의 필요성 문제를 수면 위로 끌어올렸다. 미국에서는 1862년이 되어서야 작은 관공서였던 화학부가 농무부 지하에 상주하던 한 직원과 함께 식품의 불순물을 조사하기 시작했고, 이 어설픈 시도가 훗날 FDA로 발전했다.

1883년, 인디애나 국경 지역에서 왔으며, 각진 턱을 가진 꼼꼼한 의사 하비 와일리Harvey Wiley가 화학부를 맡았다.[10] 37세의 와일리는 식품 안전성에만 몰두하여 '십자군 화학자Crusading Chemist'로 알려졌다. 그는 1880~1890년대에 일련의 불순물 금지anti-adulteration 법안들을 통과시키기 위해 의회의 지지 세력을 결집시켰지만 성공하지 못했다.

1902년, 인내심의 한계를 느낀 와일리는 건강한 청년 12명을 모집하여 붕사, 포름알데히드, 살리실산, 아황산, 벤조산 등 식품에 많이 쓰이는 방부제를 먹였다. 참가자들은 저녁 식사를 하다가 복부를 부여잡고 헛구역질을 했다. 이 놀라운 실험은 미 전역에 엄청난 반향을 일으켰다. 와일리는 그것을 '위생 테이블 시험hygienic table trials'이라고 불렀고, 언론은 '독극물 부대Poison Squad'라고 불렀다.[11] 대중의 분노가 식품의 품질을 개선시키려는 운동에 불을 지폈다.

그사이 해군병원 위생 연구소(국립 보건원의 전신)의 간부들은 또 다른 공중보건의 위기로 고심하고 있었다. 1901년에 생명을 앗아가기도 하는 세균성 질병인 디프테리아가 세인트루이스에서 대유행했다.[12] 이 질환은 말의 혈액에서 생성한 항독혈청을 환자에게 주사하여 치료했다. 그해 10월에 항독혈청을 맞은 5세 환자가 이상한 증세를 보이기 시작했다. 얼굴과 목이 고통스러운 경련으로 뒤틀리더니 몇 주 만에 사망했다.[13] 디프테리아를 치료하기 위한 항독혈청이 파상풍을 야기했던 것이다. 간부들은 우유 마차를 끌던 짐이라는 이름의 은퇴마가 몇 주 전 파상풍에 걸린 사실을 확인했다.

세인트루이스 위생국은 간부들이 짐의 혈액을 8월과 9월 말에 걸쳐서 두 차례 채취했고, 10월 초에 증상이 나타나 주사를 놓았다는 사실을 알고 있었다. 8월에 채취한 혈액은 깨끗했지만 채혈 용기를 채우기에는 양이 다소 부족했다. 간부들은 남은 채혈 용기에 9월에 채취한 혈액을 채워 넣었고, 라벨을 바꾸지 않았다. 그 결과 '8월'로 표기된 일부 채혈 용기에 9월에 채취한 파상풍 혈액이 담겼고, 이로 인해 어린이 13명이 사망한 것이었다.

이 사건을 계기로 의회는 1902년에 '바이러스 독소법Virus-Toxin Law'으로 알려진 생물 제제 관리법Biologics Control Act을 통과시켰다. 이 법에 따라 생산자는 엄격한 표준 표기법을 따르고 운영 과정을 감독할 과학자를 고용해야 한다. 또한 해군병원 위생 연구소에 생물 제제 산업을 점검하고 규제할 권한을 부여했다.

그 무렵 기자들이 식품 및 의약품 산업의 골칫거리 관행을 들추기 시작했다. 1905년, 11편으로 구성된 콜리어스 위클리의 《미국의 위대한 사기극The Great American Fraud》 시리즈는 '기침약' '진정 효과가 있는 시럽' '카타르 파우더'의 무익함과 치명적 위험을 폭로하여 미국인들에게 큰 충격을 안겨주었다.[14]

1906년 6월, 의회는 화학자 와일리가 수십 년에 걸쳐 통과시키려고 애써온 법안을 마침내 통과시켰다. 식품 의약품법, 일명 '와일리법Wiley Act'

은 위험한 식품첨가물, '거짓 또는 오해의 소지가 있는' 표현, 부정 의약품과 불량 의약품의 판매를 금지했다. 그리고 USP에 실린 이름으로 판매하는 의약품은 강도와 품질, 순도에 대한 공식기준을 충족해야 했다.

하지만 파격적인 법이었던 만큼 허점도 많았다. 모르핀 같은 해로운 물질을 넣어도 라벨에 표기만 하면 문제가 되지 않았다. 식품 의약품법에 따르면 사기를 위한 주장도 범죄였지만, 판매자의 고의성을 증명하는 것은 정부의 몫이었다. 사기꾼들은 가짜 치료제의 효능을 믿었다고 주장하여 소송을 쉽게 피해 갔다.

FDA는 1930년에 공식 출범했다. 1933년, FDA 임원들은 의회와 공개 행사장에 위험한 식품과 의약품을 전시했다.[15] 전시회에는 여성들의 눈을 멀게 하는 속눈썹 염료, 마비를 일으키는 쥐약을 넣은 국소 제모제, 주성분이 라듐인 강장제, 성욕을 회복시킨다고 알려졌지만 실제로는 치명적인 라듐 중독을 일으킨 라디돌Radithor을 소개했다. 언론은 이 전시회를 "미국 공포의 방The American Chamber of Horrors"이라고 불렀다.

의회는 또 다른 비극에 조금씩 떠밀리다가 수년 후에야 새로운 식품 의약품법을 제안했다. 1937년, 여러 명의 어린이를 비롯하여 총 107명이 엘릭시르 술파닐아미드Elixir Sulfanilamide라고 불리는 액상 항생제를 복용한 후 사망했다.[16] 그들은 몹시 고통스러운 죽음을 맞이했다. 비통해하던 한 어머니는 프랭클린 루스벨트 대통령에게 딸의 고통스러웠던 마지막을 적어 보냈다. "저희는 딸아이가 작은 몸을 앞뒤로 흔들며 가녀린 목소리로 고통스럽게 울부짖는 모습을 지켜보았습니다. 오늘밤처럼 어린 생명을 빼앗아 고통과 암울한 미래를 남기지 않도록 의약품 판매를 중단해 주시기를 간곡히 부탁드립니다."

1932년에 발견된 후 정제와 가루약의 형태로 처방되어온 술파닐아미드는 연쇄구균 감염증 치료에 효과적이었다. 하지만 1937년 S. E. 메센길 컴퍼니의 대표 약사가 술파닐아미드를 디에틸렌글리콜(수십 년 후 부동액 제조에 사용된 달콤한 물질로, 치명적인 독성이 뒤늦게 밝혀졌음—옮긴이)에 용해하여 어린이 시럽을 제조하는 방법을 소개했다. FDA 수사관들은 메센길의 공장을 점검하면서 '소위 통제연구실에서 엘릭시르의 맛과 향, 외양만 확인할 뿐' 유독성은 확인하지 않는다는 사실에 몹시 놀랐다. 한 수사관은 "다발로 던져서 폭발하지만 않으면 판매하는 것 같다"고 보고했다. 참사에 충격을 받은 의회는 1938년, 신약을 시판하기 전에 농무부 장관의 승인을 받도록 하는 식품 의약품 화장품법을 통과시켰다. 의약품 판매를 희망하는 기업은 성분과 생산과정을 기술한 신청서뿐 아니라 제조법과 시설, 관리 체계를 충분히 갖추고 있다는 것을 증명할 안전성 시험 결과도 농무부 장관에게 제출해야 했다.

하지만 어떻게 해야 '충분하다'고 여겨질 수 있었을까? 1940년 12월과 1941년 3월 사이에 300여 명이 뉴욕 소재의 윈스럽 화학 회사에서 만든 항생제 술파다이어졸을 복용하고 혼수 상태에 빠지거나 사망하면서 이 질문은 더욱더 날카롭게 다가왔다.[17] 윈스럽은 FDA 신청서에서 '충분히' 통제하고 있다고 목소리를 높였다. 하지만 바르비튜레이트계 항경련제인 루미날이 일반적인 양보다 세 배 더 많이 들어 있었다. 환자들은 오염된 항생제를 삼키면서 자신도 모르게 바르비튜레이트를 과다 복용한 것이다. FDA는 점검을 통해 윈스럽 화학 회사가 항생제 술파다이어졸과 항경련제 바르비튜레이트를 한 공간에서 제조하고 종종 타정기(의약품을 압축하여 일정한 모양으로 만드는 기계—옮긴이)도 함께 사용한다는 것을 알게 되었다. 관계자들은 타정기에 무엇이 들어가고 나왔는지도 제대로 설명하지 못했다.

얼마 후 한 업계 컨설턴트는 FDA 임원들을 만나 대부분의 미국 제약 회사가 충분한 통제 시스템을 갖추지 못하는 이유 중 하나로 좋은 통제 시스템은 어때야 하는지에 대한 합의가 없기 때문이라고 말했다.[18] FDA의 의약품 책임자는 자신의 부서에 앞으로 '충분히 통제하고 있다는 형식적 기술만으로는 충분하지 않을 것'이라는 메모를 보냈다.

하지만 외면당한 비극의 잔재는 최악의 결과를 초래했다. 1960년, 신시내티의 의약품 제조업자 윌리엄 S. 머렐William S. Merrell은 탈리도마이드로 널리 알려진 케바돈을 판매하고자 FDA에 신청서를 제출했다.[19] 1956년 독일에서 개발된 탈리도마이드는 유럽, 캐나다, 남아메리카의 임산부들에게 수면제와 입덧 치료제로 판매되었다. 머렐사는 정식으로 출시되지도 않은 탈리도마이드의 샘플을 미국 의사들에게 나누어주기 시작했다. FDA 의료 담당자 프랜시스 켈시Frances Kelsey가 머렐사의 신청서를 검토했지만, 무턱대고 승인 도장을 찍기에는 안전성 연구가 부족했다. 머렐사 임원들에게 약물의 체내 작용 방식에 대해 물었지만 답변을 듣지 못했다. 그들은 오히려 켈시의 상급자들에게 항의하여 탈리도마이드를 승인하도록 압박했다. 하지만 켈시는 물러서지 않았다.

1961년 겨울, 그녀의 결정이 옳았다는 것이 명확해졌다. 각국의 여러 의사가 오그라든 다리와 물갈퀴처럼 생긴 팔 등 심각한 사지 변형을 가지고 태어나는 아이들과 탈리도마이드의 연관성을 지적했다. 탈리도마이드를 복용한 임산부 가운데 1만 명 이상이 신체가 불편한 아이를 출산했다. 켈시는 영웅으로 추앙받았다. 그녀가 굴하지 않았기 때문에 샘플로 인한 선천적 결함은 단 17건에 그쳤고, 미국인들은 최악의 상황을 피할 수 있었다. 일촉즉발의 상황이 다시 한 번 의회를 자극했고, 1962년에 식품 의약품 화장품법을 개정한 케파우버 해리스 수정안이 통과되었다.[20] 이로써 의약품 판매 신청자는 안정성과 효과를 증명하고 잠재적 부작용을 포장지에 표기해야 하며, 부작용 사례를 FDA에 보고해야 했다. 수정안에서 가장 중요한 것은 불량 의약품의 의미가 재정립되었다는 점이다.[21] 제조 과정이 cGMP에 맞지 않는 공장의 제품은 오염된 것으로 여겼다.

이것은 엄청난 변화였다. 그 후로 제조 과정은 품질의 핵심이 되었다. 새로운 정의는 FDA에 GMP를 요구할 권한을 주었다. 하지만 무엇을 기준으로 삼아야 할지에 대한 질문이 남아 있었다.

1962년 말, FDA 수사관들이 GMP의 초안에 대한 논의를 마무리하기 위해 모였다. 이듬해 발표된 새 규정은 '의약품의 가공, 포장, 보관'에 관한 기준의 새 범주를 확립했다. 제조 과정의 '중요한 단계'는 각각 '능숙한 책임자가 수행'해야 했다. 직원들은 주 화학식 사본과 각 제조 단계에 관한 자료를 포함한 상세한 '배치 생산 기록'을 제품별로 보관해야 했다.[22] 제조업체들은 새 규정을 준수하려고 노력했다. 그 결과 의약품 리콜이 증가했다.

1966년, FDA는 미국 시장에서 임상적으로 가장 중요하고 가장 많이 쓰이는 의약품들을 조사하기 시작했다.[23] 4,600개의 샘플 가운데 8퍼센트의 약효가 기준에 미달하거나 초과했다. FDA는 제조업체들을 단기간에 개선할 수 있는 최선의 방법은 철저한 점검이라고 결론지었다. 그리고 1968년부터 3년간 대규모 공습을 퍼부었다. 수사관들은 사전 고지 없이 기업들을 불쑥 찾아가 진을 쳤고, 가끔 1년 내내 점검하기도 했다. 수사관들은 기업들을 수시로 괴롭히고 교육하고 협력하고 협박했다. 수사관의 요구를 따를 수 없거나 따르지 않는 제조업체는 업계에서 퇴출당했다. 이러한 노력 덕분에 현재의 점검 프로그램은 효과적으로 정착할 수 있었다.

수십 년에 걸친 품질 개선의 여정에서 핵심은 점검 대상을 제품에서 공정으로 전환하는 것이었다. 제약 회사들도 의약품이 검사를 통과할 때까지 마냥 기다릴 수만은 없었다. 알약 몇 개 정도는 검사할 수 있지만 100만 개를 검사하는 것은 불가능했다. 품질 향상을 위해서는 제조 단계별로 결과를 기록하고 검사하는 방식을 구축해야 했다.

'공정 밸리데이션process validation'으로 알려진 이 과정은 1980년대 말에 널리 알려졌다. 각 제조 단계에서 얻은 데이터는 필수 로드맵이 되었다. ALCOA는 데이터가 갖추어야 할 '기인성attributable, 가독성legible, 동시성contemporaneously recorded, 원본성contemporaneously recorded, 정확성accurate'을 뜻하는 약자다.

마일란의 기술 지원 부문 부사장이었던 케빈 콜라르Kevin Kolar는 완제품과 제조 과정에서 생성된 데이터는 분리될 수 없다고 설명했다. "둘 중 하나가 없으면 하나의 제품으로 볼 수 없으며 (…) 기록되지 않는 것은 일어나지 않은 일이다. 세부 사항에 꼼꼼히 주의를 기울이는 것, 당신이 해야 할 일은 그것뿐이다."

⊖ ⦸ ⦶ ⊘

수년 후, 루이지애나의 에르난데스가 개고기를 찾아내는 것보다 더 복잡한 일을 할 운명이었다는 것이 확실해졌다. 2000년에 제조업이 연안으로 옮겨가기 시작했다. 그 후 8년 동안 해외에서 제조하여 미국 시장에 판매하는 의약품이 두 배로 늘어났다. 2005년에는 FDA의 규제를 받는 해외 제조 시설이 국내 제조 시설을 처음으로 추월했다.[24]

해외 출장을 나가줄 수사관이 더 많이 필요해졌다. 에르난데스는 자원하여 일본, 호주, 독일, 인도, 중국의 제조 시설들을 점검했다. 2003년에는 소규모 핵심 그룹인 해외 점검팀에 합류하여 미국을 기반으로 한 해외 제조 공장 점검에 전념했다. 무척이나 어렵고 고단한 작업이었다. 그는 정부에서 지급한 녹색 수첩을 늘 침대 옆에 두고, 반수면 상태에서도 갑자기 생각나는 것이 있으면 지체 없이 적어두었다. 공중보건보다 사무실 정치에 관심이 더 많은 감독관들에게는 존경심을 느끼지 못했다. 미국 소비자들을 위해 헌신하려는 마음이 그에게 계속 열정을 불어넣어 주었다.

의약품 제조 공장이 법을 준수하게 하려면 FDA 수사관은 사전 고지 없이 전혀 예상하지 못할 때나 가장 원하지 않을 때 들이닥쳐야 한다. 갑작스러운 방문을 두려워하는 공장일수록 GMP를 준수할 가능성이 높았다. 하지만 국제 영역에서의 점검은 완전히 달랐다. 해외 제조 공장은 무턱대고 들어가서 배지를 보여주고 점검할 수 없었고, 몇 개월 전에 점검 일정을 통지해야 했다. 그러면 공장에서 정식 초대장을 보내고, 수사관들은 그 초대장으로 여행 비자를 발급받았다. 이러한 사전 고지 시스템은 법적 의무 사항도, 최적의 점검 방식도 아니었다. 하지만 FDA가 자꾸만 쌓여가는 해외 점검 업무를 정신없이 처리하는 동안, 사전 고지는 어려운 과제들을 해치울 수 있는 임시 방편이었다.[25] 공장은 점검을 위한 적임자를 배정하고 외국 정부에 외교적 태도를 전달했다. 하지만 이러한 시스템 속에서 해외 점검은 공장의 실제 환경에 대한 공정한 평가라기보다는 연출된 행사에 가까웠다.

해외 제조 공장들이 수사관의 일정을 관리하고 지역 관광을 주선했다. 에르난데스는 "예상치 못한 요소는 문밖에 있다"고 말했다. 그는 자신의 본능과 수년간 배운 것들에 더 많이 의존하게 되었다. 말도 통하지 않는 먼 나라에 있는 자신을 발견할 때마다 '공장과 공장 부지'라는 개념을 떠올렸다. 그것은 '광범위한 사고'를 뜻하는 일종의 주문이 되었다.

이 과정에서 그는 언어, 문화, 시간대가 달라도 품질 자체는 하나의 언어라고 믿게 되었다. 그리고 그는 그 언어에 유창했다. 시설이 통제되든 말든 그는 현장을 관찰하고 냄새를 맡고 찔러볼 수 있었다. 예를 들어, 기록을 알아볼 수 없는 경우에는 기록을 볼 수 있는 방식을 연구했다. 얼룩이 없는지 또는 복사기에 지문이 있는지? 동등한 1배치의 기록이 다른 것보다 작은지? 기록이 구겨지거나 해어졌는지, 아니라면 왜 그런지? 그는 이런 방식으로 동료들이 놓친 부분들을 찾아냈다. 한 가지 예로 어느 해외 제약 회사는 기록을 무거운 섬유지에 인쇄했다. 에르난데스는 품질 관리자의 지시를 받은 직원이 칼로 글자를 긁어내며 데이터를 고치는 모습을 발견했다. 또 다른 예는 중국 공장을 점검할 때였다. 관리자들은 에르난데스를 비롯하여 그곳에 있던 모든 사람에게 무균 제조실로 들어가기 전에 비누로 손을 씻고 이중 장갑을 착용하라고 요청했다. 그는 안으로 들어가면서 보여주기 식이라고 생각했다. 그는 관리자에게 "모두가 이중 장갑을 착용해야 한다면 안쪽 손잡이의 지문은 어떻게 찍힌 겁니까?"라고 말했다.

이런 단서들은 제조 공장이라는 거대한 그림 퍼즐의 조각이었다. 그리고 그 퍼즐은 대륙 너머로 뻗어나갔다.

세계화는 투명성을 요구하는 과정에 그림자를 드리우고, 170년 동안 안전성을 연구해온 FDA에게 가장 어려운 과제를 던졌다. USP의 국제 건강 영향 프로그램global health impact program의 부사장을 역임한 패트릭 루쿨레이Patrick Lukulay 박사는 이렇게 설명했다. "세계화의 문제는 우리가 살고 있지 않는 나라에서 발생하기 때문에 (…) 항상 경계하면서 불시에 점검하고, 내부 고발자의 말에 귀 기울여야 합니다." 그리고 "규제는 쫓고 쫓기는 일입니다"라고 단언했다.

5장

적색경보

○

2004년
인도, 하리아나, 구르가온

BMS는 법을 준수하는 차분한 분위기의 회사였다. 개인의 수준과 무관하게 전 직원이 적절한 기록 관리 시스템을 유지하는 방법부터 성인지 감수성 문제까지 다양한 주제를 다루는 워크숍에 참석해야 했다.

타쿠르는 란박시에서 혼란과 맞닥뜨렸다. 란박시는 야망과 훌륭한 아이디어로 가득 차 있었지만 직감과 경험에만 의존했다. 임상 연구 부문 부사장은 하루에 네 갑씩 줄담배를 피워댔고, 뉴저지 제조 공장은 민감한 의약품 성분들을 직원용 냉장고에 섞어서 보관했다. 그리고 임원 회의에서 불거진 논쟁이 주먹다짐으로 번지기도 했다. 타쿠르는 공격적이고 지나치게 빠른 확장이 자유분방한 환경의 원인이라고 추정했다. "체계가 없었다. 내가 10~12년 동안 배워온 것들과 정반대였다."

하지만 2003년이 끝나갈 무렵, 타쿠르는 무질서와 훈련 부족에 대해 낙담하기보다 자신의 도움이 절실히 필요하다는 신호로 받아들였다. 그는 모든 데이터를 수집하여 보관하려는 계획을 세웠다. 기록 관리의 규준을 적용하여 종이 기반의 무질서에서 디지털 기반의 질서로 이동하는 것은 배타적인 자국 중심 기업에서 외부 지향적인 다국적 기업으로 나아가는 데 필요한 변화의 일부였다.

타쿠르의 팀은 프레젠테이션용 서식과 서체처럼 가장 기본적인 것부터 표준화하기 시작했다. 그들은 의무감과 충만한 통찰력, 새로운 아이디어를 가지고 변화를 만들기 위해 일했다. "네가 세상을 바꿀 거야." 타쿠르와 함께 BMS에서 이직한 스와미나탄이 말했다. "너는 다르게 할 수 있어." 그는 심지어 무질서에서 긍정적인 측면도 보았다. 그들은 BMS에서처럼 '이런저런 승인에 걱정할 필요 없이' 자신의 계획을 추진할 수 있었다.

하지만 혼란이 진전을 방해했다. 란박시는 의약품 포트폴리오를 관리할 자체 시스템을 가지고 있지 않았다. 부서들끼리 소통하지 않았고, 데이터를 추적할 방법도 없었다. 수익조차 유로, 달러, 루피 등 부서마다 다르게 표시했으며, 대부분 종이에 기록하여 보관했다. 타쿠르의 조사에 따르면 과학자들이 1년 전에 작성한 자료를 찾지 못하는 경우가 절반 이상이었다. 그의 팀은 과학자들이 표준작업 지침서와 연구 보고서 같은 핵심 자료를 저장할 수 있도록 시스템을 전산화하고 표준화했다.

초반에 타쿠르는 사전 동의서와 환자 의료 기록, 연구 결과를 포함한 임상 시험 기록을 디지털화했다. 그는 카스투릴을 란박시의 임상 시험팀이 있는 마지디아병원에 보냈다. 그곳에서 날카로운 신경전이 벌어졌다. 임상 시험팀 팀장이 타쿠르에게 전화를 걸어 병동의 네트워크 연결이 형편없기 때문에 기록을 디지털화하는 것은 불가능할 것이라고 설명했다.

타쿠르는 병원과 란박시의 데이터 센터 사이에 새로운 네트워크를 설치할 것이라고 장담했다. 그러고 나서 또 다른 팀원을 마지디아병원으로 보냈지만, 이번에는 병원 안으로 들어가지도 못했다.

타쿠르가 납득할 수 있는 가장 논리적인 설명은 위계를 중시하는 꼰대들의 사회에서 오래 일한 직원들이 자신의 권한을 침해당했다고 느꼈기 때문이라는 것이다. 그는 브랜드 의약품 기업 출신의 신참이었다. 자신이 상급자로서 하는 행동을 새 동료들이 경계할 수도 있겠다는 생각이 들었다. 타쿠르는 이직 후의 업무 평가에서 지시적이라는 지적을 여러 번 받았던 것을 떠올리며, 느긋하고 정중하게 행동하기로 결심했다.[1]

최종 보고서는 타쿠르의 자신감과 자기 신뢰, 타인의 높은 기대치, 스트레스 상황에서의 감정 조절을 언급했다. '어느 정도의 속도감과 절박감을 가지고 일을 하고 분석 결과를 이행하려는 욕망'에 대해서도 언급했다. 평가는 다음과 같이 이어졌다. "란박시의 문화가 다르고, 자신의 솔직함과 개방성이 늘 원하는 결과로 이어지지 않는다는 것을 인지하고 있다. 더 나아가 높은 기대가 매번 충족되지 않기 때문에 사람에 대한 인내심이 바닥을 드러낼 수 있다."

문제는 태도뿐만이 아니었다. 타쿠르는 기록 보존 정책을 수립하는 위원회에 배정되었다. 몇 차례 회의를 통해 최고 정보관리 책임자가 2년이 지난 이메일 기록을 삭제하기로 결정했다고 위원회에 통보했다. 타쿠르는 그 결정에 강력히 반대했다. 대부분의 연구 개발 프로젝트는 이메일을 통하고 최대 10년까지 걸릴 수 있다고 지적했다. 섣불리 기록을 삭제하면 중요한 결과물을 잃어버리고 규제 기관과 충돌할 수도 있다.

며칠 후 최고 정보관리 책임자는 타쿠르에게 전화를 걸어 그 주제와 관련된 이메일과 회의 내용을 전부 삭제하라고 지시했다. CEO의 사무실에서 직접 지시한 사항이라고 했다. 더 좋은 기록 보존 정책을 만들려던 노력은 논의에 관한 기록을 전부 삭제하라는 말과 함께 수포로 돌아갔다.

타쿠르와 팀원들은 인도 기업에서 일하면서 마치 동화 《거울 나라의 앨리스》처럼 골칫거리부터 부조리까지 온갖 장애물을 만났다. 그들은 전자문서 관리 시스템인 다큐멘텀이라는 소프트웨어 프로그램을 구매하려고 했다. 시중에 그만한 시스템이 없다고 판단했기 때문이었다. 하지만 구매 위원회의 허가를 받으려고 준비하다가 "견적서 세 개가 필요하다"라는 이야기를 들었다.

"하지만 이런 프로그램은 하나뿐이에요." 어떻게든 납득시키려고 애썼지만 어림도 없었다.

"아니요. 세 개가 필요합니다." 같은 대답이 돌아왔다. 구매 위원회는 "현지 남자들 몇 명을 구해서 처리해달라"고 재촉했다.

또 다른 예로, 카스투릴이 제형팀 팀장들과 실험실 작업을 디지털화하는 방안을 논의할 때였다. 그들이 항의하듯 웅성거렸고, 이윽고 한 사람이 "그러면 문서를 소급해서 작성해야 하는 건 어떻게 합니까?"라고 큰 소리로 질문했다. 제형 부문 부사장이 불쑥 끼어들어 가설에 근거한 질문이라고 설명했다. 가설이든 아니든 투명성을 확보하는 시스템을 반대하는 것은 분명했다. 하지만 타쿠르의 팀원들은 그들의 우려를 무시하고 그대로 밀고 나갔다. 어찌 되었든 회사와 시스템을 개선하는 것이 그들의 존재 이유였기 때문이다.

2004년 1월, 란박시 내부의 혼란이 외부로 터져 나왔다. CEO인 브라는 누가 보아도 확실한 후계자인 창립자의 아들 말빈데르 싱과의 알력 다툼에서 밀려 사퇴를 발표했다. 그리고 헝클어진 회색 머리카락과 주름진 얼굴이 인상적인 영국 출신의 화학자 템페스트 박사가 CEO로 승진했다. 32세에 제약 회사 회장으로 승진한 말빈데르의 자리를 확보해두기 위한 방안이었다. 스와미나탄이 지켜본 바에 따르면, 많은 사람이 전문 경영이라는 측면에서는 손실이고 "왕족 한두 사람의 취향에 따라 운영된다"라는 측면에서는 이득이라고 생각했다. 이 소식은 란박시를 21세기 인도판 화이자로 만들려는 타쿠르와 동료의 비전에 좋은 징조가 아니었다.

하지만 그보다 더 충격적인 일이 기다리고 있었다. 직원과 가족 들이 인도 축제 홀리를 기념하기 위해 열린 야외 행사에서 푸드 트럭 음식을 먹으며 라이브 음악을 듣고 있을 때였다. 바르바이야가 인파 속에 서 있던 타쿠르를 향해 손짓했다. 그는 타쿠르를 한적한 장소로 데려가 "나는 란박시를 떠날 거야"라고 말했다. 정신이 멍해졌다. 바르바이야는 이직한 지 2년도 채 지나지 않았다. 그는 타쿠르의 자리를 마련해준 장본인이고 혁신 의지를 내부적으로 옹호해주던 사람이었다. 타쿠르는 그의 말만 믿고 고액 연봉을 주던 직장과 미국에서의 안정된 삶을 등졌다. 그런데 이제 와서 떠나겠다고? "저는 어쩌지요?" 타쿠르가 물었다.

"자네는 살아남아야지. 나도 당장 떠나겠다는 건 아니야." 바르바이야가 말했다. "몇 달 더 있을 거니까 차차 이야기하자고." 그 후 몇 달 동안 바르바이야는 회사에 대해 매우 부정적인 태도를 보였다. 자신은 란박시 같은 데서 일할 사람이 아니라고 말했다. 심지어 교육을 도와주러 온 미국 과학자들과 고급 호텔에서 저녁 식사를 하면서도 회사에 대해 험담을 하여 같은 테이블에 앉아 있던 사람들을 불편하게 만들었다. 타쿠르는 그가 내보이는 적대감을 도저히 이해할 수 없었다.

타쿠르는 바르바이야를 한쪽 구석으로 데려가 그토록 분노하는 이유를 설명해달라고 했다. 그는 란박시를 무너뜨릴 수 있는 '속임수'에 대해 잘 알고 있다며 알 수 없는 말을 했다.

몇 달 후, 타쿠르는 바르바이야의 집에 점심을 먹으러 갔다가 그 주제를 다시 끄집어냈다.

"타쿠르, 나는 시속 100킬로미터로 달리는 자동차의 타이어를 바꾸겠다고 기를 쓰고 있었던 거야." 그가 대답했다. 타쿠르는 더 자세히 설명해달라고 부탁했다. 그러자 그는 2004년 예산안에 대해 이야기했다. 지역별 포트폴리오를 작성하기 위해 전 부서의 데이터를 수집했기 때문에 타쿠르도 꽤 자세히 기억하고 있었다. "이해가 되던가?" 바르바이야가 물었다.

돌이켜보니 개발 중이던 제품의 숫자가 150개 정도였다. 바르바이야의 설명처럼 미국에서 제네릭 의약품 하나를 개발하려면 최소 300만 달러가 들었다. 인건비가 훨씬 저렴한 인도에서는 비용을 절반 정도로 줄일 수 있었다. 그렇다면 개발 지원 예산이 약 2억 2,500만 달러여야 하지만 데이터 상에서는 1억 달러에도 못 미치는 금액이었다. 란박시는 자체 사업을 지나칠 정도로 부당하게 대우하고 있었다.

타쿠르는 그 이야기를 머릿속에 잘 기억해두고 화제를 전환했다. 하지만 바르바이야의 퇴사와 관련된 모든 경험이 타쿠르를 불편하게 만들었다. 고위직 지원군이 없는 란박시에서의 미래는 암울할 것만 같았다.

⊖ ⦸ ⦶ ⊘

2004년 7월, 타쿠르는 새 상사인 라진데르 쿠마르 박사를 만나고 기대감에 한껏 부풀었다. 키가 크고 미남인 쿠마르는 우아한 태도와 개방적이고 따뜻한 성격, 진실하다는 평판, 훌륭한 배경까지 갖추고 있었다. 그전에는 런던에 있는 글락소스미스클라인에서 정신의학 임상 연구 개발 해외 총괄로 일했다.

쿠마르는 스코틀랜드 던디대학교에서 교육을 마치고 왕립 외과대학교에서 정신의학을 전공했다. 이후 스미스클라인 비참(훗날 글락소웰컴과 합병하여 글락소스미스클라인이 됨—옮긴이)에 합류하여 부사장과 신경과학에 관한 임상 개발 및 의학부 감독을 맡았다. 거기서 그는 큰 성공을 거둔 항우울제 팍실의 개발을 도왔다. 그는 환자들에 대한 연민을 가지고 GMP를 매우 엄격히 적용했다.

커튼을 내린 사무실 안에서 언짢은 표정으로 꼼짝하지 않는 바르바이야와 달리 쿠마르는 사무실 문을 활짝 열어두었다. 그는 실험실을 비롯한 업무 공간을 수시로 돌아다니며 직원들을 만났다. 타쿠르는 대부분의 사람들과 마찬가지로 쿠마르를 만나자마자 그를 좋아하고 존경하게 되었다. 두 사람 모두 투명성을 가치 있게 여기는 환경에서 교육받아서인지 타쿠르는 곧장 충성심을 느꼈다.

란박시로 옮긴 지 6주째인 8월 17일 저녁, 쿠마르는 타쿠르에게 이튿날 아침 일찍 사무실에 와달라고 다급히 요청했다. 시간 약속에 철저한 타쿠르는 일찌감치 도착하여 완벽히 다듬어진 관목에 물을 주는 정원사들과 로비의 타일 바닥을 윤이 나도록 닦고 있는 청소부들을 지나갔다. 그는 란박시의 유명한 CEO, 파르빈데르의 커다란 초상화를 지나 쿠마르의 사무실로 향했다.

그날 아침 쿠마르의 사무실에 들어선 타쿠르는 그의 모습에 깜짝 놀랐다. 잠을 설친 듯 불안해 보였고 두 눈은 퉁퉁 붓고 거무칙칙했다. 그는 새 CEO인 템페스트의 지시로 남아프리카공화국의 정부 규제관을 만나고 전날 돌아왔다. 행색을 보니 출장이 순탄하지 않았던 것 같았다. 두 사람은 홀로 천천히 걸어 나가 흰색 유니폼을 입은 웨이터에게 차를 주문했다.

"심각한 문제가 생겼어요." 쿠마르는 돌아오는 길에 무언가를 결심한 듯 이렇게 말하고는 조용히 하라고 손짓했다. 그는 사무실에서 세계보건기구World Health Organization, WHO의 보고서를 건넸다.[2] WHO가 빔타 랩Vimta Labs Ltd의 점검 결과를 요약한 것이었다. 빔타 랩은 란박시가 에이즈 치료제의 임상 시험을 관리하기 위해 고용한 회사였고, 에이즈로 피폐해진 사람들을 치료하기 위해 란박시의 항레트로바이러스antiretroviral, ARV 치료제를 구입하던 남아프리카공화국 정부를 대신해 WHO가 점검을 진행했다.

프랑스 수사관 올리비에 르블레이Olivier LeBlaye는 이 점검에서 믿기 힘든 사기 행각을 밝혀냈다. 빔타가 등록한 '환자들' 중 상당수가 존재하지 않았고, 환자의 혈액에서 치료제의 용해도를 측정하여 얻었다는 데이터도 상당 부분 날조된 것으로 드러났다. 여러 환자를 검사하여 작성한 그래프들도 마치 복사한 것처럼 동일했다. 타쿠르는 보고서를 읽는 내내 입을 다물지 못했다. 기록이 없어 치료제가 실제로 환자에게 주어졌는지조차 확인할 수 없었다. 란박시가 규정대로 임상 시험 과정을 감독했거나 결과를 감사했다는 증거도 없었다. 즉, 병세가 심각한 에이즈 환자에게 처방할 치료제에 대한 기본적인 검증도 하지 않았다는 의미였다.

란박시에 대한 신뢰가 위태로워지자 템페스트 박사는 쿠마르를 남아프리카공화국으로 보내 빔타와 같은 사례는 한 건뿐이라며 규제관들을 안심시켰다. 하지만 쿠마르는 더 나아가 항레트로바이러스제의 포트폴리오를 전면 검토하고 필요하다면 임상 시험도 다시 하겠다고 장담했다.

타쿠르는 쿠마르의 말을 경청했다. 인도로 돌아가는 비행기 안에서 제네릭 의약품의 포트폴리오를 위한 생동성 시험을 총괄하는 책임자는 쿠마르에게 그것이 빔타나 항레트로바이러스제에 국한된 문제가 아니라고 말했다.

"그게 무슨 뜻입니까?" 타쿠르가 그의 말을 정확히 이해하지 못하고 물었다.

쿠마르는 문제가 그보다 더 심각하다고 말했다. 그는 어떤 책임을 지더라도 시장과 제품, 생산 라인을 포함한 포트폴리오를 전면 검토하여 진위 여부와 법적 책임의 소재를 알아내고 싶다고 했다. 그리고 타쿠르에게 저녁에 다시 만나서 그 계획에 대해 논의하자고 말했다.

타쿠르는 멍한 상태로 사무실을 나왔다. 손상된 의약품이 더 있다고? 그렇다면 세계에서 가장 엄격한 의약품 규제 기관인 FDA의 승인은 어떻게 받은 거지?

쿠마르의 요청대로 밤늦게 그의 사무실을 다시 찾아갔지만 아무도 없었다. 타쿠르는 기다렸다. 얼마 후 쿠마르가 무척 화가 난 모습으로 들어왔다. 그는 말없이 책상에 앉아 무언가에 열중했고, 20분이 지나서야 타쿠르를 올려다보았다. "한 잔 해야겠어." 그가 암울하게 말했다. 쿠마르는 항레트로바이러스제의 거짓 임상 시험을 어떻게 처리할지를 두고 운영진과 온종일 싸웠다고 설명했다. 그는 해당 제품을 시장에서 즉각 회수하고 생동성 시험을 제대로 수행하는 것만이 올바른 방안이라고 주장했다.

운영진도 동의했지만, 공식 성명의 초안에는 문제를 조사하겠다는 내용뿐이었다. 쿠마르는 해당 제품을 시장에서 즉시 회수하겠다고 수정했다. 하지만 사측은 쿠마르의 허락을 얻기 위해 원래의 초안을 모호하게 바꾸어 보냈고, 쿠마르는 재차 수정안을 보냈다. "저는 의사입니다. 환자에게 해를 끼칠 게 뻔한 제품을 승인할 수는 없습니다." 쿠마르가 단호하게 말했다. "란박시가 돈과 체면을 얼마나 잃든 상관없습니다. 그 제품을 시장에서 회수하지 않는다면 제가 나가겠습니다." 타쿠르는 또 다른 상사, 특히 자신이 무척 좋아하는 사람을 잃고 싶지 않았다.

⊖ ⦸ ⦶ ⊘

타쿠르가 퇴근 후 집으로 돌아가니 세 살배기 아들 이샨이 집 앞 잔디밭에서 놀고 있었다. 갑자기 지난해에 아이가 심각한 중이염에 걸렸을 때 벌어진 일이 떠올랐다. 소아과 의사는 강력한 항생제인 아목시클라브의 란박시 버전을 처방했다. 약을 3일간 복용했는데도 열이 39도에서 떨어지지 않았고, 글락소스미스클라인의 항생제를 처방해주자 하루 만에 열이 내렸다. 타쿠르는 아이를 품에 안으며 진상을 파악하기 전에는 가족에게 란박시 약을 다시는 먹이지 않겠다고 다짐했다.

2부

인도가 부상하다

BOTTLE
OF
LIES

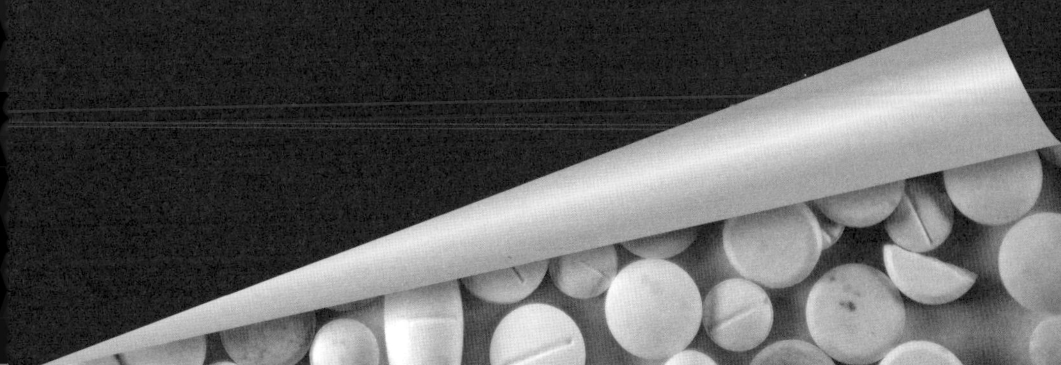

6장

자유의 투사들

○

1920년
인도, 구자라트, 아마다바드

오랫동안 대부분의 사람은 인도의 제약 회사들을 칭찬하기는커녕 그들의 제품을 복용하고 싶어 하지도 않았다. 수십 년 동안 수백만 달러를 들여 의약품을 개발하는 브랜드 의약품 기업의 입장에서 인도 기업은 그들의 제품을 복제해가는 강도나 다름없었다. 감사보다는 고소가 마땅했다. 그리고 전 세계 환자들에게 메이드 인 인디아는 되도록 피하고 싶은 벼룩시장 수준의 품질을 의미했다.

이러한 인식을 바꾸기 위해 배후에서 누구보다 열심히 일하며 클린턴의 방문을 이끈 사람이 있었는데, 그가 바로 유수프 박사였다. 그는 수년간 거대 제약 회사 시플라의 회장으로서 자국 정부도 사지 않을 의약품을 만들었고 대다수가 무시했던 공모에 대담히 도전했다. 다른 사람의 시선 따위는 신경 쓰지 않았으며, 오히려 경쟁 상대인 브랜드 기업들의 분노를 즐겼다. 그리고 2001년 어느 날, 그는 인도 제약 회사와 한 몸처럼 붙어 다닐 새로운 단어들을 발표했다. 그것은 인습 파괴자, 선지자, 구원자였다.

유수프 박사의 이야기와 인도의 현대 제약 산업은 사실 1세기 전 아슈람(힌두교도들이 수행하며 거주하는 곳—옮긴이)에서 시작되었다. 그곳은 다름 아니라 마하트마 간디가 인도 서부에 있는 구자라트의 아마다바드에 세운 사바르마티 아슈람이었다. 존경받는 인도 활동가들이 비협력 운동을 통해 영국의 지배로부터 인도를 해방시키려고 노력했던 곳이기도 했다.

1920년부터 간디는 전 국민에게 영국과 관련된 모든 것에 등을 돌리라고 촉구했다. 공무원들은 공직을 버렸고, 학생들은 영국이 운영하는 대학을 떠났으며, 국민들은 1921년 11월에 영국 왕세자가 내방했을 때 집 안에만 머물렀다.

카리스마 있는 젊은 화학도 콰자 압둘 하미드는 간디의 말을 마음에 새겼다. 잘생긴 외모와 위엄 있는 태도를 갖춘 하미드는 또래 사이에서도 타고난 리더였다. 그는 학교를 떠나 사바르마티로 갔고, 간디의 지시대로 같은 제자였던 자키르 후세인Zakir Husain과 아슈람을 떠나 인도인이 운영하는 대학교를 설립했다.[1] 훗날 하미드는 간디가 "조국의 자유를 위한 위대한 선지자"였다고 회상했다. "그분의 말씀은 저희에게 곧 법이었습니다."[2] 후세인은 나중에 인도의 3대 대통령이 되었다. 그가 설립을 도운 뉴델리의 국립 이슬람대학교Jamia Millia Islamia는 인도 학생들이 자신의 미래에 주인이 될 수 있도록 준비시킨다는 사명을 가지고 현재까지 운영 중이다.

1924년, 비폭력주의자 간디가 추종자들 사이에서 발생한 폭력 사태를 이유로 활동을 중단하자, 하미드는 유학을 떠났다. 그는 베를린에서 화학 전공으로 박사 학위를 받았다. 그리고 학교에서 호수로 소풍을 갔다가 공산주의자 성향을 가진 리투아니아 출신의 유대인 소녀를 만나 사랑에 빠졌다. 두 사람은 1928년에 베를린의 하나뿐인 모스크에서 결혼식을 올렸다. 히틀러가 권력을 장악하자 그들은 인도로 이주했고, 죽음의 문턱에 있던 유대인 가족 10여 가구를 인도로 데려오도록 후원하기도 했다.

1930년, 고향으로 돌아간 하미드는 낙후되고 열악한 연구 환경을 마주했고 제대로 된 실험실조차 찾을 수 없었다. 부츠와 버로스 웰컴(현 글락소스미스클라인—옮긴이)부터 파크 데이비스(현 화이자—옮긴이)까지 수많은 다국적 기업이 인도 제약 시장을 지배했고, 인도인들은 주로 배급을 담당했다.

주머니 사정이 좋지 않았던 청년 하미드는 근사한 실험실을 만들기로 결심했고, 1935년에 마침내 시플라를 설립했다. 그리고 4년 후 제2차 세계대전이 시작되던 무렵, 간디가 하미드의 제조 공장을 방문하여 방명록을 남겼다. "인도 기업을 방문하여 무척 기쁩니다." 하지만 그것은 단순 사교성 방문이 아니었다. 사활이 걸린 문제였다. 영국은 전쟁 물자를 보급해주면 인도를 독립시켜주겠다고 약속했다. 거기에는 의약품도 포함되어 있었다. 인도 군대의 의약품 수요는 급증하는데 유럽 제약 회사의 공급량은 바닥을 치고 있었다. 간디는 그 간극을 채우라고 조용히 권했고, 하미드는 그의 말을 따랐다.[3] 시플라는 말라리아 치료제 퀴닌과 빈혈로 고통받는 병사들을 위한 비타민 B12를 세계 최대 규모로 생산했다.

하미드는 검소하게 생활했지만 변덕스러운 인도 임대법 덕에 뭄바이 바닷가 인근의 고상한 마을 커프 퍼레이드에 있는 호화 아파트 자심 하우스 1층의 200평짜리 집을 임대할 수 있었다.[4] 인도에서 유명한 자유의 투사들이 하미드의 집을 방문했고, 그의 아이들은 정치적 독립과 개인적 독립이 모두 필요하다는 것을 배웠다. 하미드의 어린 아들 유수프는 아버지로부터 "인생의 번영은 스스로 이루어야 한다"는 가르침을 얻었다.

인도는 1947년(간디는 안타깝게도 불과 1년 후 암살당했다)에 독립했다. 그 무렵 하미드는 뭄바이 입법 위원회에 선출되었다. 1953년에는 보안관으로 임명되어 주임 대사와 비슷한 역할을 했다.[5] 그가 정치에 더 많은 시간을 쏟게 되면서 아들 유수프가 시플라를 경영하게 되었다.

가족과 친구들에게 유쿠라고 불렸던 유수프는 아버지를 닮아 예리한 과학적 사고방식과 빼어난 이목구비, 강렬한 느낌의 가느다란 눈, 일그러진 미소를 가지고 있었다. 그는 화학을 공부하기 위해 18세에 케임브리지로 떠났고 23세에 박사 학위를 취득했다.

유수프는 1960년에 시플라로 돌아가 복잡하게 뒤얽힌 형식적 관료주의를 마주했다. 시플라는 상장 기업이었기 때문에 대표이사와 관련된 사람들을 고용하고 연봉을 책정할 때 정부의 허가를 받아야 했다. 그래서 그는 1년간 무급으로 일했고, 그 후에는 정부에 연봉 인상을 신청할 수 있을 때까지 3년간 한 달에 20달러 정도를 받았다.

유수프도 아버지처럼 과학 서적을 탐독했다. 정제와 주사제 제조법을 독학으로 익혔다. 또한 의약품의 필수 요소인 유효 성분의 제조 방식에 혁신을 일으켰다. 제조업체들이 유효 성분을 별도로 생산하여 제약 회사에 판매하면, 부형제라는 성분을 첨가하여 의약품을 완성했다. 시플라는 유수프의 지휘 아래 인도 최대의 벌크 의약품(유효 성분—옮긴이) 제조업체로 발돋움했다. 당시에는 1911년에 제정된 영국의 구식 특허법 때문에 인도의 의약품 가격이 유럽보다 비쌌다.[6] 신약 개발도 할 수 없었다. 하지만 유수프는 대부분의 특허가 1940년대에 만료되었다는 사실에서 하나의 가능성을 발견했다.

뭄바이의 극심한 빈곤과 폭발적 인구 증가를 지켜본 유수프는 피임약 개발에 착수했다. 그는 의약품의 구매와 배급을 주도하는 인도 정부에 한 달에 2루피(약 20센트)가 드는 피임약을 제안했다. 미국의 피임 비용은 한 달에 8달러 정도였다. 하지만 정부는 인구문제에 관심이 없는 듯 그의 제안을 거절했다.

그는 피임약으로 인한 실망과 동시에 가장 큰 업적 가운데 하나를 이루었다. 그의 도움으로 1961년에 설립된 인도 제약사 협회Indian Drug Manufacturers' Association, IDMA가 인도의 구식 특허법을 수정하기 시작한 것이다. 인디라 간디 수상 역시 그들의 활동에 십분 공감했고, 1981년에 WHO에서 이렇게 말했다.[7] "제가 생각하는 더 나은 질서의 세상은 특허로부터 의학적 발견이 자유롭고 생사로부터 폭리를 취하지 않는 곳입니다."

1970년에 제정된 인도 특허법에 따르면 기존의 분자를 복제하는 것은 합법이지만 그것의 제조 과정을 복제하는 것은 불법이었다.[8] 덕분에 인도 화학자들은 제조 단계를 바꾸기만 하면 기존의 의약품을 마음대로 복제할 수 있었다. 이 법은 인도의 제네릭 기업들과 다국적 브랜드 기업들의 극심한 갈등을 초래했고, 많은 기업이 인도 시장을 떠났다.

새 특허법이 발효되면서 인도 제약 업계의 황금시대가 열렸다. 인도인들은 뛰어난 역설계 기술자가 되었고, 인도 기업들은 국내시장을 넘어 아프리카, 남아메리카, 이란, 중동, 동남아시아에까지 제네릭 의약품을 공급하기 시작했다.

1972년에 전설적 인물인 하미드가 사망하고 아들 유수프가 시플라의 CEO 자리에 올랐다. 집, 폴로 경기용 조랑말, 예술품 같은 재산을 모으기는 했지만 또래와 같은 방식으로는 인도의 '호황'을 즐기지 않았다. 빛과 예술로 가득한 뭄바이의 시플라 본사 밖에서 차마 외면할 수 없는 고

통의 바다를 마주했다. 수백만 명이 전기와 위생 시설, 음식을 얻기 힘든 빈민가에서 절망 속에 살아갔다. 수천 명이 머리를 가려줄 그늘막 하나 없이 도로변에서 생활했다.

사람과 질병은 너무 많은데 의약품은 부족한 미래가 보였다. 외면할 수 없는 세상이라는 사실이 다음에 벌어질 일에 지대한 영향을 미쳤다. 인도 제약 회사의 미래를 처음부터 다시 구상하기 위해서는 간디의 흔적이 새겨진 자유의 투사와 유대인 공산주의자의 아들이 필요했다.

⊖ ⊘ ⦶ ⊘

이와 대조적으로 란박시는 시플라와 정반대의 가치관을 키웠다. 유수프와 달리 바이 모한 싱은 간디에게서 영감을 받지 않았다. 그는 정부가 전적으로 할당량을 정하고 허가와 면허를 관리하는 인도의 구식 사업 체제, 소위 규제 왕국License Raj의 전문가였다. 기업들은 체제의 요구에 맞추어 복잡한 인맥과 거액의 뇌물로 면허를 취득했을 뿐만 아니라 경쟁자의 면허 취득을 방해했다.

예리한 감각을 지닌 발군의 금융 전문가 바이 모한만큼 좋은 결과를 얻는 경우는 흔치 않았다.[9] 그는 1917년에 펀자브의 부유한 시크교 가정에서 태어났고, 그의 아버지는 건설업계 거물이었다. 처음에 바이 모한은 가족 사업에 합류하기를 거부했다. 하지만 제2차 세계대전이 급속히 번지던 시기에 인도 군대의 막사를 짓는 대규모 공사를 맡은 바이 모한의 아버지가 아들을 캉그라 밸리로 보내 건설자재 반입을 감독하도록 했다. 공사가 성공적으로 끝나자 영국 부대를 버마(현 미얀마) 국경으로 보내기 위한 고속도로 건설을 비롯하여 수많은 계약이 줄줄이 이어졌다.

바이 모한의 가족은 사회 기반 시설 건설을 통해 펀자브에서 가장 부유한 가문이 되었고, 바이 모한은 특정인들에게만 허용된 세계에서 자신의 자리를 확보했다. 그리고 1946년에 은퇴한 아버지에게 대부분의 재산을 넘겨받아 거물이 되었다. 그는 뜻밖의 횡재를 가지고 금융 회사 바이 트레이더스 앤드 파이낸셜스Bhai Traders and Financiers Pvt. Ltd를 설립하여 수많은 기업에 자금을 빌려주었다.[10] 그중 하나가 소규모 의약품 유통업체 란박시 앤드 컴퍼니Ranbaxy and Co. Ltd였다.

바이 모한의 사촌이었던 란지트와 구르박스는 각각 의류 사업과 의약품 유통업을 하다가 해외 의약품을 인도에 유통하겠다는 소박한 목표를 가지고 1937년에 두 사람의 이름을 조합하여 란박시를 설립했다.[11] 하지만 구르박스가 초기 대출금을 상환하지 못하자 1952년에 바이 모한이 란박시를 매입하여 의약품 무역에 빠삭한 구르박스에게 회장직을 그대로 맡겼고, 1961년에는 법인을 설립했다. 바이 모한에게는 세 아들이 있었는데 그중 한 명이 파르빈데르였다. 이윽고 그는 란박시를 넷째로 언급했다.

바이 모한의 수많은 재산 가운데 란박시는 그리 반가운 선물이 아니었다. 당시 대부분의 인도 제약 회사들은 그들이 유통하는 해외 의약품의 명망에 의존했다. 란박시는 주로 평판이 좋지 않은 일본 의약품을 유통했기 때문에 그들의 평판도 함께 추락했다. 화학자들은 저가 의약품을 판매하는 란박시의 영업 사원들을 조롱했다.

바이 모한은 제약 업계를 경험한 적이 없었기 때문에 란박시에서 완전히 손을 뗄 수도 있었다. 하지만 자신을 이사회에서 몰아내려는 구르박스와 기업 경영권을 두고 싸움을 벌이다(바이 모한이 승리했다) 제약 산업에 관심을 가지게 되었다.

바이 모한은 제약 산업에 대해 무지했지만, 이사회를 교묘히 조종하고 정부 각료와 유력한 은행 간부 등의 인맥을 활용하여 경쟁 상대를 이기는 법은 훤히 꿰뚫고 있었다. 예를 들어, 이탈리아 제약 회사와 협력 관계를 정리하기 위해 같은 편을 종용하여 그들의 위법행위를 정부에 은근슬쩍 보고하게 했다.[12] 결국 이탈리아 기업은 인도를 떠나달라는 요청을 받았고, 바이 모한은 자신의 뜻대로 그 기업의 지분을 매입했다.

하지만 규제왕국 전문가로서의 능력이 최첨단 제약 회사를 설립하는 데는 도움이 되지 않았다. 란박시에는 미션이나 비전이라고 할 것이 없었으며, 제품을 자체적으로 생산할 능력도 없었다. 다른 곳에서 공급받은 벌크 의약품을 정제와 캡슐로 재생산하는 공장이 하나 있을 뿐이었다.

그 와중에 란박시를 미래로 이끈 두 가지 사건이 있었다. 1968년, 란박시는 로슈에서 제조하는 발륨의 제네릭 버전을 만들어 캄포즈Calmpose라는 이름을 붙이고 19세기 시인 갈리브의 시구인 "죽음의 날을 앞두고, 잠은 왜 밤새도록 나를 빠져나가는가"와 함께 출시하여 제약 업계에서 첫 번째 성공을 거두었다.[13] 캄포즈는 인도 최초의 '슈퍼 브랜드'가 되었다. 하지만 그보다 더 중대한 사건은 바이 모한의 장남 파르빈데르의 귀환이었다. 그는 1967년에 미국 앤아버의 미시간대학교에서 약학 박사 학위를 취득한 뒤 새로운 기술과 목표를 가지고 인도로 돌아와 곧장 란박시에 합류했다.

아버지보다 더 열정적이고 금욕적이었던 파르빈데르는 중학생 때 인도를 떠나 학업보다는 골프 실력을 갈고닦는 데 전념했다. 하지만 미시간대학교에 들어가서는 온종일 실험실에서 살다시피 했다. 학과장은 바이 모한에게 직접 편지를 보내 10년에 한 번 만날까 말까 한 학생이라고 말하기도 했다.[14] 그는 영적으로 한층 더 성숙해진 모습으로 인도에 돌아왔다. 그리고 술과 고기를 금하는 종교 단체를 이끄는 구루(힌두교나 시크교 등의 종교에서 정신적 지도자를 일컫는 말—옮긴이)의 딸과 결혼했다.

아버지와 달리 파르빈데르는 란박시가 독립해야 한다고 생각했다. 자체적으로 유효 성분을 만들고 연구를 수행하지 않으면 기업의 운명이나 제품의 질을 스스로 결정할 수 없었다. 두 가지 모두 거대 자본을 투입해야 가능한 일이었다. 파르빈데르는 자금을 대기 위해 1973년에 란박시를 상장했다.

파르빈데르는 란박시를 세계적 기업으로 키우려고 했지만, 인도 의약품에 대한 국제사회의 시각은 여전히 부정적이었다. 일이 너무 안 풀리다 보니 태국 지부는 지역 승려 16명과 기도회를 열어 상황이 좋아지기를 기도하기도 했다.[15] 미국 시장은 세계 최대 규모와 최대 수익률을 자랑했지만 규제 기관이 너무 까다로워서 진입하기 힘들었다. 인도 기업들이 미국 제약 회사에 유효 성분을 팔기는 했지만, 완제품을 파는 것은 완전히 다른 문제였다.

1987년, 란박시 임원 두 명이 수출 가능성을 가늠하기 위해 미국으로 건너갔다.[16] 기업 후원 도서는 그 일을 다음과 같이 설명한다.

> 20개 업체의 대표들을 만나 완제품을 미국에 수출하고 싶다고 말하자 그들은 몹시 당황스러워했다. [한 임원]이 미국 최고의 배급업자를 두 시간이나 기다려서 만났던 일을 떠올렸다. 그는 '메이드 인 이스라엘'[이라고 적힌] 펜을 부러뜨리고는 말했다. "이스라엘이 미국 시장을 침략하고 있는 마당에 이제는 인도 제약 회사까지 들어오겠군! 세상이 어떻게 돌아가는 거야?"

하지만 일부 미국 기업들은 란박시의 미래를 긍정적으로 보았고, 파르빈데르는 그들과 협력 관계를 구축했다. 그는 정밀 화학 제품 수입업자인 아그네스 바리스의 맨해튼 사무실을 방문했다. 바리스는 시대를 앞서가는 선동가이자 인습 타파주의자였다.[17] 그녀는 그리스 이민자 부부의 여덟 자녀 중 한 명이었다. 손수레를 끌고 다니며 아이스크림을 팔던 아버지가 세상을 떠났을 때 바리스의 나이는 겨우 14세였다. 문맹이었던 어머니는 의류 공장에서 단추를 꿰매는 일을 했다. 바리스는 브루클린대학교에서 화학 학사 학위를 취득하고 1970년에 40세의 나이로 아그바르 케미컬AgVar Chemicals을 창업하여 해외 제조업체들과의 의약품 성분 거래를 중개했다. 아그바르 케미컬은 수백만 달러를 벌어들였고, 그녀는 민주당의 주요 기부자가 되었으며, 클린턴 부부와도 가깝게 지냈다.

바리스는 파르빈데르와 동료들에게 즉각 흥미를 느꼈다. "눈부신 사람들이었다." 그녀는 세상을 떠나기 1년 전인 2010년에 이렇게 회상했다. "굉장히 멋졌고 아름다운 차림으로 완벽한 영어를 구사했다. 수준이 굉장히 높다고 느꼈다." 그녀는 제약 산업에 관한 노하우와 황금색 롤로덱스(명함 정리기—옮긴이)를 이용하여 미국에 완제 의약품을 판매하려는 란박시를 정치적으로 후원했다.

란박시가 확장되는 동안, 바이 모한은 인도에서 가족의 평화를 지킬 방법을 모색하고 있었다. 1989년, 71세가 되던 해에 그는 세상을 떠나기 전에 재산 분할을 원만히 끝내기 위해 성장 중이던 사업을 세 아들에게 나누어주었다.[18] 장남 파르빈데르에게 란박시의 모든 주식을 물려주었고, 차남 만지트Manjit에게는 농약 회사와 고급 부동산의 일부를 주었다. 그리고 막내 아날지트Analjit에게는 정밀 화학 기업인 맥스 인디아를 물려주었는데, 그들의 최대 고객은 란박시였다. 세 기업 가운데 란박시가 가장 컸기 때문에 두 동생은 추가 자금을 상속받았다.

하지만 만지트와 아날지트는 상속받은 사업이 망하자 부당한 대우를 받았다며 억울해했다.[19] 둘은 파르빈데르를 찾아가 아버지가 형을 편애한다며 분통을 터뜨렸다. 형제 사이가 완전히 틀어지자 아날지트는 란박시가 자신과 회사를 비방하는 비밀 운동을 조직하고 있다고 믿었다. 측근들에게는 파르빈데르가 차갑고 계산적이며 감정이 없는 사람이라고 이야기했다. 또한 유년 시절을 회상하며 "형은 매일 나를 다그쳤다"라고 말했다.[20]

파르빈데르는 란박시의 상무이사로서 승승장구했다. 인도는 1991년에 경제를 개방하면서 기존의 할당제와 허가제를 모두 폐기하고 전 영역을 외국인 투자자들에게 개방했다. 파르빈데르는 해외 진출에 더욱 집중했다. 란박시 내에서 그의 명성은 높아져만 갔다. "전설적인 존재였어요." 옛 동료가 말했다. "존경의 대상이었지요. 그가 지나가면 [직원들이] 머리를 조아렸어요."

하지만 파르빈데르는 곧 아버지와의 갈등 상황에 봉착했다. 바이 모한은 란박시의 지분을 넘겨주고 얼마 지나지 않아 아들을 상대로 소송을 시작했다. 회사 문제에 대한 자신의 거부권을 차단하여 가족 분쟁에 관한 합의안을 위반했다며 파르빈데르를 고소했다. 두 사람은 단지 내부적인 권력 행사뿐만 아니라 인도에 대해 신구의 상반된 비전을 놓고 갈등했다. 인도 경제가 외부 자본주의를 향해 개방되면서 인도 기업들은 '정부와 기업가의 소통을 담당하는 관리자'뿐만 아니라 진짜 기술을 가진 능숙한 전문가를 요구했다.[21] 바이 모한의 인맥은 덜 중요해졌고, 소외감을 느낀 그는 이사회에서 아들과 대놓고 논쟁했다.

두 사람은 1978년에 파르빈데르가 관리자로 영입한 브라를 두고 가장 크게 충돌했다. 브라는 MBA를 마친 뛰어난 전략가로서 파르빈데르의 오른팔이 되었다. 부자가 브라의 거취 문제를 두고 싸우면서 이사회도 분열되었다. 임원 수십 명이 각각 바이 모한과 브라를 옹호하면서 싸움을 벌였고, 경쟁 구호를 외치며 이사회실로 걸어갔다.[22] 브라를 옹호하는 집단을 이끌던 임원은 바이 모한에 의해 하루아침에 해고되었다가 그날 오후 파르빈데르에 의해 복직하기도 했다. 1993년 2월 6일, 만지트가 이사회에서 아버지를 쫓아낼 거라며 경고했고, 바이 모한과 지지자들은 결국 사임했다. 파르빈데르는 회장직을 물려받았고 바이 모한은 명예 회장을 맡았다. 부자는 평생 화해하지 않았다. 오히려 바이 모한은 상속에 관한 합의안을 위반한 혐의로 아들을 고소했고, 이로 인한 분쟁은 다음 세대까지 이어졌다.

1995년, 란박시는 인도 제약 회사 최초로 FDA 승인을 받은 공장에서 미국 수출용 제품을 생산했다. 그때쯤 총 매출의 5분의 4가 해외에서 비롯되었다. 2년 후, 파르빈데르는 식도암 진단을 받았고, 그의 비정한 아버지는 장례식에 참석하지 않겠다고 말했다(하지만 실제로는 직접 장례식을 준비하고 인맥을 총동원하여 조문객 400명을 초대했다). 1999년 7월, 파르빈데르가 사망하면서 란박시에 대한 소유권은 그의 두 아들인 26세의 말빈데르와 24세의 시빈데르에게 넘어갔다.

바이 모한은 란박시에 대한 소유권을 다시 주장하기 위해 두 손자를 즉시 이사회로 불러들였다. 하지만 파르빈데르의 영혼이 여전히 그를 방해하는 것 같았다. 그는 세상을 떠나기 한 달 전 마지막 언론 인터뷰에서 두 아들이 이사회에 합류하기 전에 전문적인 경험을 충분히 쌓아 자격을 갖추어야 한다고 말했다. 형제는 아버지를 기리며 고인의 유지를 따르겠다는 성명을 발표했다.

시빈데르는 가족 소유의 병원 사업에 합류했고, 말빈데르는 란박시의 말단 직원으로 들어가 작은 도시나 마을의 의사와 약사를 상대로 전화 영업을 했다. 서양식 비즈니스 교육(듀크대학교 푸쿠아 경영 대학원을 다녔다)을 받고 인도식 영적 가치관까지 갖춘 말빈데르는 빠르게 승진했다. 그사이 란박시는 전문 경영인인 브라가 맡았는데, 그의 임기가 부자의 추잡한 싸움을 촉발했다.

파르빈데르는 세계화에 발맞추어 란박시를 준비했지만 그 모든 선견지명과 대비에도 불구하고 세계를 란박시의 문 앞에 데려올 방법을 찾을 수 없었다. 전문 경영인의 탁월한 능력마저 퇴색시킬 엄청난 위기가 다가오고 있었다. 그것은 거대한 도덕적 상상력을 필요로 했고, 시플라의 CEO 유수프는 이를 실행에 옮겼다.

7장

하루에 1달러

○

1986년
인도, 뭄바이

시플라의 유수프 박사는 의학 저널을 다독하며 매년 15만 달러 이상의 구독료를 지불했다.[1] 1986년 어느 날, 그는 한 동료에게서 낯선 정보를 접했다. "터프츠 리포트에서 AZT가 에이즈의 유일한 치료제라고 하더군."

"에이즈가 뭔데?"[2] 유수프 박사가 물었다.

5년 전인 1981년, 미국 질병통제 예방 센터U.S. Centers for Disease Control and Prevention, CDC는 희귀암인 카포시 육종이 샌프란시스코와 뉴욕의 게이 청년들에게 퍼지고 있다고 보고했다.[3] 이듬해 의사들과 언론은 이 난해한 질환에 게이 관련 면역결핍증gay-related immune deficiency, GRID이라며 오해의 소지가 있는 이름을 붙였다. 그리고 아프리카 의사들은 '슬림Slim'이라는 확실하지 않은 소모 증후군(체중이 과도하게 감소하는 질환—옮긴이)과 싸우고 있었다. 1982년 여름, CDC는 이 질환들의 연관성을 분석하여 에이즈acquired immune deficiency syndrome, AIDS(후천성면역결핍증)와 전구물질인 인간 면역 결핍 바이러스human immunodeficiency virus, HIV를 확인했다.

유수프 박사가 의문을 품었을 때까지만 해도 에이즈는 인도 대부분의 지역에서 거의 나타나지 않았다. 하지만 이미 시플라 본사에서 멀지 않은 뭄바이의 홍등가에 에이즈가 들끓고 있었고,[4] 불과 몇 년 후 뭄바이는 '인도 에이즈의 수도'라는 별명을 얻었다.

10년도 채 지나지 않아 아프리카는 에이즈로 인해 파괴되기 시작했다.[5] 하루에 5,000명 이상 사망했다. 몇몇 국가에서는 인구 4분의 1이 감염되었고, 일부 지역에서는 목관 제조업이 가장 크게 번성했다.[6] 부모 없는 아이들이 매년 두 배씩 늘어나면서 아프리카는 고아들의 땅이 되어갔다. 이러한 추세라면 2025년까지 9,000만 명의 아프리카인이 에이즈로 사망할 것으로 예상되었다.[7]

1991년, 인도 정부에서 운영하는 연구소의 수석 연구원이었던 라마 라오 박사는 유수프에게 자신이 AZT, 즉 아지도티미딘의 화학 합성법을 개발했으니 시플라에서 제조해달라고 요청했다.[8] AZT는 에이즈의 발병을 늦출 수 있는 유일한 치료제였다. 하지만 그 약은 미국의 버로스 웰컴에서만 생산되는 데다 1인당 연간 8,000달러 정도가 들었다. 유수프는 그의 제안에 선뜻 동의했고, 국제 가격의 10분의 1도 안 되는 하루 2달러짜리 AZT를 1993년에 출시했다. 하지만 대부분의 인도인은 그 정도의 비용도 감당하기 힘들었다. 유수프는 "매출액이 0원이었다"고 회상했다.

그때 유수프는 인도 정부에 AZT를 구입하여 배급할 수 있는지 물어보았다. 하지만 그들은 진단과 예방을 위한 예산은 있어도 치료를 위한 예산은 없다며 제안을 거절했다. 유수프는 진저리를 내며 캡슐 20만 개를 폐기해버렸다. 에이스를 둘러싼 오명 때문에 그 약을 사가기는커녕 거저 준다고 해도 가져가지 않았다.

몇 년 후, 유수프는 의학 저널에서 세 가지 약품을 혼합한 칵테일 요법 HAARThighly active anti-retroviral therapy(고활성 항레트로바이러스 요법)가 에이즈 억제에 효과적이라는 기사를 읽었다. 문제의 세 가지 약품은 스타부딘, 라미부딘, 네비라핀으로 세 곳의 다국적 제약 회사에서 생산했다. 비용을 계산해보니 환자 1인당 연간 1만 2,000달러가 들었다. 치료 과정이 매우 힘들 뿐만 아니라 비용을 감당할 수 있는 사람도 거의 없었다. 유수프는 즉시 칵테일 요법에 사용할 의약품을 제조하기 시작했다.

1997년, 남아프리카는 넬슨 만델라의 지휘하에 의약품 특허 회피와 저가 의약품 수입이 용이하도록 법을 개정했다.[9] 에이즈 확산의 진원지로 떠오른 남아프리카만큼 에이즈 치료제가 절실한 나라는 없었다. 하지만 남아프리카는 130여 개의 WTO 회원국에 지적재산에 대한 기본적인 보호를 요구하는 무역 관련 지적재산권Trade-Related Aspects of Intellectual Property Rights, TRIPS에 관한 협정을 따라야 했다.

남아프리카의 새로운 법은 거대 제약 업계의 분노를 유발했다. 도미노 효과가 두려웠던 39개의 브랜드 기업들은 새 보건법이 TRIPS 협정을 위반한다고 주장하며 미국 정부의 지원하에 남아프리카를 고소했다. 남아프리카공화국 제약 협회Pharmaceutical Manufacturers Association of South Africa는 거대 제약 업계를 대신해 우는 아이의 모습과 함께 새 보건법으로 인해 '위조했거나 기한이 지난 해로운 의약품'이 시장에 들어올 것이라는 경고 문구를 담은 신문광고를 냈다. 브랜드 기업들은 남아프리카가 국제조약을 파괴하려 한다며 공장을 닫고 그곳에서 철수했다.

이로 인한 교착상태는 치명적인 결과를 초래했다. 제약 회사들이 지적재산을 두고 소소한 싸움을 벌이는 동안 2,400만 명이 꼭 필요한 치료제를 합리적인 가격에 구하지 못해 병에 걸렸다. 2000년 8월 8일, 유수프는 한 번도 만나본 적 없는 미국 활동가로부터 한 통의 전화를 받았다. "동료들과 함께 당신을 만나러 가고 싶습니다." 그가 수화기 너머에서 말했다. 사회 고발 전문 기자 출신으로 미국 제네릭 의약품 산업의 출발점이 된 해치 왁스만법의 제정을 위해 격렬한 운동을 펼쳤던 아다드였다.

그는 바리스로부터 유수프에 대해 전해 들었다. "그 사람은 탁월한 화학자예요. 그리고 다국적 기업을 두려워하지 않아요." 아다드가 언급한 동료들은 특허의 굴레를 벗어나 합리적인 가격의 에이즈 치료제를 가장 필요한 사람들에게 구해주겠다는 단 하나의 목표를 가지고 뭉친 각양각색의 활동가들이었다. 지적재산 분야의 활동가인 제이미 패커드 러브Jamie Packard Love는 새 특허법을 개정하고 보호하도록 남아프리카 정부에 조언하는 일을 도왔다. 그는 미국에서 에이즈 치료제 생산에 드는 실질 비용을 알아보려 했지만 이에 대해 아는 사람을 찾지 못했다. "4,000만 명의 백인들이 죽음을 앞두고 있었다면 누군가는 이 질문의 답을 알았을 것이다." 제이미 러브는 이렇게 회상했다.

유수프와 통화하고 4일 뒤, 빌 아다드와 제이미 러브, 국경없는의사회 소속의 프랑스 의사를 포함한 다섯 명이 런던의 고급 복층 아파트에 도착했다. 그곳에서 유수프는 무자비한 인도의 여름이 끝나기만을 바라며 그들을 기다리고 있었다. 일행을 위층에 있는 유리 식탁으로 데려갔다. 그들은 글로스터 스퀘어 가든이 내다보이는 곳에서 인도에서 가장 유명한 예술가인 M. F. 후사인의 작품을 비롯한 값비싼 예술품에 둘러싸인 채 유수프에게 물었다. 에이즈 치료제의 가격은 얼마나 낮출 수 있고, 또 얼마나 만들 수 있습니까?

유수프는 연필로 종이에 낙서하듯 비용을 계산하더니 연간 800달러 정도로 절반 이상 줄일 수 있다고 답했다. 밤새도록 긴 대화가 이어졌고, 활동가들은 앞으로 다국적 제약 회사들과 필연적으로 벌여야 할 전투에서 유수프를 지원하겠다고 약속했다. 인도 제약 회사와 국제 활동가 들은 전 세계 무역업계와 제약 업계의 공고한 질서를 뒤집고 수백만 명의 목숨을 구하겠다며 특별한 동맹을 맺었다.

그들의 노력에 힘입어 한 달쯤 뒤, 유수프는 브뤼셀에서 열리는 유럽연합 집행 위원회 회의에 참석하여 HIV와 에이즈, 말라리아, 결핵, 빈곤퇴치에 대해 연설해달라는 요청을 받았다. 그는 기꺼이 수락했고 3분의 시간을 부여받았다. 2000년 9월 28일, 그는 연단에 서서 보건복지부 장관과 전 총리, 다국적 제약 회사 대표 등 고루하고 의심 많은 유럽계 백인들을 훑어보았다.[10] "여러분." 그는 냉담한 표정의 청중을 향해 말했다. "저는 제3세계를 대변하고, 그들의 요구와 열망을 대변합니다. 그들의 역량을 대표하고, 무엇보다 기회를 대표합니다."

그는 이어서 세 가지를 제안했다. 연간 800달러(대량 구매하는 정부에는 600달러)가 드는 에이즈 치료제를 판매하고, 의약품을 자체적으로 생산하려는 아프리카 정부에게 무료로 기술을 가르쳐주고, 에이즈가 모체에서 태아로 전염되는 것을 막는 네비라핀을 무료로 공급하겠다는 것이었다. 그는 사람들이 보는 앞에서 약값을 말 그대로 후려쳤다. 그리고 도발적으로 마무리했다. "이 자리에 참석한 분들이 양심에 따라 행동하시기를 바랍니다."

유수프는 많은 정부가 자신의 제안을 받아들여 제약 업계에 혁명이 일어나기를 기대했다. 하지만 그들은 값비싼 의약품을 "할인해준다"고 해도, 심지어 "무료로 준다"고 해도 꿈쩍하지 않았다. 강연장이 쥐 죽은 듯 조용해졌다. 아무도 그의 제안을 받아들이지 않았다. 그곳이 지뢰밭 한 가운데였기 때문이기도 하다. 세계 제약 시장을 가로지르는 특허와 무역협정은 신뢰도 문제로 인해 수많은 나라가 저가 의약품에 접촉하지 못하도록 막았다. 유수프가 수년간 노력했지만 여전히 많은 나라가 인도의 제네릭 의약품을 질 낮은 위조품으로 여겼다.

2000년, 〈뉴욕 타임스〉 기자 도널드 G. 맥닐 주니어Donald G. McNeil Jr.는 이처럼 상반된 시각을 확인하기 위해 인도를 찾았다. 국경없는의사회 임원들은 그에게 인도의 일부 제조업체가 양질의 저가 의약품을 생산하고 있다고 말했다. 무엇이 진실일까? 한몫 단단히 챙겨 도망치려는 위조범, 아니면 양질의 제품을 취급하는 할인 판매업자? 유수프는 맥닐에게 공장과 실험실을 전면 개방하겠다고 제안했다. 이렇게 작성된 기사가 케임브리지 출신 화학자의 상세한 프로필과 함께 〈뉴욕 타임스〉 1면에 실렸고, 값비싼 약의 제조 과정이 싸구려 약보다 더 믿을 만하다는 브랜드 기업들의 주장과 상반되는 개념을 서구 독자들에게 소개했다.[11]

2001년 1월 26일, 역사상 가장 강력한 지진 중 하나가 구자라트 서부 지역을 강타했다.[12] 이로 인해 2만 명이 사망하고, 16만 명 이상이 부상을 당했다. 전 세계가 앞다투어 구호에 나섰다. 막 임기를 마친 클린턴도 기부금을 모아 인도에 갔다.[13] 유수프 박사는 창고를 열어 의약품을 대량 기부했다. 하지만 이 사건은 그에게 다른 종류의 경각심을 불러일으켰다. 전 세계가 건물 밑에 갇히거나 집을 잃은 사람들을 구하겠다고 앞다투어 나섰지만, 피해 규모로 치자면 구자라트 지진은 에이즈에 비해 소소한 편이었다. 그는 브뤼셀에서의 제안을 정부가 수용해주기를 마냥 기다릴 수 없다고 판단했다.

다음 행보를 고민하고 있던 와중에 앞으로 나아갈 방향이 나타났다. 지진이 나고 며칠 후 아다드가 유수프에게 연락하여 구체적인 질문을 던졌다. "하루 1달러짜리 에이즈 치료제를 공급해줄 수 있습니까?" 유수프는 대충 계산해보고 승낙했다. 국경없는의사회에만 그 가격으로 공급할 작정이었다. 세상을 변화시킬 만큼 낮은 가격이었다.

2001년 2월 6일 자정 무렵, 뭄바이의 디너 파티에 전화벨 소리가 울렸다. 〈뉴욕 타임스〉 기자 맥닐이었다. "유수프 박사님, [국경없는의사회]에 하루 1달러짜리 약을 공급한다는 게 사실입니까?" 맥닐이 그에게 물었다. 유수프가 그렇다고 답하자 맥닐이 큰 소리로 웃었다. "박사님, 내일부터 인생이 달라지실 겁니다."

이튿날 아침, 맥닐의 기사가 〈뉴욕 타임스〉 1면에 실렸다.[14] 시플라가 환자 한 명당 연간 1만~1만 5,000달러가 드는 에이즈 치료제를 연간 350달러, 하루 1달러에 판매하겠다고 제안했지만, 특허권을 가진 다국적 제약 회사들이 부시 행정부의 지원하에 이를 저지했다는 내용이었다. 제이미 러브는 맥닐의 기사가 "장벽을 완전히 무너뜨렸다"고 회상했다.

전 세계 언론이 이 기사를 인용했다. 에이즈가 전 세계로 확산되는 상황에서도 어떻게든 특허권을 보호하려는 거대 제약 업계와 그들을 지원하는 부시 행정부에 관한 뉴스는 전 세계의 분노를 유발했고, 필라델피아에서 프리토리아까지 거리 시위가 일어났으며, 대량 학살이라는 비난까지 등장했다. 거대 제약 업계는 홍보에 완전히 실패했다. FDA 승인을 받지 못한 의약품을 불법으로 홍보하고, 홍보대사처럼 활동하는 의사들에게 대가를 주고, 유명 의약품의 부정적인 안전성 데이터를 은폐하는 등 제약 산업의 추한 민낯 중에서도 남아프리카에서 보인 태도는 정말 최악이었다. 〈월 스트리트 저널〉은 이렇게 요약했다.[15] "안 그래도 나빴던 대외 이미지가 이보다 더 망가질 수 있을까? 넬슨 만델라를 고소하는 건 어떨까?"

아다드에게는 평생 잊지 못할 잔인무도한 행동이었다. "거대 제약 업계, 역겨운 개자식들." 그는 수년 후 어느 기자에게 소리쳤다. "3,400만 명이 에이즈에 감염되었고, 모두 약 없이 죽을 것이다. 죽을 예정이거나 죽어가고 있다. 연간 1만 5,000달러가 들기 때문에 [아프리카에서] 그 약을 사 먹을 수 있는 사람은 단 4,000명뿐이다."

그들은 서로를 혐오했다. 글락소스미스클라인의 CEO 장 피에르 가르니에Jean-Pierre Garnier는 2001년 헬스케어 포럼에서 시플라와 인도 제네릭 기업들을 언급하며 말했다. "그들은 저작권 침해자입니다. 연구라는 걸 평생에 단 하루도 하지 않는 그런 인간들이에요."[16] 거대 제약 업계의 일부는 아프리카 시장을 점유하려는 수작이라며 유수프를 비난했고, 그는 이렇게 대응했다. "사람들은 저에게 무언가 꿍꿍이가 있을 거라며 비난합니다. 꿍꿍이야 당연히 있지요. 저도 죽기 전에 무언가 좋은 일을 하고 싶습니다."[17]

2001년 3월 5일, 거대 제약 업계가 프리토리아(남아프리카공화국의 행정 수도—옮긴이)에서 남아프리카 정부를 상대로 소송을 제기하자 전 세계가 한 목소리로 그들을 규탄했다.[18] 남아프리카의 시위 참가자들은 프리토리아 고등법원 밖에서 가두 행진을 벌였다. 영국의 글락소스미스클라인 공장 앞에서는 피켓 시위가 벌어졌고, 미국의 에이즈 활동가들도 주요 도시에서 집회를 열었다.

결국 유수프와 활동가들이 승리했다. 그다음 달 다국적 제약기업들은 소송을 취하하고 특허권도 포기하여 에이즈 치료제의 제네릭 고정 용량 복합제를 아프리카에 저렴한 가격으로 판매하겠다고 약속했다. 그해 8월, 시플라는 까다로운 칵테일 요법의 에이즈 치료제를 트리오뮨이라는 알약으로 개발했다고 발표했다. 그 과정에서 시플라는 서양의 특허법을 피할 수 있었다. 세 가지 약품의 특허와 제조업체가 모두 제각각이어서 합법적인 복제가 수년간 불가능했기 때문이다.

클린턴 재단이 개입하여 협상을 이끌었고, 인도 제약 회사들은 아프리카 정부의 대량 구매를 보장받는 대신 가격을 하루 38센트로 대폭 낮추기로 합의했다.[19] 클린턴 재단은 공정 화학자process chemist들을 데려와 의약품 제조 단계를 줄이는 방법을 찾도록 도왔고 비용도 감축했다.

하지만 서양의 계산법을 "도울 형편이 아니다"에서 "돕지 않을 형편이 아니다"로 바꾼 것은 하루 1달러라는 숫자였다. 에이즈 활동가들은 조지 W. 부시 대통령을 신뢰하지 않았다. 하지만 그는 2003년 1월 28일 국정 연설에서 5년간 에이즈 치료제에 150억 달러를 투입하는 새 정책을 발표하여 활동가들을 놀라게 했다.[20] 그는 극적인 비용 절감이 "우리의 능력 안에서 엄청난 가능성을 열어주었고 (…) 역사상 많은 사람을 위해 이렇게 많은 일을 할 수 있는 엄청난 기회를 제공한 경우는 매우 드물다"고 설명했다. 그 정책은 PEPFARPresident's Emergency Plan for AIDS Relief(에이즈 퇴치를 위한 대통령의 비상 계획)이라고 불리며, 현재까지 운영되고 있다. 주저하던 세계도 마침내 유수프가 시작한 혁명을 좇아오기 시작했다.

미국 납세자들이 납부한 수십억 달러를 사용하여 제네릭 의약품을 아프리카로 보내려는 PEPFAR는 거대 제약 업계에 최악의 시나리오였다. 며칠 지나지 않아 일부 다국적 제약 회사의 CEO들이 탄원서를 백악관에 제출했다. 하루 1달러에 의약품을 공급하겠다는 약속을 철회하라는 내용의 탄원서였다. 대답은 '아니오'였다. 대신 부시는 양보의 의미로 그들에게 PEPFAR의 수장을 선택할 권리를 주었다. 에이즈 활동가들의 기대와 달리 그들은 제약 회사 일라이 릴리의 전 CEO 랜들 토비아스를 선출했다.[21]

비용을 해결하고 나니 이번에는 품질이 문제였다. 아프리카로 보낼 에이즈 치료제의 품질을 어떻게 보장할 것인가? 제네릭 의약품 지지자들은 양질의 치료제를 위해 국제 정보 센터 역할을 하기로 동의한 WHO에 의지했다. 그들은 에이즈 치료제를 수출하려는 기업들을 점검하고 승인받은 기업을 사전 점검 목록에 추가할 예정이었다. 하지만 이런 방식은 모두를 만족시키지 못했다. PEPFAR은 토비아스의 지휘하에 미국인의 세금으로 구매한 아프리카 수출용 에이즈 치료제는 무조건 FDA 승인을 받아야 한다는 조건을 갑작스럽게 도입했다.

비난이 빗발쳤다. 에이즈 활동가들에게는 최악의 유인술이었다. 대부분의 인도 기업은 어떤 의약품으로도 FDA 승인을 받지 못했다. 활동가들은 불필요한 안전장치라며, 진짜 목적은 거대 제약 업계에 수익을 보장하고 제네릭 의약품 제조업체들을 배제하는 것이라고 주장했다. 그들은 강력한 지지자들을 얻었다. 2004년 3월, 존 매케인(공화당, 애리조나)과 에드워드 케네디(민주당, 매사추세츠)를 포함한 상원 의원 여섯 명이 부시 대통령에게 서신을 보내 FDA 승인이 의약품에 대한 접근을 불필요하게 지연시킬 것이고, WHO의 기준은 "전 세계에서 높이 평가받는 규제 기관들의 기준을 충족하거나 초과한다"고 주장하며 그들을 신랄히 비판했다.[22] 상원 의원들은 거대 제약 업계를 조롱하려는 듯 "행정부가 제네릭 의약품의 안전성과 효과를 검토하기 위해 개발했다는 이중 절차에 숨은 의도가 있는 것은 아닌지 의심스럽다"라고 했다. 전 백악관 보좌관에 따르면 클린턴 재단의 클린턴 전 대통령도 부시 대통령에게 전화하여 WHO 승인에 만족한다고 전했다.

하지만 FDA 검토라는 요구 조건이 단순히 거대 제약 업계의 이익만을 보장하기 위한 것은 아니었다. 부시 행정부는 인도 제네릭 의약품의 품질을 신뢰하지 않았다. 백악관과 FDA의 관료들은 일련의 회의에서 어렵게 조달한 의약품의 품질을 확인할 방법을 두고 둘로 나뉘어 팽팽히 맞섰다. "[아프리카를 위해] 효력이 떨어지고 오염된 에이즈 치료제를 구입하는 것은 미국 납세자들에게 아주 끔찍한 일이라고 생각했다." 당시 FDA의 의료 정책 개발 책임자였던 스콧 고틀리프 박사는 이렇게 회상했다. "인도의 불법 복제약을 구입하라는 압력이 많았다." 그는 국장이 되기 몇 년 전에 기자를 만나 당시 상황에 대해 설명하며 이렇게 덧붙였다. "사람들은 그것을 제네릭 의약품이라고 부르지만 나는 불법 복제약이라고 부른다."

양당의 강력한 압박 속에서 마침내 타협안이 나왔다. FDA는 PEPFAR 의약품을 위해 신속한 검토 과정을 만들어 공중보건의 승리로 여겨지는 결과를 야기했다. 아프리카에 합리적인 가격으로 판매되는 제네릭 의약품은 FDA의 검토 혜택을 얻을 수 있었다. 2005년 5월 27일, 란박시는 PEPFAR 프로그램에서 에이즈 치료제로 승인을 받은 최초의 인도 기업이 되었다.[23] 많은 기업이 그들의 뒤를 따랐다.

세계에서 가장 빈곤한 사람들이 유수프 박사 덕분에 목숨을 건졌다. 하지만 그의 혁신은 의도치 않은 결과를 불러왔다. 많은 인도 기업이 FDA 승인을 받아 아프리카에 의약품을 판매하고 제네릭 의약품 산업의 위상이 높아지면서 미국의 의약품 공급도 완전히 달라질 것이라는 관측이 이어졌다. 인도인들이 적당한 가격의 의약품을 미국 규제 기관의 승인을 받을 만큼 잘 만들 수 있다면, 미국인들이 복용하기에도 충분했다.

8장

영리한 작업 방식

○

2005년 12월
펜실베이니아, 캐넌즈버그

제조 과정이 아무리 복잡하고 어렵더라도 브랜드 의약품은 제조법을 따라야 한다. 이를테면 원료를 15분간 섞어서 알갱이로 만들고 수분함유율이 4퍼센트에 도달할 때까지 분무하고 다시 30분간 섞는 식이다. 하지만 제네릭 버전을 만들려면 제조법이 달라야 하고, 비슷한 결과물을 더 빨리 만드는 것이 이상적이다. 이러한 역설계는 공정 화학자의 몫이다.

말릭은 최고의 평가를 받는 공정 화학자였다. 그는 펀자브 실험실에서 실력을 갈고 닦으면서 역설계를 위한 공정 특허를 60개 이상 취득했다. 란박시에서는 17년을 근무한 끝에 제형 개발 및 인허가 총괄 자리에 올랐다. 또한 여드름 치료제인 소트레트의 결함이 밝혀졌을 때 참사를 수습하러 나선 베테랑이었다. 훗날 그는 불완전한 제형을 계속 판매하겠다는 동료들의 "불합리한" 선택이 퇴사에 영향을 주었다고 말했다. 2003년 6월

에 사직서를 제출했다.[1, 2]

A-B-C-D-E-F-G 같은 화학합성의 7단계를 G-C-B-F로 바꾸는 것은 단순한 작업이 아니다. 규제관들의 철저한 점검과 변리사들의 법적 견제를 견딜 수 있는 제형을 만들어내야 한다. 말릭의 임무는 다른 사람들이 손 놓고 도망간 문제의 해결법을 찾는 것이었다. 머리가 희끗희끗하고 성격이 활발한 그는 따뜻한 미소를 지으며 거침없이 악담을 퍼붓곤 했다.

미국 정부가 인도 기업들에 의존하여 아프리카에 판매할 저가 의약품을 만들기 시작했을 때 말릭은 란박시를 떠났다. 그와 동시에 주목할 만한 변화가 나타났다. 인도 기업들은 미국 시장으로 진출했고, 미국 기업들은 말릭의 특별한 기술이 높이 평가되는 터보 엔진을 장착한 인도 시장으로 사업체를 옮기기 시작했다.

말릭은 퇴사 후 2년 반 만에 인도 사업가가 하이데라바드에 설립한 제약 회사 매트릭스 래버러토리스의 최고 운영 책임자가 되었다. 란박시에서 함께 일했던 동료 몇 명이 그를 따라왔다. 그들은 PEPFAR 프로그램을 위한 에이즈 치료제에 집중하면서 매트릭스가 세계에서 두 번째로 큰 유효 성분 제조업체로 도약할 수 있도록 도왔다. 그곳에서 말릭은 유수프 박사의 약속을 계기로 만들어진 새로운 생태계의 정상에 올랐다. 인도 기업들은 서양의 규제 기관들이 요구하는 GMP를 철저히 따르면서도 효과적인 저가 의약품을 대량으로 만들 수 있었다.

인도 과학의 전도사로 유명한 라구나스 아난트 마셸카르Raghunath Anant Mashelkar 박사는 인도 기업이 위업을 이룰 수 있었던 이유에 대해 한 가지 가설을 제시했다.[3] 인도의 과학자들은 탁월한 공학 기술과 결핍에 대한 경험 덕분에 낡은 공정을 재고하여 더 효율적으로 만드는 능력이 뛰어나다는 것이었다. 마셸카르는 그 결과가 "간디식 혁신Gandhian innovation"이라고 말했다. 간디의 기본 철학 중 하나로 "과학 발명은 공익을 목적으로 해야 한다"가 있다. 마셸카르의 주장에 따르면 인도인들은 최소 자원을 가진 덕에 적은 비용으로 더 많은 사람에게 혜택을 제공하는 '영리한 작업방식'을 발전시킬 수 있었다.

하지만 일각에서는 여전히 인도 제약 회사를 공들인 연구와 혁신의 찌꺼기를 먹고 사는 하이에나처럼 여겼다. 마셸카르는 "적당한 가격"이 반드시 "더 나쁜 제품"을 의미하지는 않는다고 설명했다. '더 나은 제품'을 의미하는 경우도 많았다.[4] 말릭의 특출한 능력이 매트릭스에서 빛을 발했다. 그리고 오래 지나지 않아 서양 국가들의 요청이 이어졌다.

⊖ ⊘ ⦶ ⊘

애팔래치아의 제네릭 기업 마일란 래버러토리스는 전형적인 미국 기업이었다. 1961년에 두 퇴역 군인이 웨스트버지니아의 화이트 설퍼 스프링스에 있는 버려진 아이스 링크에 마일란이라는 회사를 차렸다.[5] 이 회사는 설립자 마이크 푸스카의 "제대로 하지 않을 거라면 시작도 하지 말라"라는 특유의 기업 정신으로 유명해졌다. 웨스트버지니아 모건타운의 2만 7,000평 부지에 자리한 대표 공장은 세계 최대 규모였다. 공장의 규모와 중요성 때문에 FDA는 그곳에 상주하다시피 했다. 기업 후원 도서 《마일란: 인습에 얽매이지 않은 50년의 성공Mylan: 50 Years of Unconventional Success》에 따르면, FDA 수사관은 사다리 꼭대기에 앉아 흰 장갑을 낀 손가락으로 제조 장비 상단을 쓱 훑었다(규정상 모든 표면이 티끌 하나 없이 깨끗해야 했다). 손가락이 '여전히 흰색'이면 경영진은 안도의 한숨을 내쉬었다.[6]

모건타운 공장은 기술자들에게 아주 세세한 부분까지 주의를 기울이도록 요구했다. 직원들은 채용되기 전에 의약품 제조와 무관한 15분짜리 영상을 시청하고 그 내용에 관한 질문을 받았다. 첫 번째 내용은 무엇인가? 두 번째 내용은 무엇인가? "GMP 환경에서 직원들은 지시받은 대로 작업해야 한다." 제조 기술 지원 부문 부사장이었던 콜라르가 설명했다. "누군가가 실수를 하면 무조건 조사해야 한다."

책임감 있는 제약 회사라면 위험요인을 최소화해야 했다. 하지만 2005년 말, 마일란의 CEO 로버트 코어리Robert Coury는 최악의 와일드카드와 맞서고 있었다. 인도 제약 회사들이 유효 성분을 자체 생산하여 최저 비용으로 운영하면서 시장 점유율을 빼앗아갔다. 이와 대조적으로 마일란은 원료를 중국과 인도의 공급업체에 주문했다. 경향에 맞추어 세계화하지 않으면 가격 경쟁에서 이길 수 없었다.

코어리는 마일란의 원료 공급 업체 중 하나인 매트리스 래버러토리스로 시선을 돌렸다. 2005년 12월, 뉴저지공항 로비에서 매트리스의 회장을 만났고 칵테일 냅킨에 계약서를 썼다. 마일란은 인도의 상장 기업을 최초로 매입한 미국 기업이 되었다. 계약에 따라 2007년 1월까지 글로벌 플랫폼을 제공받을 수 있었다. 하지만 마일란이 계약을 통해 얻은 가장 중요한 자산은 국제 기술 경영 부문의 부사장 말릭이었을 것이다. 그는 란박시에서 믿을 만한 팀원들을 데려왔다.

그는 미국 임원진의 일원이 되어 최고 운영 책임자이자 민주당 출신인 웨스트버지니아 주지사 조 맨친(현 원로 상원 의원)의 딸 헤더 브레시Heather Bresch 옆에 코어리와 나란히 앉았다. 인도인과 미국인 들은 매트릭스와 마일란의 합병이 아주 순조로웠다고 표현했다. 마일란의 기업 후원 도서에 따르면 "브레시와 코어리는 매트릭스를 마일란의 거울상처럼 여겼다.

그들은 야심이 있었고 근면했고 품질에 충실했다".[7] 말릭은 계약 기간이 만료될 때쯤 "같은 언어를 사용하기 시작했다"라고 말했다. 첫 번째 회식에서 다함께 인도 음식을 먹었는데, 마일란의 경영진 대부분은 접해본 적 없는 음식들을 마치 고기와 감자처럼 익숙하게 먹었다.

하지만 두 팀은 그들이 속한 현실이 그렇듯 너무나 달랐다. 인도의 제네릭 기업은 주가의 미세한 변화까지도 언론에 숨 가쁘게 보도되는 스타 기업이었다. 반면 미국의 제네릭 기업은 무명 기업처럼 운영되었다. 피츠버그 의사 공동체에 정착했을 때 말릭은 깜짝 놀라며 "모두 마일란에 대해 쥐뿔도 모르는군"이라고 말했다.

하지만 더 중요한 차이는 품질에 대한 지향점이었다. 이론상 규제가 엄격한 시장에서 모든 제약 회사는 비용, 속도, 품질의 삼각형 안에서 운영된다. 여기서 품질은 고정점이어야 하며 규정에 따라 필요조건이 설정되어야 했다. 제조 과정은 예외나 편차 없이 투명해야 하고 반복과 조사도 가능해야 했다. 하지만 제네릭 기업은 비용을 줄이고 개발 속도를 높여서 신청서를 가장 먼저 제출해야 한다는 압박감 속에서 중대한 갈등과 마주했다. 비용을 어디까지 낮출 수 있을까? 그리고 품질이 떨어지기 전에 얼마나 빨리 조치를 취할 수 있을까?

제네릭 산업의 일부 관계자들은 미국처럼 규제가 엄격한 시장에서 요구하는 GMP를 따르려면 비용이 약 25퍼센트 증가한다고 주장한다. 따라서 기업은 힘든 선택을 해야 한다. 하루에 보통 걸레 아홉 개를 써야 하는데 무균 걸레가 일반 걸레보다 훨씬 비싼 4달러라면? 제조 비용이 40센트인데 고객은 4센트짜리 백신을 원한다면? 하지만 가장 중요한 문제는 제네릭 의약품의 비즈니스 모델 그 자체다. 하루에 14달러가 드는 브랜드 일약을 이튿날 제네릭 버전으로 단돈 4센트에 살 수 있다면 어떻게 품질을 유지할 수 있겠는가? 말릭이 인정한 것처럼 이러한 역학은 양질의 제조 공정에 대한 "투자 욕구를 자극하지 않는다".

이러한 갈등에 직면했을 때는 기업 문화가 중요하다. 말릭과 그의 팀을 훈련시킨 란박시는 2015년까지 미국 시장에서 매출 10억 달러 달성이라는 목표를 향해 전진하라고 촉구하는 포스터를 사무실 벽에 붙여놓았었다. 하지만 마일란의 문화는 달랐다. 회의실 포스터는 이렇게 강조했다. "마일란에서 품질이 단순한 요구를 넘어 개인적 명분이 될 만한 이유를 찾아라." 마일란은 펜실베이니아 캐넌즈버그에 유리벽으로 된 본사를 짓고 경영진에게 일부가 투명한 명함을 줄 만큼 품질과 투명성이라는 이미지를 만드는 데 전념했다.

말릭은 마일란에서도 이전처럼 실험실에서 발생하는 문제들을 처리하고, 거래가 끊이지 않도록 신속하게 신청서를 제출하고, 세계에서 가장 까다로운 규제 기관의 점검을 통과할 수 있도록 보장하는 일을 했다. 하지만 그 모든 일이 지속적인 감독을 예상하고, 또 거기에 익숙한 한 미국 기업의 유리벽 안에서 일어났다.

⊖ ⊘ ⦶ ⊘

환자들은 단순하고 원만한 과정만을 떠올리기 때문에 자신이 복용하는 제네릭 의약품을 브랜드 의약품과 동일하게 여기기 쉽다. 특허가 만료되면 브랜드 기업은 제조법을 공개하고, 제네릭 기업은 연구나 홍보에 투자할 필요 없이 최소 비용으로 동일한 의약품을 만든다. 하지만 사실 제네릭 기업들은 제네릭 의약품을 개발하면서부터 자신도 모르게 규정에 의한 합법적이고 과학적인 싸움을 벌인다. 그들의 의약품은 대부분 브랜드 기업의 도움이 아니라 방해를 받으며 시장에 출시된다.

FDA 국장 스콧은 브랜드 기업들이 제네릭 기업과의 경쟁을 미루기 위해 종종 '속임수'와 '게임 전략'에 의존한다며 격분했다.[8] 브랜드 기업은 특허를 이용하여 의약품 주위에 요새를 세우고, 각 제조 단계와 점진 방출의 메커니즘에까지 특허를 신청하기도 한다. 살짝 변형한 의약품을 신약으로 공표하여 특허 기간을 몇 년 더 연장하는 '에버그리닝evergreening'을 할 수도 있다. 제네릭 기업이 브랜드 의약품 샘플을 연구하여 재설계에 사용하자 브랜드 기업들은 샘플 판매를 보류했고, FDA는 2018년부터 FDA 웹사이트에 업체명을 게재하여 그들의 관행을 비판하고 공개적으로 망신을 주기 시작했다.

하나의 제품을 성공적으로 출시하려면 제네릭 기업은 이러한 고난의 과정을 역으로 밟아야 한다. 일단 제네릭 기업이 어떤 분자를 목표로 삼으면, 과학자들은 그것이 체내에서 어떻게 작용하는지를 밝히고, 변호사들은 법률적인 보호 수단을 확립한다. 다음 단계는 실험실에서 원료 의약품active pharmaceutical ingredient, API을 성분의 형태로 합성하여 개발하는 것이다. 시행착오를 겪다보면 수년이 걸릴 수 있다. 이 단계를 성공하면 알약, 캡슐, 정제, 주사제 가운데 브랜드 의약품과 동일한 제형으로 제네릭 의약품을 완성해야 한다. 그러려면 부형제라는 성분이 추가로 필요하다.

다음 단계는 시험이다. 실험실에서 진행하는 시험관 내 시험은 체내 환경을 재현한다. 예를 들어, 용해도 시험은 의약품의 용해 과정을 확인하기 위해 위장의 환경과 유사하게 만든 비커 안에 의약품을 넣는다. 하지만 가장 중요한 시험은 사람을 대상으로 하는 생체 내 시험이다.

브랜드 기업은 수천 명의 환자에게 신약을 시험하여 안전성과 효과를 증명해야 한다. 반면 제네릭 기업은 제네릭 의약품이 체내에서 브랜드 의약품과 비슷하게 작용한다는 것만 증명하면 된다. 그러려면 건강한 지원자들에게 제네릭 의약품을 먹이고 혈중농도를 측정해야 한다. 그 과정에서 중요한 생물학적 동등성 곡선들이 포함된 그래프가 산출된다.[9] 수평선은 최고 농도까지 걸리는 시간time to maximum concentration, Tmax을, 수직선은 최고 농도peak concentration, Cmax를 반영한다. 두 축 사이에는 곡선하 면적area under the curve, AUC이 있다. 생물학적 동등성을 입증하려면 시험 결과가 반드시 이 영역에 포함되어야 한다.

모든 의약품 배치에는 변이가 나타난다. 한 실험실에서 동일한 조건으로 제조된 브랜드 의약품도 배치별로 조금씩 다르다. 그래서 1992년 FDA는 통계에 근거하여 생물학적 동등성을 범위로 정의하는 복잡한 공식인 제네릭 의약품의 혈중농도는 브랜드 의약품의 80퍼센트 미만이거나 125퍼센트 이상일 수 없다를 만들었다.[10] 하지만 이 공식으로 인해 기업들은 지정된 범위를 벗어나는 샘플을 20퍼센트 이하로 제한하고, 그보다 훨씬 더 많은 샘플이 브랜드 의약품에 가까운 범위 안에 안착할 수 있도록 90퍼센트의 신뢰 구간을 설정해야 했다.

유효 성분을 제조하고 추가 성분을 선택하여 주요 시험과 임상 시험을 수행하고 나면, 완성된 제형을 제조 현장에 적용하여 상업적 규모로 생산할 수 있는지 확인한다.

제조 규모가 커질수록 과정을 통제하기가 더 어려워진다. 무언가 잘못될 여지가 있으면 실제로 잘못될 것이다. 제약 과정 주위에 cGMP라는 요새를 짓더라도 말릭이 즐겨하는 말처럼 "나쁜 일은 일어나기 마련이다". 성실한 제조업자들은 과거의 재난으로부터 기업을 보호하고 앞으로 닥쳐올 재난을 예방하려고 노력한다. 하지만 사람이 운영하기 때문에 시스템을 아무리 완벽하게 고안해도 문제는 발생할 수밖에 없다. 예를 들어, 존슨 앤드 존슨의 뇌전증 치료제는 목재 운반대에 쌓아둔 의약품에 용제가 스며들기 전까지 아무런 문제가 없었다.[11] 마일란의 모건타운 공장에서 일하던 한 실험실 기사는 동료에게 어떤 장비를 제대로 작동시키려면 호스를 'rig(설치 또는 조작하다의 의미)' 해야 한다는 쪽지를 남겼다가 그것을 우연히 발견한 FDA 수사관에게 의심을 사는 바람에 까딱하면 공장 문을 닫게 할 뻔했다.

이러한 가변성의 유일한 해법은 GMP를 양심적으로 고수하고 각 제조 단계를 실시간으로 기록하는 것이다. FDA 수사관들은 이렇게 얻은 데이터를 청사진 삼아 기업이 얼마나 제대로, 얼마나 면밀히 점검했는지를 점검하고 필연적 오류를 찾아내 시정 조치를 요구한다. 말릭은 "재발하지 않도록" 문제를 처리하는 것이 점검의 목적이라고 설명했다.

⊖ ⊘ ⦶ ⊘

말릭은 이러한 도전 과제들에 직면하면서 자신이 제형의 마술사 이상의 존재임을 증명했다. 그는 자신을 바꾸는 일에도 탁월하여 마일란에서 최고 운영 책임자까지 고속으로 승진했다. 그와 동시에 브레시는 CEO로, 코어리는 회장으로 승진했다. 말릭이 감독하던 인도 사업부는 머지않아 전 세계 40개 시설 중 25개 시설과 3만 명의 직원 중 절반 이상을 보유하게 되었다.

여러모로 말릭은 마일란에서 큰 성공을 거두었다. 마일란의 진로를 인도로 틀었고 모건타운과 하이데라바드의 연구 개발팀 사이에 경쟁을 유발하는 데 일조했다. 3년 만에 의약품 신청서 제출은 세 배, 승인은 두 배로 증가했다.[12] 또한 그는 품질의 중요성을 강조하는 데 주의를 기울였고, 품질이 최우선이라는 것을 직원들에게 전형적인 방식으로 요약하여 알려주었다. "품질 영역에서 무언가를 놓치는 머저리 같은 짓은 용납하지 않는다."

혁신 전문가 마셀카르에 따르면 말릭의 가파른 상승세는 비용, 품질, 속도 사이의 갈등을 영리하게 정복했다는 것을 증명했다. 하지만 마셀카르는 한 가지 중요한 차이점을 지적했다. 이 '영리한 방식'이 인도인들이 '주가드$_{\text{Jugaad}}$, 즉 원하는 목표를 가능한 한 빨리 얻기 위해 윤리적으로 의심스러운 지름길을 택하는 것'이라고 부르는 방식과 혼동되어서는 안 된다. 마셀카르는 푸네의 국립 화학 연구소에 있는 자신의 사무실에서 한 방문자에게 이 용어는 품질에서의 타협을 뜻하며 완전히 '근절'해야 하는 방식이라고 설명했다.

하지만 마일란에서 말릭과 팀원들은 모든 제형을 어떻게든 짜 맞추려는 것 같았고, 일부 직원들은 간디식 혁신만이 성공을 설명할 수 있는 유일한 요소인지 궁금해하기 시작했다.

9장

임무 배정

○

2004년 8월 18일
인도, 구르가온

오전 8시 30분인데도 바깥은 이미 숨이 턱턱 막힐 만큼 더웠다. 타쿠르는 회의실 탁자에 둘러앉은 프로젝트 매니저 여섯 명의 피곤한 표정을 둘러보았다. 몇몇은 출근길 정체를 뚫고 정시에 도착하기 위해 몇 시간 일찍 집을 나섰다. 그들은 중요한 회의인 것만 알았지 의제가 무엇인지는 몰랐다. 타쿠르는 기업 실사에서 찾아보기 힘든 낯선 업무를 팀원들에 맡길 참이었고, 그것의 진짜 이유는 자신만 알고 있기로 했다.

"쿠마르 박사가 새 업무를 배정했습니다." 그가 입을 열었다. "란박시가 여러 국가에 제공한 데이터의 입증 가능성을 확인해야 합니다. 이것은 포트폴리오에 대한 후향 평가로서, 지난 20년 동안 여러 규제 기관에 얼마나 확실한 정보를 제공했는지 알아보려는 겁니다."

팀원들이 놀란 표정을 지었지만 충분히 해결할 수 있는 일이었다. 란박시의 모든 데이터를 지도화하는 것이 그들의 업무였으므로 데이터의 정확성부터 확인하는 것이 당연했다.

타쿠르는 그래프가 그려진 커다란 화이트보드로 주의를 집중시켰다. 세로축에는 란박시가 의약품을 판매한 지역을 표시했고, 가로축에는 다음과 같은 질문들을 표시했다. 그 시장에서 어떤 제품들이 판매되었는가? 언제 등록되었는가? 제품 등록을 위한 서류는 실제로 어디에 사용되었는가? 뒷받침할 자료는 어디에 있었는가? 그 시장에서 얼마나 많은 배치가 판매되었는가? 그 제품들은 어느 시설에서 제조했는가?

타쿠르는 직원들을 각 지역에 파견했다. 그리고 의약품 제조 과정의 원자료와 해당 지역의 규제 기관에 제출한 서류의 내용을 비교해보라고 지시했다. 데이터가 일치하는가? 불일치하는 내용은 전혀 없는가? 제출 서류가 지역 규정을 준수했는가?

란박시의 전체 사업은 하나의 큰 그림으로 맞추어진 적 없이 조각조각 나뉘어 있었다. 특정 집단들이 각 지역에 맞는 제품을 개발할 뿐, 직접 만나서 관련 내용을 비교하지는 않았다. 제품들이 어디서 어떻게 승인받았는지를 하나의 완전한 그림으로 이해하는 사람은 한 명도 없었다. 타쿠르는 팀원들에게 전 세계에 퍼져 있는 데이터 수년치를 다차원적으로 평가하라고 지시했다.

그의 첫 일정은 쿠마르에게 협조하라는 지시를 받은 인허가팀 부팀장 아룬 쿠마르(혈연관계 아님)를 만나는 것이었다.

타쿠르의 사무실 바로 위에서 일했던 아룬은 멍하니 그를 기다리고 있었다. "모두가 알고 있습니다." 그가 인사말처럼 건넸다.[1]

"뭘 안다는 겁니까?" 타쿠르가 물었다.

"실상이 어떤지 말이에요." 아룬이 말했다. 규제가 약하고 발각될 위험이 적은 시장에서 란박시가 어떻게 엄청난 자유를 확보했는지 설명했다.

"그런 지역에서 시판되는 제품은 데이터로 증명 불가라는 겁니까?"

"뭐, 다 그런 건 아니에요." 아룬이 책상에 놓인 보고서를 휙휙 넘겨보며 무심하게 말했다. "우리는 어디에 빈틈이 있는지 알고 있어요."

타쿠르는 그의 태연함에 놀랐다. "경영진에 이야기했습니까?"

"뭐하러 이야기합니까?" 아룬이 대답했다. "그 사람들도 다 알아요. 사실 저보다 더 잘 알 겁니다."

타쿠르는 분명히 오해하는 것이라고 생각했다. 그리고 그게 사실이라면 정확성을 증명해야 하는 사람으로서 어떻게 그런 빈틈이 있는 신청서를 승인한 것인지 물었다.

아룬은 그것도 문제의 일부라고 설명했다. 그가 서류를 준비하더라도 미국의 판트와 같은 해당 지역의 규제 담당자가 마음대로 바꿀 수 있었다. 그들은 아룬에게 알리거나 동의를 구하지 않고 최고 경영진으로부터 직접 지시를 받아 서류를 통과시켰다.

믿을 수 없는 일이었다. BMS의 인허가팀 팀장은 FDA에 제출하는 것에 대해 절대적 권한을 행사했고, 거기에는 그럴 만한 이유가 있었다. 규제관은 제출 서류에 서명하면서 그 데이터가 정확하다고 주장했다. 정부 기록물에 거짓 진술을 하는 것은 범죄였다. "설마 그 이야기를 하려는 건 아니지요?" 타쿠르가 물었다.

"미국이나 유럽 같은 선진국의 시장에서 들키면 잃을 것이 너무 많기 때문에 포트폴리오를 위해 빤한 위험을 감수할 수는 없어요." 아룬이 설명했다. "하지만 [아프리카], 남아메리카, 인도라면 이야기가 완전히 달라집니다."

타쿠르는 너무 놀라 말문이 막혔다. "이걸 누가 또 알고 있습니까?"

"모두가 알지요." 아룬은 이렇게 말하고 덧붙였다. "지시가 어디서 내려오는지도 다 알아요."

"후폭풍이 두렵지 않습니까?"

"잘 관리되고 있어요." 아룬이 말했다. "모든 게 세심히 관리됩니다."

타쿠르는 놀란 가슴을 진정시키기 위해 대화를 끝내고 자리에서 일어났다.

타쿠르가 사무실에 들어서자 비서가 물었다. "무슨 일 있으세요? 귀신 본 사람 같아요." 타쿠르는 의자에 털썩 주저앉았다.

그는 규정 불이행과 윤리적 과실이 브랜드 의약품 산업에 존재한다는 것을 알고 있었다. 그가 이직한 후 BMS의 재무 책임자와 세계 의약품 그룹 총괄은 재고를 은폐하여 매출과 수익을 부풀렸다는 주장이 제기되었고 범죄 모의와 증권 사기 혐의로 기소되었다. 이후 기소는 취하되었다.[2]

그것은 주식시장과 주주들에게 피해를 주는 행위였고, 그들은 혐의를 인정하지 않은 채 미 증권 거래 위원회와 합의했다. 하지만 아룬이 말한 것은 완전히 다른 문제였다. 제조업체는 의약품이 제대로 만들어졌는지, 안전하고 효과적인지 시험해야 했다. 그 결과로 얻은 데이터는 그 의약품이 살인이 아닌 치료에 쓰일 것임을 보장할 유일한 증거였다. 하지만 란박시는 데이터를 얼마든지 대체할 수 있는 마케팅 수단으로 취급할 뿐 환자에 미칠 영향은 고려하지 않았다. 사람의 목숨을 위태롭게 할 수 있는 명백한 사기였다.

타쿠르는 아룬의 말을 잘 이해할 수 없었다. 하지만 그날 늦게 쿠마르의 사무실에 다시 들러야 했다.

"그런 걸 캐는 건 무의미한 짓이에요." 아룬이 그에게 말했다. "그 길을 따라가려면 회사에서 나가게 될 겁니다. 쿠마르에게는 조사해보았더니 더 확인할 게 없다고 하세요."

"상사에게 거짓말을 할 수는 없어요." 타쿠르가 말했다.

"당신네들은 미국에서 몇 년 살다 온 걸로 무슨 국제 풍기 단속반이라도 되었다고 생각하는 겁니까?" 아룬이 물었다. "미국 제약 회사들은 절대 그러지 않는다고 생각해요?"

타쿠르는 거대 제약 업계에 10년간 몸담으면서 그런 행동은 본 적도, 상상한 적도 없었다. 그는 어리고 순진한 편이었지만 완고하고 쉽게 물러서지 않는 성격이기도 했다. "어디 한번 해봅시다. 어디서부터 시작하면 되지요?" 그가 성급히 물었다.

아룬은 마지못해 화이트보드로 가서 란박시가 지역별로 직면한 문제를 도표로 그렸다. 맨 아래부터 미국, 캐나다, 유럽, 남아메리카, 인도, 그리고 맨 위에 아프리카의 최빈곤국을 포함한 나머지 국가들을 그렸다. "저라면 여기서 시작할 겁니다." 아룬이 맨 위를 가리키며 말했다.

타쿠르에게는 여전히 암중모색처럼 느껴졌다. 구체적인 숫자가 필요했다. 아룬은 비서에게 도움을 요청했다. 타쿠르는 비서에게 규제 기관에 제출하는 서류 가운데 란박시에서 보관하는 자료와 일치하지 않는 것이 몇 퍼센트인지 물었다. 그는 얼버무리며 말했다. "그게 (…) 지역마다 달라서요."

"각 지역 추정치를 알려주세요." 타쿠르가 말했다. "미국은 어떤가요?"

비서가 잠시 생각하더니 추정했다. "50~60퍼센트 정도일걸요?" 타쿠르는 간신히 숨을 내쉬었다. 란박시가 FDA 제출용 서류의 절반 이상을 조작한다고? 그나마 나은 지역인데도?

"유럽은 어떤가요?"

"비슷합니다." 비서가 대답했다.

“그러면 인도는?”

비서가 잠시 우물쭈물하더니 대답했다. “100퍼센트입니다.” 그는 규제 기관들이 데이터를 거들떠보지도 않기 때문에 인도에서 판매하는 의약품을 시험하는 것은 그야말로 시간 낭비라고 설명했다. 그러다 보니 지역 담당자들이 서류를 직접 조작해서 인도 의약품청Drug Controller General of India, DCGI에 보냈다. 비서는 DCGI에 필요한 것은 진짜 데이터가 아니라 좋은 인맥이라고 설명했다.

타쿠르는 사기의 규모에 망연자실했다. 환자들을 생각하니 몸이 다 아파왔다. 타쿠르는 그들에게 연도별 제품과 서류별 문제와 같은 내용을 상세히 알려달라고 요청했다.

⊖ ⊘ ⦶ ⊘

타쿠르의 프로젝트 매니저들이 데이터를 입수하고 인터뷰를 진행하고 실험실과 제조 공장을 방문하며 분석하는 동안, 사내의 엄격한 계급 체계가 중대한 걸림돌이라는 것이 드러났다. 타쿠르의 팀이 신생 팀인 데다 인도 기업 문화의 불문율로 인해 부서장들에게 질문하기에는 팀원들이 너무 어렸다. “우리는 환영받지 못했다.” 아시아와 브라질 시장의 데이터를 찾던 팀원이 회상했다. 그래서 은밀하고 완강하게 임무를 수행해야 했다. 그들은 불시에 공장을 방문했고, 부서장과 대화하기 위해 몇 시간을 기다렸고, 몇 시간씩 운전해서 먼 곳에 있는 제조 공장을 찾아갔다. 팀원들은 정보의 작은 조각들을 조금씩 꿰어나가다 우연히 란박시의 비밀을 발견했다. 그들은 핵심 결과를 뒷받침할 인상적인 데이터를 짧은 시간 안에 산출해내기 위해 제조 과정의 거의 모든 영역을 조작했다.

타쿠르의 팀원들은 모두 비슷한 사례를 가지고 돌아왔다. 란박시의 과학자들은 관리자들의 지시에 따라 비용을 절감하기 위해 고순도 성분을 저순도 성분으로 대체했다. 그들은 시험 변수를 변경하여 불순물이 많은 제형을 통과시켰고, 용해도 시험도 조작했다. 최적의 결과를 만들어내기 위해 자사 제품 대신 브랜드 의약품을 캡슐에 쑤셔넣고 시험했다. 그리고 신청서에 자사 제품이 아니라 브랜드 의약품의 시험 결과를 적었다. 일부 시장에서는 데이터 스트림을 엉터리로 섞어서 짜 맞추었고, 한 시장의 제조 과정에서 얻은 최상의 데이터를 다른 시장의 고유 데이터인 것처럼 꾸며서 규제 기관에 제출하기도 했다. 어떤 시장에서는 데이터를 통째로 지어내기도 했다. 그리고 서류 위조도 만연했다. 심지어 FDA 수사관이 기업의 내규 준수 여부를 평가하기 위해 검토하는 사내 표준 운영 절차도 위조했다. 한 예로 직원들은 점검 기간에 규제관들을 속이기 위해 서류의 날짜를 소급해서 적은 후 그것을 습기가 가득한 방에 하룻밤 넣어두어 인위적으로 낡게 만든 경우도 있었다.

그런데 이러한 업무 방식을 감추려는 노력도 거의 하지 않았다. 상급 관리자와 연구 개발팀 팀장부터 제형 및 임상 책임자까지 모두가 알고 있는 사실이었다. 란박시의 제조 기준은 기본적으로 처벌을 피할 수 있는지 여부로 귀결되었다.

타쿠르는 수년간 교육을 통해 최종 시험을 통과한다고 해서 무조건 좋은 제품은 아니라고 배웠다. 의약품의 품질은 제조 단계별로 평가되어야 하며, 거기서 얻어지는 모든 데이터에 반영된다. 그 과정에서 기록되는 시험 결과들은 품질의 기본 로드맵을 만드는 데 도움을 준다. 하지만 결과에 병적으로 집착했던 란박시는 규정과 필요조건을 등한시했다. GMP는 정지신호이자 불편한 우회로였다. 란박시는 어떻게든 유리한 결과에 도달하기 위해 표지판을 피하고 신호등을 재배치하고 사후에 주행거리를 조정하면서 선택한 길로만 달린 것이다. 란박시의 분석 연구팀 팀장은 훗날 한 편집자에게 말했다. "실험 데이터를 기록하는 것은 인도 문화가 아닙니다."

몇 개월 전 란박시에 입사한 것을 몹시 기뻐했던 타쿠르의 팀원은 역설적 상황에 놓인 자신을 발견했다. 란박시 제품의 위험성을 보여주는 데이터는 없었지만 안전성을 보장하는 데이터도 없었다. 그는 퇴근 후 집으로 돌아가 사랑하는 가족과 친지들에게 란박시 제품을 사지 말라고 당부했다.

타쿠르는 온종일 일했다. 의약품 신청서에 첨부한 데이터, 승인을 받을 때마다 규제 기관에 보냈던 데이터, 주장을 뒷받침하는 기존 데이터를 가지고 시장별 스프레드시트를 제작하는 데 심혈을 기울였다. 퇴근 후에도 소날의 만류를 뿌리치고 지하 사무실로 내려가 자정까지 팀원들이 보내오는 데이터를 통합하려고 노력했다. 평소 그는 자신의 프로젝트에 대해 대충 얼버무렸고, 소날도 더 이상 묻지 않았다. 또한 타쿠르는 스스로도 란박시에 대한 조사가 일으킬 파문에 대해 별다른 고민을 하지 않았다. 만약 한 발짝만 물러서서 관망했더라면 이 프로젝트가 얼마나 위험한 일인지 깨달았을지도 모른다.

대신 그는 최근 등장한 위기의 규모를 파악하려고 부단히 노력했다. 어떻게 그토록 많은 속임수를 쓸 수 있었을까? 상상을 훌쩍 뛰어넘는 그들의 행위를 무엇이라고 부를 수 있을까? 며칠 동안 고민한 끝에 자신이 발견한 것을 명확히 설명할 단어를 떠올렸다. 범죄. 그렇다, 그것은 범죄였다. 그는 국제 범죄나 다름없는 사건을 규명하고 있었다.

⊖ ⊘ ⦶ ⊘

타쿠르는 남아메리카와 인도, 기타 국가들에 대한 팀원들의 예비 결과를 몇 주간 철저히 검토한 후 상사 쿠마르에게 가져갔다.

두 사람은 평소 쿠마르가 출근하는 오전 7시 30분에 맞추어 쿠마르의 사무실에서 만났다. 복도는 아직 조용했다. 타쿠르는 예비 스프레드시트의 일부를 쿠마르 앞에 놓았다. 수많은 의약품이 적절히 검증되지 않았고, 검증되었다 하더라도 란박시의 주장을 뒷받침할 기본적인 데이터가 없다는 내용이었다. 쿠마르는 말없이 스프레드시트를 정독했다. "그럴 리가 없어." 그가 마침내 입을 열었다. 시험하지도 않은 의약품의 서류를 제출하는 것은 불가능한 일처럼 보였다. 쿠마르도 처음 들어보는 이야기였다. "분명 자네가 데이터를 놓친 걸 거야."

"찾아보았는데 데이터는 존재하지 않습니다." 타쿠르가 주장했다.

"돌아가서 다시 한 번 확인해봐." 쿠마르가 단호히 말했다. "무언가 잘못된 게 분명해."

쿠마르는 타쿠르가 기존의 실험 결과를 못보고 지나쳤거나 잘못 해석했다고 생각했다. 전례가 없는 일이었다. 그 후 몇 주간 쿠마르는 타쿠르를 수차례 돌려보내며 거듭 확인하게 했고, 결국 타쿠르는 팀원들을 소집하여 쿠마르에게 직접 보고하기로 했다.

팀원들 역시 조사 결과에 몹시 놀랐고 어떻게 해석해야 할지 난감해했다. 카스투릴은 "내가 생각한 부패는 엔론Enron의 수익 조작 사건 같은 것이었다"고 회상했다. 스와미나탄은 "족벌주의와 비효율"을 예상했다. 하지만 사람의 목숨을 위태롭게 하는 것은 완전히 다른 문제였다.

쿠마르는 팀원들에게 직접 보고를 받고 나서야 사태의 심각성을 인식했다. 란박시는 세계적인 규모로 사기 행각을 벌이며 환자들에게 잠재적 피해를 끼치고 있었다. 쿠마르는 CEO인 템페스트를 위해 그 내용을 네 장짜리 보고서로 정리했다. "여러 국가에 제출한 다양한 제품의 부적절한 서류"라는 담백한 제목을 붙이고 평범한 용어로 작성했음에도 불구하고 보고서는 엄청난 폭발력을 가지고 있었다. 그것은 란박시가 전 세계 규제 기관에 제출한 서류에서 드러난 조직적인 사기 행각을 폭로했다. "브라질, 멕시코, 중동, 러시아, 루마니아, 미얀마, 태국, 베트남, 말레이시아, 아프리카 국가들에서 란박시가 주요 제품들의 서류와 함께 제출한 데이터는 존재하지 않거나 타사의 제품 또는 다른 나라에서 얻은 것이다."

쿠마르의 보고서에 따르면 란박시는 위 시장에서 생산비를 대폭 감축하고 염가의 성분들을 사용하면서, 규제가 엄격한 시장의 의약품으로 얻은 데이터를 제출하여 낮은 품질을 은폐하는 위험한 유인책을 펼쳤다. 그리고 API가 순도 시험을 통과하지 못하면 필요조건을 충족할 때까지 양질의 API를 섞었다.

또한 보고서는 인도와 남아메리카의 검증법과 안전성 데이터, 생물학적 동등성 보고서의 '비가용성'에 대해 언급했다. 간단히 말해 란박시는 위 시장에서 판매되는 의약품의 성분을 확인할 수 없었다. 타쿠르의 팀원들이 수집한 데이터에 따르면, 2000년부터 브라질에서 163개의 의약품이 승인을 받았는데, 대부분 가짜 배치 기록과 존재하지 않는 안전성 데이터를 제출했다.

보고서에 따르면 란박시는 대부분의 제출용 서류에서 소량의 연구 개발용 배치(약 2,000회분)를 100배로 부풀려 제출용 배치처럼 '고의로 왜곡'하고, 생물학적 동등성과 안정성을 확인하기 위해 통제하기 쉬운 소규모 배치로 시험했다. 그 결과 검증되지 않은 상업용 배치가 시판되어 수백만 명의 환자를 위험한 상황에 내몰았다.

쿠마르는 템페스트에게 보고서를 첨부한 '기밀' 이메일을 보내면서 규정 불이행은 문제의 일부일 뿐이라고 말했다. "몇 가지 문제는 1년 전부터 명확히 드러났는데도 그것을 다루거나 해결하려고 한 흔적은 전혀 찾아볼 수 없습니다." 그리고 마지막으로 자신은 회사가 아니라 진실에 충실할 것임을 명확히 했다. "데이터에 의해 완벽하게 검증된 서류가 아니라면 어떤 정보도 이용할 수 없습니다." 그리고 덧붙였다. "괜찮으시다면 런던의 법률 고문에게 이 문제와 관련된 책임과 배상에 대해 조언을 구하고 싶습니다."

이에 템페스트는 회사가 옳은 일을 할 것이라고 장담했다.

암울한 상황이었지만 쿠마르는 타쿠르에게 템페스트가 자신의 권한으로 문제를 해결해줄 것이라고 말했다.

⊖ ⊘ ⦶ ⊘

타쿠르의 조사 결과는 란박시의 고위 임원들에게 새로운 소식이 아니었다. 불과 10개월 전인 2003년 10월, 외부 감사관들이 란박시의 해외 시설들을 조사하기 시작했다. 란박시가 업계 관행에 따라 자체 실시한 감사였다. 제약 회사들은 문제가 얼마나 눈에 잘 띄는지를 확인하기 위해 종종 컨설턴트를 고용하여 예행연습을 하곤 했다. 컨설턴트가 찾을 수 있는 문제라면 규제관도 찾을 가능성이 크다고 생각했기 때문이다.

라흐만 컨설턴트 서비스는 진상 조사를 통해 란박시의 임원들에게 문제의 심각성을 확실히 알려주었다. 감사관들은 뉴저지 프린스턴 시설의 환자 안전 관리 부서가 거의 기능하지 않을뿐더러 교육 과정도 "존재하지 않는다"는 것을 확인했다. 환자들의 불평 사항이 분류되거나 보고되지 않은 채 박스 안에 쌓여 있었고, 직원들은 이를 조사하기 위한 서면 프로토콜을 가지고 있지 않았다. 검사를 위해 환자들의 샘플을 발송하는 등의 기본 업무를 도와줄 사무직원도 없었다. 환자들은 "같은 약이 아닌 것 같다"고 자주 불평했다. 간혹 검사를 하더라도 너무 형식적이고 무성의하다 보니 제품 번호로 유효 기간을 쉽게 알아낼 수 있는데도 '미상'으로 표기했다. 란박시의 대표 제조 공장인 미국 뉴저지의 옴 래버러토리스에 대한 감사에서는 FDA에 부작용을 보고하는 의무를 등한시했다는 사실이 밝혀졌다. 근무시간 외에 환자의 불평 사항을 수집하는 시스템도, 환자에게 나타날지 모를 부정적 결과를 추적 관찰할 국제 의료 담당자도 없었다. 라흐만의 컨설턴트들은 이러한 국제적 문제들을 처리하라고 촉구했다. 이에 란박시는 라흐만의 감사 시간과 청구서에 대해 의문을 제기했다.

해외 상황도 그다지 희망적이지 않았다. 인도 북부의 펀자브주 모할리 공장에서 감사관들은 시험 결과를 변경할 수 있는 권한이 무려 20명의 직원에게 있을 정도로 기록 관리가 미비하다는 것을 발견했다. 120개 이상의 배치 기록이 재인쇄되었고, 란박시는 오래된 도트 매트릭스 프린터(점 행렬 방식을 이용한 인쇄기—옮긴이)의 결함 때문이라고 주장했다. 우수 제조 기준의 목표가 완벽한 통제라면, 이것은 무모한 광란의 질주였다.

라흐만의 대표는 나중에 고위 임원을 통해 시정 조치를 위한 광범위한 계획을 전달했다. 그중에는 "신뢰 문화, 윤리적 행동, '품질이 최우선이라는' 사고방식 만들기" 같은 직원용 교육 프로그램을 도입하라는 제안도 있었다. 하지만 한 경영진이 불필요한 조치로 간주하자 란박시는 그들이 제안한 윤리 교육을 시행하지 않겠다고 밝혔다.

⊖ ⦸ ⦶ ⊘

다른 직원들의 의심도 갈수록 깊어졌다. 타쿠르가 조사를 시작하기 3개월 전인 2004년 5월, 캐시 스프린Kathy Spreen 박사가 란박시 미국 지부의 임상 시험 및 약물 감시 부문 총괄로 합류했다. 15년간 와이어스와 아스트라 제네카에서 근무한 베테랑으로서 기존 의약품의 투여량과 제형을 새로 만들 브랜드 제품부 출범을 돕기로 했다. FDA의 복잡한 시스템을 통과할 수 있도록 안내하는 코치 역할을 할 것이라고 예상했다.

처음에는 란박시의 제조 기술이 기대 이상이라고 생각했다. 그녀는 입사한 지 몇 개월이 지나고 당뇨 치료제 메트포르민의 제네릭 버전인 리오메트의 출시 관련 프레젠테이션을 위해 슬라이드를 준비하다가 놀랄 만한 사실을 발견했다. 리오메트의 혈중농도 데이터가 브랜드 의약품 메트포르민과 일치했다. 당시에는 정말 대단한 회사라고만 생각했다. 생물학적 동등성 데이터가 모델링한 의약품과 흡사한 경우도 있었기 때문이다.

약 한 달 후 스프린은 란박시가 제형 문제로 씨름하고 있었던 여드름 치료제 소트레트의 데이터가 브랜드 버전인 아큐탄의 데이터와 흡사하다는 사실을 발견했다. 그때부터 그녀는 걱정하기 시작했다. 사실이라고 하기에 너무 훌륭하다면 이는 조작일 수 있다.

스프린은 교묘히 조작된 데이터라고 판단했다. 같은 회사의 같은 공장에서 정확히 같은 조건으로 만들어진 같은 의약품이어도 데이터가 조금씩은 다르기 마련이다. 그런데 다른 회사에서 다른 제형으로 만들어진 유사 또는 복제 의약품에 대한 시험 결과라면 당연히 달라야 한다.

의혹이 커지는 가운데 스프린은 인도 관계자들에게 시험 결과를 뒷받침하는 기본 데이터를 보내달라고 요청했다. 그들은 관련 정보를 곧 보내주겠다고 거듭 약속했다. 하지만 결국 그녀는 데이터를 받지 못했고, 상태가 너무 '엉망'이라 '당황'해서 그럴 거라고 애써 합리화했다. 인도의 동료들에게 간곡히 부탁했다. "화장지 뒷면에 적은 것이라도 상관없습니다. 무엇이든 보내주세요." 하지만 데이터는 오지 않았다.

스프린은 미국 규정을 더 명확히 설명할 수 있다면 란박시 임원들도 이해할 것이라고 생각했다. 하지만 아무리 설명해도 그들의 운영 방식을 바꿀 수는 없을 것 같았다. 인도의 경영진은 규제 시스템을 장애물 시합처럼 여겼다. 그들은 누가 규제관을 가장 교묘하게 속였는지에 대해 자랑했다. 당뇨 치료제의 판매율이 저조하자 한 임원은 스프린에게 의사면허를 이용해 전 직원에게 처방하여 매출을 올리는 게 어떻겠냐고 물었다. 스프린은 그의 제안을 거절했다.

그녀가 국제 제조팀 팀장에게 항생제 여드름 젤이 GMP를 준수했음을 증명하는 자료를 요청하자 그는 '인상적인' 증명서를 보내주겠다고 했다. 마치 위조문서를 제안하는 것처럼 들렸다. 그녀는 "FDA가 GMP를 인정하지 않는 한 증명서가 어떻게 보이는지는 무의미하다"라고 설명했다.

2004년 10월, 뉴저지에서 쿠마르는 스프린이 의심했던 것처럼 많은 의약품의 주요 시험 데이터가 실제로는 존재하지 않으며 규제 기관 제출용 서류도 조작해왔다는 사실을 조용히 확인시켜주었다. 그녀는 이러한 의혹을 두고 제약 부문 사장인 말빈데르와 부딪쳤다. 그는 인내를 가지라며 모든 일이 잘 풀릴 거라고 큰소리쳤다. 그러려면 규정 준수에 관심을 가지고 환자 보호에 대해 절박함을 느껴야 했다.

하지만 그런 감정은 없어 보였고, 실제로도 정말 그랬다. 스프린은 10여

명의 임원진과 전화 회의를 하면서 아프리카에 공급하던 에이즈 치료제의 품질에 대해 우려를 표했다. 그러자 의료 부문의 고위 임원이 대답했다. "무슨 상관입니까? 흑인들이 죽는 것뿐이잖아요."

스프린처럼 쿠마르도 다음 행보를 결정하지 못했다. 그는 미국으로 돌아오는 길에 사측 변호사인 데시무크를 만나러 갔다. 그는 "변호인과 의뢰인으로 대화를 나누고 싶다"라고 말했다. 데시무크는 회사를 변호하고 있어서 개인은 변호할 수 없다고 답했다. "어떤 일이 벌어지고 있는지 모르시잖아요." 쿠마르는 란박시 안에서 끔찍한 일들이 벌어지고 있다고 설명했다. "제 자유가 걱정됩니다."

"저는 조언해드릴 수 없어요." 데시무크가 말했다. "저는 전문가가 아닙니다." 하지만 그는 뒷조사를 통해 쿠마르의 보고서에 대해 알게 되었다. 적절한 안전장치 없이 자체 평가를 시작하는 것은 매우 위험한 일이라고 판단했다. 일단 시작하면 돌이킬 수 없고 그 정보가 어떤 결과로 이어질지도 알 수 없었다. "투박한 사람들과 얽히는 건 좋지 않다." 훗날 그는 마치 쿠마르가 어린아이들에게 보호자 없이 성냥을 가지고 놀도록 허락해준 것처럼 말했다.

타쿠르의 조사 결과는 회사 내로 빠르게 퍼졌다. 쿠마르는 방콕에서 열린 경영진 회의에서 타쿠르가 알제리에서 베트남까지 여러 시장을 지역에 따라 알파벳순으로 정리한 스프레드시트를 나누어주었다.[3] 첫 번째 세로줄은 제품별 문제점, 두 번째 세로줄은 환자에 대한 '위험성', 세 번째 세로줄은 '후속 조치에 대한 계획'이었다. 타쿠르는 환자에 대한 위험성을 란박시의 기록에서 누락된 데이터의 양과 종류에 따라 고·중·저로 분류했다.

하지만 스프레드시트를 검토하던 임원들은 그것을 회사에 미칠 위험성으로 오해했다. 국제 마케팅 및 인허가 책임자였던 두 임원은 '후속 조치에 대한 계획'의 여백에 무언가를 메모했다. 그들은 발각될 위험과 시장점유율을 잃어버릴 위험성을 따져보고 의약품 판매를 중단하든, 아니면 일시적으로 시장에서 회수하여 다시 시험하든 둘 중 하나를 선택하려고 했다. 환자에 대한 위험성은 고려 대상이 아니었다.

회의가 끝날 무렵, 쿠마르는 임원들이 메모를 남긴 스프레드시트를 가져왔다. 고의든 아니든 그는 증거를 수집하고 있었다.

⊖ ⊘ ⦶ ⊘

타쿠르에게 진상 조사를 맡기고 몇 개월이 지난 2004년 10월 14일, 쿠마르는 뉴델리 본사의 이사회실에서 이사회의 과학 위원회 앞에 섰다. 청중에는 템페스트, 제약 부문 사장 말빈데르, 이사회 회장이자 뉴델리 주지사 테젠드라 칸나, 저명한 심장 전문의 P. S. 조시 박사 등이 포함되었다. 비서관은 퇴실 요청을 받았다.

쿠마르는 타쿠르가 준비한 파워포인트를 보여주었다.[4] 제목은 'ANDA 포트폴리오에 대한 위기관리'였다. 미국 시장의 데이터가 빠졌기 때문에 어떤 면에서 그것은 여전히 진행 중인 프로젝트였다. 하지만 이윤 경쟁 속에서 란박시가 자사의 의약품을 판매하는 대부분의 나라에서 규제 기관에 거짓말을 하고 데이터를 조작하고 환자의 안전을 위태롭게 만들었다는 사실은 분명했다. 파워포인트는 "40여 개국에서 200개 이상의 제품 데이터가 사업상 필요에 의해 조작되었다"라고 명시했다. 여기서 '사업상 필요'는 비용을 최소화하고 이윤을 극대화하고 규제 기관을 속여서 기준 미달 의약품을 승인하도록 만드는 방법을 완곡히 표현한 말이었다.

미국과 WHO가 아프리카의 HIV와 싸우기 위해 구입한 항레트로바이러스제를 포함하여 모든 시장과 의약품이 이에 포함되었다. 란박시는 유럽에서 승인받지 않은 출처의 성분을 사용하고 유효 기간 데이터를 날조하고 시판 중인 의약품과 다른 제형을 시험하고 제조 과정을 기록도 없이 변경했다. 또한 파워포인트는 쿠마르를 처음 남아프리카로 이끌었던 빔타의 부정적인 감사 결과가 이미 규제 기관들의 주의를 끌고 있기 때문에 평판이 더 많이 손상될 수 있다는 점을 언급했다.

브라질, 케냐, 에티오피아, 우간다, 이집트, 미얀마, 태국, 베트남, 페루, 도미니카공화국을 비롯한 전체 시장에서 란박시는 그야말로 모든 데이터를 조작했다. 파워포인트 속 슬라이드는 브랜드 기업의 의약품을 제조하기 위한 기업 간 약정에 주목하며 지적했다. "우리는 서류에 미심쩍은 데이터를 사용함으로써 파트너들(멕시코와 남아프리카의 바이엘과 머크)도 위험한 상황에 밀어 넣었다."

쿠마르는 과감한 방침을 제안했다. 위험한 의약품을 시장에서 전량 회수하고, 의심스러운 시험은 전부 재수행하고, 데이터가 바뀐 모든 사례를 규제 기관에 알리고, 데이터와 의약품을 올바르게 연결할 수 있는 프로세스를 만들자는 것이었다. 쿠마르는 〈지침으로 삼아야 할 원칙〉이라는 제목의 슬라이드를 통해 의무 사항이 되어야 한다고 생각했던 것들을 제시했다. "우리는 환자의 안전을 최우선으로 책임져야 한다. 제품의 안전성과 효과를 입증해야 한다. 전체 사업을 고려했을 때 단기적인 수익 손실이 장기적인 사업상 손실보다 낫다."

쿠마르는 침묵 속에서 프레젠테이션을 마쳤다. 과학자인 이사 한 명만이 조사 결과에 대해 놀라움을 표시했다. 다른 사람들은 문제 해결을 위한 전권을 부여해주지 않으면 사임하겠다는 쿠마르의 선언에 더 크게 놀란 것 같았다.

"데이터를 덮을 수는 없습니까?" 한 이사가 템페스트를 돌아보며 물었다. 아무도 대답하지 않았다. 침묵이 모든 것을 말해주었다. 템페스트는 파워포인트 자료를 전부 파기하고 문서를 작성한 노트북은 산산조각 내라고 지시했다.[5] 회의록도 작성되지 않았다.

쿠마르는 오랜 잘못의 명백한 증거를 제시하면 란박시가 옳은 일을 할 수밖에 없을 거라고 믿었다. 하지만 이사회 회의 후 이틀 만에 쿠마르는 사직서를 제출했다. 란박시로 이직한 지 4개월도 채 지나지 않은 때였다. 그는 템페스트에게 "우리가 논의한 문제의 심각성을 고려할 때 품위를 지키면서도 신속히" 철수하는 것이 유일한 해법이라고 전했다.

하지만 임원진이 작성한 가장 비판적인 내부 문건 가운데 하나인 쿠마르의 파워포인트 자료는 그 후로 수년간 망령처럼 떠돌며 임원들을 분열시켰다. 그것은 란박시 내에서 '자기 평가 보고서Self-Assessment Report, SAR'로 알려지게 되었다. 범죄 행위를 고발한 이 문서는 고위 임원들을 정면으로 겨눈 채 천천히 타들어가는 도화선 같았다.

타쿠르는 쿠마르의 사퇴와 함께 보호막을 잃고 홀로 남겨졌다. 3개월 후, 내부 감사관들이 정기 점검이라는 명목으로 그의 부서를 찾아왔다. 그들은 10주간 머물면서 장부를 샅샅이 뒤지고 직원들을 인터뷰했다. 타쿠르의 팀원이었던 스와미나탄은 말했다. "그들은 란박시의 비밀경찰이었다. 우리는 그 모든 것이 어떤 계획의 일부이며 타쿠르가 표적이라는 사실을 알고 있었다."

4월 말, 란박시는 사무실 컴퓨터로 포르노 사이트를 검색한 혐의로 타쿠르를 고발했다. 그는 혐의를 격렬히 부인했다. 격분한 타쿠르는 네트워크 관리자를 찾아가 컴퓨터 기록을 샅샅이 조사했고, IT 부서의 누군가가 자신의 부서 서버에 접속하여 자신의 IP 주소를 몇 개의 검색 사이트에 심어놓았다는 것을 확인했다.

집으로 돌아간 타쿠르는 소날에게 회사를 그만둘 거라고 말했다. 그는 자세한 설명 없이 더 이상 일을 할 수 없게 되었다고 말했고, 그녀도 더는 캐묻지 않았다.

"그러면 이제 어떻게 해?" 소날이 물었다.

타쿠르는 대답하지 못했다. 하지만 지금까지 벌어진 일들로 미루어볼 때 란박시에서 일할 수 없다는 것은 확실했다.

목요일 아침, 타쿠르는 사직서를 작성하고 자신의 IP 주소가 포르노 사이트에 심겨 있음을 보여주는 데이터를 인쇄했다. 그리고 이튿날 오후에 템페스트 박사의 사무실을 찾아가서 간신히 30분간의 만남을 허락받았다.

타쿠르는 템페스트에게 컴퓨터 기록이 위조되었다는 증거를 보여주었다. "할 일을 한다는 이유로 저를 괴롭히는 환경에서는 일할 수 없습니다." 그는 이렇게 설명하고 사직서를 내밀었다.

템페스트는 내심 기뻐하며 말했다. "왜 떠나려고 하는 건지 이해하네." 그리고 그날 오후에는 사무실로 복귀하지 말고 다음 주에 소지품을 챙겨 가라고 말했다.

타쿠르는 월요일에 다시 사무실에 나갔다. 그리고 인사과 담당자가 지켜보는 가운데 책상에 붙어 있던 이샨의 사진들을 뜯어냈다. 서랍을 열어보거나 팀원들에게 작별 인사를 하는 것조차 허용되지 않았다. 그는 곧장 건물 밖으로 호송되었다. 비자이가 차에서 기다리고 있었다. 란박시에서 격동의 22개월을 보냈지만 퇴사는 10분도 걸리지 않았다. 그는 그렇게 끝났다고 생각했다.

3부

쫓고 쫓기는 일

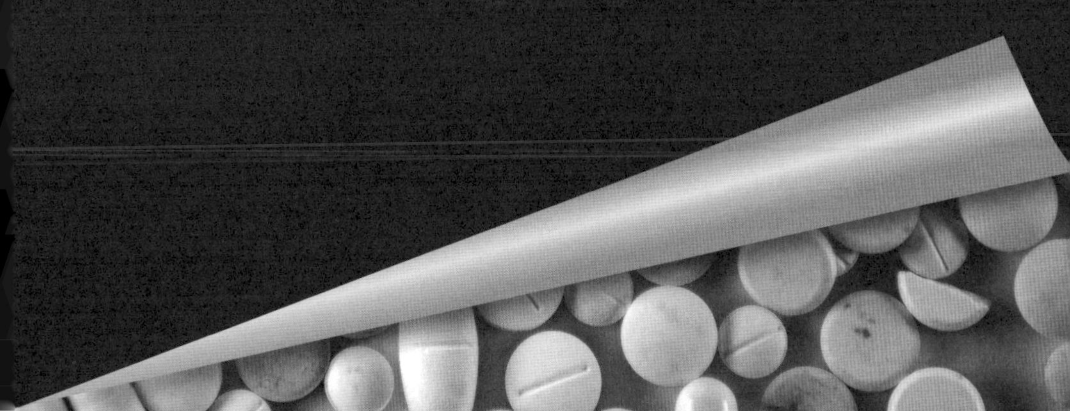

10장

국제적 은폐

○

2004년 11월 18일
아칸소, 리틀록

템페스트 박사와 란박시 임원 몇 명이 아칸소 강가의 휘몰아치는 빗줄기 아래에서 플라스틱 판초 차림으로 모여 있었다. 부시 대통령과 세 명의 전 미국 대통령, 여러 국회의원이 참석한 그 행사를 최대한 활용하기로 했다.[1] 란박시가 25만 달러 가까이 기부한 덕에 이사들이 윌리엄 J. 클린턴 대통령 도서관 및 박물관 개막식에 참석할 수 있었다.

그들 옆에는 아그바르 케미컬의 창립자이자 CEO로 오랫동안 미국의 정치적 보호자의 역할을 해온 바리스 박사가 있었다. 미국 제약 산업에 조예가 깊고 민주당의 주요 기부자였던 그녀는 평소 가깝게 지내는 클린턴 부부의 웨스트체스터 집으로 란박시 임원들을 데려갔다. 클린턴의 임기가 끝났을 때 바리스는 자신의 벤틀리 차량에 빌이 그립다는 정치적 문구가 적힌 범퍼 스티커를 붙이고 다녔다. 그리고 도서관 헌정을 위해 클린턴 재단에 50만 달러 가까이 기부했다.

란박시는 행사를 활용하여 전 대통령을 만나기 위해 가능한 모든 수단을 동원했다. 그리고 얼마 후 공개 성명을 통해 클린턴 재단과 '긴밀한 관계'를 유지하며 "경제적으로 침체된 국가에서 에이즈로 고통받는 환자들에게 약물요법을 제공한다"는 공동의 목표를 발표했다. 사내 소식지는 란박시를 "중대한 행사의 귀빈"으로 묘사했다. 과장된 표현이기는 했지만, 클린턴이 아프리카를 위한 저가의 HIV 치료제를 만드는 과정에서 란박시가 해준 역할에 대해 감사를 표시하기 위해 특별한 조치를 취한 것은 사실이었다.

도서관 헌정식 이후 6개월이 채 지나지 않아 클린턴은 다시 인도를 찾았고, 말빈데르를 비롯한 란박시 임원들과 에이즈 패널로 활동하거나 칵테일 행사에 참석하면서 많은 시간을 보냈다. 전 미국 대통령과 이렇게 오랜 시간 대면하는 것은 기업 이미지와 수익에 제트연료를 들이붓는 것과 같았다.

멀리서 보면 란박시의 상승세는 걷잡을 수 없을 정도였다. 2004년 초, 해외 매출액이 10억 달러를 넘어섰다. 란박시는 미국에서 가장 빠르게 성장하는 외국계 제약 회사가 되었고, 96개 상품을 시판했으며, FDA 승인을 기다리는 신청서도 50건 이상이었다. 그들의 의약품은 두 미국 대통령의 에이즈 프로그램에서도 매우 중요해졌다. 란박시는 2012년까지 해외 매출액 50억 달러를 달성하고 전 세계에서 가장 큰 제네릭 기업 8위에서 5위 안으로 진입하고 대표 상품을 출시하겠다는 원대한 계획을 품고 있었다.[2]

마케팅 담당자들은 이 모든 계획을 〈란박시 월드〉라는 소식지에 자세히 소개하면서 진정성과 사회적 책임을 강조했다. 그것은 새로운 품질이니셔티브, 정교한 행동 강령, 그리고 가난한 아프리카 사람들을 위해 저가의 항레트로바이러스제를 생산하려는 헌신을 의미했다. 소식지는 란박시가 "진정성을 향한 불굴의 헌신과 함께 직원과 고객, 공급자, 정부, 지역공동체, 파트너, 주주 등 모두와 두 손 맞잡고 성장하며 탁월함을 향해 나아갈 것"이라고 명시했다.

이런 얄팍한 감성 마케팅의 저변에는 그들의 이면이 감추어져 있었다. 도서관 헌정식을 마치고 1주일 후, 제약 부문 사장 말빈데르는 인도의 한 웹사이트와의 인터뷰에서 란박시의 성공은 "매우 공격적인 마케팅과 시장점유율을 위한 최저가 싸움을 중시하는 모델을 성공시켰기 때문"이라고 말했다.[3] 그는 그 모델이 정확히 어떻게 작용했는지 설명하지 않은 채 말을 이어갔다. "그런 위험을 감수했기 때문에 여기까지 올 수 있었다." 훗날 그는 란박시가 인도 제약 회사 최초로 해외에 사업체와 제조 시설을 설립하는 위험을 감수했다고 설명했다.

그러는 동안 사내 임원들은 다른 종류의 위험 요소들과 격투를 벌이고 있었다.

란박시가 에이즈 치료제를 시험하기 위해 고용한 빔타의 사기 행각에 대한 폭로는 불안정한 도미노처럼 전 세계 규제 기관에서 승인받은 의약품 신청서를 무효화하겠다고 위협했다. 자선 단체들이 란박시의 주장을 뒷받침할 기본 데이터를 앞다투어 요청하면서 문제를 해결할 수 없는 지경에 이르렀다. 시험하지 않았거나 시험에 의해 결함이 드러난 치료제는 전 세계 여러 국가에서 재등록할 예정이었다. 수많은 원자료가 규제 기관에 제출한 데이터와 일치하지 않았다. 아예 존재하지 않거나 말이 되지 않거나 일부가 조작되기도 했다. 데이터 공유를 거부해보았자 더 많은 의혹을 불러일으킬 것이다. 결국 회사에게는 솔직히 털어놓고 처참한 사업상의 대가를 치르든, 계속 거짓말을 하든 불리한 선택지만 남을 것이다.

란박시는 의약품을 제대로 시험해야 했다. 하지만 그러면 과거의 사기 행각이 노출될 수 있을뿐더러 새로운 거짓말을 해야 했다. 이러한 진퇴양난의 상황은 비공개 이메일을 통해 활발히 논의되었고, 템페스트 박사와 미래의 CEO 말빈데르도 종종 참관하거나 직접 관여하기도 했다. 2004년 7월 중순, 유니세프의 임원이 란박시에게 일부 에이즈 치료제에 대한 안정성 데이터를 제한적으로 제출한 이유를 물었다. 기업은 치료제가 광범위한 온도에서 안정적이라는 것을 반드시 증명해야 한다. 의약품의 유효기간을 설정하고 시간 경과에 따른 불순물의 함량을 측정하는 필수 시험은 극한의 고온과 저온을 재현할 수 있는 대형 냉장고와 유사한 실험실에서 수행한다.

유니세프의 질문 때문에 공황에 빠진 임원들의 이메일이 한바탕 쏟아졌다. 한 임원은 〈안정성 연구-긴급〉이라는 제목으로 다음과 같은 이메일을 보냈다. "유니세프는 수요일 밤까지 데이터와 이메일 하단에 요청한 정보를 제공하지 않으면 입찰에서 제외될 수 있다고 경고했습니다." 그리고 덧붙였다. "그러면 500만 달러짜리 입찰에서 아무런 기회도 얻을 수 없을 것입니다."

하지만 란박시가 제공할 수 있는 데이터는 무의미한 엉터리 자료뿐이어서 의혹만 키울 것이 분명했다. HIV 치료제에 대한 제한적 시험에서 일부 불순물이 계속 남아 있거나 심지어 9개월과 12개월 사이에 감소하는 것으로 나타났는데, 이것은 기술적으로 불가능한 결과였다. 한 임원은 이러한 문제들이 검토 위원의 "의혹을 키울 테니 (…) 수치를 수정해야 한다"고 지적했다.

임원진은 전 세계 시장에 제출한 서류에서 발견되는 비슷한 문제들을 두고 고심했다. 2005년 2월, 한 임원은 항생제 세프록심악세틸을 판매하기 위해 스페인에 제출한 신청서와 관련하여 동료들에게 다음과 같은 이메일을 보냈다. "앞으로 어떻게 해야 할지 조언 부탁드립니다. 이 서류는 12월 4일까지 제출할 예정입니다. 지난 두 달 동안 여러분의 회신을 기다렸습니다. 최대한 빨리 매듭지어야 합니다." 이에 한 수석 과학자가 간결한 답장을 보냈다. "1월 27일 구르가온 회의에서 저는 기록 보관소의 데이터와 제출용 데이터가 완전히 다르다고 분명히 말했습니다. 그러므로 데이터를 보낼 수 없습니다."

몇 개월 전인 2004년 9월, FDA는 특정 에이즈 치료제들에 대한 란박시의 PEPFAR 신청서를 평가하면서 WHO에 제출한 데이터를 요청했다. 인허가팀 팀장 아룬 박사는 템페스트 박사를 포함한 동료들에게 이메일을 보냈다. "지금 단계에서 데이터를 공유하지 않으면 의심받을 테고 (···) 기존 배치에 대한 데이터를 공유하지 않는 이유를 설명하기 어려울 수 있습니다." 그리고 "WHO의 요구에 맞추어 제품에 관한 데이터를 충분히 산출하지 않았기 때문에 선택의 기로에 놓이게 된 겁니다"라고 덧붙였다.

FDA와의 관계를 부지런히 구축해왔던 것이 오히려 더 문제였다. 어떤 데이터를 공유할 것인지에 대해 격렬한 논쟁이 벌어졌고, 란박시의 미국 총괄 사장 디팍 차타라즈Dipak Chattaraj는 FDA 제네릭 의약품팀의 고위 임원 두 사람이 "란박시에 굉장히 호의적인데 그들과 껄끄러워지면 괜히 비용만 더 들뿐 도움이 안 된다"라고 말했다.

FDA와의 관계는 아프리카를 위한 의약품보다 훨씬 더 심각한 문제였다. 란박시는 미국 시장에서 판매하는 거의 모든 의약품의 안정성을 제대로 시험하지 않았다. 가장 기본적인 GMP는 의약품의 품질을 지속으로 감시할 것을 권고한다. 이를테면 3개월, 6개월, 9개월, 이렇게 '스테이션 station'이라고 불리는 간격으로 안정성을 시험해야 한다. 의약품이 시판되는 동안에는 안정성 데이터를 포함한 연례 보고서를 FDA에 제출해야 한다. 데이터를 얻는 것 자체가 과정의 일부이기 때문에 어느 하나 놓쳐서는 안 된다.

란박시는 교착상태에 빠졌고, 임원들은 미국에서 시판되는 모든 상업용 배치의 안정성 데이터가 거의 36개월치나 누락되었다는 사실을 직시해야 했다. 그것은 '단순한 실수'를 넘어서는 일이었다. 소 잃고 외양간 고치기나 다름없었다.

임원들은 정신없이 이메일을 주고받으며 해법이 보이지 않는 문제를 붙들고 씨름했다. 판트는 동료들에게 간결한 이메일을 보냈다. "이것은 매우 심각한 문제입니다. 연례 보고서를 어떻게 제출할지, [FDA]에 안정성 데이터를 제출하지 못하는 것에 대해 어떤 핑계를 대야 할지 모르겠지만 (…) 데이터 없이는 빠져나갈 방법이 없습니다."

임원진이 '제대로 성실하게' 의약품을 시험하자고 결의하는 동안에도 전 세계 곳곳에 제출한 서류에서 유사 문제가 발생하고 있었다. 2005년에 최우선순위로 꼽히는 제품 22종이 1개국 이상에서 재등록해야 하는 처지에 놓였다. 모두 마디아 프라데시의 데와스 제조 공장에서 생산되었고 적절한 시험을 거치지 않았다. 아룬은 이메일을 통해 동료들에게 설명했다. "사용할 수 있는 데이터도, 보관해놓은 데이터도 없습니다." 다시 말해 그들은 제품을 단 한 번도 시험하지 않았다.

2005년 2월, 데와스의 품질 보증팀 팀장은 그들 앞에 놓인 과제를 살펴보다 템페스트를 비롯한 동료들에게 이메일을 보냈다. "대다수의 제품이 필요한 안정성 데이터를 가지고 있지 않을 경우, 백지 상태에서 시작할 겁니다. 매우 힘든 작업이 될 것으로 보입니다." 다시 말해 이미 시판 중인 의약품을 처음부터 다시 시험해야 했다. 그 무렵 템페스트는 국제 품질팀 팀장에게 다급히 이메일을 보냈다. "재등록을 위한 안정성 시험을 제대로 처리하지 못하면 당신에게 급여를 지급할 사업도 살아남지 않을 겁니다."

과거에 란박시는 걸음마 단계인 연구 개발용 배치에서 데이터를 산출하고, 그것을 훨씬 더 통제하기 어려운 제출용 배치에서 얻은 데이터인 것처럼 꾸며서 서류에 첨부했다. 유독 문제였던 약물은 타쿠르가 아들에게 먹였다가 고생했던 어린이 중이염 치료제 코-아목시클라브 현탁액이었다. 이 약의 유효 기간은 30여 개국에서 24개월로 등록되어 있지만 시험 결과 18개월에도 못 미쳤다. 이 약을 재등록하던 선임 컨설턴트는 템페스트와 말빈데르를 비롯한 임원들에게 이메일을 보내 "유효 기간 축소에 대해 그럴듯한 설명"을 준비하는 것이 규제 기관을 상대할 때 "유용"할 것이라고 충고했다.

대부분의 임원은 규제 기관을 가장 잘 속일 수 있는 방법을 모색했고, 나머지는 업무의 일환으로 사기를 쳐야 한다는 생각에 심란해했다. 거짓 데이터를 제출하기를 꺼리거나 위법행위에 관여하는 것을 딱 잘라 거절하는 직원들도 있었다. 하지만 때로는 가장 양심적인 직원들조차 자신도 모르게 사기 계획에 말려들었다. 임원들은 대개 인도 출장을 갈 때 브랜드 의약품이 가득 채워진 서류 가방을 가져갔다. 란박시의 뉴저지 본사는 월 마트에서 구입한 서류 가방에 의약품을 가득 채워놓고 다음 출장을 기다렸다. 서류 가방에 넣어 가지고 다니면 의심을 받을 일이 없었다. 대부분의 임원은 연구 개발에 필요한 의약품일 것이라고 짐작했다.

제네릭 기업들은 브랜드 의약품을 재설계하거나 신청서에서 비교 대상으로 언급하기 위해 그것을 소량으로 연구한다. 하지만 이러한 의약품의 구입과 운반을 위한 적절한 경로가 확립되고, 2001년에 테러 방지법 Patriot Act(9·11 테러 이후 범죄 수사의 편의를 위해 시민의 자유를 제한할 수 있도록 제정된 법률—옮긴이)이 통과되면서 빈틈이 사라졌다. 개인이 의약품을 운반하는 것은 엄밀히 말해 불법이었고 일종의 밀수였다. 수십 명의 직원이 종종 긴급 사태라는 이유로 의약품 운반을 강요받았지만, 운송비를 줄이고 검역을 피하고 운송 시간을 단축할 수 있는 지름길이라며 대수롭지 않게 여겼다.

1년 동안 무려 17명의 임원이 뉴저지 지점에서 미신고 의약품을 받아 인도 세관을 통과했고, 그중 네 명은 그 일을 수차례 반복했다. 가장 활발한 운반책에 미국 총괄 사장을 비롯하여 규정 준수를 보증해야 하는 미국 인허가 총괄팀 팀장 판트도 포함되었다.

고위 임원들은 이러한 규정을 무시했고 규제 기관에 데이터를 다시 재출해야 하는 최종 기한까지 의약품의 불법 운반을 감독하기도 했다. 일부 임원들은 란박시가 브랜드 의약품과의 유사성을 보여주는 데이터를 얻기 위해 자사의 의약품 샘플 대신 브랜드 의약품을 사용한다고 의심하기 시작했다. 이것은 브랜드 의약품 운반을 둘러싼 위기, 특히 몇몇 직원이 운반책으로 이용되기를 격렬히 거부했던 이유를 설명해주었다.

2004년 5월, 한 규제 프로젝트 매니저가 프랑스의 브랜드 의약품 샘플을 인도로 가져가기를 거부했다. 그는 이메일을 통해 항의했다. "저는 어떤 샘플도 가지고 가지 않을 겁니다. 회사의 방침이어도 이런 식으로 샘플을 가져가는 것은 개인적으로 불편합니다." 한 임원이 반박했다. "샘플을 가져가는 일은 무척 중요합니다. 지체하면 안 됩니다." 하지만 그는 단호히 거절했다.

당시 제약 부문 국제 총괄이었던 말빈데르도 이 일에 관여했다. 그는 비서를 통해 샘플이 구르가온에 언제 도착하는지 물어보았다. "런던 지부에 주인 없이 쌓여 있는 제품들을 보고 있자니 안타깝네요."

이에 국제 제약 사업 부문 사장이 답했다. "친애하는 말빈데르 씨, 유럽의 노동법이 어떻게 적용되는지 설명해드려야겠네요. 샘플을 인도로 가져가는 것은 원칙상 불법이라서 직원들에게 강요할 수 없기 때문에 (…) 보통은 기꺼이 위험을 감수해줄 사람을 찾습니다." 란박시의 사업에 매우 중요한 일이었기 때문에 그는 템페스트와 말빈데르가 주기적으로 영국을 오간다는 점을 고려하여 범상치 않은 제안을 했다. "앞으로는 말빈데르 씨도 샘플을 가져가시기 바랍니다." 다른 고위 임원들도 동참하라는 강요를 받았다.

회사를 위해 의약품을 운반했던 사람들이 붙잡히면 연구 개발용이며 상업적으로 무가치하다고 주장하는 서신을 보냈다. 2004년 6월, 한 임원이 수천 달러 상당의 매스꺼움 억제제인 카이트릴 수백 묶음을 신고 없이 가지고 들어가다 인도 세관에 제지당했다. 의약품은 그 자리에서 압수당했다. 한 란박시 임원은 "의약품을 적절한 서류 없이 인도에 가지고 들어가면 불법 반입으로 간주된다"고 사내에 알렸다.

은폐를 위한 노력과 거짓말이 회사 전체의 에너지를 빨아들였다. 2004년 8월, 템페스트와 말빈데르를 포함한 고위 임원들이 회의실에 모였다. 이메일에 따르면 의제는 '요구 조건과 입수 가능성의 차이를 메우기 위한 전략'이었다. 즉, 존재하지 않는 데이터를 어떻게 제출할 것인가?

2004년 9월, 임원들은 다시 모여서 한 가지 해결 방안을 선택했다. 그들은 과거의 사기 행각과 관계를 끊으면 규제 기관에 발각되지 않을 것이라 판단하고, 미국과 PEPFAR를 위한 핵심 제조 시설을 골칫거리인 데와스 공장에서 파온타 사히브의 신식 공장으로 옮기기로 했다. 품질관리 시스템이 전무한 데와스 공장은 브라질, 멕시코, 베트남 등 규제가 약한 시장을 위해 남겨둘 작정이었다.

그들은 이러한 변화를 미국 시장과 PEPFAR의 엄청난 수요에 대한 대응책으로 포장했다. 2005년 1월 초, 인도 제약 회사들과 에이즈 활동가들이 모인 뭄바이 회의에서 HIV 치료제와 필수 의약품을 담당하는 프로젝트 매니저 산딥 주네자는 참석자들에게 란박시의 의약품이 새 전략 덕에 신속히 PEPFAR 승인을 받아 WHO 목록에 다시 올라갈 것이라고 설명했다. 그는 "모든 것을 미국 시장에 맞추고 제조 과정을 한 곳에 통합하고 싶었다"며 "FDA에서 승인받은 제품은 어디서든 인정받는다"고 말했다.

이틀 후 아룬은 유니세프 임원에게 이메일을 보내 에이즈 치료제 라미부딘의 제조 공장을 옮겼다고 설명했다. "까다로운 사업 요건을 용이하게 처리하기 위해 공장을 데와스에서 파온타 사히브로 옮겼습니다." 하지만 나흘 후, 란박시가 항레트로바이러스제 데이터를 WHO에 다시 제출하려고 준비하는 동안 주네자는 템페스트를 비롯한 임원들에게 단체 이메일을 보내 진짜 전략을 거듭 강조했다. "지금까지 우리는 WHO가 안정성 데이터를 가까이 들여다보려는 것을 꽤 성공적으로 저지해왔습니다." 그리고 덧붙였다. "이제 모든 제조 과정과 승인 문제를 완벽히 해결하고 재점검만 받으면 됩니다."

하지만 파온타 사히브로 공장을 옮기는 것은 완벽한 해결책과는 거리가 멀었다. 새 연구가 재등록 기간 안에 끝나지 않을 수도 있었다. 한 임원이 이메일을 통해 규제 기관이 아직 준비되지 않은 새 데이터를 요구하는 '과도기적 상황'을 어떻게 처리할 것인지 물었다. 데와스에서 얻은 데이터를 "파온타 서류에 어떻게 이용합니까?" 한 동료가 답했다. "전화 주세요. 제가 답해드릴 수 있을 겁니다." 일시적 사기로, 데와스의 예전 데이터를 파온타 사히브의 새 데이터처럼 잠시 이용하라고 말할 것이 분명했다.

그 무엇도 운에 맡기고 싶지 않았던 란박시는 파온타 사히브에서 의약품 시험을 준비하고 세계에게 가장 권위 있는 규제관들을 다시 공장으로 보냈다. 하지만 의약품 배치에 결함이 발생하거나 제형이 불안정해질 수 있기 때문에 제대로 된 시험이라도 운에 좌우될 수밖에 없었다.

문제의 원인을 조사하는 일은 어렵고 비싸다. GMP는 불확실한 과정을 확실히 하기 위해 수없이 많은 단계를 요구하기 때문에 이를 충족하기 어렵다. 실제로 의약품을 시험할 때 결과를 통제할 수 있는 최선의 방법은 무엇일까? 완벽한 데이터를 산출하기 위해 어떻게 매번 저울을 조작하겠는가?

란박시는 꽁꽁 숨어 있던 기발한 해결책을 찾아냈다. 그 해결책을 사용할 수 있을지 여부는 다음 수사관이 누군지에 따라 달라질 것이다. 잘 닦아서 번들거리는 표면만 보아도 만족하는 사람일까? 아니면 단서의 조각들을 이어 붙이는 데 여념이 없는 사람일까? 어떤 수사관이 나타날지는 통제할 길이 없었다.

하지만 쿠마르의 불운한 프레젠테이션 이후 2개월 만에 란박시는 뜻밖의 행운을 만났다. 히마찰프라데시의 파온타 사히브 제조 공장을 방문할 다음 FDA 수사관이 무랄리다라 가비니 박사였던 것이다.

FDA에서는 마이크로 알려져 있던 가비니는 인도의 해외 시설을 자발적인 마음으로 기꺼이 점검하는 극소수의 수사관 가운데 한 명으로 꽤 유명했다.

수사관들은 대부분 인도 출장을 꺼렸다. 출장을 다녀온 동료들에게 불볕더위와 주구장창 내리는 비, 끔찍한 교통 체증, 여기저기 패이고 씻겨 내려간 도로를 몇 시간씩 달려 제조 공장을 찾아가는 여정, 더러운 물이나 오염된 음식 때문에 쉽게 병에 걸릴 수 있으므로 피넛 버터와 그래놀라 바를 서류 가방에 넣어 가야 한다는 이야기를 듣고 나면 더욱 그랬다. 출장 문제는 위기 상황이 악화되는 데 한몫했다.

FDA는 원칙에 따라 메릴랜드에 있든 뭄바이에 있든, 미국 시장에 수출할 의약품 성분을 생산하는 모든 시설을 2년에 한 번씩 점검하려고 노력했다. 하지만 실제 해외 점검률은 10년에 한 번 정도였고, 해외 제조 시설에서 밀려드는 신청서가 정신없이 쌓이고 있었다. 해외 공장 점검에 누구를 보내고 비용은 어떻게 지불해야 할지도 명확하지 않았다. 해외 공장에서 시설을 촬영한 비디오테이프를 받아서 진행하는 원격 점검도 고려할 만큼 절박한 상황이었다. 비디오테이프 점검을 제안한 이유는 '계속 줄어드는 지원자' 때문이었다.[4]

지원자가 워낙 없다 보니 가비니를 찾는 곳이 많았다. 그는 한창 개발 중이던 하이데라바드 인근 지역으로 점검을 나갔다. 하이데라바드 남쪽에 있는 군투르에서 자랐고, 그곳이 오랜 주요 활동 무대인 사람이었다. 당시에는 미비한 규정 탓에 위반 사항이 아니었지만, 어찌 되었든 기본 원칙에 어긋나는 일이었다. 가비니의 동료는 나중에 "절대 고향으로 보내서는 안 된다. 이것은 단속의 기본이다"라고 말했다. 이러한 임무 배정은 부패와 타협을 불러올 수 있기 때문이었다. 하지만 가비니는 고향으로 보내주기를 간절히 바랐다.

가비니는 아칸소대학교에서 화학 박사 학위를 취득하기 위해 1972년에 처음으로 인도를 떠났다. 그에게 미국과 페이엣빌의 소도시는 무척 낯설었다. 하지만 잘 적응해서 매사추세츠의 우즈홀 해양 연구소에 취직했고, 빗물에 들어 있는 플루토늄 동위원소를 추적하는 연구를 계속했다. 그리고 온타리오호의 침전물 속 퀴륨의 흔적을 밝혀내 그 결과를 미국 화학 학회의 전국 모임에서 발표했다. 그러면서 자신도 모르게 비밀 핵시설의 유출물에 대해 폭로했고, 과학자로서의 경력은 그렇게 비난 속에서 끝이 났다.

세 아이를 부양해야 했던 가비니는 10년간 사설 연구소에서 일하다 경영진이 바뀌면서 퇴사했다. 그리고 1996년에 연봉의 70퍼센트를 삭감하고 FDA 뉴저지 지점에 입사했고, 낙농장에서 소해면상뇌증bovine spongiform encephalopathy(광우병)의 증거를 찾는 일을 하며 연봉 3만 5,000달러를 받았다. 그는 자신을 박사 학위와 10년간 민간 부문에서 일한 경험을 가진 '괴짜'로 회상했다. 그리고 1999년에 FDA의 의약품 평가 연구 센터Center for Drug Evaluation and Research, CDER 준법 감시관으로 승진했다.

그는 페이엣빌이나 FDA에서는 별 관심을 받지 못했지만 인도에서는 거물급 실력자로 인정받았다. 인도인들은 박사 출신에다 세계에서 가장 강력한 규제 기관을 대표하는 그를 존경했다. 그는 보통 '1인 점검 부대'처럼 홀로 공장을 방문했다. 그리고 해당 의약품의 미국 수출에 대한 승인 여부를 명확한 규정도 없이 단독으로 결정할 수 있었다.

미국 내 점검은 오랫동안 명확한 공식을 따랐다. FDA 수사관들은 사전 고지 없이 공장을 찾아가 충분한 시간을 머물면서 데이터의 흔적을 집요하게 추적했다. "공장으로 들어가서 배지를 보여주고 점검 안내문을 건넨다." 수사관 에르난데스가 말했다. 시설과의 관계도 깔끔했다. 또 다른 수사관은 "수사관들은 [뉴저지에서] 커피 한 잔도 마시지 않는다"고 이야기했다.

하지만 해외 점검에 대한 규정은 명확하지 않았다. FDA는 외교를 우선시했기 때문에 외국 정부가 연루된 국제 사건으로 이어질 수 있는 충돌을 피하려고 했다. 그래서 공장 방문 일정을 몇 주 전, 심지어 몇 달 전에 알렸고 기업은 기대에 부응하기 위해 호텔과 교통수단을 예약해주는 등 주인이자 여행사로서의 역할을 했다. 이런 방식이 가비니와 잘 맞았다.

가비니가 선택한 방식은 협력이었다. 그는 기업을 파트너로 여기고 탄탄한 품질관리 시스템을 구성하는 방법을 알려주었다. 그의 동료는 "가비니가 컨설턴트에 가깝게 행동했다"고 말했다. 그는 FDA와 기업들이 같은 목표를 공유한다고 생각했다. "우리는 테이블에 마주 앉은 것이 아닙니다." 그리고 말했다. "품질은 우리 모두의 목표입니다."

가비니는 기업의 기술을 향상시키려고 노력했다. 제조 설비를 제대로 청소하는 방법을 가르치고 '상식'을 강조했다. 그는 인도 제약 산업이 "나에게 굉장히 많은 것을 배웠다"고 말했다. 그는 점검을 자신만의 척도로 평가했다. "내가 이 회사에 긍정적인 기여를 했는가? 최종 결과는 긍정적이어야 한다." 그리고 정말 그랬다. 그가 하이데라바드를 점검하는 동안 그곳의 제약 부문이 성장했고 유효 성분을 대량 생산하면서 벌크의약품의 수도가 되었다.[5]

가비니는 하루에 10~12시간씩 일했다. 그보다 더 짧게 일하거나 보고서를 몇 달 뒤에 제출하는 동료들을 대놓고 무시했다. 하지만 간혹 그와 동행한 동료들은 기업들과 친밀한 관계를 유지하고, 임원들을 직접 만나거나 통화하면서 소통하고, 그들의 문제를 쉽게 눈감아주는 모습에 크게 실망했다. 가비니는 보고서를 정식으로 제출하기 전에 483 양식이라고 불리는 점검 결과의 초안을 기업에 검토용으로 보내주기도 했다.

가비니는 불필요한 비밀 유지를 거부했다. "수사관들이 왜 모든 걸 비밀로 하는지 모르겠다." 그가 말했다. "나는 보고서의 모든 내용을 [기업과] 논의한다." 이로 인해 기업들은 그의 점검 결과에도 영향을 미칠 수 있었다. 그는 기업이 문제를 시정하겠다고 약속하기만 해도 만족했다. 심지어 2003년 점검 보고서에는 한 공장의 전무이사가 자신과 통화하면서 어떤 식으로 '만족스러운' 약속을 했는지를 기록하기도 했다.

가비니가 점검을 시작하기 2년 전인 1998년에 회계 감사원Government Accountability Office, GAO이 작성한 보고서에 따르면, 자율 시행 제도honor system는 적어도 의약품의 품질 개선에는 부적절한 방식이었다.[6] 그 보고서는 개선에 대한 '해외 제조업자들의 약속'에 근거하여 점검 결과를 훼손시킨다며 FDA를 맹비난했다. "FDA는 해외 제조업체들이 제조 과정의 심각한 결함을 시정했는지 여부를 확인하기 위한 재점검을 소홀히 했다."

훗날 가비니는 인도 사람들을 범죄자처럼 대하고 싶지 않았다고 설명했다. 하지만 하이데라바드의 제약 부문이 폭발적으로 성장하는 동안 다른 수사관들이 가비니의 승인을 받은 시설들을 재방문하여 심각한 위반 사항들을 발견하면서 그는 허술한 수사관으로 널리 알려졌다. 대부분의 점검 결과가 NAI이다 보니 동료들 사이에서는 전형적인 'NAI 수사관'이라고도 불렸다.

⊖ ⊘ ⦶ ⊘

2004년 12월 17일, 란박시 임원들은 잘 알고 지내는 수사관 가비니가 파온타 사히브 공장에 도착하자 몹시 기뻐했다. 해당 시설이 미국의 에이즈 억제 프로그램에 사용될 에이즈 치료제 라미부딘과 지도부딘을 생산하기에 적절한지를 확인하기 위한 승인 전 실사였다.

란박시는 그의 방문에 놀라지 않았다. 일반적인 해외 점검으로 몇 주 전에 사전 고지를 받은 데다 일정을 계획하는 데에도 관여했기 때문이었다. 가비니는 점검 내용을 간단히 설명하면서 "란박시에서 공장을 오고 갈 교통수단과 숙소를 제공했다"라고 말했다.[7]

가비니는 그곳에 5일 동안 머물렀다. 겁에 질린 임원들이 그를 쫓아다니면서 데이터의 부재에 대해 메시지를 주고받았다. 하지만 가비니는 그런 부분을 전혀 확인하지 않았다. 점검 보고서에는 배치 기록에 남아 있던 몇 가지 불명확한 지시 사항과 청소 과정만 적었다. 그러면서 의약품을 다양한 온도와 습도에 노출시켜 다양한 환경에서의 분해 속도와 유효기간을 확인하는 안정성 시험 프로그램에는 과도한 찬사를 보냈다. 그리고 이렇게 적었다. "안정성 샘플을 실험실 안팎으로 운반하는 과정을 감시하고 있었고, 재고품도 적절히 유지되었다."

이 결론을 내리기 위해 가비니는 7개월 전 설치한 써모랩의 안정성 냉장고를 못 본 척 지나쳐야 했다.[8] 사람이 드나들 수 있을 만큼 커다란 냉장고는 섭씨 4도로 유지되고 있었다. 란박시가 FDA에 제출한 신청서에는 냉장고에 관한 내용은 일절 없었다. 만약 그때 냉장고를 열어보았다면 기록되지 않은 샘플 용기 수백 개가 가득 들어 있는 상자들을 발견했을 것이다.

란박시가 냉장고를 사용한 이유는 향후 몇 년간 가장 큰 논쟁을 불러 일으킨 의문점 가운데 하나가 되었다. 어찌 되었든 가비니는 어떤 의혹도 제기하지 않았다. 의약품 시험과 관련된 불법 행위를 찾지 못하는 것이든 주의를 기울이지 않는 것이든, 초조해하던 임원들에게 그는 꿈의 수사관이었다.

예상대로 점검 결과는 매우 간단했다. 그는 상태가 양호하다는 증명서를 발급하고 GMP를 "전반적으로 준수하고 있다"라고 평가했다. 결론은 NAI, 조치가 불필요함이었다.

11장

세계지도

○

2005년 8월
인도, 구르가온

장마가 더위와 습도를 몰고 오더니 비를 퍼부었다. 잠을 설치는 날이 많아진 타쿠르는 디젤 발전기의 덜컹거리는 소리를 들으며 세계지도에 대해 생각했다. 지도는 란박시의 5대 시장인 미국, 캐나다, 유럽, 남아메리카, 인도와 나머지 국가들로 나뉘어 있었다. 그는 매일 밤 자신이 준비했던 시장별 의약품 데이터를 시각화했고, 각 데이터는 지속적으로 환자에 대한 위험성을 암시했다.

아프리카로 보낼 예정이었던 HIV 치료제가 가장 문제였다. 타쿠르도 그 치료제가 형편없다는 것을 알고 있었다. 불순물 함량이 높고 기능이 쉽게 저하되며 아프리카 사하라 사막 이남에 있는 4구역Zone IV의 뜨겁고 습한 환경에서는 약효를 전혀 발휘하지 못했다. 그런 약이 의료 인프라가 전무하고 불편 사항을 해결할 방법도 없는 최빈곤국의 환자들에게 제공될 예정이었다. 이러한 부당함 때문에 타쿠르는 화가 났다.

란박시로 이직하기 전까지만 해도 그는 전 세계에서 판매되는 의약품들이 모두 동일하게 제조될 것이라고 생각했다. 그들은 세계에서 가장 엄격한 미국 시장을 기준으로 의약품을 제조한다고 공공연하게 주장했다. 하지만 타쿠르는 란박시가 규정이 미비하여 들킬 위험이 거의 없는 국가들을 위해 가장 조악한 의약품을 따로 남겨둔다는 사실을 잘 알고 있었다.

FDA는 PEPFAR 의약품의 품질을 감독하면서도 이런 사실은 몰랐던 것 같다. 타쿠르가 사임하고 한 달 후, FDA는 파온타 사히브 공장이 PEPFAR 프로그램을 위한 에이즈 치료제를 생산하도록 허가했다. 그리고 8월 초, WHO는 빔타에서 시험한 란박시의 에이즈 치료제를 예비 명단에 다시 올렸고, 생사가 걸린 의약품을 저가로 공급해야 했던 에이즈 활동가들은 크게 안도했다.

2005년 4월 말, 타쿠르는 회사를 그만두었으니 그들의 문제에 더는 관여하지 말자고 애써 다짐했다. 하지만 안도는 곧 불안으로 바뀌었다. 실직하면서 모아둔 돈이 줄어들자 그는 닥치는 대로 컨설팅 일을 잡았다. 둘째 아이를 임신한 아내에게는 내색하지 않았다. 그러면서도 그는 란박시의 사기 행각이 사실이라면 자신이 무슨 일을 할 수 있을지 매일 밤 고민했다. 그에게 진실을 폭로할 책임이 있었을까?

⊖ ⊘ ⦶ ⊘

끊임없는 의문은 유년시절 잠자기 전에 들었던 이야기와 대낮의 폭동을 떠올리게 했다. 타쿠르는 하이네라바드에서 북쪽으로 160킬로미터 떨어진 곳에서 사탕수수, 강황, 옥수수를 대량으로 재배하는 초목이 무성한 농촌 마을인 니자마바드에서 자랐다. 타쿠르의 가족은 3대째 같은 집에서 살았다. 어머니는 가정주부였고, 아버지는 민사소송 전문 변호사였지만 돈이 안 되는 일을 더 많이 했다.

그들은 딱히 부족한 것 없이 검소하게 살았다. "돈은 어떤 면에서도 원동력이 되어주지 않았다." 타쿠르가 말했다. 하지만 교육이 문제였다. 타쿠르와 동생들은 규율과 암기를 강조하는 엄격한 가톨릭 학교의 수녀 밑에서 공부했다. 아이들은 매일 릭샤를 타고 마을에 있는 두 개의 큰 도로 중 하나를 이용하여 등교했다.

안경을 쓰고 소박한 사리를 입었던 할머니 암바 바이는 타쿠르에게 가장 큰 인상을 남긴 사람이었다. 매일 밤 할머니가 들려주던 인도에서 가장 유명한 서사시 〈라마야나와 마하바라타〉가 타쿠르와 형제자매들의 유일한 오락거리였다. 거기에 나오는 이야기는 윤리적인 왕, 모략을 꾸미는 친척, 환상적인 신, 원숭이 군대 등 승산 없는 싸움을 벌이는 등장인물로 가득했다.

매일 밤 등장인물들은 옳고 그름과 삶의 방식에 대한 근원적 질문과 마주했다. 권력을 잡을까, 정의를 택할까? 지하 세계로 이어지는 길로 내려갈까, 빛을 향해 올라갈까? 악마와 여신이 이야기 속에서 격돌하듯 문밖의 현실 세계에도 갈등이 가득했다. 식민지 이후 힌두교인과 이슬람교인은 팽팽한 긴장감 속에서 약간의 무시감만 느껴도 다툼을 벌였고, 현관문 바로 밖에서 대규모 폭동이 일어나기도 했다.

이런 소규모 충돌이 발생하면 그의 아버지는 중재를 하겠다며 시도 때도 없이 거리로 뛰쳐나갔다. "저는 늘 아버지께 물었어요. '왜 자꾸 나가시는 거예요? 우리 문제도 아니잖아요'"라고요. 타쿠르가 회상했다. "아버지의 대답은 한결같았어요. '잘못된 걸 보면 뭐든지 할 수 있는 일을 해야 한단다.'" 아버지는 종종 중재하는 과정에서 베이거나 멍든 채로 집으로 돌아와서 어머니를 놀라게 했다. 타쿠르의 회상에 따르면 "어머니는 아버지가 거기에 나가는 걸 질색하셨다". 아니나 다를까 똑같은 논쟁이 이어졌다. "당신 문제가 아니잖아요. 당신 말은 듣지도 않는다고요!" 하지만 아버지를 말릴 수는 없었다.

어린 타쿠르는 아버지가 직면한 도덕적 딜레마가 할머니의 이야기에 나온 것들보다 더 미묘하다고 생각했다. 안 좋은 상황에서 '싸움의 당사자가 아니라면' 어떤 의무를 져야 하는가? 아버지의 답은 항상 명확했다. 그는 마을의 선임 변호사로서 사람과 결함을 가진 사법제도 사이에 개입하여 소통을 돕는 것이 의무라고 믿었다,

타쿠르는 아버지의 가르침을 마음에 새겼지만 실천하기는 어렵다는 것을 알게 되었다. 8학년 때 친구가 축구 시합에서 규정 위반이라는 누명을 쓰고 출전 정지를 당했다. 타쿠르는 친구 편을 들며 체육 선생님에게 억울함을 호소했지만 아무 소용이 없었다. 그래서 교장 선생님에게 직접 호소했다. 타쿠르는 팀 전체 앞에서 교장 선생님에게 체육 선생님의 징계가 가혹하고 친구는 출전 정지를 받을 만큼 잘못하지 않았다고 말했다. 그러자 교장 선생님은 타쿠르의 뺨을 때리고 어떤 선생님에 대해서도 불평하지 말라고 말했다. "교장 선생님은 8학년이 교사에게 도전하는 모습을 보고 싶어 하지 않았던 것 같다." 타쿠르는 나중에 깨달았다.

학교와 인도 문화의 가치 체계는 단순한 공정성보다 권위자에 대한 존중을 우선시했다. 타쿠르는 이러한 원칙을 거부했다. 그는 성인이 될 때까지 자신만의 가치 체계를 고수했다. 그의 아버지는 자신에게 닥칠 위험은 아랑곳하지 않고 적대적인 이웃들을 설득하기 위해 거리로 나섰다.

하지만 전 세계로 퍼져나가는 문제를 해결하기 위해 타쿠르가 나서야 할 거리는 어디였을까? 누구를 설득할 수 있을까? 다른 사람들도 란박시의 사기 행각을 눈치챘지만, 그것을 전반적으로 이해하는 사람은 자신을 비롯한 극소수의 내부자들뿐이라고 믿었다. 그리고 그중에 어느 누구도 그 범죄를 다루겠다는 의향을 내비치지 않았다.

일부는 그것을 이용해 이득을 얻기도 했다. 그의 옛 상사 바르바이야는 퇴직하면서 두둑한 보수를 지급받았고,[1] 타쿠르와 쿠마르는 그것이 침묵의 대가라고 믿었다. "인도의 시스템은 너무 부패해서 깨끗한 사람도 결국 부패하게 된다." 타쿠르가 나중에 말했다. 정직한 타쿠르에게는 중도를 지키는 것조차 일종의 공모였다. 진실을 폭로할 수도 있었지만 정직에는 위험이 따랐다.

인도의 내부 고발자들은 목숨을 위협당했다. 불과 18개월 전에 인도 고속도로 공사의 공사 책임자가 고속도로 건설공사의 엄청난 부패를 폭로했다가 총에 맞아 숨진 채 길가에서 발견되었다.[2] 그의 죽음이 공분을 사기는 했지만, 법적인 보호 장치가 없었기 때문에 그렇게 놀랄 일도 아니었다. 란박시의 싱 가문은 폭력 행위로 악명 높았다. 언론 보도에 따르면 가족 간의 불화에도 돈을 주고 조직폭력배들을 고용했다.

타쿠르의 입장에서는 아무것도 하지 않는 것이 최선이었을 것이다. 착한 사마리아인이 되는 것은 메라울리 구르가온로에서 만취한 보행자를 구했을 때처럼 엉뚱한 방식으로 역효과를 일으킬 수 있었다. 그때 경찰관은 그에게 금품 갈취라는 누명을 씌우려고 했다. 그날 그는 비자이의 충고처럼 내 갈 길 가면서 내 일에만 신경 써야겠다는 교훈을 얻었다. 하지만 타쿠르는 정당하다고 생각하는 방식으로 행동할지를 결정할 때 그런 사회적 규범을 거의 고려하지 않았다. 그에게는 행동을 지시하는 완전한 윤리적 좌표가 있었다.

사직서를 제출하고 4개월이 지난 2005년 8월 아침, 타쿠르는 무언가를 결심하고 자리에서 일어났다. 그날은 58년 전 인도가 영국의 지배로부터 벗어나 자유를 쟁취한 독립 기념일이었다. 그는 수개월간 자신을 괴롭혀 온 걱정거리에서 자유로워지고 싶었다.

그는 지하 사무실로 내려가 여러 선택지를 따져보며 만들었던 야후 이메일 계정을 열었다. 그리고 그는 지위가 낮은 기업 과학자인 척하면서 일부러 어설픈 영어를 사용하여 국제 개발처U.S. Agency for International Development, USAID와 WHO의 관료들에게 이메일을 보냈다. 그리고 이렇게 말했다. "인도의 란박시 래버러토리스는 제품을 시장에 내놓기 위해 가짜 데이터로 당신을 속이고 있습니다."[3] 그는 란박시가 데이터 조작을 강요했다고 주장했다. "이 치료제들이 아프리카의 아픈 환자들을 치료하는 데 사용될 것을 알기에 밤잠을 이룰 수 없습니다. 운이 좋으면 효과가 없는 것으로 그치겠지만 최악의 경우에는 부작용을 일으키고 목숨을 앗아갈 것입니다." 그리고 필명으로 이메일을 보냈다. 그는 자신의 대의에 관심을 가져주기를 바라는 마음에서 힘과 명성을 떠오르게 하는 필명으로 계정을 만들었다. 란박시의 법정 상속인 말빈데르의 이름이었다.

⊖ ⊘ ⓘ ⊘

그 후 매일 밤 그는 지하 사무실로 내려가 답장을 기대하며 이메일을 확인했다. 기다림은 몹시 고통스러웠다. 답장이 없는 것을 확인할 때마다 생생한 고통과 회의감이 밀려들었다. 자신의 이메일이 관료 체계를 뚫고 들어갈 만큼 권위적이거나 상세하지 않았던 것은 아닌지 의심했다.

그래서 다음에는 더 신랄하게 작성하여 대여섯 명의 FDA 관료들에게 보냈다.[4] "저는 아프리카의 가난한 사람들이 기대감을 가지고 WHO와 PEPFAR에서 이런 가짜 치료제를 구입했다가 낫기는커녕 목숨을 잃을까 봐 두렵습니다." 하지만 돌아온 것은 침묵뿐이었다.

상세한 내용을 덧붙이거나 자료를 첨부한 이메일을 계속 보냈지만 침묵이 이어졌다. 1주일 후 그는 여전히 지위가 낮은 과학자인 척하며 FDA 관료들에게 더 상세한 내용의 이메일을 보냈다. "란박시의 CEO와 사업 부문 총괄, 품질 보증 부문 총괄을 비롯한 경영진은 연구실과 공장에 안정성을 입증할 수 있도록 데이터를 조작하라고 조직적으로 요구했습니다. 유효 기간을 입증할 데이터도 없고, 여러분이 승인하려는 제형은 환자에게 닿기도 전에 남아프리카 4구역의 뜨겁고 습한 환경에 의해 망가질 겁니다. 그 제형은 무용지물입니다. 아무런 약효도 발휘하지 못할 겁니다."

타쿠르는 끈질기게 시도했고, 거듭 실망했다. 폭로에 대한 두려움만 극복하면 세상이 응답하고, 규제관들이 불시에 란박시를 방문할 줄 알았다. 하지만 아무도 신경 쓰지 않는 듯했다. 며칠간 정중하지만 모호한 답변이 드문드문 돌아왔다. WHO의 비서는 담당자들이 모두 외근 중이지만 메시지를 받았으니 "적절한 때에 처리할 것"이라고 답했다.

그는 2주를 기다리다 결국 어설픈 영어를 사용하는 전략을 그만두고 FDA 국장 레스터 크로퍼드$_{\text{Lester Crawford}}$에게 다급히 이메일을 보냈다.[5] 그는 란박시가 "시험하지 않고 효과도 없는 가짜 치료제"를 판매하고 있다며 단호하게 주장했다. 그리고 'CEO를 비롯한 경영진 사이에 오고 간 문서와 이메일 메시지'를 첨부한 이메일을 크로퍼드의 직원들에게 수차례 보냈다. 몇 개월 전 란박시의 악행을 발견하고 떠올렸던 단어를 그제야 사용했다. "이들의 범죄를 멈추어주시기를 부탁드립니다."

이번에는 그의 메시지가 먹혀들었다. 이틀 후 FDA CDER의 점검 및 사전 승인 준법 감시부 책임자였던 에드윈 리베라 마르티네스가 상세한 답변을 보내왔다. 그는 "8월 15일, 17일, 27일, 31일에 보낸 이메일"을 받았다고 말하며 타쿠르에게 전화 회의를 제안했다. 타쿠르는 계속 숨어 있으려고 했다. 원래는 제한적으로 개입하면서 규제관들이 직접 추적하게 할 생각이었다. 그보다 더 많은 일을 해야 할 것이라고는 생각하지 못했다.

두 사람은 계속 이메일을 주고받았다. 타쿠르는 가족이 위험할 수 있다며 통화를 거절했지만 더 많은 문서를 첨부했다. 리베라 마르티네스는 익명이 유지될 거라며 그를 안심시켰다. "이메일을 읽으면서 당신이 가짜 치료제 때문에 사람들이 죽어나갈 것이라고 믿고 있고 그런 상황을 막고 싶어 한다는 인상을 받았습니다." 그리고 이렇게 적었다. "(…) 통화를 하지 않으면 수사가 상당히 제한적일 수 있습니다."

타쿠르는 조심스럽게 답장을 보냈다. "대화가 녹음됩니까? 다른 사람도 참여하나요? 당신에게 이야기하는 것만으로 법적 책임이 발생합니까? 제가 고발당하지 않도록 보호해줄 수 있습니까? 우리는 지금 란박시의 범죄 행위에 대해 논의하고 있는 겁니다." 리베라 마르티네스는 이메일을 주고받는 것보다 관료들을 소집해 전화 회의를 하는 것이 훨씬 더 효과적이라고 답했다. 그뿐만 아니라 이 문제가 법정에 가서 반드시 신원을 밝혀야 할 상황이 아니라면 그의 신원은 철저히 비밀에 부칠 것이라고 장담했다.

타쿠르는 머뭇거리다 전화 회의에 동의했다. 다만 대화를 통제하기 위해 안전한 전화 회의를 준비하는 방법을 알려주려고 애썼다. "모두가 이용 가능한 인터넷 전화 애플리케이션에 접속할 수 있습니까?" 그가 이메일을 통해 물었다. "구글 토크나 스카이프 같은 앱 말이에요. 이런 앱을 사용하려면 컴퓨터에 마이크와 스피커가 있어야 합니다." 그리고 FDA 관료에게 앱을 다운로드할 수 있는 링크를 보냈다. 하지만 그들은 자체 기술과 고유의 운용 방식을 가지고 있었다.

타쿠르는 결국 그의 요청에 따라 FDA에 전화했다. FDA와의 전화 회의는 90분 동안 이어졌다. 정중하고 설득력 있는 리베라 마르티네스가 조심스럽게 질문하는 동안 다른 부서 직원들은 듣기만 했다. 거기에는 FDA 범죄 수사부 특별 수사관 더글러스 러브랜드Douglas Loveland와 가비니 박사, 준법 감시관 캐런 다카하시도 있었다. 그들은 타쿠르가 정보를 어디에서 얻었는지, 얼마나 확신하는지, 그가 공유한 문서가 무엇을 의미하는지 알고 싶어 했다.

그 후 타쿠르는 리베라 마르티네스에게 보내는 이메일에서 지레 낙담한 듯 이렇게 적었다.[6] "저는 란박시가 전 세계에 판매하고 있는 치료제들의 품질이 미국 FDA에서 요구하는 기준을 충족하지 못한다는 것을 증명할 수만 있어도 충분합니다. 그 이상을 조사할지 여부는 전적으로 당신의 선택입니다. 개인적으로는 그렇게 해주시면 좋겠습니다."

하지만 그 후 몇 달 동안 타쿠르는 조금도 만족하지 못했다. 그에게 범법 행위는 모 아니면 도였다. 그는 증거를 제시하고 그들의 조치를 기대했다. 하지만 전화 회의를 마치고 열흘 후, FDA는 소아용 에이즈 치료제의 첫 번째 제네릭 버전인 지도부딘을 미국 시장에 시판하도록 승인했다고 발표했다. 타쿠르는 리베라 마르티네스에게 이메일을 보냈다. "란박시가 조작한 데이터로 항레트로바이러스제를 등록하는 범죄를 저질렀고, 그와 관련된 자료를 전부 가지고 있으면서 왜 승인해준 건지 도무지 이해가 안 됩니다. 수사를 통해 란박시가 무죄라는 결론을 내렸다는 뜻입니까?"

리베라 마르티네스는 타쿠르와 연락하기 전에 이미 승인이 완료되었고, 사기에 대한 직접 증거만이 결정을 뒤집을 수 있다고 설명했다. 타쿠르는 충격에 빠졌다. 그는 고위 임원들이 시험 결과를 조작하기 위해 공모했다는 것을 명확히 보여주는 다량의 내부 데이터와 이메일을 FDA에 보냈다. 그것이 사기의 증거가 아니라면 대체 무엇이란 말인가? 쉽게 답할 수 없는 질문이라는 것을 그는 차차 알게 되었다.

그 후 몇 주 동안 타쿠르와 리베라 마르티네스는 이메일을 주고받으며 더디지만 치열한 대화를 나누었다. 리베라 마르티네스는 주저하는 타쿠르를 구슬려 인내심을 가지고 더 많은 정보를 제공하게 했고, 타쿠르는 더 빠르고 공격적인 조치를 취해달라며 리베라 마르티네스를 달달 볶고 신경을 건드렸다.

10월 6일, 리베라 마르티네스가 '논의 중인 언론 보도 자료에 대한 긴급 통화'를 요청했다. 하지만 타쿠르가 이메일을 제때 확인하지 못했다. 그사이 FDA는 란박시의 당뇨 치료제 글리메피리드와 뇌전증 치료제 가바펜틴을 승인했다고 발표했다. 실의에 빠진 타쿠르는 '나와 가족이 위험할 수 있음에도 불구하고' 최대한 많은 정보를 제공했다며 이렇게 말했다. "제가 제공한 대부분의 증거를 무시하기로 결정한 것 같아서 FDA의 조치가 무척 우려스럽고 (…) 혐의가 없다고 판단하셨다면 저는 최소한의 의무를 다한 것으로 만족하겠습니다."

그는 리베라 마르티네스에게 포기하고 싶다는 의사를 수차례 밝혔다. 10월 승인 이후 그는 쿠마르가 쓴 사직서와 그가 CEO 템페스트와 마지막으로 주고받은 내용을 보냈다. 타쿠르는 그것이 '마지막 제스처'라며 이렇게 말했다. "리베라 마르티네스 씨, 이제 당신이 선택할 차례입니다. 저는 더 이상 당신과 FDA를 위해 해줄 수 있는 게 없습니다. 대화를 이어나가기에 앞서 (…) 당신의 행동을 지켜보면서 기다릴 겁니다."

하지만 대화는 계속 이어졌고, 타쿠르는 익명을 유지했다. FDA 직원들은 그가 필명으로 사용한 말빈데르의 이니셜을 따서 'M' 또는 '미스터 M'이라고 불렀다. 그리고 타쿠르는 다량의 문서를 제공했지만, 가장 중요한 쿠마르의 SAR은 넘겨주지 않았다. 그것은 란박시에 핵폭탄급 위력을 발휘할 것이고, 타쿠르에게도 직격타로 돌아올 수 있었다. 11월 2일에 리베라 마르티네스가 답장을 보냈다. "전화 회의에서 (…) 란박시에서 지시를 받고 준비했던 위험 평가 보고서에 대해 언급하셨는데 (…) 보고서 사본이 있으면 수사에 집중할 수 있을지도 모릅니다."

그의 요청은 또 다른 우려를 낳았다. 잘못한 일이 없더라도 변호사나 면책 특권은 필요할 것 같았다. "두 달 동안 계속 연락하면서 느끼셨겠지만 제 유일한 관심은 란박시의 치료제를 구입하는 사람들을 보호하는 겁니다." 그는 더 많은 문서를 공유하기 전에 다음과 같이 통보했다. "기소면제권이 필요합니다."

리베라 마르티네스는 FDA에 면제권을 부여할 권한이 없다고 설명했다. 대신 타쿠르를 안심시키기 위해 범죄 수사관과의 전화 회의를 마련했다. 남은 장애물이 제거되자 타쿠르는 쿠마르가 이사회 소위원회에 보여주었던 파워포인트 자료, 란박시의 CEO가 어떻게든 은폐하려고 했던 그 문서를 리베라 마르티네스에게 보냈다. 그렇게 해서 FDA는 경영진의 사기 공모라는 큰 그림을 파악할 수 있게 되었다.

⊖ ⊘ ⦶ ⊘

당시에 타쿠르는 몰랐지만, FDA는 그의 정보가 믿을 만하다고 판단했고, 진위를 확인하기 위해 물밑 작업을 진행하고 있었다. 처음 접촉하고 두 달이 채 지나지 않은 2005년 10월, 리베라 마르티네스의 부서는 현장 점검부에 란박시의 주요 제조 공장인 데와스와 파온타 사히브를 우선적으로 점검해달라고 요청했다.

다섯 장 분량의 업무 제안서에는 수사관들이 확인해야 하는 다수의 사기 혐의가 적혀 있었다.[7] 리베라 마르티네스는 임무에 배정된 수사관들이 점검을 떠나기 전에 면담을 요청했다. 또한 제안서는 "정보 제공자에 따르면 해당 기업이 점검 기간 동안 밤을 새서 문서를 조작했다"며 점검 당일 요청한 모든 문서를 수집하라고 권고했다.

FDA는 란박시에 대한 솔직한 시각이 필요했다. 하지만 2006년 1월, 타쿠르는 전 동료들을 통해 알게 된 사실들을 리베라 마르티네스에게 다급히 전달했다. 그는 란박시의 경영진이 "파온타 사히브와 데와스 공장에 진을 치고 있다"며 수사관이 요구할 만한 모든 문서를 "'제작'하며 대규모 은폐를 시도하고 있다"라고 경고했다. 그리고 란박시가 점검에 대해 이미 알고 있는 것 같은데 수사에 문제가 생긴 것은 아닌지 물었다. 그러자 놀랄 만한 답변이 돌아왔다. 란박시는 다른 해외 기업들과 마찬가지로 이미 수개월 전에 규제관의 방문 일정을 통보받았다는 것이었다. 늘 그런 식이었다.

12장

제약 업계의 파라오

○

2006년 1월 19일
인도, 구르가온

타쿠르가 FDA와 접촉하고 5개월 뒤 말빈데르가 템페스트에 이어 전무이사와 CEO 자리에 오르면서 란박시는 싱 가문의 손으로 돌아갔다. 33세의 말빈데르는 의학에 대해 무지했다. 하지만 특유의 성격과 자라온 환경, 가족의 배경 때문에 사회적 사명을 핵심으로 하는 경쟁적인 산업에 잘 어울리는 듯 보였다.

그의 아버지 파르빈데르는 사소한 간식부터 대화에 이르기까지 모든 것을 제한할 만큼 금욕적이었다.[1] 그는 어린 아들들에게 장인이 이끌던 영적 단체 라다 소아미 사트상 비스Radha Soami Satsang Beas, RSSB의 사상을 세뇌시켰다. 파르빈데르는 종종 아이들과 아내 니미Nimmi를 데리고 비스 공동체를 찾아가 일꾼을 자처했다. 그래서인지 아이들은 명문 학교에 다니면서도 또래 친구들이 받는 혜택을 거의 누리지 못했다. 대부분의 부잣집 아이들이 대학에 진학한 후 터무니없이 많은 용돈을 받고 고급 자동차를 몰면서 별 다섯 개짜리 호텔에서 저녁을 먹었다. 반면에 말빈데르는 대중교통을 이용하고 델리 운수 회사 버스로 통학하며 한 달에 10달러도 되지 않는 용돈을 받아 길거리 음식을 사 먹었다.

싱 가문이 금욕이라는 핵심 가치를 강조하기는 했지만, 말빈데르는 경영 수업을 받는 예비 거물로서 고급스러운 입맛과 권위적인 태도를 자연스럽게 익혔다. 그는 어릴 때부터 내부 경영을 접했다. 파르빈데르는 아들이 보고서를 뒤적거리면서 업계 동향을 익히도록 내버려두었다. 방학 기간에는 의사와 화학자에게 전화 영업을 하거나 영업 사원들의 스쿠터를 얻어 타고 그들을 졸졸 따라다녔다.

말빈데르는 CEO의 역할도 그럴듯하게 해냈다. 그의 경영 방식은 무모하고 경쟁적이고 야심만만했다.[2] 그는 곧장 전 세계를 둘러보며 기회를 찾았다. 인도의 비즈니스 언론은 아첨하듯 '제약 업계의 파라오'라는 별명을 붙여주고 그를 "발군의 의사결정자"로 묘사했다.[3] 하지만 란박시의 일부 관계자들은 그를 심술궂고 미성숙한 사람으로 여겼다. 그는 〈포브스〉가 꼽은 인도의 40대 부자 안에 들어가는 일에만 정신이 팔려있었다. 자산 총액이 16억 달러였던 말빈데르와 시빈데르 형제는 2004년에 10위였다가 2005년에는 19위로 밀려났다.[4] 그해에는 더 떨어질 전망이었고, 말빈데르는 부진 원인을 직원들의 충성심 부족으로 돌렸다. 어느 부서의 성과가 저조하다는 이야기를 들은 그는 고함을 질렀다. "이윤을 내란 말이야!"[5] 훗날 그는 한 기자에게 연구 기반의 국제 제약 회사가 되려는 란박시의 공동체적 사명을 향한 열정 때문이었다며 "우리는 여느 경영조직과 마찬가지로 총 매출과 순이익에 첨예한 관심을 가지고 있습니다"라고 했다.

말빈데르와 시빈데르는 10만 달러짜리 샴페인 색의 메르세데스-벤츠 S클래스 세단을 몰고 예술품과 사진을 수집했다.[6] 옷에 관심이 많았던 두 사람은 델리에서 가장 뛰어난 재단사가 운영하는 리볼리의 바이샤Vaish at Rivoli 주요 고객이었고, 재단사는 '비즈니스계의 마하라자'의 옷을 만든다며 주위에 자랑했다. 형제는 회의에 같은 옷을 입고 가지 않으려고 매일 아침 의상을 맞추어보았다. 말빈데르는 라디오 방송국 피버 104 FM의 청취자들에게 델리에서 가장 스타일 좋은 사람으로 뽑혔고, 심지어 미스 인도 대회의 심사 위원을 맡기도 했다.

말빈데르는 2,500년 전에 쓰인 중국 병법서 《손자병법》을 경영인의 필독서로 여기고 직원들과 대화할 때 즐겨 인용했다. 부동산과 법인 자산을 두고 가족과 벌였던 분쟁이 흡사 전쟁 같았다는 점을 고려하면 그렇게 놀랄 만한 일도 아니었다.

수년간 사업을 확장한 싱 일가는 전 세계의 최상위층이 사는 지역 가운데 하나인 뉴델리의 심장부 아우랑제브 로드에 살았다. 난공불락의 담장 너머로 여러 채의 대저택, 주민들의 표현에 따르면 '방갈로'가 잘 가꾸어진 대규모 정원에 자리 잡고 있었다. 수천 평에 이르는 싱 가문의 사유지에서 살고 있던 말빈데르의 어머니 니미와 삼촌 아날지트는 2006년에 서로를 경찰에 고소했다. 니미는 담장을 불법 축조하다가 들킨 아날지트가 '덩치가 크고 우락부락한' 장정들을 고용하여 도끼와 망치로 무장하게 하고 자신에게 겁을 주었다고 주장했다. "폭력배들이 나를 공격하고 위협하고 신체적으로 학대하면서 손주들을 포함한 파르빈데르 일가 모두가 살아남지 못할 거라고 협박했어요." 아날지트도 니미와 말빈데르를 협박 및 폭행 혐의로 고소했다.

싱 가문 사람들이 바이 모한의 제국과 재산을 분할하는 과정에서 고소와 맞고소를 반복하는 동안, 이와 관련하여 20년 가까이 대하소설을 써 온 인도 언론은 '란박시 가문의 사기 행각'을 다음 먹잇감으로 삼았다. 니미는 될 대로 되라는 심정으로 태세를 전환하여 아들들에게 도움을 청했다. 그리고 한 달 만에 말빈데르와 아날지트는 원만하게 합의했다고 발표하고, 1990년대부터 시작된 30건 이상의 소송도 취하했다. 이를 계기로 말빈데르는 가문의 외교관이자 평화 유지군처럼 비쳤다.

싱 가문을 잘 아는 한 인도 기자는 그를 '영적인 청년'으로 기억했다. 말빈데르는 1년에 여덟 차례 펀자브 주 비스의 작은 마을에 있는 RSSB의 스승을 찾아가 명상을 하면서 자신의 영혼을 신에게 다시 연결시키는 일에 집중했다. 어릴 때부터 받아온 영적 교육과 가족의 핵심 가치인 금욕은 브랜드의 일부가 되었다. 듀크대학교 경영 대학원의 동문회 잡지와의 인터뷰에서 말빈데르는 자신과 형제에 대해 이렇게 말했다.[7] "우리가 유명한 집안에서 태어난 건 사실이지만 운 좋게도 단순하고 독실하고 영적인 환경을 가질 수 있었고 (…) 가문의 핵심 가치는 근면함과 높은 도덕성, 동등한 관계, 겸손이다." 경영권을 이어받은 지 불과 6주 만에 말빈데르는 깨달음을 통해 얻은 모든 가치를 장려하는 데 그치지 않고 점차 심각해지는 갈등으로 가져가야 했다.

⊖ ⦸ ⦶ ⊘

2006년 2월 20일, FDA의 베테랑 수사관 리자이나 브라운과 로버트 호런Robert Horan이 히마찰프라데시 북쪽에 있는 파온타 사히브 제조 공장에 도착했다.[8] 주어진 시간은 단 6일뿐이었지만, 그들에게는 리베라 마르티네스의 부서에서 티쿠르의 주장을 다섯 장으로 요약한 기밀 업무 제안서라는 무기가 있었다.

란박시가 사전 고지를 받고 준비했는데도 불구하고, 수사관들은 문제의 소지가 있는 몇 가지 과실을 발견했다. 그들은 원자료를 일상적으로 폐기했고 환자들의 불편 사항을 조사하지 않았다. 하지만 가장 중요한 발견은 14개월 전 가비니 박사가 못 본 척 지나쳤던 섭씨 4도의 미등록 대형 냉장고였다.[9] 게다가 최근에 똑같은 냉장고가 하나 더 들어왔다. 냉장고 안에는 알 수 없는 상자들이 쌓여 있었다. 그 안에는 라벨지를 붙이지 않은 의약품 샘플 용기가 가득 채워져 있었다. "샘플의 개수나 시험 상태를 기록하지 않았다. 두 개의 냉장고에 각각 1,000개와 150개 이상의 샘플을 보관할 이유가 없었다." 수사관들은 이렇게 보고했다.

냉장고의 용도는 무엇이었을까? 그 안에 들어 있던 한 약병의 라벨지에는 섭씨 30도라고 적혀 있었다. 란박시의 주장처럼 우연히 잘못된 냉장고에 들어간 걸까? 아니면 일부러 잘못된 냉장고에 넣어둔 걸까? 수사관들이 내용물에 대한 기록을 요청했지만 보관해둔 것이 없다는 답변만 돌아왔다. 그리고 나중에는 의약품 목록을 보관하고 있었지만 'FDA의 요청을 이해하지 못해서' 제공하지 못한 것이라고 주장했다.[10]

미등록 냉장고가 사기 행각의 핵심일 가능성은 매우 낮아 보였다. 하지만 란박시가 라벨지 없는 샘플들에 대해 해명하느라 자꾸 말을 바꾸다 보니 말의 앞뒤가 맞지 않았다. 처음에는 '각국의 규제 기관에 제출할 신청서'를 위한 샘플이라고 주장했지만, 냉장 상태는 안정성 시험에 아무런 영향도 주지 않았다. 이처럼 모순된 상황에서 란박시 임원들은 "'[공식적인] 데이터 산출이 아닌 참고용'으로만 사용하는 '대조군 샘플'"이라고 주장했다. 하지만 FDA는 '예비용' 샘플이 실제로 사용되는지는 여전히 불확실하다고 말했다.[11] 또한 수사관들은 여드름 치료제 아큐탄의 제네릭 버전인 소트레트의 샘플을 수거해 갔다. FDA는 소트레트가 유효 기간보다 훨씬 더 빨리 저하되고 약효가 기대 이하라는 사실을 확인했다.

그다음 주에 브라운과 호런은 란박시에서 가장 문제가 많은 제조 공장 가운데 하나인 데와스 공장을 점검했다.[12] 가비니가 2004년 12월에 마지막으로 점검했을 때는 아무 문제도 없었다. 이번에는 수십 명의 임원이 브라운과 호런을 따라다니며 그들의 질문에 앞다투어 대답했다. 수사관들은 란박시가 그동안 전자 데이터 원본을 폐기해오다가 점검을 앞두고 불과 몇 주 전에 이를 보관하도록 정책을 바꾸었다는 것을 알게 되었다. 심지어 수사관들은 원자료가 "사후 또는 실험실 밖에서 시험을 수행하지 않는 사람에 의해" 변경되어서는 안 된다는 GMP의 기본 원칙까지 설명해야 했다.[13]

호런과 브라운은 점검을 끝마쳤고, 훨씬 더 큰 문제가 있음을 암시하는 중대한 결함들을 찾아냈다. 점검 결과가 너무 심각하고 란박시의 해명이 비일관적이어서 제재를 피하기 어려웠다. 2006년 6월, FDA는 파온타 사히브 공장에 경고장을 보냈고, 그것은 전 세계에 혹독한 질책으로 비쳤다. FDA는 문제점들을 시간 순으로 정리했다. "분석을 위한 원자료를 보관하지 않음, 안정성 샘플의 시험 간격을 기록하지 않음, [냉장고에 들어 있던] '예비용' [의약품]의 목적이 불분명함, 안정성 실험실의 인력과 자원이 불충분함." 그리고 여드름 치료제 소트레트를 시험하여 빠르게 기능이 저하되고 약효가 사라진다는 사실을 밝혀냈다. 그들은 란박시가 결함을 수정하고 이를 증명하기 전까지 파온타 사히브의 신청서를 검토하지 않겠다고 말했다.

미국과 PEPFAR에서 가장 수익성 좋고 중요한 제품의 제조 시설을 파온타 사히브로 옮겼기 때문에 란박시가 심각한 타격을 입을 수도 있었다. 하지만 FDA는 파온타 사히브에서 이미 승인을 받고 제조한 의약품의 판매나 다른 공장에서 제출한 의약품 신청서에 대한 검토를 중단하지 않았다. 경고장이 발송되기 몇 주 전, 리베라 마르티네스는 타쿠르에게 하소연하듯 말했다. "특허에 의한 독점권이 이번 주 목요일에 만료될 예정이라 란박시가 복제한 프라바스타틴(콜레스테롤 억제제—옮긴이)의 제네릭 버전을 승인하라는 압박이 너무 심합니다." 다시 말해, 그의 손은 어떻게든 의약품 신청서를 승인하려는 FDA의 거침없는 움직임에 의해 묶여 있었다.

⊖ ⊘ ⓘ ⊘

타쿠르는 할 수 있는 모든 일을 했다. 그런데도 FDA는 란박시의 의약품을 계속 승인해주었고, 이에 낙담한 그는 가족에게 집중하려고 애썼다. 소날이 둘째 아이를 출산했고, 부부는 딸에게 모하비Mohavi라는 이름을 지어주었다. 타쿠르는 아내에게 딸이 행운의 부적이 되어줄 거라고 말했다. 소날은 구르가온의 한 개인 병원에서 갓 태어난 딸과 함께 극진한 보살핌을 받았다. 하지만 나흘치 병원비가 걱정이었다. 타쿠르의 가족은 건강보험 없이 모아둔 돈으로 생활하고 있었다. 그들은 란박시의 안정적인 환경에서 나온 후 취약하고 불확실한 생활을 해야 했다.

타쿠르는 만족스러운 일자리를 찾지 못했다. 컨설팅 일도, 수입도 찔끔찔끔 들어왔다. 모하비가 태어나고 몇 달이 지나서야 인포시스 테크놀로지스로부터 일자리를 제안받았다. 하지만 미국으로 이사해야 했고 출장도 자주 다녀야 하며, 거의 풀타임으로 일해야 했다. 선택의 여지가 없다고 생각한 타쿠르는 소날은 물론 장모에게까지 미국행을 간곡히 부탁했지만 소날은 아이들과 인도에 남기로 결정했다.

소날은 늘 자신의 독립성에 자부심을 느꼈다. 무기력하거나 자원이 없는 것도 아니었다. 소날은 중매결혼을 했고, 두 아이를 낳았고, 직장을 다니지 않았다. 하지만 산스크리트어 석사 학위를 가지고 있던 그녀의 어머니는 딸이 최상의 교육을 받고 세상 속에서 자기만의 길을 만들어갈 것이라고 믿었다. 그리고 소날은 정말 그렇게 했다. 한때 그녀는 컴퓨터 공학 석사 학위를 취득하고 캐리어의 소프트웨어 엔지니어로 일하면서 결혼 후 가장 사교적인 삶을 즐겼다. 그녀와 타쿠르는 맞벌이를 하면서 이샨을 양육했다.

하지만 남편이 미국행을 준비하던 때는 인생의 암흑기처럼 느껴졌다. 인도에 남기로 했지만 외로웠다. 그녀의 부모님은 남쪽으로 약 1,300킬로미터 떨어진 라이푸르에 살았다. 그날 아침 그녀는 이샨을 찾기 위해 지하 사무실로 내려갔고, 거기서 이샨을 감싸 안고 눈물을 흘리는 남편을 발견했다. 그는 비통한 마음을 애써 감추었다. 타쿠르가 우는 모습을 본 것은 처음이었다. 이샨도 놀랐는지 어리둥절한 목소리로 물었다. "왜 울어요, 아빠?"

소날이 그들 사이에 끼어들며 소리쳤다. "안 돼! 타쿠르, 애 앞에서 이러지 마." 그녀에게 가장 큰 두려움은 남편의 슬픔으로 인해 아이가 상처를 받는 것이었다. 남편이 FDA와 어떤 일을 시작했는지 알지는 못했지만, 그로 인한 스트레스가 결혼 생활에 안개처럼 내려앉았다.

두 사람 사이에는 늘 거리가 있었다. 최적의 환경에서도 타쿠르는 자신의 주변에 벽을 쌓았다. 친구를 사귀는 일에 익숙하지 않았고 익명으로 FDA에 접촉한 사실도 단 한 사람, 친구이자 직원이었던 카스투릴에게만 털어놓았다. 카스투릴도 타쿠르가 FDA에 제보했을 거라 짐작하면서 "옳은 일을 했다"라고 생각했을 뿐, 아직까지 FDA와 연락을 주고받고 있는 줄은 몰랐다. 만약 알았다면 인도에서 개인이 기업을 상대로 싸워서 이길 수 있을지에 대해 의구심을 내비쳤을 것이다.

타쿠르는 자신이 한 일의 타당성을 의심하고 있었다. 자신으로 인해 위험에 처한 가족의 안전이 염려되었다. 싱 가문은 위협적인 행동을 서슴지 않는 것으로 유명했고, 타쿠르는 란박시의 비밀을 너무 많이 알고 있었다. 그는 경비 요원의 근무시간을 24시간으로 늘렸다. 소날에게는 자신이 멀리 떠나 있을 때를 대비해 그렇게 한 것이라고 말했다. 그는 최종 조치를 기다리면서 FDA의 무기력하거나 무관심한 모습에 더욱 실망했다.

⊖ ⊘ ⦶ ⊘

이 모든 과정에서 타쿠르의 상황을 이해하고 그의 목표를 공유하고 그가 하는 일이 옳다고 믿어준 사람이 있었다. FDA 범죄 수사부 수사관 데비 로버트슨이었다. 그녀는 2006년 1월, 타쿠르에게 이메일을 보내 자신이 새로운 담당자라고 소개했다.

리베라 마르티네스의 부서에서 란박시의 규정 준수 여부를 계속 조사하겠지만, 로버트슨의 개입은 그 사건이 새로운 차원에 들어섰음을 알리는 신호였다. 그녀의 임무는 란박시가 법을 어겼는지 또는 형사상 책임을 져야 하는지를 조사하는 것이었다.

로버트슨은 2005년 10월에 입사한 신입이었지만, 국세청의 범죄 수사관으로 10년간 근무한 노련한 법 집행 전문가이기도 했다. 신입 수사관로서 오랜 골칫거리였던 란박시 사건을 넘겨받아 재검토하고 있었다.

처음에는 확신이 없었지만, FDA에서 일명 'M'으로 불리던 타쿠르와 대화를 나누면서 그의 진지한 태도와 확실한 정보, 그리고 FDA와 접촉하면서 엄청난 위험을 감수해왔다는 사실에 깊은 인상을 받았다. 그녀의 친절하고 믿음직스러운 태도는 그 누구도 주지 못한 희망을 타쿠르에게 심어주었다.

그럼에도 불구하고 타쿠르는 미국으로 돌아가자마자 또다시 낙담했다. 현지 점검이 무난하게 끝났다는 옛 동료의 이야기에 FDA의 수사도 중단될까 봐 몹시 걱정했다. 하지만 로버트슨은 이 부분에 대해 오히려 안심했다. "[란박시]가 점검이 평탄했다고 생각하는 것은 사실 좋은 일입니다. 아무것도 의심하지 않는다는 뜻이니까요."

타쿠르가 FDA에 접촉한 지 몇 달이 지났다. 그사이 FDA는 란박시의 신약을 두 차례나 승인해주었다. 로버트슨은 좌절한 그를 달래주려 애썼다. "우리가 당신이 말한 내용의 절반만이라도 증명할 수 있다고 상상해보세요." 그녀는 이렇게 적었다. "이 사건은 란박시를 송두리째 무너뜨릴 거예요. 세계에서 가장 큰 기업 중 하나를 말이에요." 그리고 "엄밀히 말하면 이 사건에서 지는 것 자체가 범죄일 겁니다"라고 덧붙이며 "엔론 사태가 얼마나 오래 걸렸는지 생각해보세요"라고 조언했다.

타쿠르가 물었다. "란반시에 대해 구체적인 조치를 취할 거라고 믿으세요? (…) 제가 이 모든 노력과 괴로움을 감내할 만큼 가치 있는 일인지 궁금하네요."

로버트슨은 타쿠르가 희망을 잃지 않도록 격려했다. "정의의 바퀴가 느리게 굴러가지만, 그래도 굴러가기는 하잖아요."

4부

소송

BOTTLE
OF
LIES

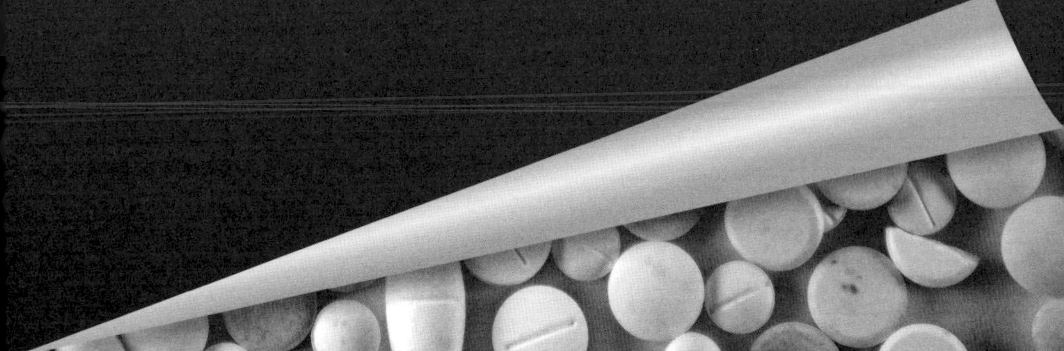

13장

그림자 밖으로

○

2006년 10월 11일
뉴저지, 프린스턴

밝고 상쾌한 아침, 로버트슨은 말빈데르의 약자를 따서 'M'이라고 불리는 남자를 만나기 위해 동료 둘과 함께 1번 고속도로를 타고 아메리스위트 호텔에 갔다.

타쿠르가 FDA와 접촉하고 14개월 만이었다. 그는 믿음직스럽고 정확했다. 진실을 가리거나 정보를 과장하는 것 같지 않았다. 옛 고용주가 위험한 저질 의약품을 제조하는 것을 막으려는 것 외에 다른 동기가 있는 것 같지도 않았다. 하지만 로버트슨은 중대한 조치를 앞두고 FDA와 검찰이 내부의 반목이나 기습 공격에 끌려가고 있는 것은 아닌지, 'M'이 예상대로 신뢰할 만한 사람인지를 확인해야 했다.

FDA 수사관들과 검찰이 란박시의 뉴저지 본사에 수색영장을 발부하려고 준비하는 동안, 타쿠르는 그들의 눈과 귀가 되어주었다. 로버트슨은 끊임없이 질문을 던지면서 그의 대답에 의지했다. 누가 어디에 앉았습니까? 입구와 출구가 몇 개였나요? WAN 액세스는 어디에 있었지요? 도메인 관리자는 어디에 있었나요? MS 익스체인지 이메일 서버에 암호를 사용했습니까? 인도처럼 먼 지역에서도 프린스턴 서버를 중단시킬 수 있었나요? 인도 지부가 침입 사실을 알아차리면 이를 저지할 수 있을까요?

타쿠르는 로버트슨이 가상의 미로에서 길을 찾을 수 있도록 신중하고 꼼꼼하게 도왔다. 뉴저지 지점의 화장실 위치까지 표시된 디지털 지도를 만들었다. 그의 이메일은 지극히 상세한 내용으로 가득했다.

하지만 열성적으로 이메일을 주고받은 지 9개월 만인 2006년 9월, 로버트슨은 다른 질문을 했다. "직접 만나는 게 어떨까요?" 그리고 이렇게 설명했다.

> 당신을 속이려는 것이 아닙니다. 그저 시간을 활용하기에 가장 현명한 방법이고, 몇 가지 문제를 명확히 이해하는 데 도움이 될 것이라고 생각할 뿐입니다. 솔직히 말해서 미 연방 지방검찰청은 이 사건을 전적으로 지지하고 있지만, 이 사건을 기소한 검사보는 복잡성과 정치적 파문때문에 매우 보수적인 태도로 모든 정보의 의미를 정확히 이해하려고 합니다.

이것은 정확히 사실이 아니었다. 그때까지 메릴랜드 지방검찰청의 연방 검사들은 사건의 존재를 거의 알지 못했고 이해하지도 못했다. 그 사건에 배정된 검사는 그린벨트 사무소의 감독관 한 사람뿐이었는데, 그마저도 담당 사건이 꽉 차 있어서 관심을 가질 여유가 없었다. 그럼에도 불구하고 로버트슨은 정보의 출처와 그의 동기를 확실히 이해해야 했다.

당시 뉴저지에서 근무했던 타쿠르는 망설임 없이 만남을 약속했다. 법률 대리인도 없이 '정직한 개인'으로서 로버트슨과 함께해온 타쿠르는 여전히 걱정스러웠다. 그래서 "이번 만남은 공식 회의에 가까우니 저도 변호사가 필요하지 않을까요? 지금은 형편이 좋지 않아서 법률 대리인을 얻는 비용을 감당할 수 없을 겁니다"라고 답장을 보냈다.[1] 하지만 로버트슨은 여태껏 이어온 이메일 접촉의 대면 버전일 뿐이라며 그를 안심시켰다.

오전 9시 30분, 아메리스위트호텔 로비에 블레이저와 슬랙스를 완벽히 갖추어 입은 타쿠르와 어깨에 늘어뜨린 검은색 웨이브 머리와 따뜻한 갈색 눈동자, 상냥하면서도 노련한 표정의 로버트슨이 서 있었다. 하늘거리는 블라우스 아래로 권총집에 꽂혀 있는 시그 사워가 보였다. 처음 전화 회의를 했던 준법 감시관 다카하시와 또 다른 수사관도 함께 있었다. 그들은 가을 햇살이 쏟아지는 로비에 앉았다.

타쿠르는 그곳에서 두 시간을 머무르면서 정보를 어떻게 얻었는지, 미국에서 시판되는 제품 가운데 위험하다고 판단한 것은 무엇인지, 란박시가 과거에 FDA의 점검에서 어떤 속임수를 사용했는지 등 내부에서 발생한 사건들을 시간 순으로 되짚었다. 질문은 주로 로버트슨이 했다. 가족이 어떤 위험에 처할 것이라고 예상했는지의 질문에 타쿠르는 싱 가문이 과거 분쟁에서 어떤 식으로 폭력배들을 고용했고, 또 인도의 내부 고발자들이 대개 어떻게 처리되었는지를 설명했다.

침묵이 흘렀다. 타쿠르가 불안감을 억누르려고 안간힘을 썼지만, 로버트슨은 그가 떨고 있다는 것을 알 수 있었다.

3인조 수사관들이 떠날 무렵 'M'으로만 불리던 남자는 타쿠르의 모습을 완전히 드러냈다. 하지만 가명을 사용한 것은 적절한 선택이었다. 그는 란박시를 정의로 이끄는 과정에서 말빈데르가 가장 큰 장애물 중 하나가 될 것임을 본능적으로 알고 있었다.

⊖ ⊘ ⦶ ⊘

2006년 11월 29일, 말빈데르는 판트를 포함한 고위 임원 다섯 명으로 구성된 대표단과 변리사 데시무크, 란박시와 오래 일한 외부 변호사 케이트 비어즐리, 컨설팅 회사 파렉셀의 대표를 이끌고 FDA 본사를 방문했다.[2] 그들의 임무는 란박시의 생존을 위해 파온타 사히브의 의약품 신청서 검토를 재개하도록 FDA 관료들을 설득하는 것이었다. 그들은 리베라 마르티네스를 비롯하여 의심 많은 규제관 열 명과 회의실 테이블에 마주 앉았다. 란박시가 요청하고 경영진이 준비한 회의였다.

인허가 부문 부사장 판트가 심각한 표정으로 말문을 열었다. "이렇게 만나주셔서 감사합니다."

말빈데르가 규제관들을 차분히 응시하며 양질의 의약품 제조에 전념해왔다고 설명했다. "저희는 FDA의 점검을 매우 진지하게 받아들이고 문제를 해결하기 위해 즉각적인 조치를 취했습니다. 저는 규정을 철저히 준수하는 데 모든 자원을 동원하도록 허가했고요." 아무도 입을 열지 않았다. 그는 "규정을 준수하는 것은 3대째 란박시를 경영하고 있는 제게도 중요한 일입니다"라고 덧붙였다. 그리고 "어떤 이유에서든 전적인 협조를 받지 못한다고 느끼신다면 저에게 개인적으로라도 연락해주십시오"라고 제안했다.

임원들이 새로운 품질 개선 계획을 번갈아 설명하는 동안, 규제관들은 회의적인 모습을 보였다. 이 계획에는 FDA의 전직 베테랑 수사관들이 근무하는 파렉셀을 고용하여 외부 감사를 진행하고 운영 검토 위원회를 신설하는 것이 포함되었다.

임원들은 안정성 실험실에 분석관 18명을 추가로 영입하고 샘플 재고를 폐기했다고 설명했다. 또한 계류 중인 안정성 샘플의 냉장 보관을 중단했다고 주장했다. 컨설턴트인 론 테츨라프Ron Tetzlaff 박사가 맞장구를 치면서 자신이 소속된 파렉셀에서 광범위한 권고를 했고, 란박시가 그것을 하나하나 처리했다고 설명했다.

하지만 대화는 다시 냉장고 안에 있던 미스터리한 샘플로 돌아갔다. 규제관들은 그 샘플이 미국 시장을 위한 안정성 데이터를 산출하는 데 조금이라도 사용되었는지를 알고 싶어 했다. 한 임원이 부인했다. 또한 그들은 소트레트의 약효가 예상보다 떨어진다는 시험 결과에 대해 반박했다. 그들은 미국 시장에서 샘플을 수집하여 시험해보았지만 그와 같은 결과를 재현할 수 없었다고 주장했다. 그리고 그것은 FDA의 시험 방식이 란박시보다 정밀하지 않아서라고 넌지시 말했다.

규제관들이 불쾌한 기색을 드러냈고, 그들은 더 깊이 파고들었다. 한 고위 관료가 파렉셀의 감사 결과를 보고 싶다고 말하자 란박시는 기밀사항이라며 거부했다. 양측은 감사에 대해 언쟁을 벌였다.

란박시의 외부 변호사 비어즐리가 입을 열었다. 그녀는 FDA의 우려를 해소하기 위한 사측의 결연한 노력과 OAI라는 등급의 파급력을 고려할 때, 파온타 사히브의 신청서에 대한 검토 보류를 해제해야 하지 않느냐고 물었다. 규제관들의 대답은 '아니오'였다.

미국의 문제 해결 방식은 말빈데르에게 익숙한 인도의 방식과 완전히 달랐다. 회의가 끝날 무렵, 분위기는 더 냉담해졌다. 규제관들은 파온타 사히브 공장이 다음 점검을 통과할 때까지 신청서에 대한 검토 보류를 해제하지 않을 작정이었다.

그것만으로 충분히 좋지 않은 상황이었다. 하지만 란박시 임원들은 무언가가 상황을 더 악화시킬 수 있다는 것을 알아차렸다. 한 임원이 규제관들 앞에 놓인 서류 더미에서 쿠마르의 악명 높은 파워포인트 파일, SAR을 발견했기 때문이다.

3개월 전, 판트는 프린스턴 본사에서 잠시 담배를 피우러 나온 데시무크와 미국 총괄 회장에게 중요한 정보를 공유했다. 인도 태생의 한 수사관으로부터 FDA 규제관들이 란박시를 무너뜨릴 수 있는 '핵폭탄급 문건'을 가지고 있다는 은밀한 경고를 들었다는 것이었다. 그 문건이 무엇인지는 몰라도 그것 때문에 의약품 신청서 승인이 늦어지는 것은 분명했다. 데시무크는 내부 단서들을 쫓다 재앙을 초래할 문건을 찾아냈고, 그것을 FDA 회의실 테이블 위에 다시 올려놓았다.

⊖ ⊘ ⦶ ⊘

본사에서 긴장감 넘치는 회의를 마치고 두 달 후, FDA는 파온타 사히브를 재방문했다. 관행에 따라 점검 일정은 사전에 고지했다. 표면상의 목적은 콜레스테롤 억제제 프라바콜의 제네릭 버전에 사용하는 유효 성분 프라바스타틴나트륨의 제조 과정을 감시하는 것이었다. 하지만 FDA의 점검을 위한 업무 제안서는 규제관들의 의혹을 거의 확신하고 있었다.[3] "우리는 실험실 데이터의 진위 여부를 지속적으로 의심하고 있으며 (…) 기록이 삭제된 점과 점검팀과 사측의 진술이 엇갈리는 점이 우려스럽다." 또한 "파온타 사히브에서 제조되지 않은 [API]에 관한 이중장부가 있을 수 있으니 유의하라"라고 적혀 있었다.

정작 FDA가 찾으려는 것보다 그것을 찾기 위해 보낸 수사관, 즉 볼티모어 지점의 수석 준법 감시관으로 사기의 증거를 발견할 가능성이 가장 큰 수사관 가운데 하나인 에르난데스에 관한 이야기가 더 많았다. 에르난데스는 게 가공 공장에서 개고기 냄새를 감지하고 루이지애나 의약품 제조 공장 뒤의 숲에서는 타다만 약병 더미를 발견했었다. 방문 일정을 사전에 통보받고 좋은 인상을 주기 위해 물불을 가리지 않을 공장에서 그는 과연 무엇을 찾을 수 있을까?

에르난데스는 2007년 1월 26일에 도착했다.[4] 그가 공장을 신중히 살피는 동안 한 무리의 임원들이 따라다녔다. 시설은 티 하나 없이 깨끗했다. 인력도 잘 배치된 것 같았다. 그가 지켜보는 가운데 임원들이 기록을 검색했다. 그는 촉각을 곤두세우고 프라바스타틴나트륨의 배치 기록 원자료를 살펴보았다. 무언가가 이상했지만 그것이 무엇인지 정확히 집어낼 수는 없었다.

그는 창고 관리자의 책상 서랍에서 미승인 노트북을 발견했고, 거기서 FDA에 보고하지 않은 업체의 유효 성분을 사용했을 가능성을 보여주는 기록을 찾았다. 흥미로운 단서였다. 임원진은 그 성분을 사용한 적이 없기 때문에 보고하지 않은 것이라고 해명했다. 에르난데스는 한 직원에게 컴퓨터 시스템으로 미등록 업체의 이름을 검색해달라고 요청하고 그 과정을 지켜보았지만 아무런 흔적도 찾을 수 없었다.

에르난데스는 FDA에서 허락한 3일 반나절 동안 그곳에 머물렀다. 철저한 점검으로 몇 가지 문제점을 찾아내기는 했지만, 불법 행위의 냄새를 귀신같이 맡는 능력에도 불구하고 성과를 올리지 못했다. 하지만 그는 무언가가 잘못되었다는 것을 알고 있었고, 다음 점검 때는 반드시 찾아내겠다고 다짐했다.

14장

‘FDA에 제출하지 말 것’

○

2007년 2월 14일
뉴저지, 프린스턴

눈과 우박을 동반한 태풍이 프린스턴 지역을 덮친 어느 아침, 란박시의 미국 본사에 정성스럽게 포장한 밸런타인데이 꽃다발이 직원들 앞으로 도착했다. 오전 9시 30분, 로버트슨이 이끄는 연방 요원들이 로비에 들이닥치면서 혼란이 시작되었다. 낯선 남자가 글로벌 라이센싱 부사장 빈센트 파비아노Vincent Fabiano의 사무실에 들어가 소리쳤다. “책상에서 물러서.”

“당신 뭐야?” 파비아노가 물었다.

“FDA 범죄 수사관이다.” 남자가 대답했다. 파비아노는 허리춤의 권총을 보고 지시에 따라 책상에서 물러섰다.

2층에 있던 한 직원은 뒤에서 “컴퓨터에 손대지 마. 전화기에도 손대지 마. 책상에서 물러나”라고 하는 쩌렁쩌렁 울리는 목소리를 들었다. 처음에는 폭파범의 협박인 줄 알았다. 뒤를 돌아서니 방탄조끼를 입고 허리춤에 총을 찬 FDA 범죄 수사관들이 뉴저지 경찰들과 함께 2층으로 밀려들어 왔다.

건물이 경찰차로 둘러싸이자 극심한 공포가 퍼져나갔다. "사람들이 겁에 질려 울부짖었어요." 전 직원이 회상했다. "그 사람들이 컴퓨터를 모조리 가져갔어요. 총을 든 사람들도 있었고요." 직원들은 이민국 불시 단속인지, 어떤 상황인지 알지도 못한 채 책상 아래로 몸을 숨겼다. 일부 수사관들이 서류 박스를 나르는 동안, 다른 수사관들은 직원들을 회의실에 몰아넣고 하나하나 심문하기 시작했다. 시민권과 근무 기간, 신장과 체중까지 물었다. 연방 요원과 동행하지 않고는 화장실도 갈 수 없었다.

데시무크의 비서는 겁에 질려 어쩔 줄 모르다가 그날 아침 외근을 나간 데시무크에게 전화를 걸어 빨리 와달라고 부탁했다. 데시무크가 도착했을 때 현장은 아수라장이었고, 일부 연방 요원들은 컴퓨터를 밖으로 나르고 있었으며, 일부는 직원들을 추궁하고 있었다. 그는 회의실로 뛰어들어 가 직원들을 심문하는 요원들을 저지했다.

데시무크는 평정심을 찾으려고 애썼지만 좀처럼 마음을 가라앉히지 못했고, 수색 영장을 살펴본 후에는 더욱 그랬다. 연방 검사들이 산더미 같은 범죄 증거를 찾고 있는 듯했다. 이 소식이 뉴저지를 거쳐 뉴델리로 날아가자 란박시는 성명을 발표했다.[1] "이번 조치는 너무나 갑작스러운 일이었습니다. 란박시는 어떠한 범법 행위에 대해서도 알지 못합니다. 관계자들에게 전적으로 협조하고 있습니다."

늦은 오후, 큰 충격 속에서 로비로 호송된 직원들이 파멸의 향기를 풍기는 꽃다발 더미를 지나 건물 밖으로 나갔다. 그들은 나중에 이 사건을 '밸런타인데이 대공습'이라고 불렀고, 수색에 참여했던 FDA 요원들은 아주 오랫동안 '밸런타인데이 대학살'이라고 불렀다. 그날 일은 그들의 저녁 계획을 망쳐버렸다.

급습을 마친 연방 요원들이 약 5테라바이트의 데이터, 이들의 추산에 따르면 의회 도서관에 있는 인쇄물의 절반에 해당하는 양을 가지고 나왔다. 하지만 수많은 데이터 속에서도 유독 눈에 띄는 것이 있었다. 란박시가 소트레트의 제형 문제에 관해 작성한 기밀 보고서였다.[2] 수사관들이 판트의 사무실에서 발견했는데, 표지에 굵은 글씨로 '**FDA에 제출하지 말 것**'이라고 적혀 있었다. 보고서는 두 달 반 전 FDA 회의에서 란박시가 소트레트에 대해 항변한 내용과 규제관들이 소트레트를 적절히 시험하지 못해서 좋지 않은 결과를 얻었다는 주장이 뻔뻔한 거짓말이었음을 명백히 보여주었다. 그들은 치료제에 결함이 있다는 사실을 이미 수년 전부터 알고 있었다.

⊖ ⊘ ⦶ ⊘

급습이 진행되는 동안 타쿠르는 인도에서 모하비의 첫돌을 축하하고 있었다. 하지만 급습과 함께 모처럼 평화로웠던 가족과의 시간도 끝나버렸다. 옛 동료들이 연락하여 내부에서 벌어지고 있는 일에 대해 설명했다. 그는 자신이 급습에 어떠한 역할을 했는지에 대해 아무에게도 말하지 않았다. 열흘 후인 2월 말, 그는 자신이 가장 두려워하는 것이 무엇인지 알게 되었다. 말빈데르와 이사회 회장 테젠드라 칸나가 고위 임원들과 논의하여 FDA 급습 원인이 되는 정보를 넘겼을 만한 사람들의 명단을 검토했다. 타쿠르와 전 상사인 쿠마르의 이름이 적혀 있었다.

혹시라도 란박시가 나와 가족을 해치려고 한다면? 내가 미국에 가 있는 동안 무슨 일이 벌어지기라도 하면 어쩌지요? 그가 이런 걱정을 털어놓자 로버트슨은 뉴델리의 미국 대사관에 있는 지역 보안 담당자의 이름과 직통 연락처를 알려주었다. 그는 소날에게 지나가는 말로 FDA가 자신을 비롯한 전 직원에게 접촉하고 있다고 알려주었다. 만약 아내에게 문제가 생긴다면 대사관에서 누군가가 도움을 줄 것이라고 했다.

소날은 갈수록 더 불안해했다. 경제 사정도 좋지 않은데 남편은 다른 데 정신이 팔려 미국으로 가버렸고, 혼자 어린 아들과 이제 막 걸음마를 뗀 딸을 데리고 경비 초소가 딸린 단독 주택에 살아야 했다. 타쿠르의 가족에게 먹구름이 드리워졌다. 남편이 전 직장에 대한 수사 과정에서 중심축 역할을 했으리라고는 상상하지도 못했다. 그럼에도 남편이 알려준 정보를 옷장 문 안쪽에 붙여놓을 만큼 가족의 안전을 걱정했다.

⊖ ⃠ ⦶ ⊘

수색 후 몇 주 동안 FDA의 수사관들이 뿔뿔이 흩어져서 도움을 줄 사람들과 그 일에 연루된 사람들을 수소문하는 동안 란박시 직원들은 편을 나누기 시작했다. 일부는 충성스러운 직원으로 남아서 사측에서 제공하는 변호사를 고용했다. 란박시는 판트를 비롯한 고위 임원 몇 명을 승진시키고 FDA와 미국 검찰의 손이 쉽게 닿지 않도록 인도로 보냈다. 일부는 회사와 연락을 끊고 수사관들에게 협조했다. 집에서 지내던 쿠마르 박사는 데시무크로부터 빨리 연락을 달라는 메시지를 두 차례 받았다.

데시무크에게 쿠마르는 언제든 터질 수 있는 폭탄이었다. 그는 원칙에 따라 떠났고 단 한 번도 침묵에 동의하지 않았다. 란박시가 없애려고 고군분투했던 SAR을 가지고 있을 수도 있었다. 그는 최고 경영진이 사기 행각에 직접 관여했음을 증명하는 그 문건을 상본인들에게 보여주었다.

데시무크는 쿠마르가 '은둔 생활'을 하고 있었다고 회상했다. "우리는 그를 은둔 생활에서 꺼내려고 노력했습니다. 그가 알고 있는 것이 유익한 진실이라면 모두가 알고 싶겠지만, 해로운 진실이라면 나만 알고 싶었습니다." 그리고 덧붙였다. "대부분은 해로운 진실이에요."

런던으로 돌아간 쿠마르는 데시무크에게 연락하는 대신 변호사를 고용했다. 쿠마르를 숨기고 싶은 마음이 더 간절해진 데시무크는 그의 변호사에게 전화해서 법률 지원을 제안했다. 그리고 냉랭한 메시지를 남겼다. "당신도 이 사건에 노출되어 있으니 FDA에 신중히 말하는 게 좋을 겁니다."

쿠마르는 그것을 명백한 위협으로 받아들였다.

⊖ ⊘ ⦶ ⊘

란박시의 뉴저지 본사를 수색하고 한 달쯤 지난 3월 16일 아침, 타쿠르는 FDA 범죄 수사부에 도착하여 회의실로 안내받았다. 수많은 수사관과 메릴랜드 미 연방 지방검찰청의 검사 들이 테이블에 빙 둘러 앉아 있었는데, 모두 처음 보는 얼굴들이었다. 그 자리에 있던 로버트슨이 란박시를 기소할 증거를 충분히 수집했다고 설명했다.

한 검사가 타쿠르에게 퉁명스럽게 말했다. "변호사를 구하셔야 할 겁니다."

그가 당황하며 물었다. "왜지요? 내가 아는 건 다 말했습니다. 당신이 변호사잖아요. 나 같은 사람들을 보호하는 게 당신 일 아닙니까?"

"아니, 그게 아니라…" 검사가 입을 열었다.

"제 혐의를 전부 확인하셨다는 건가요? 전 거기서 2년도 일하지 않았어요. 변호사 비용은 어떻게 대라는 겁니까?" 타쿠르가 쏘아붙였다.

"그건 제 알 바 아닙니다." 검사가 말했다. "지금부터는 정식 수사입니다. 검사는 당신을 변호할 수가 없어요."

타쿠르가 힘들어하는 것을 알아차린 로버트슨이 화장실에 가지 않겠느냐고 물었고, 복도로 나가 단둘이 이야기할 기회를 얻었다. 그녀는 그에게 기만에 맞선 납세자 교육 펀드Taxpayers Against Fraud Education Fund, TAFEF라는 단체의 연락처를 주면서 잠재적 내부 고발자를 돕는 곳이니 연락해보라고 권했다. 그리고 그들이 변호사를 구할 수 있게 도와줄 거라고 설명했다.

타쿠르는 뉴저지 벨 미드에 있는 임시 거처로 돌아가다 깊은 절망감을 느꼈다. 그는 아이들과 1만 1,000킬로미터 떨어진 허름한 숙소에서 시리얼과 샐러드로 연명하며 파산만 겨우 면하고 있는 상태였다. 이제는 자신이 촉발한 사건으로부터 자신을 보호해줄 변호사까지 찾아야 했다. 그는 저녁 내내 로버트슨이 건네준 쪽지에 대해 생각했다. 그 번호로 전화하면 자신이 알고 있었고 기대했던 삶에서 더 먼 곳으로 끌려갈 것 같았다. 하지만 그는 이미 어딘지 모르는 곳에 있었고 날이 갈수록 더 깊숙이 들어가고 있었다.

타쿠르는 로버트슨이 준 전화번호를 생각하다 잠이 들었고, 이튿날 깨어나서도 그것을 가장 먼저 떠올렸다. 결국 그날 아침 TAFEF에 전화를 걸어 메시지를 남겼다. 오후에 TAFEF에서 전화가 걸려와 한 변호사의 이름과 전화번호를 알려주었다.

⊖ ⦸ ⦶ ⊘

37세의 앤드루 베아토는 워싱턴 D.C.에 있는 스타인, 미첼, 뮤즈 앤드 시펄로니Stein, Mitchell, Muse and Cipollone LLP라는 유명 기업에서 진로를 모색하고 있었다. 이 젊은 변호사는 가느다란 갈색 머리카락에 금속테 안경을 썼고, 의뢰인이 몸을 앞으로 내밀어야 들을 수 있을 만큼 작고 나지막한 목소리로 말했다. 평소에 무표정을 유지하려고 해도 강렬한 인상은 감추어지지 않았다. 아주 가끔 미소를 지으면 보조개가 살짝 보였다. 그는 5년간 내부 고발자들을 변호했고, 이번에도 TAFEF로부터 잠재 고객의 전화를 기다리라는 말을 전해 들었다.

그의 회사는 오랫동안 내부 고발자를 변호해왔다. 2002년에는 월드컴WorldCom의 내부 감사로서 40억 규모의 분식 회계를 고발한 신시아 쿠퍼를 변호했다.[3] 스타인, 미첼, 뮤즈 앤드 시펄로니의 공동 창립자 제이컵 스타인은 클린턴의 탄핵 청문회에서 모니카 르윈스키를 변호했다.[4] 하지만 베아토는 여전히 자신을 증명해야 했고, 그의 판단은 재검토 대상이었다.

금요일 늦은 오후, 베아토는 평소처럼 뒤늦게 짐을 챙겨 퇴근하고 있었다. 그와 마찬가지로 변호사 일을 하다가 전업주부가 되어 아이를 키우는 아내를 만나러 가야 했다. 코트를 걸치고 문밖을 막 나서려는데 전화벨소리가 울렸다. 아내가 어디쯤인지 물어보려고 전화한 것이 분명했다. 음성 메시지를 확인해보니 아내가 아니었다. 인도 억양이 섞인 부드럽고 정중한 남성의 목소리가 들려왔다. 내부 고발자였다.

베아토는 그에게 다시 전화를 걸어 막 나가려던 참이었다고 설명하면서 "아주 짧막한" 개요를 부탁했다. 타쿠르는 어디서부터 시작해야 할지 몰라 무작정 이야기를 시작했다. 베아토는 단편적인 조각들을 놓치지 않으려 애쓰며 이야기를 들었고, 그가 미쳤다고 확신했다.

타쿠르의 이야기는 너무 황당해서 불가능한 일처럼 들렸다. 인도 최대 제약 회사의 고위 임원들이 의도적으로 국제 사기를 저질렀고, 그렇게 만들어진 의약품을 미국 소비자들이 복용하고 있다는 내용이었다. 게다가 특정 제조 공장이나 한 가지 치료제에만 국한된 문제가 아니고, 전 세계의 수많은 공장과 치료제가 포함되었다. 그 정도 규모의 사기를 주장하는 것을 보니 제정신이 아닌 듯했다. 베아토는 그가 기업의 운영 방식과 의약품 제조 과정에 대해 잘 몰라서 그러는 것이라고 생각했다. 부도덕한 직원이나 특정 사건, 형편없이 관리되는 공장처럼 사기의 범위는 대개 제한적이고 선택적이다. 어떻게 한 기업에서 일어난 모든 일이 사기일 수 있겠는가?

수백 명의 직원이 일상 업무를 하면서 사기극에 가담한다는 것도 말이 안 되고 불가능한 일이었다. 만약 그게 사실이라면 어떻게 그렇게 오랫동안 발각되지 않았을까? 타쿠르가 말을 이어가는 동안, 늦은 귀가에 대한 걱정과 내부 고발자에 대한 의혹이 커져갔다.

"이제 그만 가보아야 해요." 베아토가 그에게 말했다. 그래도 매정하게 굴고 싶지는 않았다. "대신 이메일로 사건의 전말을 상세히 보내주시는 게 어떨까요?"

24시간 안에 이메일을 대여섯 번 주고받은 후, 베아토의 생각은 완전히 바뀌었다. 란박시에서 무슨 일이 벌어졌는지는 확실하지 않지만, 말도 안 된다고 생각했던 이야기 가운데 몇 가지는 사실일 수도 있겠다는 생각이 들었다.

⊖ ⊘ ⦶ ⊘

여러모로 베아토는 란박시 사건을 이해하기에 완벽한 변호사였다. 가족이 오랫동안 건강관리 사업에 종사했기 때문에 질병과 떼려야 뗄 수 없는 관계였다. 베아토는 미주리 세인트루이스에서 일곱 남매 중 막내로 자랐다. 어머니는 그가 두 살 때 유방암으로 세상을 떠났다. 헌신적인 내과 전문의였던 아버지는 늦은 밤까지 왕진을 다니는 보기 드문 의사였다. 환자의 안녕에만 억척스럽게 몰두한 가난한 사업가였고 관리 의료 시대에도 진료 시간을 제한하지 않았다.

형제들이 건강관리 사업에 뛰어드는 사이 베아토는 법조계로 진로를 틀었고, 로스쿨을 졸업하자마자 스타인 미첼에 입사했다. 처음에는 연방 통상 위원회를 상대로 기업을 변호했다. 하지만 별다른 감흥을 얻지 못했다. 매일 아침 기업을 위기에서 구해낼 방법을 고민하면서 일어나고 싶지 않았다. 어떻게 하면 법인 법률 회사에 남아 학자금 대출을 갚으면서 기업뿐 아니라 개인도 도울 수 있을까? 베아토가 이 질문의 답을 찾는 동안 아버지가 희귀 뇌종양으로 세상을 떠났다. 베아토는 아버지를 회상하며, 유산을 남기지는 않았지만 '훌륭한 품성'을 지닌 분이었다고 말했다. 고마움을 전하기 위해 모인 수백 명의 환자는 아버지가 다른 사람들을 돕는 데 헌신하며 의미 있는 삶을 살았다는 증거였다.

베아토는 아버지처럼 살고 싶다는 욕망에 이끌려 법조계에서는 아직 걸음마 단계인 내부 고발자 변호라는 법의 영역에 들어갔다. 연방 부정 청구법federal False Claims Act의 일부인 이 법의 역사는 남북전쟁으로 거슬러 올라가며 '국왕뿐 아니라 자신을 위해 소송을 제기한 자'라는 뜻의 문장을 라틴어로 축약하여 퀴탐qui tam으로 불렸다.[5] 내부 고발자는 이 법에 근거하여 정부를 사취한 자를 상대로 소송을 제기하고 추징금의 일부를 보상받을 수 있다. 이 법은 원래 불량 군수품을 북군에 팔아 폭리를 취하던 납품업자들을 막기 위해 만들어졌다. 1940년대에 개정과 함께 내부 고발자에게 주어지는 보상금이 줄어들면서 부정 청구법도 외면당했다. 하지만 이후 1987년, 방위산업체의 만연한 사기 행각(이를테면 펜타곤에 팔아넘긴 악명 높은 640달러짜리 변기 시트처럼)이 보도된 후, 내부 고발자의 고발과 변호사의 사건 수임을 장려하기 위해 부정 청구법을 재개정하여 보상금을 인상했다.[6]

베아토는 불필요한 수술을 남발하는 심장 전문의를 상대로 한 첫 번째 내부 고발 사건에서 패소했지만, 개인과 정부의 잘못을 바로잡는 것은 기본적인 도덕성을 추구하는 일이라고 믿었다.

⊖ ⊗ ⦶ ⊘

첫 대화를 나누고 몇 주 뒤, 타쿠르는 회의실 테이블을 사이에 두고 베아토와 그의 선임 파트너를 비롯한 몇몇 동료와 마주 앉았다. 말쑥한 차림과 조리 있는 말솜씨에도 눈 밑의 다크서클과 축 처진 어깨 탓인지 타쿠르는 몹시 지치고 불안해 보였다. 그는 복잡하게 얽힌 란박시의 사기 행각과 그것을 관통하는 자신의 역할을 조근조근 설명하기 시작했다.

회의를 시작한 지 겨우 10분 만에 타쿠르는 감정을 주체하지 못하고 흐느끼기 시작했다. "내가 뭘 잘못했습니까?" 그가 재차 물었다. "대체 뭘 잘못한 거지요? 나는 옳은 일을 하고 싶었을 뿐이에요." 그는 어리석게도 가족을 위험에 빠뜨렸고 이제는 되돌릴 방법이 없었다. FDA가 란박시 임원들에게 소환장을 발부하기 시작했고, 타쿠르는 그들이 어떤 식으로 나올지 두려웠다. 그는 이런 문제들이 인도에서는 매우 다른 방식으로 다루어진다고 설명했다. 타쿠르와 그의 가족이 처한 물리적 위험에 대해 전해 들은 변호사들은 미국에서 한 번도 다루어보지 못한 사건에 직면했음을 깨달았다.

게다가 그 사건은 지나치게 복잡했다. 변호사들은 사기의 범위를 고려해야 했다. 부정 청구 사건인가? 란박시가 저지른 위반 행위는 무엇인가? 치료제를 물리적으로 변형시켰는가? 그것을 어떻게 증명할 수 있는가? 그리고 회의실에서 흐느끼고 있는 이 남자를 어떻게 하면 안전하게 보호할 수 있을까? 또한 이 사건은 회사를 심각한 경제적 위험에 몰아넣었다. 막대한 비용을 들이고도 손실만 안은 채 끝날 수도 있었다. 하지만 이틀에 거쳐 타쿠르를 만난 변호사들은 감당하기 힘든 사건임에도 회사가 그를 변호할 거라고 확신했다. "그건 공중보건에 관한 문제였어요." 베아토가 회상했다. "이 회사에서는 아무도 포기하지 않을 겁니다."

타쿠르가 침묵을 깨고 베아토에게 물었다. "비용은 어떻게, 얼마나 지불해야 합니까? 이런 일을 공짜로 해주지는 않으실 텐데요."

그러자 뜻밖의 대답이 돌아왔다. 그는 변호비를 받지 않겠다고 했다. 대신 타쿠르의 증거를 기본 지침으로 삼아 그를 무료로 변호하고, 란박시를 상대로 한 정부의 소송을 돕기로 했다. 그들은 란박시를 상대로 하는 비밀 소송에서 자체 조사 결과를 비공개로 제출할 것이다. 정부가 사건을 수사하는 동안, 타쿠르의 신원도 기밀로 유지될 것이다. 합의에 도달하면 타쿠르는 정부 추징금의 최대 3분의 1까지 보상받을 수 있고, 베아토의 회사도 그중 일부를 받을 것이다. 타쿠르는 협의를 통해 법적 보호를 받는 내부 고발자가 될 수 있었다. 그때까지는 그런 보호 조치가 있는지조차 몰랐다.

15장

'얼마나 큰 문제일까?'

○

2007년
메릴랜드, 록빌

란박시 사건이 FDA의 여러 부서를 거치며 천천히 진행되는 동안, 국제 준법 감시팀 팀장인 37세 더글러스 캠벨에게도 사건 파일이 도착했다. 그의 상급자들은 흥미를 느끼지 못했고, 그중 한 사람은 "정말 별일 아닐 것"이라고 충고했다. 그 사건은 한 제조 공장과 벌이는 장기전처럼 보였다. 란박시의 변호사들은 필요한 시정 조치를 모두 취했는데도 FDA가 파온타 사히브 공장의 신청서에 대한 검토 중단을 해제하지 않는다고 주장했다. 규제관들은 란박시의 컨설팅 업체인 파렉셀의 감사 결과를 넘기라고 요구했다. 이러한 교착상태가 FDA를 어수선하게 만들었다.

하지만 캠벨은 사건 파일을 읽으면서 강한 흥미를 느꼈다. 란박시는 FDA가 점검 결과에서 지적한 대부분의 문제가 표기 오류, 데이터 손실, 내부 시스템과의 불일치 때문이라고 해명했다. 하지만 란박시의 변호사들이 일부 공개한 파렉셀의 감사 결과에 따르면, 컨설턴트들은 안정성 시험에서 산출한 몇 가지 데이터의 '일관성 없는 항목들'을 지적했다. 란박시는 수정한 데이터를 보냈지만, 시험 날짜가 45일씩 차이가 나는 등 단순 실수로 보기에는 격차가 너무 심했다. 어떻게 그렇게까지 헷갈릴 수 있었을까? 아니면 무신경했던 것일까?

기업은 의약품을 출시한 후에도 오랫동안 정해진 간격으로 시험을 계속해야 했다. 그리고 그 결과를 매년 연례 보고서에 게재하여 FDA에 제출해야 한다. 실제로 읽어보는 사람이 거의 없다 보니 사무실에 쌓여 있었다.[1] 그래도 보고서에 게재한 정보는 사실이어야 했다.

2007년 7월 3일, 캠벨은 차를 몰고 메트로 파크 노스에 있는 본사의 제네릭 의약품부에 가서 란박시가 항감염제인 플루코나졸, 시프로플록사신, 에파비렌즈와 관련하여 제출한 연례 보고서를 찾아냈다. 보고서에 따르면 란박시는 이 약들을 적절한 간격으로 시험했다. 하지만 보고서에 실린 데이터를 책상에 있던 수정된 데이터와 비교해보니 차이가 엄청났다. 플루코나졸에 관한 연례 보고서에는 란박시가 2004년 9월 26일에 3개월 간격의 안정성 시험을 수행했다고 적혀 있었다. 하지만 경고장을 받은 후에는 동일한 시험을 2005년 8월 17일에 수행했다고 기록했다. 1년 가까이 차이가 났다.

제조 과정을 통제하지 못했거나 거짓말 속에서 무척이나 갈팡질팡하는 것처럼 보였다. "[날짜를] 맞추어보니 명백한 거짓말이었습니다." 캠벨이 회상했다.

적어도 캠벨에게는 중요한 발견이었다. 의약품을 이렇게 빈번하게 시험하는 이유는 안전하지 않은 제품을 재빨리 발견하고 필요 이상으로 오래 시판하지 않기 위해서다. 하지만 캠벨의 상사들은 날짜가 불일치하다는 사실에 딱히 주목하지 않는 것 같았다. 몇몇은 대부분의 문제가 '표기 오류'나 단순한 데이터 업데이트 불이행에서 비롯되었다는 주장을 믿는 듯했다. 하지만 캠벨은 그들의 말을 그대로 듣지 않았다. 그것은 단순히 "54와 45처럼 숫자를 뒤집어쓴 것과 같은 문제"가 아니었다. 란박시의 데이터는 "실제로 유의미한 부분을 찾기"가 어려울 정도로 부정확했다. 이러한 무의미한 데이터로는 란박시의 의약품이 안전하고 효과적이라는 것을 입증할 수 없었다.

캠벨의 상사이자 타쿠르와 가장 먼저 이메일을 주고받았던 FDA 관료 리베라 마르티네스는 캠벨의 손을 들어주었다. 문제를 시정했다는 란박시의 주장에 그는 화를 참지 못했다. 2007년 3월, 캠벨은 동료에게 보낸 이메일에서 란박시가 경고장에 적시된 "모든 문제를 완벽히 처리"할 때까지 파온타 사히브의 신규 신청서에 대한 승인을 지속적으로 보류해야 한다고 단언했다. 캠벨과 동료들이 란박시에서 보낸 서류를 검토하는 과정에서 시험 데이터를 추적하면서 잡아당긴 실마리 하나하나가 예상하지 못한 더 크고 새로운 폭로로 이어지는 듯했다.

2007년 10월, 란박시는 뇌전증 발작 치료에 사용하는 민감한 치료제 가바펜틴에서 A 화합물이라는 불순물이 급증했다고 보고했다. GMP에서 나타나는 데이터의 비정상적인 급증이나 급감은 기준 일탈out of specification, OOS이라고 불린다. 결함이 발견되면 3일 내에 그에 관한 조사 결과를 FDA에 보고해야 했지만, 란박시는 4개월 동안 아무런 조치도 취하지 않았다. 얼마 지나지 않아 규제관들은 란박시가 그전에도 가바펜틴의 불순물 급증을 보고하지 않았다는 사실을 확인했다. 그들은 6년 동안 비정규 시험 결과를 FDA의 뉴저지 지점에 보고하지 않았다. 의약품을 대량으로 취급하는 제약 회사라면 그런 사안을 주기적으로 보고하는 정도의 경각심은 가져야 했다.

란박시는 골치 아픈 과실의 책임을 회사 내부에서 연쇄적으로 발생한 소소한 문제들로 돌렸다. 수사관들이 란박시의 뉴저지 본사에 왔을 때 보고서를 제출해야 했지만, 그보다 훨씬 더 큰 문제가 터지고 말았다. 그들은 600밀리그램 가바펜틴 정제의 안정성 시험을 3개월 간격이 아니라 단 4일 만에 끝냈고, 800밀리그램 정제 역시 같은 날 시험했다. 그리고 적절한 간격으로 시험한 것처럼 시험 날짜를 조작하여 기록했다.

FDA 내부에서는 이것을 사기의 확실한 증거로 여겼다. 캠벨은 리베라 마르티네스에게 이메일을 보냈다. "적중했습니다!" 리베라 마르티네스는 이 소식을 지휘부에 보고했다. "금맥이 터졌어요!" 그는 가짜 시험에 대해 자세히 설명했다. CDER의 준법 감시부 부장 데버라 오터는 한 마디로 답했다. "와우."

그들이 주장했던 과실과 예외, 누락이 새삼 다르게 보였다. 캠벨은 정부에서 발행한 노트에 휘갈겨 썼다. "얼마나 큰 문제일까?" "그들은 규정 준수를 위해 무엇을 하는 걸까?" 그 밑에 "자백이든 거짓말이든 해명할 기회를 주자. 우리를 계속 곤란하게 만들려나?"라고 썼다.

그리고 이렇게 적었다. "저들을 믿을 수 있을까?"

⊖ ⊘ ⦶ ⊘

캠벨은 건장한 축구 선수 출신으로 8년간 군복무를 했고 그중 3년은 현장에 나가 있었다. 전역 후 1998년에 FDA의 버지니아 로어노크 지점에 입사하여 유아용 조제분유부터 틸라피아 양식장까지 모든 것을 점검했다. 그리고 2006년에 제조 품질부의 국제 준법 감시팀으로 옮기면서

CDER에 둥지를 틀었다. 그의 팀은 매년 100여 건의 해외 점검을 수행했다. 니카라과에서는 치즈를, 그리스에서는 포도잎 돌마(만두와 비슷한 중동 지역의 전통 음식—옮긴이)를 점검했다.

그러다 갑자기 세계화의 물결이 FDA를 덮치면서 계류 중인 점검 업무가 급증했다. 캠벨은 해외 신청서가 "사무실에 가득 쌓여 있었다"라고 회상했다. 2002년부터 2009년까지 점검을 받아야 하는 해외 시설이 500곳에서 3,000곳으로 치솟았다.[2] 캠벨은 한 보고서에서 "책임져야 할 업무가 폭발적으로 늘어났는데, 인력이 제대로 배정되지 않아서 극심한 부담을 느낀다"라고 언급했다.

점검이 필요한 곳이 늘어나면서 FDA의 정책은 업무량을 따라잡기 위한 총력전으로 바뀌었다. 한번은 캠벨이 동료에게 FDA의 출장 정책에 대해 물었다. "우기나 그늘 온도가 섭씨 43도 이상일 때도 인도에 출장을 보냅니까?" 그러자 다음과 같은 답변이 돌아왔다. "예전에는 우기에 인도 출장을 자주 연기하곤 했지만, 업무량이 늘어나면서 더는 그런 방식을 고수하지 않습니다."

캠벨의 부서는 해외 공장의 의약품 제조를 승인하기에 앞서 승인 전 실사를 진행하여 해당 시설이 안전하고 합법적으로 의약품을 생산할 수 있는지를 판단해야 했다. 하지만 시설과 식별 코드만 지속적으로 추적하는 것은 엄청난 작업이었다. 그 시스템 안에 있는 제조 공장들이 정말 그러한 치료제들을 만들었을까? 실제로 치료제를 생산하는 공장들이 점검을 받은 것일까? 란박시의 서류를 꼼꼼히 살피는 내내 엄청난 책임감이 캠벨과 동료들을 짓눌렀다. "이 치료제들을 미국에 들여보내야 할까, 말아야 할까?"

⊖ ⦸ ⦶ ⊘

파온타 사히브를 점검하고 찜찜한 기분으로 떠났던 에르난데스는 그로부터 9개월 후인 10월에 놀랄 만한 이메일을 받았다. '서니Sunny'라는 필명을 사용하는 직원은 1월에 공장에서 에르난데스를 보았고 뒤늦게 용기를 내어 글을 쓴다고 말했다. 서니는 과거의 수많은 수사관처럼 에르난데스도 속은 것이라고 설명했다. "사람들의 건강과 관련된 문제인 만큼 더는 침묵할 수 없었습니다. 란박시는 지금까지 많은 사실을 숨겨왔습니다."

서니는 말을 이어갔다. "여기서 본 것들은 진짜가 아닙니다. 진짜 문제를 밝혀내려면 최소 한 달은 걸릴 겁니다." 그리고 고위 관리자들이 직원들에게 무차별적인 압력을 행사하며 출시를 앞둔 이소트레티노인, 가바펜틴, 플루코나졸, 메트포르민 등 중요한 의약품들을 치우도록 강요한 과정에 대해 설명했다. 모든 제품에 "하자가 있었지만 QA(품질 보증)팀이 공장에서 전부 치워버렸습니다." 그리고 그 계획을 지휘한 고위 임원들의 이름을 밝혔다. "이 사람들은 수년간 FDA를 상대로 으름장을 놓거나 거짓말을 했습니다."

서니는 파온타 사히브에 에르난데스가 도착하기 전에 연구 개발팀 직원 20명이 불시에 공장을 찾아와 데이터를 검토하고 수정했다고 말했다. "보통 점검 직전에 대청소를 합니다." 그리고 "모든 공장에서 주기적으로 이런 준비를 합니다"라고 이메일에 적혀 있었다. 서니의 설명에 따르면 임원들은 최고 경영진의 지시에 따라 사기극을 연출했고 직원들은 지시를 따르도록 강요당했다. 그들은 안정성 실험실의 인력을 증원했다는 주장을 뒷받침하기 위해 점검 기간 동안 주변 공장의 직원들을 실험실로 데려왔다.

내부 고발자들의 폭로가 FDA의 임원들 사이로 퍼져나가면서 규제관들은 란박시의 이중성과 가늠하기 힘든 사기의 규모에 놀랐다. FDA는 데이터가 너무 교묘하게 수정되어 모든 것이 완벽해 보이는 시스템을 마주하고 있었다. 수색으로 찾아낸 증거에도 불구하고 그전까지 그들은 개인이 저지른 별개의 범행이라고만 생각했다. 하지만 란박시의 운영 방식 전체가 사기였다면? 전 직원이 가담한 거짓말을 어떻게 간파할 수 있었겠는가?

수사관들은 란박시의 시설들을 불시에 점검하면서 미승인 원료를 사용하고, 비밀리에 제형을 변화시키고, 미등록 유효 성분을 사용하고, 이미 발표된 데이터를 표절하고, 브랜드 의약품의 불순물을 측정한 크로마토그램이나 그래프를 베껴서 회사 자체의 것인 척하는 등 사방에 널린 단서를 그냥 지나쳐왔다는 것을 깨달았다. 대여섯 명의 내부 고발자들이 직접 경험한 속임수와 위법행위들을 FDA에 적어 보내면서 란박시의 비밀이 새어나오기 시작했다.

서니는 계속해서 이메일을 보냈고, 에르난데스는 그에게 범죄 수사부에서 수사를 지휘하고 있는 로버트슨을 소개해주었다. 서니는 란박시가 골칫거리인 소트레트를 합법적으로 개선할 방법을 찾지 못하자 제품이 시판되는 동안 용해도를 향상시키기 위해 왁스 베이스에 오일을 첨가하여 비밀리에 제형을 바꾸었다고 밝혔다. 이 과정에서 FDA에 아무것도 보고하지 않은 것은 심각한 규정 위반이었다. FDA는 승인받은 제형을 허락 없이 변형하는 것을 엄격히 금지했다.

또 다른 내부 고발자도 소트레트를 지적하며 2006년 12월 전후로 제형의 차이를 확인해보라고 촉구했다. "2005년과 2006년 초반, 일부 과학자들은 이 문제를 빨리 해결하고 싶어 했어요. 하지만 영리를 우선시하는 직원들은 그들을 냉정히 대했어요." 내부 고발자는 CDER의 행정감찰관에게 이렇게 말했다. "그 사람들은 정직한 사람들의 진가를 전혀 모릅니다. 미국 소비자들에게 어떤 피해를 입혔는지는 잘 모르지만 [제조팀]의 일원으로서, 세계 시민으로서 이 사실을 반드시 알려야 한다고 생각했습니다."

란박시는 FDA를 속여 의약품 승인을 받기 위해 핑계와 황당무계한 주장을 늘어놓는 등 물불을 가리지 않은 듯했다. 그들은 OOS에 해당하는 결과를 규정에 따라 조사하는 대신 실험실에서 샘플을 잘못 관리하여 좋지 않은 결과를 야기한 것이라고 주장했다. 때로는 의약품 제조보다 핑계 대기에 더 능숙한 것 같았다.

한 FDA 규제관은 동료들에게 란박시의 "불일치, 모순, 실수, 간과, 형편없는 조사"를 액면 그대로 받아들이면 안 된다고 따끔하게 충고했다. 훗날 로버트슨은 그렇게 대담한 거짓말은 처음이었다고 말했다. "수년간 의약품 판매업체를 조사했지만 그렇게 노골적으로 법을 무시한 경우는 처음이었다. 그들은 면전에 대고 거짓말을 했다. 그것이 문화적 특성이라고 들었다. 그들은 상황을 이해했지만 거기서 빠져나올 수 있다는 것도 알았다."

국제적 불법행위의 유일한 해법은 국제적 처벌뿐인 듯했다. FDA가 아주 가끔 사용하는 해법이 하나 있었는데, 그것은 가장 무거운 처벌 중 하나인 AIP로, 1991년에 만들어지고 나서 단 네 곳의 기업에 부과되었다. AIP에 따르면 FDA는 신청서 검토를 전면 중단하고 사측에서 고용한 외부 감사가 데이터의 합법성을 확인한 후에 검토를 재개해야 했다. 이것은 규제의 역학을 뒤집는 처벌이었다. FDA는 사기를 증명하지 않고도 란박시의 제품 출시를 저지할 수 있었고, 란박시는 승인을 받기 위해 제품이 사기와 무관함을 증명해야 했다.

FDA는 범죄행위 또는 '중대한 사실에 대한 허위 진술'을 발견했을 때만 AIP를 적용했다. 캠벨은 란박시 사건도 분명히 그럴 것이라고 믿으면서 규제관들이 보고한 거짓말들을 나열하여 제안서의 초안을 작성했다. 그는 "란박시 래버러토리스와 관련하여 승인했거나 계류 중인 모든 신청서"에 AIP를 적용하자고 제안했다. 즉, 회사 전체에 철퇴를 가하자는 뜻이었다.

하지만 초안이 알려지고 회의가 수차례 이어지면서 캠벨은 자신의 소통 능력을 의심하기 시작했다. 어떤 증거도 그들이 요구하는 기준에 미치지 못하는 것 같았다. 또한 그 누구도 AIP의 가치나 억제력을 확신하지 못하는 것 같았다. FDA는 공중보건을 보호하기보다는 기업의 법정 소송을 저지하는 일에만 주력하는 변호사들로 북적였다. 그들은 FDA 규정에 대해 논쟁을 벌였다. 미등록 냉장고에 의약품을 보관하면 안 된다고 명시되어 있는가? 기업이 원자료를 영구 보관해야 한다는 내용이 서면에 존재하는가?

FDA의 역할마저 불분명했다. 란박시가 규정을 준수하도록 도와야 하는가? 그러지 못했을 때 제재해야 하는가? 내부 혼선에 충격을 받은 캠벨은 노트에 "우리의 목표는 란박시를 편하게 해주는 것이 아니다!"라고 적었다. 하지만 실상은 그랬던 것 같다. 의회와 대중은 더 저렴한 치료제를 찾으라고 강하게 압박했다. 또한 란박시는 정부의 PEPFAR 프로그램에서 아프리카에 에이즈 치료제를 제공하는 데 중대한 역할을 했다. 란박시는 너무 거대해서 실패할 수 없던 걸까, 아니면 너무 중요했던 걸까?

⊖ ⊘ ⦶ ⊘

FDA가 집행 기관으로서의 역할에 대해 혼란스러워하는 것만이 문제가 아니었다. 훗날 캠벨은 "그 사건에 어떠한 압력이 작용했다"라고 결론 내렸다. 돈과 관련된 것이었을까? 아니면 인맥? 정치적 영향? 의심은 점점 커져갔고, 일면식도 없는 인도 출신 직원들이 그의 사무실을 방문할 핑곗거리를 찾을 때면 더욱 그랬다.

그리고 거기에 오터가 있었다. 그녀는 CDER의 준법 감시부를 이끄는 변호사로서 FDA의 관료 체계에서 캠벨보다 훨씬 더 높은 위치에서 4,000명이나 되는 직원들의 업무를 감독했다. 1995년, 연방 정부에서 일을 시작하기 전에 3년간 몸 담았던 법률 회사는 나중에 벅 앤드 비어즐리가 되어 란박시를 변호했다. 그녀는 란박시의 외부 변호사이자 벅 앤드 비어즐리의 공동 대표인 비어즐리와 절친한 사이였다.

비어즐리는 오터와 틈틈이 전화와 이메일을 주고받으며 정부가 일을 얼마나 진척시켰고 무엇을 시도하고 있는지 파악해서 의뢰인에게 유용한 판단을 내리는 데 활용했다. 오터는 FDA에 계류 중인 사건을 의뢰받은 변호사들을 응대하는 것이 자신의 역할이라고 생각했기 때문에 비어즐리의 요청 사항을 관료 체계에 촉구했다. 오터는 이미 13년 전에 벅 앤드 비어즐리를 떠났다. 하지만 캠벨이 보았을 때 오터는 때때로 란박시 사건을 진전시키는 일보다 옛 상사를 돕는 일에 더 집중하는 것 같았다.

비어즐리는 2007년 3월에 오터에게 이메일을 보냈다. "오터, 문자를 남겼지만 란박시에 관해 통화하려면 이메일로도 요청하는 게 적절할 것 같았어. 그들은 형사법상의 측면에서 문제를 다루려고 노력하고 있지만, 우리는 여전히 민사법상의 측면에서 풀어보려고 애쓰고 있어."

오터가 답장을 보냈다. "안녕, 비어즐리. 전화야 얼마든 할 수 있어. 하지만 네가 무엇을 우려하는지 충분히 알고 있으니, 일단 이쪽 상황부터 확인해보고 다시 연락할게. 알았지?"

2007년 12월, 비어즐리는 오터에게 다시 이메일을 보내 파렉셀의 감사 보고서 발송이 지연되는 이유를 설명하고 전화해달라고 부탁했다. 두 시간 후, 오터는 동료들에게 다음과 같은 이메일을 보냈다. "란박시는 감사 보고서가 형사 사건에 미칠 영향에 대해 고려해야 합니다. 란박시에게 어떤 GMP 문제들이 애먹게 하고 있는지 알기 위해 캠벨의 2007년 12월 6일자 질문 목록을 제공해줄 수 있는지 고려해주십시오." 캠벨의 입장에서는 복잡하게 얽힌 관계와 관료 체계 특유의 느린 속도를 감안할 때 누가 FDA를 위해 일하고 누가 방해하는지를 구별하기가 어려웠다. 이처럼 사건이 점점 더 까다로워지다 보니 오터에게 정보를 노출하기가 꺼려졌다.

규제관들이 늦장을 부리지 않았더라도 명확한 답을 얻지는 못했을 것이다. 기업이 문제를 시정했다고 주장한들 1만 1,000킬로미터 이상 떨어진 공장을 어떻게 확인할 수 있겠는가?

내부 고발자 서니는 로버트슨에게 보낸 이메일에서 란박시가 메인 컴퓨터 네트워크에 연결되지 않은 시험 장비를 공장의 비밀 장소에 몰래 보관한다고 설명했다. 비교적 신식 실험실에는 반드시 구비되어 있는 고성능 액체크로마토그래피high-performance liquid chromatography, HPLC를 말하는 것이었다. 크기가 커서 마치 프린터를 쌓아둔 것처럼 보였다. 의약품 샘플이 용제와 섞여 기기에 주입되면 과립 물질로 채워진 칼럼을 뚫고 지나가면서 불순물을 포함한 여러 성분으로 분리되어 측정된다. 결과는 크로마토그램이라는 뾰족한 봉우리처럼 생긴 일련의 그래프로 나타난다.

규정을 준수하는 실험실의 HPLC 기기는 메인 컴퓨터 시스템과 네트워크로 연결되어 있고 모든 데이터를 알아보기 쉽게 저장한다. 서니는 최근 점검 기간에 미승인 HPLC 기기가 보조 실험실 두 곳에 보관되어 있었다고 전했다. "란박시는 조작을 위해 작은 비밀 공간을 만듭니다."

서니는 미국에서 판매하고 있는 30여 종의 제품들이 품질 규격을 통과하지 못했을 것이라고 추정하면서, 증거를 찾으려면 뉴저지에서처럼 파온타 사히브와 데와스를 급습해야 한다고 충고했다. 그리고 "란박시 내부에서는 결함이 있는 제품들의 세부 사항을 이메일이나 서신이 아니라 직접적인 방식으로 공유하려는 움직임이 벌써 시작되었습니다"라고 경고했다.

하지만 연방 검사가 인도에서 관할권을 행사할 수 없기 때문에 수색도 불가능했다. 로버트슨은 좌절했다. 사람들은 "네가 인도에 가야 한다"라고 말했다. 그러면 그는 "[거기서] 내가 뭘 하겠어, 뭔가 말해주기를 기대하면서 현관문이라도 두드릴까? 인도에서는 어떤 권한도 행사할 수 없어. 모든 게 자발성과 선의로 굴러가는 시스템이야"라고 대답했다. 이 사건은 FDA에게 돌풍처럼 불어닥쳤고, 해외 제약 회사를 효과적으로 감시할 수단이 없다는 사실을 만천하에 드러냈다.

⊖ ⊘ ⦶ ⊘

2007년 11월, FDA가 란박시의 데와스 공장에서 제조하는 무균 주사제를 미국 시장에 판매할 수 있을지 여부를 판단하기 위해 점검을 준비하고 있을 때, 서니가 이메일을 통해 로버트슨에게 중요한 팁을 알려주었다. 이 시설은 FDA 규정에 따라 가장 높은 수준의 무균상태를 갖추어야 했다. 하지만 서니는 "미생물 데이터의 미생물 수를 실제보다 적게 표시한다"고 이야기했다. 게다가 무균 처리에 실패한 사실을 몇 차례 보고하지 않았다고 덧붙이면서 "이 시설을 승인하기 전에 매우 신중히 판단하셔야 합니다"라고 충고했다.

점검 한 달 전, 서니는 로버트슨에게 이메일을 보내 은폐가 진행되고 있음을 알렸다. '환경 모니터링과 안정성에 결함이 나타난 모든 데이터'가 데와스 공장에서 24킬로미터 떨어진 라오케리 창고로 옮겨지고 있었다. 서니는 "공장 사람들은 교육받은 대로 감사관들을 혼란시키기 위해 최선을 다할 겁니다. QA 사람들은 늘 들어왔던 대로 편차에 대해 함구할 거예요"라고 했다.

미생물 실험 결과가 조작되었다는 증거를 얻으려면 사전 고지 없이 라오케리 창고에 가야 했다. 리베라 마르티네스는 팀원들의 요청을 상부에 전달했다. 하지만 예상 밖의 대답이 돌아왔다. 현장 수사팀의 부팀장 퍼트리샤 올콕Patricia Alcock은 '기밀'이라고 적힌 간결한 이메일을 보냈다. "음성 메시지를 확인해주세요. 창고는 논외로 하겠습니다."

올콕은 음성 메시지를 통해 사전 고지 없는 점검은 FDA의 모체인 미 보건복지부Department of Health and Human Services, HHS와 인도 보건 당국의 외교적 노력을 위태롭게 할 수 있다고 설명했다. 양측은 FDA의 규제하에 인도에서 생산된 제품의 품질을 향상할 수 있는 협약을 체결하기 위해 협상을 진행하고 있었다. 초안이라도 완성하기 위해서는 인도인들을 자극할 수 있는 일은 피해야 했다.

격분한 리베라 마르티네스는 이메일을 통해 올콕과 동료들에게 항의하기로 했다. 그는 혐의의 심각성을 강조했다. "[팀원들은] 규정을 따르는 태도, 품질관리 시스템의 타당성, 제조 과정에 대한 통제와 관련하여 중대한 문제를 제기하고 있습니다." 그리고 지난 달 FDA가 상원 의원 찰스 그래슬리(공화당, 아이오와)의 의원실에 해외 점검 강화 방안을 브리핑하면서 사전 고지 없는 점검을 약속했다는 점을 올콕에게 상기시켰다. 의회 브리핑에서도 FDA 임원들은 해외 시설에 대한 점검을 사전에 고지할 법적 의무는 없다고 인정했다.

리베라 마르티네스의 부서는 사전 고지 없는 창고 점검을 '정당하며 필요한 것'으로 간주했다. 그는 가장 최근의 데이터 조작에 관한 서니의 증언을 첨부한 이메일을 상부에 보냈다. "참고로 FDA의 점검과 수사관들을 다루는 란박시의 예리한 능력에 관한 정보원의 증언을 첨부합니다. 제 생각에는 데이터 조작의 증거를 밝힐 수 있는 기회를 늘리려면 점검 및 수사 과정에서 과거와 다른 대담한 전략과 기술을 적용해야 합니다. (…) 그래서 사전 고지 없이 창고를 점검하자고 말씀드리는 겁니다."

리베라 마르티네스의 주장은 상식적이었다. 하지만 이번에는 인허가팀에서 준법 감시 정책을 담당하는 부팀장이 창고 점검을 거부했다. 그리고 FDA 고위 임원들의 의견을 대표로 전달했다. "사전 고지 없는 해외 점검은 수사관의 안전 보장과 불리한 국제 분쟁 발생의 가능성을 최소화하기 위해 모든 관계자와 함께 철저히 검토하고 계획해야 합니다. 점검팀이 출발할 때까지 그런 이야기가 없었기 때문에 이번에는 사전 고지를 하기로 합의했습니다." FDA는 국제분쟁으로 인해 외교적 노력이 무산될까 봐 미국 공중보건에 잠재적 위협을 가하는 해외 시설을 속속들이 수사하지 않기로 했다. 환자의 요구는 가장 마지막이었다.

수사관들은 데와스의 라오케리 창고를 방문하겠다고 공식 요청했다. 그리고 이튿날 그들의 안내를 받아 창고에서 여덟 시간 동안 서랍과 박스를 뒤졌다. 올콕은 리베라 마르티네스에게 "정보원이 말한 증거나 그와 관련된 자료를 전혀 찾지 못했다"고 전했다. 서니는 나중에 로버트슨에게 말했다. "점검 직전에 내부의 누군가가 라오케리 창고에서 뭔가를 옮기라고 경고했습니다."

하지만 란박시는 무균 시설의 심각한 문제 하나를 미처 숨기지 못했다. 올콕은 동료들에게 "건물이 (…) 돼지 농장에 둘러싸여 있다. [수사관이 목격한 바에 따르면] 무균 시설에 들어가기 전에 손발을 씻도록 하는 지침이나 절차도 없었다. 많은 직원이 샌들을 신고 (…) 시설 주변에 돼지가 셀 수 없을 정도로 많았다"라고 전했다.

FDA는 해당 무균 시설을 승인하지 않았다.[3] 하지만 규제 기관들이 그 외의 신청서를 계속 승인해주면서 이러한 관대한 처리 방식은 지속 불가능해 보였다. 2007년 말, 오터는 또 다른 연방 기관인 국제 개발처U.S. Agency for International Development, USAID가 아프리카에 저가 의약품을 공급하는 업체 목록에서 란박시를 제외하는 방안을 고려하고 있다는 것을 알게 되었다. 오터는 적극적인 조치에 박수를 보내기는커녕 그러한 명백한 질책성 조치가 규제 기관의 이미지에 악영향을 미칠 것이라며 우려를 표했다. "FDA가 란박시를 폐쇄시키지 않는 이유에 대한 의혹"이 제기될 것이라며 상사들에게 경고했다. 오터는 이 문제를 회의나 전화로 논의하자고 제안했다. 동료들에게 보낸 이메일에 "이 정보는 비밀로 하십시오"라는 문구를 덧붙였다.

2007년 12월 12일, USAID는 란박시에 편지를 보내 부정적 시험 결과를 FDA에 보고해야 하는 의무를 지연하는 것에 대해 엄중히 항의했다.[4] "미국 정부의 자금을 지원받아 하청 계약을 이행하는 업체가 사업에 대한 진정성과 정직함을 보이지 않아 제가 매우 곤란한 상황입니다." 그는 인수 지원팀 팀장의 서명과 함께 USAID가 프로그램에서 란박시의 참여를 유예하거나 배제하는 방안을 고려하고 있다고 명시했다. 이와 대조적으로 FDA는 익숙한 접근 방식이 지속되는 것을 편안해하는 듯했다. 캠벨은 "규제관들이 보고가 계속 지연되는 상황을 더 없이 만족스러워했다"라고 회상했다.

⊖ ⊘ ⓘ ⊘

2008년 초, 란박시는 히마찰프라데시의 바타만디 공장에 대한 승인 신청서를 제출했다. 그들은 장기이식 거부반응을 억제하기 위해 사용하는 면역억제제 타크로리무스를 비롯하여 민감한 의약품들을 생산하겠다고 밝혔다. 신청서는 곧장 캠벨과 동료들의 의심을 불러왔다. 바타만디는 파온타 사히브 바로 옆에 있었다. 란박시가 제재를 회피하기 위해 파온타 사히브의 일부 시설을 새 공장으로 이전하려는 것은 아닐까?

FDA는 관례에 따라 바타만디 시설의 타크로리무스 제조 과정에 대한 승인 전 실사를 지시했다. 하지만 수사관 배정은 전혀 관례적이지 않았다. 그들은 에르난데스를 담당 수사관으로 선정했다. 3월 초, 에르난데스는 자신이 즐겨 쓰는 표현처럼 '광범위한 사고', 그리고 다시는 속지 않겠다는 결심으로 무장하고 바타만디에 도착했다. 평소처럼 공장 외부부터 점검했다. 외곽에 서서 4킬로미터 정도 떨어진 파온타 사히브 공장을 바라보았다.[5] 그리고 공장을 빼곡히 둘러싼 240센티미터 높이의 울타리에 주목했다. 입구는 하나뿐이었고, 인원이 잘 배치된 경계초소가 그곳을 지키고 있었다. 헌병 출신 보안 요원들은 직원과 방문객의 출입을 철저히 기록하는 일에 자부심을 느끼는 듯했다. 그들을 거쳐야만 안으로 들어갈 수 있었다.

그 사실이 마침 에르난데스에게 필요했던 기회를 제공했다. 그는 출입구 검문 기록을 확인했고, 타크로리무스의 핵심 배치 제조를 위해 공장을 방문했다고 기록되어 있는 감독관들이 실제로는 그 기간에 출입하지 않았다는 사실을 알게 되었다. 그들은 출입구 검문 기록에 서명하지 않았다. 배치 기록에 있는 날짜와 시간, 서명은 사후에 채워 넣은 것이었다. 어느 날 저녁, 에르난데스는 점검 때문에 바타만디로 날아와 자신과 같은 호텔에 머물고 있던 임원을 궁지에 몰아세우며 말했다. "가톨릭 신자들은 잘못을 하면 신부를 찾아가 고해성사를 합니다. 이 기회에 저를 신부라고 생각하시고 가짜 데이터를 만드는 데 누가 관여했는지 말씀해 주세요."

그때는 아무도 시인하지 않았다. 하지만 점검이 끝날 무렵 관리자들은 란박시가 파온타 사히브에 대한 제재를 회피하기 위해 바타만디 공장을 서둘러 가공시키려 했다고 시인했다.

에르난데스는 란박시의 고위 임원들에게 바타만디 공장에 대한 승인을 반대할 것이라고 설명했다. 점검을 감독하러 온 국제 제조 부문의 선임 부사장이 그를 한쪽 구석으로 데려갔다. 에르난데스는 그가 "무척 불안해하고 절망스러워했다"고 적었다.[6] 그는 공장 설립을 서두르면서 실수를 저질렀다고 인정했다. 원하는 것은 무엇이든 시정하겠다고 거듭 약속하면서 '조작'이라는 단어는 보고서에 쓰지 말아달라고 부탁했다.

FDA는 바타만디를 별개의 공장으로 인정하지 않았고, 란박시는 타크로리무스에 대한 신청서를 철회했다.[7] 그것은 국제적인 두더지 게임이나 마찬가지였다. FDA는 사기 행각이 발견될 때마다 소소한 제재 조치로 대응할 뿐이었고, 란박시의 전체 운영 방식을 규제하려는 시도는 전혀 없었다. 하지만 곧 판세가 뒤집히려 하고 있었다.

16장

다이아몬드와 루비

○

2007년 10월
인도, 뉴델리

말빈데르의 취임 첫해는 암울하게 시작되었다. 선견지명으로 제도와 유산을 구축한 아버지와 달리 말빈데르는 주주들을 위한 가치 창출을 가장 중요하게 여겼다. 그는 인도의 비즈니스 매체에서 "저는 뼛속까지 기업가이고, 진정한 기업가의 궁극적 목표는 가치 창출입니다"라고 말했다.[1]

하지만 가치를 지속적으로 창출하는 것은 생각처럼 쉽지 않았다. 젊은 CEO는 2006년에 회사를 물려받은 후 MBA 전략집을 빠르게 훑으며 인수와 제휴를 공격적으로 모색했다. 하지만 경제 전문지 〈아시아 머니〉에 따르면, 화제를 불러일으키는 데에는 성공했지만 순이익은 계속 '감소'했다.[2] 결국 독일 최대 제약 회사를 매입하기 위한 입찰을 철회해야 했다. 게다가 FDA도 문제였다. 그가 보기에 미국 규제관은 개선에 대한 약속과 체면을 생각한 제스처에도 꿈쩍하지 않는 까다로운 집단이었다.

인도에서는 전략적 보상이나 물리적 위협을 통해 대부분의 문제를 해결할 수 있었다. 불과 5개월 전 말빈데르의 동생 시빈데르는 유명 흉부외과의가 사업 거래에서 자신에게 반기를 들자 싱 가문 소유의 뉴델리병원으로 복귀하지 못하도록 손을 썼다. 그 바람에 의사는 출근길에 최루가스와 폭동 진압용 물탱크로 무장한 경찰 100여 명과 특수 기동 대대를 맞닥뜨려야 했다.[3]

하지만 미국에서는 보복을 위해 군부대를 동원할 수도 없었고, FDA는 기존 입장을 고수했다. 란박시의 최대 주주인 싱 형제는 그 문제가 순이익에 타격을 주기 시작했음을 알게 되었다. 이런 상황에서 말빈데르는 뉴욕의 한 고문으로부터 아주 흥미로운 메시지를 받았다. 일본 제약 회사 다이이찌산쿄의 츠토무 우네라는 사람이 전략적 파트너십에 대해 이야기를 나누고 싶어 한다는 것이었다. 말빈데르는 기회를 감지했다.

⊖ ⊘ ⦶ ⊘

뉴델리에서 6,400킬로미터 떨어진 도쿄에서 우네 박사는 새로운 수입원을 찾고 있었다. 일본에서 두 번째로 큰 제약 회사 다이이찌산쿄의 국제 경영 전략 부문 총괄 우네는 인도나 동유럽처럼 먼 곳에 있는 미지의 시장에 진입하고 싶어 했다. 그러려면 저가 의약품을 대량으로 생산할 파트너가 필요했다. 그의 시선은 계속 란박시로 향했다.

60세의 미생물학자 우네는 제약 업계 혁신의 대열에 합류했다. 그는 다이이찌 제약에서 30년 넘게 일했고, 2005년에 산쿄와 합병한 후에도 계속 승진해왔다. 정중하고 신사적인 우네는 직장 생활을 일지에 꼼꼼히 기록했다.

일본 사회는 제네릭 의약품을 불신하고 브랜드 의약품를 선호하는 경향이 매우 강했다. 그들은 품질과 위생에 정성을 기울였다. 한때 낮은 품질로 멸시를 당했던 일본의 제약 산업은 그로 인해 품질관리의 세계적 선두 주자라는 명성을 누렸다. 알약이 하얗지 않으면 수상하게 여길 정도였다. 우네도 조심성이 많은 사람이었지만, 배타적이고 고비용 연구를 고집하는 특성 때문에 일본 제약 산업의 성장이 둔화되었다고 인정했다.

그런 면에서 11개국에 제조 공장을 가지고 있고, 125개국에 의약품을 판매하는 란박시는 매력적인 상대였다.[4] 역사상 최고 수익을 거둘 것으로 예상되는 리피토의 제네릭 버전을 비롯하여 수많은 선출원 신청서가 미국에서 계류 중이었다. 다이이찌산쿄는 엄청난 대작들 사이에서 꾸준히 수익을 창출하도록 도와줄 안정적인 저가 의약품이 필요했다. 란박시는 이들의 목표 달성을 도와줄 완벽한 파트너일 수도 있었다. 인수를 조속히 진행하면, 다음 분기의 주주총회 전에 밑바닥까지 내려간 다이이찌산쿄의 주가를 받쳐줄 수도 있었다.

일본의 이사회는 전원 합의로 의사를 결정하는 편이었기 때문에 일단 동료들을 설득해야 했다. 때마침 다이이찌산쿄의 회장 다카시 쇼다Takashi Shoda가 동료들에게 "인도는 일본 제약 회사를 세계로 진출시킬 비장의 카드가 될 것"이라고 말하면서 유리한 분위기가 형성되었다.[5]

문화적 영향에 민감했던 우네는 그것이 까다로운 문제임을 알고 있었다. 란박시는 여느 인도 기업과 달랐으며, 저명한 싱 가문이 창립하여 3대째 경영하고 있는 문화 기관이었다. 그리고 얼마 전 미국에서 MBA를 마친 서른 중반의 젊은 후계자의 손에 맡겨졌다. 하지만 우네 역시 탁월한 비전과 사업 감각을 인정받은 다이이찌산쿄의 고위직 인사였다. 2007년 10월 초, 그는 뉴욕에 있는 란박시의 외부 고문에게 연락했다.

우네와 말빈데르는 대화를 시작한 지 3주 만에 만났다. 단정히 빗어 넘긴 은발의 우네가 강한 억양의 영어로 말하자 맞춤 정장과 우아한 터번, 거기에 어울리는 행커치프를 착용한 말빈데르가 세련된 말투로 침착하게 대답했다. 협상은 빠르게 진행되었다. 두 사람은 뉴델리에서 다시 만나기로 약속하고 극비리에 대화를 이어갔다. 내부 보고서와 서신에서 다이이찌산쿄는 '다이아몬드', 란박시는 '루비'라는 암호명으로 불렸다. 그들은 다음 회의를 위한 핑곗거리도 미리 정해두었다. 언론에는 계약생산 협정에 관해 논의 중이라고 말할 작정이었다. 너무 흔한 일이라 비즈니스 언론도 관심을 가지지 않을 것이었다.

첫 연락 후 4개월 만에 대화에서는 전략적 파트너십을 넘어 완전 매각 협상으로 확장되었다. 일본의 미생물학자와 인도의 젊은 부호는 주가와 기간을 두고 실랑이를 벌였다. 하지만 란박시 주변을 맴도는 규제가 걱정이었다. 우네는 이메일을 주고받으면서 변호사의 조언에 따라 재정건전성이 보증 내용과 다르면 계약 위반으로 고소할 수 있도록 일반적인 보증과 진술, 배상을 명확히 해달라고 란박시를 계속해서 압박했다. 말빈데르가 요청을 계속 회피하자 우네는 통화 중 "동료들이 '걱정하지 마라'는 식의 답변에 좌절하고 있습니다"라고 말했다. 같은 날 두 번째 통화에서 말빈데르는 잔잔한 목소리로 우네를 안심시켰다. "루비에는 두려움도, 결함도 없습니다."

하지만 우네에게는 아직 풀지 못한 의문이 있었다. 연방 요원들이 2월에 란박시의 미국 본사를 급습하고 핵심 공장인 파온타 사히브와 데와스에 경고장을 보냈다는 것은 모두가 아는 사실이었다. 하지만 수사 상황이나 란박시가 책임져야 할 문제들이 얼마나 심각했는지에 대해서는 아무도 몰랐다. 말빈데르가 우네에게 물었다. "뭐가 걱정이세요?"

우네는 막강한 법무부 검사들과 까다롭기 그지없는 FDA 규제관들이 무엇을 캐고 있는지 추측해볼 뿐이었다. 구체적인 내용을 확인하는 것은 고문들의 일이었다. 한 달 만에 말빈데르와 우네는 변호인단과 임원진을 대동하고 델리에서 비밀리에 만났다. 우네는 란박시에 대한 수사의 밑바닥에 무엇이 있든 그것이 다이이찌산쿄의 결정에 대단히 중요한 영향을 미칠 것임을 분명히 전달했다. 말빈데르는 침착한 모습으로 그 과정에 정직하게 협조하겠다고 약속했다. 그는 실사 회의를 마련하여 수사와 관련된 자료를 전부 공개하기로 합의했다.

젊은 CEO는 우네에게 속내를 털어놓으려는 듯 수사의 진짜 이유를 설명했다. 화이자가 리피토 특허 소송에서 승리한 란박시에 보복하기 위해 교묘한 속임수로 수사관들을 풀어놓았다는 것이었다. 우네가 그의 설명에 대해 숙고하는 동안, 란박시의 변리사 데시무크는 수석 고문들 사이에서 말없이 무표정하게 앉아 있었다.

"두려움도 결함도 없다"는 호언장담과 달리 란박시는 일촉즉발의 상황에 놓여 있었다. 말빈데르는 란박시의 어두운 비밀이 쿠마르가 이사회에 보여준 파워포인트와 SAR로 알려져 있는 강력한 문서에 기록되어 있다는 것을 잘 알고 있었다.

SAR을 폐기했더라면 이러한 상황에 놓이지 않았을 것이다. 말빈데르는 미국 정부가 SAR을 이용하여 검사와 규제관 들을 자석처럼 끌어당겼다고 믿었다. 외부 변호사들은 말빈데르에게 SAR에 제기된 문제들을 시정하기 전까지는 미국 정부와의 갈등을 피할 수 없을 것이라고 장담했다. 검사들은 SAR에서 미국 수출용 의약품에 사용된 데이터의 진위 여부를 언급하지 않았더라도, 상당수가 거짓으로 만들어졌다면 다른 제품들도 믿을 수 없다는 입장이었다.

말빈데르와 FDA의 처참한 회의가 끝나고 몇 주 후, 수년간 FDA 관련 업무를 도와준 변호사 비어즐리가 뉴델리행 비행기에 올랐다. 그녀는 말빈데르와 SAR에 대해 집중적으로 논의했다. 그리고 문제를 해결할 때까지 갈등이 지속될 거라고 말했다. 해답은 2년 전 쿠마르가 이사회에 제안했던 것처럼 허위 데이터를 사용한 의약품을 전량 회수하여 재시험한 후 다시 제출하는 것뿐이었다. 비어즐리는 국제적인 시정 조치가 필요하다고 말했다.

미국 정부가 SAR을 가지고 있는지에 대한 의문은 2007년 2월 뉴저지 수색에 의해 말끔히 사라졌다. 란박시의 변호사들은 FDA 요원들이 판트의 사무실에서 찾아낸 자료 속에 SAR이 있었다는 사실을 알게 되었다. 다음 달 런던 히드로공항 인근에서 열린 회의에서 비어즐리는 SAR을 재차 언급했다. 이번에는 데시무크와 전 CEO로서 고문을 맡은 템페스트, 법무부 수사와 관련된 업무를 처리하기 위해 외부 변호사로 고용된 런던 앤드 미드의 공동 대표 크리스토퍼 미드Christopher Mead도 참석했다. 베테랑 검사 출신인 미드는 사안의 심각성을 즉시 이해했다. 임원들의 사기 행각을 인정한 SAR은 법무부 수사에 불을 지필 수 있을뿐더러 임원 개개인을 기소할 기회를 열어주었다. 데시무크는 템페스트와 통화하면서 괜히 미국에 들어갔다가 체포될 수도 있다고 경고했다.

2007년 6월, 미드는 말빈데르와 마주 앉아 법무부로부터 SAR과 관련된 자료를 요청하는 두 통의 서신을 받았다고 전했다. 그의 태도는 매우 단호했다. SAR에 반영된 심각한 부패 문화에 대한 우려를 해결해야 했다. 그러기 전까지는 미국 정부도 물러나지 않을 것 같았다.

란박시와 다이이찌산쿄가 합의점에 가까워지면서 말빈데르는 또 다른 부분을 우려했다. SAR은 규제관과 검사 들을 끌어들였지만 일본을 밀어내 거래를 위태롭게 할 것이 틀림없었다. SAR을 눈앞에서 사라지게 만들 방법을 찾아야 했다. 말빈데르의 신임을 받던 보좌관들은 2004년의 이사회 회의록에서 쿠마르의 프레젠테이션과 관련된 내용을 모조리 지워버렸다.

또한 말빈데르는 계약상의 보호 장치를 요구하던 우네의 고집을 꺾는 데 간신히 성공했다. 그는 인도에서의 계약은 일반적으로 다르다면서 한 차례의 프레젠테이션과 건전한 투자처라는 보증으로 만족하기를 바랐다. 말빈데르 개인이 아니라 란박시의 보증이었다. 하지만 우네는 매입 전에 미국 정부의 수사에 대해 반드시 실사하라는 고문들의 충고를 받아들이기로 했다.

다이이찌산쿄의 변호사는 한 컨설턴트에게 우네의 협상 방식을 다음과 같이 간략히 설명했다. "우리가 다음 협상에서 진정성과 합리성, 최선을 다하는 모습을 보여준다면 그들도 진정성과 합리성, 최선을 다하는 모습을 보여줄 겁니다." 컨설턴트는 이런 답장을 보내왔다. "우리는 루비를 지나치게 믿었고, 그들은 그것을 충분히 활용했어요." 훗날 데시무크는 두 나라의 문화가 마치 "물과 기름" 같았다고 말했다. 그는 인도인들이 "지극히 공격적인" 태도로 사업을 성공시켰다며 "그들에게 윤리는 중요하지 않다"고 말했다. 그와 반대로 일본인들은 "세상 물정 모르는 어린애처럼 상대를 너무 믿었다".

말빈데르는 데시무크에게 실사 절차를 맡겼다. 그리고 다이이찌산쿄와의 회의를 준비하는 동안 SAR이나 그것의 영향에 대해 언급하지 말라고 노골적으로 지시했다. 데시무크는 잠시 주저했지만 지시를 따르기로 결정했고, 외부 변호사들에게도 SAR에 대해 절대 언급하지 말라고 당부했다. 다른 임원들은 다이이찌산쿄의 임원들과 직접 대화하지 말고 말빈데르의 보좌관을 통해서만 소통하라는 지시를 받았다. 나중에 말빈데르는 란박시와 관련된 정보는 모두에게 공개되어 있었다면서 다이이찌산쿄에 정보를 와전하거나 은폐하지 않았다고 주장했다.[6]

판트는 다음 회의에서 FDA 경고장에 대해 발언할 예정이었지만 말빈데르의 변호사로부터 SAR에 대해 함구하라는 충고를 들었다. 이런 제재가 가능했던 이유 중 하나는 말빈데르가 손수 정한 충신들에게 둘러싸여 있었기 때문이었다. 그들은 말빈데르의 가족은 물론 영적 단체와도 밀접한 관계를 맺고 있었고 가정사에도 얽혀 있었다. 말빈데르가 우네와 통화를 할 때도 매번 함께 있었다.

⊖ ⦸ ⦶ ⊘

2008년 5월 26일, 말빈데르와 데시무크, 그리고 우네가 임원진과 변호인단을 대동하고 뉴델리에서 만났다. 그들은 데시무크가 약속을 어기지 않도록 말빈데르의 서명이 담긴 회의용 원고까지 제공했다. 원고는 SAR이나 정부 수사와의 연관성에 대해 일절 언급하지 않았다. 데시무크는 거기에 적힌 대로 FDA와 법무부의 수사는 정례적인 일이고, 연관성 없는 문제들을 다루며, 란박시에 제기된 혐의가 심각한 법적 책임을 야기할 가능성은 매우 작다고만 이야기했다.

란박시는 협의에 따라 다이이찌산쿄의 변호사들이 검찰과 주고받은 내용을 검토할 수 있도록 자료를 만들었다. 하지만 SAR이 언급된 자료들은 모두 배제되었다. 법무부에서 관련 자료를 요청하기 위해 보낸 편지 두 통도 제외되었다.

몇 주 후, 데시무크는 말빈데르와 함께 참석한 런던 임원 회의에서 일본인들이 란박시의 대주주가 될 것이라는 소식을 듣고 큰 충격을 받았다. 그전까지는 완전 매각이 아니라 제조 계약에 대해 협상하는 줄로만 알았다. 정말 아무것도 모르고 있었다. 인수 협상을 진행하면서 정보를 은폐하는 것은 단순한 부조리를 넘어서 사기라는 생각이 들었다.

데시무크는 비어즐리에게 연락하여 고의로 정보를 알리지 않은 부분에 대해 법적 책임을 져야 하는지 물어보았다. 몹시 심란해하며 '양심의 가책'이 느껴져 괴롭다고 호소했다. 비어즐리는 란박시를 변호하는 입장에서 개인적인 조언을 해줄 수는 없다고 답했다. 하지만 말빈데르가 SAR에 관한 정보를 알리지 말라고 지시한 것은 매우 심각한 사안이었기 때문에 회사의 공동 대표와 변호를 계속 맡아도 될지에 관해 논의했다. 그리고 다이이찌산쿄가 정부의 수사에 대해 물어본다면 거짓말을 하느니 사임하자고 결론지었다.

하지만 다이이찌산쿄는 연락하지 않았다. 그리고 몇 주 만에 그들은 란박시의 대주주가 될 것이고 5년간 말빈데르를 CEO로 채용하겠다는 합의안에 서명했다. 2008년 6월, 말빈데르는 기자회견을 통해 형제가 가지고 있던 34퍼센트의 지분을 20억 달러라는 믿기 힘든 가격으로 일본 기업에 매각하기로 했다고 발표하여 인도 재계를 깜짝 놀라게 했다. 그 후 다이이찌산쿄는 주식을 추가로 매입하여 50퍼센트가 넘는 지배 지분을 확보했다.

말빈데르는 '감정적 결정'에 의한 매각이었다고 말했지만, 덕분에 두 기업의 가치가 동반 상승하고 란박시는 부채를 청산할 수 있었다.[7] 그는 주주의 자리에서 내려온 후 "비전과 꿈, 열망, 그 어떤 것도 변하지 않을 것이다"라고 말했다. 그는 란박시를 일본에 매각하여 국민 기업이라는 자긍심을 저버렸다는 거센 비난을 받았다. 전 란박시 임원은 〈이코노믹

타임스〉에서 "란박시는 정복자이자 인도의 영웅으로서 가장 먼저 항복할 게 아니라 최후까지 남았어야 했다"라고 말했다.

하지만 말빈데르는 기가 막힌 타이밍에 항복했다.

⊖ ⊘ ⓘ ⊘

한 달 후인 2008년 7월 3일, 메릴랜드 연방 검사들이 논란이 될 만한 신청서motion를 지방법원에 제출하여 FDA 관료들과 란박시 임원진을 충격에 빠뜨렸다.[8] 란박시가 7개월이나 미루어온 파렉셀의 감사 결과 제출을 강제해달라고 법원에 공개적으로 요청한 것이었다. 신청서는 일종의 절차였지만, 그 안에 쓰인 언어는 결정타였다. 신청서는 '란박시의 조직적 사기 패턴'에 대해 서술하면서 "사취나 오도의 의도를 가지고 위반 행위를 지속하여 불량품이나 부정 표시 제품을 주간州間 상거래에 유입시키고 있다"고 말했다.

좌절감에 빠져 있던 FDA 관료들은 환호했다. 당사자들도 손 놓고 있는 상황에서 검사들이 선제 조치를 취해준 것이다. 리베라 마르티네스는 팀원들에게 이메일을 보냈다. "오랜만에 기분 좋은 소식입니다! 오랜 기다림과 헌신적인 노력이 마침내 (…) 결실을 맺고 있습니다." 평소 절제된 모습만 보이던 그가 이렇게 마무리했다. "진정하고 남은 주말은 즐기세요." 신청서가 외부로 알려지면서 공중보건 전문가, 의회 조사관, 해외 규제 기관의 문의가 빗발쳤고, 란박시에 대한 자체 조사를 재고하기도 했다. 란박시의 컨설턴트들도 당황했다. FDA는 왜 기업 전반에 퍼진 부패 문화를 확인하고도 신청서와 제조 공장을 계속 승인한 것일까?

CDER 준법 감시부 부장 오터는 FDA에서 38년간 일했던 직원이 개인 블로그에 〈FDA는 란박시의 전 제품을 금지해야 한다〉라는 제목으로 게시한 글을 여기저기에 보냈다. 내용은 다음과 같았다. "이러한 기록상의 문제가 기업 문화의 일부가 아니라는 것을 [란박시]가 증명할 수 있을 때까지 FDA는 실제로 생산에 관여한 공장의 여부와 무관하게 모든 제품의 수입을 거부하겠다고 통보해야 한다." 그것은 준법 감시관 캠벨이 줄곧 주장하던 것이었다. 이어서 "그래야 FDA도 이 방침을 업계를 위해 보류하지 않고 미국 소비자를 당연히 보호받아야 할 '고객'으로 여기기 시작할 것"이라고 결론지었다. 그리고 굵은 글씨체로 짧게 덧붙였다. **"추가적인 논의는 이메일이 아니라 직접적인 방식을 통해 하십시오."**

FDA를 움직인 것은 공중보건에 대한 위협도, 란박시의 지속적인 방해도 아니었다. 검사들이 신청서를 제출하고 2주 후 〈xx를 조심하라〉라는 제목의 이메일이 FDA 고위 임원들에게 도착했다. 수석 고문 사무실의 한 변호사가 보낸 것으로 "나는 인도의 부정한 환경에서 생산된다고 의심받는 란박시의 의약품에 대해 FDA가 수입 금지 조치를 내리지 않은 이유를 의회가 곧 강하게 따져 물을 것이라고 충고해왔다"라는 내용이었다.

의회가 의문을 제기할 가능성이 FDA에 경보음을 울렸다. 폴란드에서 의약품 제조 공장을 점검하고 있던 캠벨의 휴대폰이 울렸다. 오터였다. 그에게 직접 연락한 것은 처음이었다. 그녀는 그제야 FDA의 취약점을 보호하는 데 초점을 맞추었고, 진척 상황을 궁금해했다. "란박시 일은 어떻게 진행되고 있습니까?" 캠벨은 사실대로 답했다. "아무것도 하고 있지 않습니다." 사흘 후 캠벨은 한 관료로부터 새로운 출정 명령을 받았다. "준비하세요. 지금부터는 란박시가 최우선순위입니다."

의회의 질의에 대비하려는 듯 FDA가 란박시와 관련하여 시행한 단계별 조치에 대한 내부 요약본이 고위 관료들 사이에 돌기 시작했다. 요약본은 파온타 사히브에 대한 점검 결과를 폄하하면서 이것만으로는 그곳에서 생산된 제품의 수입을 제한할 수는 없었다고 설명했다. 또 란박시의 일부 신청서를 거부했다고 밝히면서 타쿠르가 2005년에 처음 사기 행각을 보고한 이후 27건이나 승인한 사실은 언급하지 않았다.[9]

요약본은 적절한 다음 단계를 결정하기가 어려웠고, CDER 내에 과학적 견해의 충돌도 있었다고 결론지었다. 마치 FDA가 사건을 방치한 것이 아니라 상응 조치를 취하기 위한 전조로 이 사건을 적극적으로 다룬 것처럼 들렸다. 하지만 그들은 의회의 감시에 직면하고 나서야 마침내 행동을 취할 준비를 했다.

17장

'이해를 못 하시는군요'

○

2008년 7월
인도, 뉴델리

메릴랜드 미 연방 지방검찰청에서 '조직적 사기 행위의 패턴'을 주장하며 신청서를 제출하는 동안, 말빈데르는 최악의 위기를 앞두고 있었다.[1] 란박시의 진정성에 대한 의혹이 제기되었고, 주가가 떨어졌다. 말빈데르는 진행 중이던 다이이찌산쿄와의 협상을 무사히 마무리해야 했다.

말빈데르는 기자들에게 은밀히 전화하여 과거 우네에게 주장했던 음모론에 대해 말했다.[2] 투자자들에게는 "사람들이 혼란을 일으키려 하고, 분명 누군가 란박시의 주식을 낮은 가격으로 [매수]하기 위해 주가를 떨어뜨리고 있다"고 말했다. "다국적 기업과 굴지의 인도 기업이 힘을 합쳐 주가를 떨어뜨리고 있다"는 근거 없는 주장도 했다. 그리고 다이이찌산쿄는 "실사를 진행하는 동안 이 문제들에 대해 알고 있었다. 계약상의 변화나 탈퇴 조항은 없다"라고 말했다.

란박시의 수뇌부가 한자리에 모였다. 그들은 각자의 달력에 'VIMP very important(매우 중요함)'라고 표시해둔 날 말빈데르의 사무실에서 회의를 했다. 첫 번째 안건은 SAR이었다. SAR을 제외한 대부분은 해명할 수 있었지만, 그 문건 하나만으로 말빈데르의 주장이 거짓임이 탄로날 수 있었다.

위기감이 커질수록 사건을 도와줄 외부 법률 전문가 집단의 규모도 커졌다. 2008년 7월 말, 사측 변호사 데시무크는 외부 변호사 미드와 함께 회의 참석차 본사에 갔다. 회의에는 말빈데르와 고위 경영진을 비롯하여 외부 변호사 두 명과 오랫동안 FDA 업무를 맡아온 비어즐리, 그리고 의회 자체 조사라는 새로운 문제를 처리하기 위해 고용된 베너블의 레이먼드 셰퍼드Raymond Shepherd도 참석했다. 자꾸만 늘어나는 문제들에 대응할 전략이 필요했다. 본사로 가는 차 안에서 데시무크는 말빈데르의 강요 때문에 다이이찌산쿄에게 SAR에 대해 알리지 못했다고 털어놓았고, 미드는 불같이 화를 냈다.

SAR는 다시 한 번 핵심 의제로 떠올랐다. 란박시가 SAR에 제기된 혐의에 대해 거의 무대응으로 일관했다는 사실이 명확해지자 미드는 몹시 분노했다. 판트의 보고서를 통해 가짜 데이터로 승인을 받은 제품 60종을 계속 수출해왔다는 사실도 알게 되었다. 깊은 좌절감에 주먹으로 테이블을 내리치며 말빈데르에게 고함을 질렀다. "이해를 못 하시는군요!" 미드는 관련 제품의 수출을 즉각 중단하고 비어즐리를 파견해야 한다고 주장했다. 그리고 SAR에 제기된 문제들을 해결하지 않으면 정부도 물러서지 않을 것이라고 설명했다. 말빈데르도 그의 주장에 동의하는 듯 관련 제품을 국제시장에서 전량 회수하겠다고 약속했다. 미드와 데시무크는 SAR을 다이이찌산쿄에 공개하라고 촉구했다. 그러자 말빈데르는 "일본인들은 내가 알아서 처리하겠다"라고 답했다.

이 사건은 임원들 사이에서 '이해를 못 하시는군요' 회의로 알려지게 되었다. 회의 후 말빈데르는 한 가지 확실한 조치를 취했다. 미드의 법률 회사를 내보내고 법무부 일을 처리해줄 다른 법률 회사를 데려왔다.

⊖ ⊘ ⦶ ⊘

란박시 임원들이 자체적으로 고용한 변호사들과 싸우는 동안, FDA 임원들은 대응 조치를 준비하고 있었다. 검찰이 신청서를 제출하고 두 달이 지난 2008년 9월 16일, FDA는 데와스와 파온타 사히브의 공장에서 제조하는 30여 가지 제품의 수입을 중단한다고 발표했다. 그리고 각 공장에 경고장을 발부했다. "이번 조치를 통해 미국 소비자가 사용할 의약품은 반드시 FDA의 안전성 및 품질 기준을 충족해야 한다는 명확한 신호를 보내고자 합니다." CDER 소장 재닛 우드콕 박사가 언론 보도 자료를 통해 말했다.[3]

준법 감시부 직원들이 업무를 잠시 멈추고 자축하는 동안, FDA 임원들은 란박시에 대한 강경한 입장을 설명하기 위해 언론 브리핑을 열었다. 그들은 두 공장의 의약품을 수입하는 것을 중단했지만, 약국에서 판매하는 의약품은 회수하지 않았다. 오터는 이것을 '사전 조치'로 간주하며 기자들에게 "두 공장에서 제조하여 미국에 공급한 의약품이 안전상의 문제를 일으킬 것이라고 믿을 만한 이유는 없다"라고 말했다.[4] FDA의 자체 시험을 통해 란박시의 의약품이 품질 규격을 충족한다는 것을 확인했다면서 이렇게 덧붙였다. "실제로 이 제품들에 결함이 있다는 증거는 없습니다. 하지만 제조 및 통제 과정에서 발견된 문제들이 제품에 영향을 줄 수 있기 때문에 사전 조치를 취하는 겁니다."

오터는 FDA의 대변인 역할을 했다. 그녀도 나중에 말했지만 당시의 언론 브리핑은 "FDA의 공식 입장을 반복한 것으로, 늘 그렇듯 조직 전반의 여러 사람이 오랜 논의 끝에 내린 결론이었다". 그럼에도 불구하고 오터의 성명은 FDA 내부에 분노를 촉발했다. 범죄 수사관들과 준법 감시팀이 그들의 진정성과 영향력을 논의하기 위해 소집되었다. FDA는 소트레트와 가바펜틴이 품질 검사를 통과하지 못해서 환자들에게 잠재적 위험을 초래했다는 사실을 알고 있었다. 두 치료제에 결함이 없었다면, 문제는 무엇이고 FDA는 어떤 영향을 미쳤을까?[5] 캠벨은 어떻게 받아들여야 할지 알 수 없었다. "혼란을 일으키고 싶지 않았던 건 분명합니다. 변호사들이 원래 그렇습니다." 그는 "변호사의 양심은 일반인의 양심과 다르다"고 말했다.

오터의 성명은 란박시에 구명보트를 띄워주었고, 수사관들의 업무는 훨씬 더 힘들어졌다. 그 후 수년간 란박시는 FDA와 부딪칠 때마다 툭하면 그 성명을 들먹였다. 하지만 수입제한 발표와 경고장은 세 개 대륙에서의 활동에 단기적 위기를 불러왔다.

⊖ ⊘ ⦶ ⊘

FDA가 강경한 성명을 발표하고 이튿날 전화 회의에서 말빈데르는 우네에게 결백함을 주장했다. 그는 새롭게 전개된 상황에 "충격을 받았다"고 말했다. 란박시는 FDA에게 전적으로 협조해왔으며 자신들의 노력을 불만스러워하는 "신호나 조짐은 전혀 없었다"고 주장했다.

그 모든 경고 신호에도 불구하고 두 기업의 협상은 놀라울 만큼 정상적으로 진행되었다. 란박시는 파렉셀의 감사 결과를 법무부에 전부 넘기기로 합의했고, 미국 정부는 강제집행을 위한 신청서를 철회했다. 우네는 말빈데르에 대한 신뢰를 지속적으로 표현했고, 자신의 일지에 "마라브 상은 각 문제와 관련된 요청에 성실히 응했고 그에 맞추어 준비했다. 일이 잘 풀리기 시작했다"라고 적었다. 심지어 자신에게 문화적 감수성을 갖추고 부정적인 생각을 품지 말라고 충고하기도 했다. 어느 날은 일지에 이렇게 적었다. "FDA와 관련된 요청을 했는데 마라브 상의 답이 늦다. 가장 유명한 축제가 한창이라… 인내하자!"

2008년 11월 7일, 다이이찌산쿄는 란박시와의 협상을 마무리했다. 그리고 한 달 후 이사회를 장악했다. 말빈데르 형제는 눈 깜박할 사이에 20억 달러를 벌었고, 말빈데르는 다이이찌산쿄에 고용되었다. 위험 요소를 내포한 기묘한 합의였다. 하지만 데시무크는 새 희망을 품었다. 란박시가 법무부에 적극 협조하고 파렉셀의 감사 결과를 넘기기로 합의했으니, 검찰과 신속히 합의하면 SAR을 은폐한 일이 무마될 수도 있었다. 그러면 우네에게 거짓말을 했다는 죄책감도 덜 수 있었다. 모든 것이 잘 해결될 것이다. 그사이 데시무크는 낯선 세계에 발을 디뎠다. 일본인들은 고함이나 명령으로 의사결정을 하지 않았다. 그들은 합의에 의해 움직였다. 열 사람이 통화를 하는데도 몇 사람 없는 것 같았다.

란박시가 여러 문제로 휘청거리는데도 우네는 계약을 성사시켰다는 사실에 기뻐했다. 그는 그 과정을 일지에 상세히 기록했다. "미스터 싱은 모두와 잘 어울린다." 또한 매달 열리는 회의를 준비하면서 FDA 문제를 어떻게 해결할 것인지에 대한 논의는 "모두 시작의 시작에 불과했다"고 적었다. 2009년 2월 19일, 우네는 뉴델리에서 말빈데르를 만났다. 말빈데르의 재량과 다이이찌산쿄의 지배의 균형을 맞추는 방법을 비롯해 여러 문제를 자세히 살펴보았고, 란박시와 FDA의 갈등을 연대순으로 이해하려고 노력했다. 무언가 앞뒤가 잘 맞지 않았지만 그것이 무엇인지 확신할 수 없었다.

그리고 2월 25일에 도쿄로 돌아간 그는 충격적인 소식을 접했다. FDA가 란박시에 가장 엄중한 처벌인 AIP를 적용하겠다고 발표한 것이었다.[6] AIP는 의약품 규제 기관의 주홍글씨였다. 신청서의 상당 부분이 거짓이거나 그것을 신뢰할 수 없을 때 AIP가 부과되었다. 그 후에 승인을 받으려면 사기로 만들어진 제품이 아니라는 것을 증명해야 했다.

파온타 사히브에서 생산되어 미국 시장에 판매되는 모든 제품에 AIP가 적용되었다. 문제의 심각성과 규모에 대해 의심할 여지가 없는 조치였다. 주식시장도 덩달아 반응했다. 란박시의 주가가 18퍼센트 하락했고, 다이이찌산쿄의 주가도 9퍼센트 하락했다. 우네는 일지에 "위기다!"라고 적었다. 하지만 뼛속까지 신사였던 그는 그러한 순간에도 여느 임원들처럼 가장 눈에 띄는 피고용인을 비난하지 않았다. 대신 "설사 마라브 상의 경영 방식에 문제가 있더라도 지금은 격려해야 할 때다. 비판은 나중에 할 수 있다"라고 적었다. 란박시와 다이이찌산쿄는 각각 위기 대응팀을 소집했다. 그리고 사흘 만에 우네는 다시 뉴델리행 비행기에 올랐다. 그는 비행 내내 FDA가 란박시를 엄중히 처벌한 이유를 이해해보려고 노력했다.

말빈데르는 모르쇠로 일관하며 우네에게 난해한 수수께끼를 남겼다. 그의 주장처럼 란박시가 모든 일을 제대로 처리했다면 FDA는 왜 그들을 부정하다고 여길까? 우네가 할 수 있는 일은 눈앞에 놓인 단서들을 분석하는 것뿐이었다. 신중한 관찰자였던 그는 말빈데르와 보좌관들이 참석한 회의의 내용을 일지에 남겼다. "그들도 AIP가 적용된 이유를 이해하지 못한다. 일부가 시정되기는 했지만 전체 시스템이 의심받고 있다는 것을 모르고 있다. 마라브 상이 [회의] 말미에 합류하자 참석자들의 말투가 바뀌었다. 참석자들은 마라브 상을 몹시 두려워한다."

AIP가 란박시 내부의 긴장감을 고조시켰다. 데시무크는 어찌할 바를 몰랐다. 그는 상사의 지시로 사기 행각에 참여했다. 이제는 다이이찌산쿄가 FDA와 법무부 문제를 책임져야 하기 때문에 그들도 문제의 근원에 대한 진실을 알 권리가 있었다. 날이 갈수록 SAR을 지속적으로 은폐하고 우네를 기만한 행위에 대해 변명할 여지가 줄어들었다. 데시무크는 보통 가짜 서류의 흔적을 없애는 일을 맡았는데 말빈데르의 충신들이 매번 그의 노력을 방해했다. 그는 회의석상에서 공개적으로 실망감을 표현했고 다이이찌산쿄에 SAR을 폭로하겠다고 협박하면서 다른 사람들은 차마 입 밖으로 내지 못하는 말들을 꺼내기 시작했다.

⊖ ⦸ ⦶ ⊘

2009년 3월 초, 데시무크와 말빈데르 사이의 갈등이 결국 밖으로 터져 나왔다. "우리는 당신이 일을 올바로 처리하고 있지 않다고 생각합니다." 10여 명이 참석한 운영 회의에서 데시무크가 말빈데르에게 말했다.

"이쯤에서 멈추셔야 할 겁니다." 말빈데르가 그의 말을 가로막았다. "우리는 누구고 당신은 누구지?"

"변호사들을 말하는 겁니다." 데시무크가 말했다.

"데시무크, 정말 화가 나는군." 말빈데르가 대답했다. "지금 편 가르기 하는 건가? 자네는 우리 쪽 사람 아니야?"

"원하는 대로 생각하세요." 데시무크가 응수했다. "저는 이 문제를 해결하고 싶습니다. 그런데 당신은 그러고 있지 않아요. 당신네 사람들이 준법 감시부 변호사들과 제가 주장하는 조치들을 거부하고 있습니다."

언쟁을 벌이고 얼마 지나지 않아 말빈데르가 미국으로 돌아간 데시무크에게 전화를 걸어 말했다. "인도로 와주었으면 하네." 그리고 다음 비행기를 타라고 지시했다. 72시간 후, 말빈데르는 책상 맞은편에 앉아 있는 데시무크를 노려보며 세 가지 선택지를 제안했다. 첫 번째, 협상안을 가지고 자발적으로 퇴사하거나 두 번째, 인도로 옮겨서 지적재산 업무만 하거나 마지막으로 해고당하여 안 좋게 떠나는 것이었다. 데시무크는 하루만 생각할 시간을 달라고 요청했다.

그날 밤, 데시무크는 믿을 만한 동료들과 술잔을 기울이며 울분을 터뜨렸다. 그는 말빈데르가 회사를 몰락시킨 주범이고 1만 2,000명의 직원과 그들의 가족을 속이고 있다며 분노했다. "그 자식은 지구상에 몇 안 되는 최악의 인간이야." 그는 이렇게 말하면서 다이이찌산쿄에 SAR을 폭로하겠다고 으름장을 놓았다.

그는 속상한 마음에 도를 지나친 말을 했다. 이튿날 말빈데르가 데시무크를 다시 사무실로 불러들였다. 인사과장이 함께 있었다. 분위기가 순식간에 험악해졌다. "자네가 뭐라고 했는지 들었어." 전날 취해서 했던 말이 그의 귀에 들어간 모양이었다. 말빈데르는 인사과장을 내보내고, 다이이찌산쿄에 SAR을 공개한다면 자신이 직접 나서겠다고 말했다. "자네가 어디 사는지 알고 있어." 말빈데르가 말했다.

데시무크는 움츠러들지 않았다. "당연히 어디 사는지 알겠지, 멍청한 자식아. 우리 집에 왔었잖아." 그리고 덧붙였다. "네 협박을 들을 수 있게 인사과 사람을 다시 불러오는 게 어때?" 그리고 미국에 있는 동안 자신을 해치려 한다면 "돌아와서 너를 아주 세게 물어뜯을 것"이라고 말했다.

"쉬브 세나 쪽에서 반가워하지 않을 거라는 사실만 알아둬." 데시무크의 육촌이 정치 폭력과 관련된 무시무시한 힌두 우익 민족주의 정당, 쉬브 세나의 설립을 도왔다.

"여자나 밝히는 놈이." 말빈데르가 되받아쳤다. "네 자료를 다 가지고 있어."

두 사람은 모욕적인 말을 계속 주고받았다. "네 아버지가 여태 살아계셨다면 창피해하셨을 거다." 데시무크가 말했다.

그것이 란박시에서의 마지막 날이었다. 말빈데르는 데시무크에게 사임을 요구했다. 훗날 그는 란박시의 경영 방식을 돌이켜보며 "수백, 수천 개의 데이터 값을 대규모로 조작할 정도라면 솔직히 무엇인들 못 하겠습니까?"라고 말했다. 외부 변호사들의 항의에도 우네를 속이려는 노력은 계속되었다. 우네가 SAR에 대해 알았더라면 란박시의 문제를 즉시 파악할 수 있었을 것이다. 하지만 결정적인 정보가 없다 보니 주어진 단서들을 면밀히 살피는 것 말고는 다른 방법이 없었다.

⊖ ⦸ ⓘ ⊘

데시무크가 란박시를 떠날 무렵, 우네는 전 뉴욕 시장 루돌프 줄리아니 Rudolph Giuliani가 정치권에 영향력을 행사하여 FDA를 물러나게 해주기를 기대하며 란박시의 또 다른 외부 고문 줄리아니 파트너스의 뉴욕 회의에 참석했다. 하지만 SAR은 언급되지 않았고, 우네는 알 수 없는 그림자와 홀로 씨름했다. "IP의 제이 D 상(데시무크)이 정보의 장벽이라고 들었다." 그는 일지에 이렇게 적었다. "마라브 상이 D 상을 왜 그렇게 중요하게 여겼는지 모르겠다." (약점이라도 잡힌 건가?)

우네가 진실에 조금씩 다가가고 있는데도 말빈데르의 수석 보좌관과 조력자 들은 여전히 정보를 감추려고 애썼다. 2009년 3월 16일, 우네는 중요한 이사회 회의에 참석하느라 뉴델리에 있었다. 회의 전 베너블 LLP의 외부 변호사 워런 하멜이 한 사측 변호사에게 SAR이 미국 정부의 수사를 촉발한 것 같다고 힘주어 말했다. 하지만 우네가 회의실에 들어오자 모두 입을 다물었다. 회의가 끝나고 우네는 "FDA와의 관계와 전후 사정에 대한 이해가 여전히 부족하다"라고 일지에 적었다.

FDA와의 관계가 악화되는 가운데 말빈데르는 문제 해결을 위해 최선을 다하고 있다고 주장했지만, 그의 경영 방식에 대한 다이이찌산쿄의 불만은 커져갔다. 란박시의 한 고문은 우네에게 "자식 키우는 부모의 마음"으로 말빈데르를 보라고 충고했다. 3월 26일에 열린 보상 위원회 회의에서 우네는 FDA와의 관계 악화와 저조한 수익률을 이유로 들며 말빈데르에게 상여금을 포기하라고 제안했다. 말빈데르는 항의했을 뿐 아니라 눈물까지 보였다. 우네의 일지에 따르면 말빈데르는 "경영상의 문제나 자신의 책임에 대해 명확히 말하지 않았다. 게다가 눈물을 흘리며 나약함을 드러냈다".

2009년 4월 중순, 우네와 고위 임원들은 말빈데르가 전문 CEO의 역할을 수행할 수 없다는 결론을 내렸다. 우네는 "마라브 상이 갈수록 더 공격적인 모습을 보여 (…) 해고할 수밖에 없었다"면서, 형편없는 경영 방식을 탓하며 "품질에 대한 태도의 차이"를 언급했다. 그리고 "마라브 상의 은폐하려는 성향"이 진짜 문제일 수 있다고 생각했다.

5월 8일, 우네는 마침내 말빈데르에게 CEO직을 더 맡길 수 없다고 말했고, 2주 만에 사임했다. 수개월이 지났는데도 우네는 여전히 암흑 속에 있었다. 하지만 그는 유리한 위치에서 말빈데르의 다른 측면을 보기 시작했다. 어느 때보다 온화한 말투로 일지에 적었다. "회사를 위하는 것처럼 보였지만, 마라브 상은 사실 본인 가족의 이익을 우선시했다. 실망스럽다." 하지만 사임 후에도 임원들은 말빈데르에게 충성했고 SAR에 대해 함구했다. 데시무크에 이어 법률 자문을 맡은 라베쉬 삼타니Lavesh Samtani는 하멜에게 우네를 위한 다음 프레젠테이션에서 사건의 진상이나 SAR을 언급하지 말라고 지시했다.[7]

⊖ ⊘ ⦶ ⊘

2009년 11월 17일, 연방 검사들이 하멜을 비롯한 란박시의 사측 변호사들과 외부 변호사들을 워싱턴 D.C.에 있는 법무부 본사로 초대했다. 검사들이 손에 쥔 패를 보여줄 시간이었다. 그들은 프레젠테이션을 진행하면서 란박시가 수년간 위법행위를 지속했고, 모든 시설과 의약품이 관련되어 있다고 강조했다. 검사들은 파워포인트 슬라이드 67장을 보여주면서 수십 가지의 허위 진술을 짚어냈다. 그들은 고위 임원들도 사기 행각에 대해 알고 있었으며 직접 관여했다고 밝혔다. 또한 자신들의 관점에서 볼 때 FDA에 제출한 서류 가운데 설명되지 않은 허위 진술은 전부 무고한 실수나 착오라기보다 범죄일 가능성이 크다고 단언했다. 그들이 제시한 증거에는 SAR의 내용도 포함되어 있었다. 베너블의 변호사들이 자리에서 벌떡 일어났다. 그리고 그중 한 사람이 SAR의 진위를 확인하려는 듯 슬라이드로 다가갔다.

대단히 충격적인 회의였다. 하지만 우네에게 저지른 큰 잘못을 뒤늦게라도 바로잡을 수 있다는 것은 고무적이었다. 하멜은 법무부 관료들에게 우네 박사가 의장을 맡고 있는 란박시 이사회에 해당 프레젠테이션

자료를 공유하겠다고 요청하여 허락을 받았다. 이틀 후 그는 베너블의 뉴욕 지사 회의실에서 우네에게 법무부의 프레젠테이션 자료를 보여주었다. 우네는 망연자실했다. 1년 넘게 씨름해온 황당한 문제들이 단번에 모두 이해되었다. 이튿날 그는 사내 컨설턴트에게 보내는 이메일에서 모든 단서를 맞추어보았다. 내부의 '밀고자'가 이사회에서 보고한 문서를 미국 정부에 넘겼다. 템페스트와 말빈데르가 '이 문제와 관련된 모든 문서'를 은폐하려고 시도했다. 그래서 "검찰은 이 사건을 범죄로 보고 FDA는 기업 문화에 의해 일어날 수 있는 문제라고 주장하는 것"이다.

그제야 우네는 다이이찌산쿄가 매입한 란박시의 실체를 이해하게 되었다. 자신이 밀어붙인 처참한 거래를 바로잡고 싶은 욕구에 사로잡혔다. 3년 후 우네와 변호인단은 싱가포르의 국제중재재판소에서 말빈데르의 사기 혐의를 주장하며 우네가 꼼꼼히 작성한 일지를 증거물 1호로 제출했다.

5부

어둠 속의 탐정들

BOTTLE OF LIES

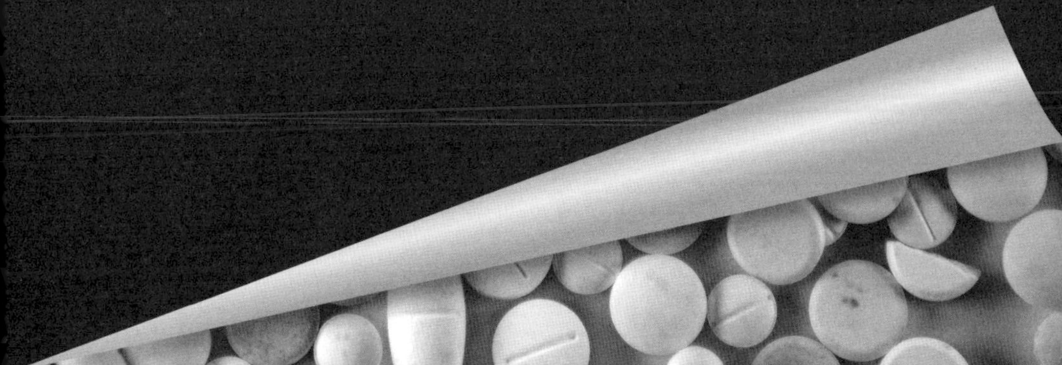

18장

의회가 깨어나다

○

2008년 7월
워싱턴 D.C.

미 하원 에너지 상업 위원회 의회 조사관으로서 FDA를 감시하던 데이비드 넬슨은 캐피톨 힐의 포드하우스 오피스 빌딩에 있는 사무실 책상에 앉아 메릴랜드 검찰이 제출한 28장 분량의 아주 놀라운 신청서를 읽었다. 그것은 란박시의 '조직적 사기 행위'가 어떻게 '불량품 및 부정 표시 제품'을 미국에 들여오는지를 설명하고 있었다.

신청서를 검토하면서 제일 먼저 드는 의문은 "왜 나에게 거짓말을 했을까?"였다. 2007년 2월, FDA가 란박시의 뉴저지 본사를 급습하는 동안, 그는 FDA에 전화해 의약품 품질과 관련된 조치인지 물었다. 만약 그렇다면 의회에 알려야 했다. 하지만 한 임원이 의약품 품질과 무관한 일이라고 부인했다. 그래서 넬슨은 재무와 관련된 부정행위 때문일 거라고 결론짓고 잊어버렸다. 하지만 몇 개월 후 의약품 품질 때문이었다는 사실이 명확해졌다. 나중에 그는 무언가 "지독한 악취가 났다"고 말했다.

FDA는 왜 란박시의 사기 행각에 대해 알면서도 의약품 제조와 미국 판매를 계속 허용한 것일까? 그들은 신청서에 이의를 제기할 명분과 권한을 갖고 있으면서도 란박시의 의약품을 약국에서 판매하지 못하게 하는 조치를 취하지 않았다. 검찰이 법원 기록에 넣을 수 있을 정도로 명백한 허위 데이터를 눈앞에 들이대는데도 FDA는 늘 그랬듯 아무것도 하지 않았다.

넬슨은 법을 무시하고 검사들을 따돌리려 했던 거대 인도 기업에 대해 생각하다 문득 그 일을 떠올렸다. 넬슨은 과거에도 1년 동안 해외 의약품과 관련된 참사에 몰두했었다. 란박시의 위기는 수십 년 전인 1980년대에 일어났던 제네릭 의약품 스캔들의 메아리 같았다.

넬슨은 해치 왁스만법의 제정과 함께 현대 제네릭 의약품 산업이 탄생한 후 4년이 지난 1988년에 위험하고 어설픈 의약품의 세계를 향한 여정을 시작했다. 7월 4일, 무더운 주말에 벨트웨이(미국의 수도 워싱턴 D.C.를 허리띠처럼 감싸고 있는 495번 도로. 정치적 영향력이 높은 곳으로 여겨짐—옮긴이)의 유명 변호사와 정보 요원과 사립 탐정이 커다란 쓰레기봉투를 들고 어느 평범한 가정집에 도착했다. 그들은 집주인의 허락을 받고 봉투 안의 더러운 내용물을 식탁 위에 쏟아부었다.

큰 덩치에 허세를 부리기를 좋아하는 텍사스 출신 넬슨은 의회 조사관으로 일하면서 돈과 관련된 부패, 심각한 무능력, 용납할 수 없는 과실 등 온갖 더러운 일을 경험했다. 하지만 식탁에 쓰레기를 쏟은 적은 없었다. 넬슨이 흠뻑 젖은 더러운 종이들을 살펴보는 동안, 함께 온 사람들은 그의 표정을 지켜보았다. 그 쓰레기는 FDA의 화학자 찰스 창Charles Chang의 메릴랜드 집에서 가져온 것이었다. 그는 제네릭 의약품 신청서에 대한 검토를 감독하는 업무를 보조하고 있었다. 넬슨은 그 안에서 세계 일주 항공 티켓과 값비싼 가구의 영수증을 발견했다.[1] 제네릭 기업의 신청서를 호의적으로 검토해주고 뇌물을 받았다는 증거였다.

넬슨을 만나러 온 사람들은 웨스트버지니아의 존경받는 제네릭 기업 마일란에서 고용한 사람들이었다.[2] 그들은 몇 달 동안 FDA와 일하면서 형언할 수 없는 좌절감을 느꼈다. 마일란의 신청서가 관료주의라는 장애물에 가로막혀 있는 동안, 신출내기 경쟁사들은 고수익 제품을 선출원해서 승인을 받았다. 창이 검토 위원들의 검토를 늦추거나 변명거리를 만들어 특정 신청서를 방해한다는 소문이 돌았다. 결국 그들은 사립 탐정을 고용했고, 쓰레기 안에서 해답을 찾아냈다. 부패한 제네릭 기업이 자사의 신청서를 승인하고 경쟁사의 신청서를 막아주는 대가로 여행과 가구를 제공한 것 같았다.

넬슨의 상관인 존 딩겔(민주당, 미시간) 하원 의원이 즉시 조사에 착수했고, 그 쓰레기는 보건복지부 감사관에게 보내졌다.[3] 그리고 몇 달 만에 딩겔의 에너지 상업 위원회는 끝이 보이지 않는 부패를 밝혀냈다.[4] 제네릭 기업의 임원들이 FDA의 복도를 돌아다니며 검토 위원들의 책상에 수천 달러가 든 봉투를 슬그머니 올려놓았고, 창에게도 거액의 뇌물을 제공했다. 제네릭 의약품 무역 협회는 학회에 참석한 FDA 검토 위원들을 대신하여 거액의 호텔 숙박료를 지불했다. 론 와이든(민주당, 오리건) 하원 의원은 제네릭 의약품 산업을 "반드시 물을 빼내야 할 늪"이라고 불렀다.[5]

1989년에 열린 의회 청문회는 FDA가 거대한 해일처럼 밀려드는 신청서를 감당할 수 없는 통제 불능의 상태라고 밝혔다.[6] 국장인 프랭크 영 역시 "서류의 바다에 잠길 지경"이라고 인정했다. 증인들은 아슬아슬하게 쌓아 올린 서류 더미들 속에서 신청서를 잃어버릴 때도 있다며 자료실이 얼마나 엉망진창인지를 설명했다. 제네릭 의약품 산업이 막 걸음마를 떼던 1972년부터 제네릭 의약품부를 지휘해온 사이페는 해치 왁스만법이 통과된 후 신청서가 폭증하여 "어마어마한 업무량으로 짓눌린 지옥"을 맛보았다고 말했다.[7] 수년간 오전 6시 30분에 꼬박꼬박 출근한 공무원, 사이페가 넬슨의 수사에서 핵심 인물로 떠올랐다.

청문회는 제네릭 기업들이 단 한 가지 목표, 즉 모두가 탐내는 선출원 지위를 획득하여 자사의 제품을 브랜드 의약품보다 조금 더 저렴한 가격으로 6개월간 독점 판매하기 위해 뇌물과 사기에 의지했다고 밝혔다. 해치 왁스만법의 초기 입안자들은 그러한 혜택이 야기할 광란을 고려하지 않은 것이 틀림없었다.

인디애나폴리스의 제네릭 기업인 쿼드 제약의 CEO 창 또한 스캔들에 연루되었다. 2만 3,000달러를 수수했기 때문이었다.[8] 쿼드의 연구원 그레천 보커Gretchen Bowker는 승인을 받으려면 해당 의약품 배치 세 개를 순차적으로 제조하고, 그것이 일정 기준을 통과하는지 확인해야 한다는 것을 알고 있었다. 하지만 보커의 상사는 처음 제조한 의약품을 3등분하여 각각에 제품 번호를 부여하라고 지시했다. 이에 경악한 보커는 규제관들이 방문할 경우 증거로 제시하기 위해 관련 내용을 실험실 노트북에 기록했다.

스캔들에 연루되었던 다른 기업들도 쿼드와 마찬가지로 대기 1번을 차지하기 위해 물불을 가리지 않았다. 이런 식의 쇄도가 이어지자 오히려 정직한 기업들이 불리해졌다. 스캔들은 제네릭 의약품에 대한 대중의 신뢰를 산산조각 냈다. FDA는 어쩔 수 없이 각 기업을 방문하여 신청서의 내용과 실제 제조 과정을 비교할 점검팀을 만들었다. 의회는 그 결과를 토대로 신청서 내용과 일치하는 의약품을 제조하는 '깨끗한 기업 명단'을 작성했다. 넬슨은 연설을 할 때 이런 질문을 자주 받았다. "제네릭 의약품을 신뢰하십니까?" 그러면 그는 "아니요, 깨끗한 기업 명단에 있는 것만 믿습니다"라고 답했다. 최초로 의혹을 제기했던 마일란의 임원들도 부패의 규모에 깜짝 놀랐다. 넬슨은 당시 마일란과 제네릭 의약품 업계가 합법성을 두고 '생사를 건 사투'를 벌여야만 했다고 회상했다. 열 개 기업과 다수의 임원을 포함하여 총 42명이 사기 혐의 또는 부패 혐의를 인정하거나 유죄판결을 받았다.[9]

스캔들 이후 딩겔의 에너지 상업 위원회는 그런 유형의 부패가 재발하는 것을 방지하려고 노력했다. 그들은 FDA에 허위 데이터를 포함한 신청서나 부패 기업을 완전히 배제할 수 있는 권한을 부여하는 1992년 제네릭 의약품 시행법Generic Drug Enforcement Act 제정을 도왔다. 새 규정에 따라 기업들은 해당 의약품의 상업용 배치 세 개를 제조하고 승인 전 실사를 통해 신청서상의 의약품을 실제로 제조할 수 있는지를 확인받아야 했다.

초창기 제네릭 의약품 산업의 절반 이상이 부패에 물들어 있는데도 불구하고 의학 전문가와 소비자 권익 보호 운동가 들은 대부분 제네릭 의약품을 옹호했다. 〈피플스 파머시〉라는 칼럼을 게재하는 조 그레이든과 테리 그레이든 부부는 '상한 달걀 몇 개'가 제네릭 의약품 산업에 대한 신뢰를 망가뜨리면 안 된다며 독자들을 안심시켰다.[10]

하지만 미 하원 에너지 상업 위원회가 FDA의 규제용 무기를 강화하고 규정을 어기는 기업들을 좌절시키기 위해 방어벽을 세우는 동안, 의약품 제조 과정의 위험성과 부정행위 문제가 국경 밖으로 새어나가고 있었다. 미국이 수입한 중국산 제약 성분은 1992년 500만 킬로그램에서 2008년 9,000만 킬로그램으로 15년 만에 1,700퍼센트 이상 증가했다.[11] 본사에서 운전해서 갈 만한 거리에 있는 업체들을 단속하는 것만으로도 죽을 지경이었는데 이제는 지구 반대편에 있는 기업들까지 단속해야 했다. 전 FDA 부국장 윌리엄 허버드William Hubbard는 훗날 의회에서 FDA의 불안정한 감독 아래에서 해외 의약품 공급은 "줄줄이 연결된 시한폭탄"이 되었다고 말했다.[12]

⊖ ⦸ ⦶ ⊘

마일란의 사립 탐정이 창의 쓰레기를 뒤지고 10년 후, 저가의 중국산 유효 성분을 함유한 오염된 항생제, 젠타마이신 설페이트를 복용한 미국인들이 사망하기 시작했다.[13] 에너지 상업 위원회는 사망 사건을 조사하면서 FDA가 해외에서 쏟아져 들어오는 벌크 의약품으로 알려진 의약품 성분을 감시하지 않고 있다는 사실을 알게 되었다. 그들은 FDA의 법화학센터에서 1996년에 작성한 제안서를 찾아냈다. "우리는 미국으로 유입되는 벌크 의약품을 말 그대로 전혀 통제하지 못하고 있고 (…) 이러한 의약품은 대통령을 비롯해 누구에게든 도달할 수 있다."

1998년, 미 회계 감사원이 작성한 보고서에 따르면 FDA는 100여 곳의 해외 시설을 매년 점검했고 평균 점검률은 11년에 한 번꼴이었다. 수사관들이 문제점을 발견하더라도 제조업체가 시정 조치를 약속하면 후속 점검을 건너뛰는 경우가 많았다. 게다가 데이터베이스 15개를 짜깁기하여 사용했기 때문에 점검을 받았거나 점검이 필요한 해외 공장이 어디인지 알지 못했다. 희망적인 관측과 느슨한 점검 위에 구축된 시스템은 처참한 결과를 초래했다. 마일란의 브레시는 미국이 "보고도 못 본 척했다"며 해외 제조업자들에게 하나 마나 한 질문을 했다. "걸릴 확률이 0에 가깝다면 어떻게 하시겠어요?"

2007년에 납 페인트를 사용한 유독성 동물 사료와 어린이 장난감이 중국 공장에서 미국 시장으로 흘러들어 오자 미국 정부는 식품과 의약품의 안전성을 개선하기 위해 중국 규제관들과 '협력 협정'을 타결했다. 2007년 8월, 에너지 상업 위원회는 직원들을 보내 FDA 수사관들이 중국과 인도를 방문할 때 동행하도록 했다. 그들은 여전히 점검 대상인 기업들의 도움에 의존하여 점검을 진행하고 있었다.

11월 청문회에서 하원 의원 조 바턴Joe Barton(공화당, 텍사스)은 FDA의 새 국장 앤드루 본 에셴바흐 박사에게 해외 점검을 강화해달라고 요청했다. "FDA가 오염된 해외 의약품을 저지하는 절차를 투지 넘치게 개선할 수 있도록 필요한 지원을 제공하겠습니다." 하지만 더 심각한 위기가 몰아닥치고 있었다.

바로 그달 세인트루이스 어린이병원에서 두 명의 환자에게 생소하고 심상치 않은 증상이 나타났다. 신장이 제대로 기능하지 않는 환자들에게 매우 중요한 투석 치료를 하던 중 눈이 부어오르고 심박수가 증가하고 혈압이 떨어지는 것이었다. 치명적인 알레르기 반응의 징후였다. 신장내과 과장 안 벡 박사는 아이들에게 투석기를 연결하기 전에 여분의 액체로 튜브를 씻어내라고 지시했다. 이후 두 달간은 모든 것이 괜찮은 듯했지만 2008년 1월에 증상이 다시 나타났다.

벡의 연락을 받은 소아 전염병학자는 그 즉시 지휘 본부를 소집하고, 팀을 구성하여 이상 반응의 원인을 규명하기 위해 24시간 연구에 매진했다.[14] 하지만 아이들이 줄줄이 사망하자 의료진은 겁에 질렸고, 전염병학자는 CDC에 그 사실을 알렸다. CDC는 곧장 다른 주의 투석 센터들에 연락하여 비슷한 증상이 발생하고 있다는 사실을 확인했다.

CDC와 FDA가 합동 수사에 착수했고, 증상을 보인 환자들은 모두 브랜드 의약품 기업이자 미국 최대의 헤파린 공급 업체인 박스터에서 제조한 헤파린을 맞았다는 사실을 확인했다. 헤파린은 혈전으로 고생하지 않도록 투석 때 정맥에 투여하는 약물이었다. 몇 주 후, 박스터는 FDA의 권고에 따라 해당 제품을 전량 회수하고 알레르기 반응이 없어질 때까지 공급을 중단했다.

하지만 미스터리는 해결될 기미를 보이지 않았다. 돼지 창자의 점막 내벽을 이용해 만드는 중국산 헤파린이 갑자기 환자들을 아프게 하는 이유를 어느 누구도 이해하지 못했다. 2008년 2월, FDA는 미가공 헤파린을 박스터에 공급하는 중국 공장을 유력한 오염원으로 지목했다. FDA는 행정상의 실수로 이 사실을 완전히 간과했고, 상하이에서 서쪽으로 240킬로미터 떨어진 창저우 SPL 대신 발음이 비슷한 다른 공장을 점검하여 승인했다.[15]

2008년 2월, 현장 점검을 위해 창저우를 찾아간 FDA 관료들은 예상대로 심각한 문제점들을 발견했다.[16] 제조 탱크는 더러웠고, 헤파린에서 불순물을 확실히 제거할 수 있는 방법도 없었으며, 점검받지 않은 작업장으로부터 미가공 헤파린을 공급받고 있었다.

중국의 규제 기관들은 전혀 도움이 되지 않았다. 몇몇 제조 공장은 규제의 허점을 이용해 화학 공장으로 등록함으로써 감시를 피했다. 이런 상황은 헤파린 문제에 몰두해 있던 의회 조사관 넬슨에게 "유능한 규제 기관이 없는 나라에서 생산한 제품을 의심하는 것이 타당한 이유"를 적나라하게 보여주었다. 2008년 3월, FDA는 수입 경보를 발령하여 미국 국경에서 창저우 SPL의 제품을 수송하는 것을 중단시켰다.

수사관들이 박스터의 헤파린을 오염원으로 지목하고 창저우 공장의 결함을 확인했지만, FDA와 박스터는 헤파린에서 어떤 오염 물질도 발견하지 못했다. 원인을 빨리 알아내야 했던 박스터는 뉴욕 트로이의 렌슬리어 폴리테크닉대학교에서 수년간 헤파린을 연구해온 화학자 로버트 린하르트Robert Linhardt 박사에게 연락하여 도움을 요청했다. 그는 열 일 제쳐두고 그 미스터리를 파헤치기 시작했고, 같은 문제를 연구하던 사람 몇 명도 실험실에 합류했다.

연구팀은 고군분투 끝에 정교한 핵자기공명 분광기를 이용하여 오염의 증거인 과황산화 콘드로이틴황산oversulfated chondroitin sulfate, OSCS을 찾아냈다. 이것은 헤파린을 흉내낸 성분으로 감지가 거의 불가능했고 치명적인 반응을 유도했다.[17] 2008년 3월, FDA는 OSCS를 유력한 오염원으로 공식 지목하며 생산량과 수익성을 높이기 위해 공급 과정 어딘가에서 추가되었다고 결론지었다. 이를 계기로 FDA의 관리 체계에 위험한 공백이 있다는 사실이 알려졌고, 의회와 FDA 사이의 오랜 갈등이 더 악화되었다.

2008년 4월, 대중의 이목이 집중된 청문회에 규제 기관과 제조업체, 유가족이 한자리에 모이자 긴장감이 폭발했다. 넬슨은 최소 81명이 사망한 헤파린 사건에 기여한 문제점들을 하나하나 짜 맞추었다. 청문회는 시설 점검 부족, 형편없는 위험 평가, 변변치 못한 기술 등 FDA의 중대한 과실을 상세히 까발렸다. 박스터도 만만치 않았다. 넬슨의 증언에 따르면, 헤파린으로 인한 사망 사고가 일어나기 몇 달 전 박스터가 창저우 SPL에서 진행한 자체 감사는 "불완전했고 실패에 가까웠다". 그는 미국 기업이 FDA의 역할을 할 것이라든지, FDA가 자신의 역할을 할 것이라고 신뢰할 수 있다는 결론을 내렸다.

FDA의 CDER 소장 우드콕 박사는 얼마나 많은 해외 기업이 미국에 제약 성분을 수출하는지에 대해 잘 알지 못한다고 인정했다. "3,000개에서 7,000개 사이일 겁니다." 그녀가 말했다. 또한 FDA는 박스터에 책임을 전가하기 위해 품질 보증은 기업의 몫이라는 상투적인 문구를 이용했다. 점검의 압박 없이도 올바른 일을 하도록 동기 부여를 할 수 있다는 우드콕의 말이 넬슨의 오랜 분노에 불을 지폈다. "우드콕(그녀의 영혼은 지옥에서 영원히 불탈지도 모른다)은 공장 점검이 의약품 공급의 안전을 보장한다고 믿지 않았다." 그가 몇 년 후에 말했다.

훗날 우드콕은 한 기자에게 그 문제는 넬슨의 생각보다 훨씬 더 복잡하다고 말했다. 그리고 "점검은 만병통치약이 아니다"라고 설명했다. "점검은 항상 해야 한다. 나도 바보는 아니다. 하지만 정말 중요한 것은 스스로 품질을 책임지도록 만드는 것이다." 그녀가 말했다. "수사관들을 속이려고만 할 게 아니라 품질관리를 중요한 업무의 일부로 받아들여야 한다."

청문회에서 가장 인상 깊었던 것은 한 유가족의 증언이었다. 오하이오 톨레도의 71세 리로이 허블리Leroy Hubley는 불량 헤파린 때문에 48세의 아내 보니와 아들 랜디를 한 달 안에 모두 잃었다. "지금 저는 아내와 아들을 잃은 고통뿐 아니라 안전하지 않은 의약품을 이 나라에 팔도록 허용한 사람들에 대한 분노까지 홀로 감당해야 합니다." 그는 말했다. "FDA와 박스터는 할 일을 하지 않았습니다. 누군가는 하지 않은 게 분명합니다." 의원들이 허블리를 대신해 분노를 표했다. 한 의원은 증언 중에 끼어들어 외쳤다. "이것은 폭력이고 도둑질입니다. 강력 범죄이고 대중을 겨냥한 모독이며 (…) 누군가가 고의로 저지른 것입니다."

문제를 일으킨 장본인들이 정말 중국에 있다면, 그들에게 어떻게 책임을 물을 것인가? FDA는 체계도, 힘도 없이 한정된 권한만을 행사하는 기관이었다. 효과가 미미한 규정과 나쁜 뉴스를 어떻게든 숨기려고 안달인 정부의 도움으로 다른 나라들을 상대해야 했다. 수사관들이 어떻게 책임자를 추적하고 기소할 수 있겠는가? 그 후 미국과 중국, FDA와 의회가 10년간 그 사건을 수사하고 싸움을 벌였지만 어느 누구도 책임지지 않았다. 그런데도 FDA의 헤파린 관련 웹 페이지는 여전히 "공격적인 수사를 이어가고 있다"고 설명했다.[18]

⊖ ⦸ ⦶ ⊘

헤파린 청문회가 끝나고 3개월 후, 무방비로 위험에 노출된 미국 국민들이 내내 마음에 걸렸던 넬슨은 란박시에 대한 검찰의 신청서를 읽다가 1980년대 제네릭 의약품 스캔들과 란박시 사건의 또 다른 연관성을 발견했다. 스캔들에 연루되었던 미국 기업들은 대부분 쿼드 제약의 CEO 딜립 샤Dilip Shah 같은 동남아시아 사람들에 의해 운영되었다. 초기 사건들을 수사하고 기소하는 과정에서 부패한 임원들은 '벵골 마피아Bengali mafia' 라고 불렸다. 당시 피고측 변호인단은 의뢰인들의 범죄 행위가 해당 국가에서는 사업 관행으로 받아들여진다며 그것을 정당화하려고 했다. 넬슨은 "뇌물 공여가 문화의 일부이기 때문에 무죄로 여겨질 것이라고 생각하는 것 자체가 치욕스러웠다"라고 회상했다.

보커는 쿼드 제약에서 알게 되었다. 일부 인도 기업에서는 "창의적이고 색다른 방식으로 어려운 과제를 우회하여 더 빠르고 저렴하게 목적지에 다다를 수 있는 능력을 자산으로 여긴다. 우리가 속임수로 여기는 것이 그들의 문화에서는 창의성으로 여겨질 수 있다". 이것은 주가드Jugaad

라고 불리는 공격적인 지름길 모델이었다. 혁신 전문가 마셀카르 박사는 이처럼 까다로운 규정을 회피하여 가장 빠른 길을 통해 원하는 결과를 얻는 능력을 비난했다. 타쿠르는 "인도에는 이런 말이 있습니다. '우리는 시스템을 가지고 있지 않다. 시스템을 우회하는 방법을 가지고 있다'"라고 했다.

주가드는 결함이 있는 시스템에 대한 생존 메커니즘으로서 발전했다. 《맥시멈 시티: 봄베이 로스트 앤드 파운드Maximum City: Bombay Lost and Found》에서 인도 저널리스트 수케투 메타Suketu Mehta는 뭄바이(1995년까지는 봄베이라고 불렸다)의 일상을 지배하는 일종의 차선책 또는 대체 시스템을 연구했다. 그의 결론은 다음과 같았다.

> 살아남으려면 법을 어겨야 하는데 (…) 나는 뇌물을 주는 것도 싫고, 영화를 보기 위해 불법으로 암표를 사는 것도 싫다. 하지만 운전면허를 따거나 영화표를 예매할 때 합법적인 방식은 터무니없이 험난하기 때문에 쉬운 길을 택하게 된다. 온 국민이 일괄적으로 쉬운 길을 선택하면, 일종의 규칙이 생겨나고, 요금도 고정되면서 대체 시스템이 확립된다. 공식 경제official economy의 동반자, '지하경제parallel economy'는 항상 그곳에 있으므로 고개를 좌우로 조금만 돌리면 찾을 수 있을 것이다.[19]

지하경제는 공식 경제가 망가진 곳이라면 어디서든 작동된다. 의약품 제조 과정에도 인도 규제 기관들이 실제 규정을 무시하다 보니 제조업체들이 필요한 일부 규정을 만들어 대체했다. 란박시 사건의 경우, 미국의 규제 기관과 수사관 들이 상상조차 하지 못할 만큼 오랫동안 사기 행위가 만연했다. 허위 데이터를 만들어내는 복잡한 시스템에 수백 명이 관여했다. 미국 정부는 점검을 미리 알려줌으로써 자발적으로 속아준 것이나 다름없었다.

넬슨은 주가드에 대해서는 전혀 몰랐지만, 자신이 조사하는 제네릭 의약품 산업에 대해서는 빠삭했다. 검찰의 신청서를 훑어보던 넬슨은 제네릭 의약품 산업의 '단기간에 일확천금을 얻으려는' 전략과 해외 의약품 규제에 대한 FDA의 '악한 것은 보지 말라'는 접근 방식에서 위험한 접점을 발견했다. 그는 그 결과가 공중보건에 재앙을 불러올까 봐 두려웠다.

19장

미지수 X 구하기

○

2007년 5월 25일
오하이오, 클리블랜드

62세의 심장 전문의 해리 레버Harry Lever 박사는 집과 클리블랜드병원을 오갈 때마다 30분씩 공영 라디오 방송을 들었다. 그는 평소 교외 뒷길을 지나 이른 아침 클리블랜드의 정체 구간으로 진입한다. 하지만 그날 아침에는 한 라디오 코너를 열중해서 듣느라 진입로를 놓칠 뻔했다.

FDA가 점검하려고 애쓰는 불량 식품과 불량 원료를 중국으로부터 대량으로 수입하는 과정에 대한 내용이었다.[1] 부동액 성분이 든 치약, 오염된 물에서 금지된 수의과용 의약품을 먹이며 양식한 물고기, 납 가솔린을 쓰는 트럭의 매연으로 말린 찻잎 등 아주 끔찍한 품목들이었다. 방송에 따르면 FDA는 미국으로 수입되는 식품과 원료의 1퍼센트만을 점검했다. 중국산 수입품은 사람이 소비하기에 부적합하여 압류될 가능성이 매우 높았다. 전 FDA 부국장 허버드는 수사관들이 종종 상한 것처럼 보이거나 썩은 냄새를 풍기는 제품을 금지시키곤 했다고 설명했다. '불결하다Filthy'는 공식 용어였다. 하지만 인력이 부족하다 보니 '극히 일부'의 '불결한' 식품만 국경에서 발견되어 수입이 중단되었고, 나머지는 "수사망을 빠져나갔다".

레버는 병원 차고에 주차를 하면서도 계속 라디오를 들었다. 호출기가 울렸지만 한동안 차 안에 앉아 있었다. 그날 아침까지만 해도 사과주스, 마늘 가루, 꿀, 핫도그 포장지, 비타민 C 등 수많은 제품이 위험할 정도로 미미한 규제를 거쳐 미국에 들어온다는 사실을 모르고 있었다. 반려동물들이 부패한 사료를 먹고 죽었다. 레버는 악랄한 짓이라고 생각했다.

차에서 내린 후에도 방송 내용이 머릿속을 떠나지 않았다. 그날 밤 그는 자신의 냉장고를 살펴보다가 중국산 마늘 가루 한 병을 찾았다. 정통파 랍비 연합Union of Orthodox Rabbis에서 코셔 인증을 받은 제품이었다. 가장 먼저 든 생각은 이 인증이 가짜일 수도 있겠다는 것이었다. 공식 웹사이트를 찾아보니 아니나 다를까, 랍비들이 중국 수입품을 인증해주고 있었다. 그들은 무엇이 안전하고 무엇이 안전하지 않은지를 어떻게 알 수 있을까? 그는 정통파 랍비 연합에 전화를 걸어 인증을 승인했다는 랍비와 직접 통화했다. 심지어 레버는 라디오 프로그램에 출연했던 전 FDA 부국장 허버드도 찾아냈다. 허버드는 납을 함유한 배기가스로 코팅된 찻잎 등의 세부 사항을 확인해주었다.

레버에게 치료를 받았던 사촌은 그를 선천적으로 "매우 열정적인" 사람이라고 말했다. "뭔가 잘못되어가는 걸 보면 불같이 화를 냈어요." 하지만 '불결한' 식품 문제를 너무 오래 생각하지 않았고, 곧 불량 의약품으로 관심을 돌렸다.

국영 라디오를 듣고 얼마 지나지 않아 레버는 일부 환자들이 헤파린을 투여받은 후 혈소판 수치가 떨어져 고통스러워하고 있다는 사실을 알게 되었다. 그와 동료들은 우려의 목소리를 내기 시작했다. 중국산 헤파린이 오염되었다는 사실이 알려지자 어떤 의사는 그를 '선지자'라고 불렀다. 그는 그저 머릿속으로 단서들을 연결했을 뿐이었다. 그러면서 걱정도 커졌다. 환자들에게 투여하는 약품이 의도대로 작용할 것이라고 확신할 수가 없었다.

레버는 심장의 근육조직이 두꺼워지면서 혈류를 방해하는 비대 심근병증hypertrophic cardiomyopathy, HCM을 전문적으로 치료했다. 이 질환은 예고 없이 찾아올 수 있으며 젊은 운동선수들에게 발생하는 급성 심장사의 주요 원인이다. 수년간 레버는 이 질환에 가장 많이 사용되는 치료법을 개발했고 새로운 초기 진단법을 찾는 데도 도움을 주었다. 그가 일하는 클리블랜드병원 1층의 작은 사무실에는 환자들이 감사의 표시로 가져다준 선물이 벽면을 따라 줄지어 놓여 있었다. 책상에는 의료 기록이 산더미처럼 쌓여 있었고, 캐비닛에는 포스트잇 메모가 다닥다닥 붙어 있었다. 그는 거의 매일 책상머리에 앉아 환자들의 심장 초음파를 살펴보면서 아내가 싸준 샐러드를 점심으로 먹었다.

레버는 각 환자의 사례를 대수방정식으로 그려보는 것을 좋아했다. 새로운 증상은 미지의 변수 X로 표시했다. 다른 변수를 알면 X는 상대적으로 간단히 해결할 수 있었다. 그가 수년간 처방한 브랜드 의약품은 잘 알려진 변수들이었고 늘 예상대로 작용했다. 불규칙한 심장박동을 완화하고 혈압을 낮추는 데 도움을 주는 베타 차단제와 칼슘 채널 차단제 같은 의약품은 환자를 보호하는 최고의 방어 수단이었다.[2] 부종과 체액 축적을 완화하는 이뇨제가 필요한 환자도 많았다. 라디오를 들은 후, 레버는 일부 환자들이 이런 의약품을 투여하여 안정을 되찾았다가 특정 제네릭 의약품으로 바꾸면서 다시 증상을 겪었다는 사실을 깨달았다. 그 제네릭 의약품이 전체 방정식을 뒤집을 새로운 X 같았다.

그는 구글을 검색하기 시작했다. 거기서 의심스러운 의약품의 제조업체와 공장 위치 등 포장이나 라벨에 표기되지 않은 기본 정보를 검색했다. 제조업체와 FDA의 데이터를 주기적으로 수집하여 클리블랜드병원에서 사용해야 하는 의약품들을 조사하는 고위급 약사들에게 연락하는 횟수도 많아졌다. 그러면서 어떤 의약품과 기업을 피해야 하는지에 대한 감을 발달시켰다. 란박시도 그중 하나였다.

어느 날 밤 심장 질환을 앓던 사촌이 그에게 전화해서 몸 상태가 매우 좋지 않다고 하소연했다. 그는 과도한 체액의 배출을 도와주는 제네릭 버전의 이뇨제 퓨로세마이드를 복용하고 있었다. 레버는 바로 "무슨 약을 먹고 있는데?"라고 물었다. 사촌이 약병의 라벨을 읽어주었다. 란박시 제품이었다. 레버는 그보다 낫다고 여겨지는 이스라엘 제약 회사 테바의 제네릭 의약품으로 바꾸어보라고 권했다. 1주일 만에 약 7킬로그램의 체액이 배출되었다.

레버의 환자였던 연극과 교수 마틴 프리드먼Martin Friedman 역시 이뇨제를 복용하는데도 체액이 과도하게 축적되었다. 발목이 너무 많이 부어서 베개를 받치고 반듯이 누워야만 잠을 잘 수 있었다. 레버는 크로아티아 기업 플리바에서 제조한 이뇨제 토르세미드가 원인이라는 것을 금세 알아차렸다. 그는 프리드먼에게 로슈(나중에 유럽 기업 메다가 인수함—옮긴이)에서 제조하는 브랜드 의약품 데마덱스를 처방했다. 이번에도 과도하게 쌓여 있던 체액이 곧바로 배출되었다. "정말 이상한 일이었어요." 프리드먼이 말했다. "금세 효과가 나타났다니까요."

아픈 환자들과 의심스러운 의약품의 목록이 계속 늘어났다. 캐런 위머링Karen Wilmering이라는 환자는 좌심실에서 나오는 혈류가 막히는 폐색성 HCM을 앓고 있었다. 그녀는 콜레스테롤 수치를 조절하기 위해 수년간 BMS에서 제조하는 브랜드 의약품 프라바콜을 복용하다가 제네릭 버전인 프라바스타틴나트륨으로 바꾸었다고 했다. 검사를 해보니 콜레스테롤 수치가 너무 높아져 있었다.

레버는 콜레스테롤 약의 제조사가 어디인지 물었다. 위머링은 "그는 글렌마크라는 대답을 듣고 앉은 자리에서 벌떡 일어날 뻔했어요"라고 회상했다. 글렌마크는 인도 기업이기 때문이었다. 레버는 위머링의 약사에게 전화하여 그보다 더 나은 테바 버전으로 바꾸어달라고 요청했다. 한 달도 채 되지 않아 콜레스테롤 수치가 정상 범위로 떨어졌다. 레버도 그러한 결과에 놀라움을 감추지 못했다. 위머링은 "그가 입을 다물지 못했다"고 말했다. 이듬해 글렌마크는 약에서 지독한 생선 냄새가 난다는 환자들의 항의 때문에 프라바스타틴나트륨 수천 병을 회수했다. 글렌마크의 대변인은 그 조치에 대해 "글렌마크에서 자발적으로 제안한 사전 대비책이며, 이는 약효와 무관하다"라고 말했다.[3]

일부 환자들은 레버만큼 분노했다. 펩시코의 고객 서비스 부서를 지휘했던 54세 크리스틴 존스Christine Jones는 HCM 때문에 일찍 은퇴했다. 그녀는 글락소스미스클라인에서 제조한 베타 차단제 코렉을 복용했다. 하지만 4개월에 10달러 87센트인 제네릭 버전 카르베딜롤로 바꾸고 나서 건강이 악화되었다. "호흡이 더 짧아지고 심장박동도 더 불규칙해져서 밤에 잠을 이루지 못했다." 그녀가 회상했다. "이런 증상이 수개월간 지속되었다." 그녀는 식단과 수면 부족 때문이라고 생각했다.

레버는 즉시 제네릭 의약품을 지적했다. 그것은 인도 기업 자이더스에서 제조한 제품이었다. 존스는 이렇게 말했다. "그가 경험을 토대로 짚어주지 않았더라면 생각조차 하지 못했을 것이다." 6개월에 428달러인 글락소스미스클라인 버전을 레버가 처방해주자 상태가 금세 호전되었다. 존스는 자이더스를 조사하기 시작했고, 피해를 입은 환자들이 온라인 커뮤니티에 올린 글의 흔적을 찾아냈다.[4] 항의 내용에 놀란 그녀가 제네릭 버전이 브랜드 버전만큼 효과적인지 묻기 위해 자이더스에 '수차례' 전화했지만 명확한 답을 얻지 못했다. 존스는 그렇게 형편없는 제품을 승인한 FDA가 '비윤리적'이라고 생각했다.

레버는 질 낮은 제네릭 의약품 대신 그보다 더 나은 제네릭 의약품이나 브랜드 의약품을 처방함으로써 환자들의 삶이 변화하는 것을 본 뒤로는 환자뿐 아니라 세계경제의 흐름을 따른 의약품 공급 문제도 진단하려고 노력했다. 문제의 의약품은 대개 인도산으로 보였지만, 일부는 미국산도 있었다. 완제 의약품에 사용하는 많은 성분이 중국산이었지만, 공급망이 복잡해서 누가 어디서 만들었고 무엇이 가장 효과적인지를 알기가 매우 어려웠다.

일부 의약품의 문제는 명확히 드러났다. 베타 차단제 메토프롤롤 석시네이트의 몇 가지 제네릭 버전을 처방하자 흉통이 자주 발생했고 심박수와 혈압을 통제하기가 더 어려워졌다. 아스트라제네카의 브랜드 버전 토프롤 XL는 유효 성분을 혈액에 오래 머물게 하는 점진 방출형 약물이었지만, 의약품과 방출 방식에 대한 특허가 분리되어 있었다. 2006년에 제네릭 기업들은 토프롤 XL의 제네릭 버전을 판매하기 시작하면서 약물을 혈류로 방출하는 자체 메커니즘을 고안해야 했다.

그해 스위스에 있는 노바티스의 자회사 산도스가 첫 제네릭 버전을 홍보하기 시작했다.[5] 이듬해 미주리 세인트루이스에 있는 KV 제약의 자회사 에덱스도 제네릭 버전을 판매하기 시작했다. 당시 뉴욕의 파 제약Par Pharmaceutical만 아스트라제네카의 허가를 받고 브랜드 버전의 방출 메커니즘을 사용한 제네릭 버전을 판매했다. 레버는 에덱스와 산도스 버전이 어딘가 잘못되었다고 확신했다. 그는 "이상한 낌새가 느껴졌다"고 말했다. 아니나 다를까 2008년 3월, 산도스의 공장을 점검하던 FDA는 '중대 위반 행위'를 발견했다. 산도스는 엄중한 경고장을 받고 2008년 11월에 조용히 제품을 회수했다.[6]

그 무렵 클리블랜드병원의 조심성 많은 약사가 에덱스의 메토프롤롤 석시네이트에 들어 있던 제품 설명서 아홉 장 분량을 레버에게 보내면서 한 문장을 지적했다. "USP 논문의 용해도 시험을 따르지 않습니다."[7] 레버는 놀랐다. USP가 설정한 기준에 따라 용해되지 않는 의약품을 FDA는 왜 승인한 것일까? 레버는 약사와 함께 자신의 사무실에서 제네릭 의약품부에 전화했다. 그들은 환자들이 복용하는 양이 너무 많거나 적지 않은지 물었다. 명확한 답은 얻지 못했다. 그 후 2009년 1월 28일, 에덱스는 메토프롤롤 석시네이트를 포함한 60여 가지 제품을 전면 회수하겠다고 발표했다.[8] 에덱스는 나중에 두 가지 중범죄를 인정하고 2,700만 달러의 벌금을 지불하기로 합의했다.[9]

레버는 자신이 목격한 내용을 뒷받침할 공식 자료를 가지고 있지 않았다. 의약품 제조 공장 안을 들여다볼 수는 없었기 때문이다. 하지만 의술과 수년간의 경험을 통해 의약품 공급이 '병들었다'는 것을 알아냈다. 레버는 환자들의 약을 바꿀 때마다 투여량을 일정하게 유지하려고 노력했다. 이것이 방정식에서 다른 X를 제거하는 데 도움을 주었다.

레버는 케빈 파넬Kevin Parnell을 치료하면서 다른 버전을 같은 양으로 투여해도 위험할 수 있다는 것을 알게 되었다. 파넬은 31세에 HCM 진단을 받았다. 그것은 '사형 선고'나 다름없었고 클리블랜드병원에서 재검사를 받았다. 1998년, 39세의 파넬은 병세가 악화되어 레버에게 치료를 받았다. 2003년에 심장 절개 수술을 받고 6년간은 건강하게 지냈다. 하지만 날이 갈수록 더 많은 약과 이뇨제 퓨로세마이드를 복용해야 했다.

2012년, 파넬의 병세가 악화되고 있었다. 그가 아내와 함께 진료실에 앉아 부은 다리에 대해 설명했고, 레버는 곧장 저질 제네릭 이뇨제를 의심했다. 파넬의 아내가 약을 가져오려는 남편을 말리더니 딸에게 전화했다. "아빠 약병에 있는 라벨 좀 확인해봐." 그것은 란박시에서 만든 제품이었다. 레버는 미국 기업 록산느에서 제조한 버전을 동량으로 처방했다. 새로운 약을 복용하자 체액이 배출되기 시작했다. 하지만 약을 바꾸고 사흘 후, 그는 한밤중에 깨어났다가 갑자기 의식을 잃고 쓰러져 침대 테이블에 머리를 부딪쳤다. 다시 깨어났을 때 구조대원 세 명이 눈앞에 보였다. 이후 지역 응급실을 거쳐 클리블랜드병원으로 이송되었다. 그는 감당할 수 없을 만큼 심장이 빠르게 뛰는 심실 빈맥으로 몹시 고통스러워했다.

레버는 더 효과적인 약으로 바뀌면서 흡수량이 갑자기 높아졌을 것이라고 의심했다. 이뇨제가 칼륨 농도를 급격히 감소시켜 불규칙한 심장박동을 야기한 것이다. 결국 파넬은 간절히 바라던 심장이식수술을 받았다. 파넬은 수술 후 레버가 "문턱이 닳도록 중환자실을 드나들었다"고 회상했다. "선생님이 매시간 저를 확인했어요." 그는 레버가 자신의 목숨을 구했다고 믿었다. 레버는 파넬의 사례에 몹시 분노했고, 그는 효과가 제멋대로인 의약품들이 파넬에게 해를 끼쳤고 의학을 추측의 학문으로 전락시켰다고 믿었다.

⊖ ⊘ ⦶ ⊘

레버는 클리블랜드병원의 약사들에게 자주 연락하고 동료들에게 문제 있는 의약품들을 알리면서 병원에서 사용하던 의약품 목록을 수정하기 시작했다. 클리블랜드병원의 조심성 많은 약사들은 직접 작은 FDA를 운영하면서 병원이 어떤 의약품을 사용하고 어떤 의약품을 사용하지 말아야 하는지를 확인하기 위해 제네릭 의약품 제조업체로부터 생물학적 동등성 데이터를 수집하고, 유효 성분의 출처를 조사하고, 정보공개법Freedom of Information Act, FOI에 의거하여 FDA에 추가 데이터를 요청하고, 심지어 제조 공장도 방문했다. 레버의 경고에 주의를 기울였을 뿐 아니라 FDA의 점검 보고서와 경고장, 의사들이 현장에서 경험한 일화성 보고까지 광범위한 자료를 검토하여 비밀리에 의약품 블랙리스트를 작성했다. 대부분은 인도산 제네릭 의약품이었다.

클리블랜드병원의 심부전 및 심장이식 전문의 랜들 스탈링Randall Starling 박사는 2013년 말에 인도 기업 닥터 레디스 래버러토리스에서 제조한 타크로리무스의 제네릭 버전이 블랙리스트에 올라가 있는 것을 알고 깜짝 놀랐다. 타크로리무스는 면역 체계를 억제하여 거부 반응을 예방하기 때문에 장기이식 환자들에게 매우 중요한 의약품이다. 닥터 레디스 버전은 최저가였지만 제품을 회수하는 경우가 많아 약사들을 불편하게 했다.

그 후 6개월 동안 스탈링과 직원들은 입원 환자와 외래환자, 그리고 그들이 이용하는 약국에서 타크로리무스의 닥터 레디스 버전을 복용하거나 취급하지 않도록 신경썼다. 환자들에게 브랜드 버전인 프로그랍만 복용하라고 당부했지만, 환자들이 병원을 떠나 외부 약국에서 어떤 약을 구매할지는 알 수 없는 노릇이었다. 얼마 지나지 않아 그의 두려움이 현실로 나타났다.

48세 세드릭 브라운Cedric Brown은 심장이식을 받고 18개월 후인 2014년 10월에 급성 거부반응으로 심장병 병동에 입원했다. 브라운은 약을 빠짐없이 복용했다고 단언했다. 그는 놀라울 정도로 빠르게 회복 중이었다. 수술 후 며칠 만에 병상에서 일어나 걸었고 2주 후에 퇴원했다. 브라운은 한 달에 3,000달러 정도 드는 면역억제제 프로그랍을 평생 먹어야 했다. 재입원했을 때는 체중이 20킬로그램 이상 늘어 있었고 몸 상태도 엉망이었다. 한 달 후 퇴원했지만 1주일 만에 중환자실로 돌아왔다. 그는 자신이 죽어가는 줄도 몰랐다. "그저 신에게 기도할 뿐이었어요."

월요일 아침, 스탈링 박사가 그의 병실을 찾았다. 그리고 병상 옆에 서서 브라운에게 물었다. "새 처방전을 받으셨어요?"

브라운이 약을 가져오며 "네, 마르크 약국에서 새로 받았어요"라고 말했다. 일반적인 프로그랍과 크기도 색깔도 달랐다.

"이런, 처방전을 좀 보고 싶네요." 스탈링이 말했다.

브라운은 "그러세요. 벽장 안의 가방 안에 들어 있어요"라고 말했다.

스탈링은 가방 안에서 닥터 레디스의 타크로리무스 약병을 찾았다. "이 약은 절대 먹지 마세요." 그가 말했고, 브라운은 곧바로 복용을 중단했다.[10] 스탈링은 다른 의사들에게도 단단히 일러두었다. 이윽고 브라운은 운전기사 일을 파트타임으로 다시 시작할 수 있을 만큼 회복했다. 저소득층을 위한 의료보장 제도인 메디케이드에서 프로그랍 비용의 80퍼센트를 지불하고 나머지는 클리블랜드병원의 기금으로 충당했다.

클리블랜드병원의 의사들만 닥터 레디스의 타크로리무스에 대해 우려한 것이 아니었다. 2013년 10월, 캘리포니아에 있는 로마린다 대학병원의 한 약사는 환자들의 불편 사항을 보고하는 FDA의 온라인 데이터베이스, 메드워치Medwatch에 타크로리무스를 복용한 '다수의 환자들'에게 "불충분한 면역억제와 이식 결합이 예측 불가능한 수준으로 나타났다"고 보고했다. 보고서에 따르면 "이러한 증상은 프로그랍 닥터 레디스 버전에서만 발견되었다".[11] 타크로리무스는 정량을 투여해야 하는 소위 좁은 치료 지수 약물narrow therapeutic index drug이어서 작은 변수도 생명을 위협하는 합병증으로 이어질 수 있었다. 수년간 뇌전증, 고혈압, 기분 장애, 내분비 이상과 같은 질환에 이 약물을 처방한 의사들은 특정 제네릭 의약품을 정말 브랜드 의약품 대신 사용할 수 있는지, FDA의 생물학적 동등성 기준이 너무 많은 자유를 허용하는 것은 아닌지에 대해 논의했다. 신경과학회, 내분비학회, 심장학회 등의 의료 단체들은 의사의 허락 없이 제네릭 의약품으로 대체하는 것에 반대했다.

몇 가지 제네릭 의약품들의 대체 가능성에 대한 의학계의 우려를 마주한 FDA의 제네릭 의약품부는 2010년부터 제네릭 좁은 치료 지수 약물에 대한 연구를 연달아 의뢰했다. 2013년, 신시내티대학교 연구자들은 산도스와 닥터 레디스에서 제조한 제네릭 타크로리무스의 생물학적 동등성을 연구하기 시작했다. 그들은 건강한 지원자들에게 최저 용량을 투여하고, 신장과 간을 이식받은 환자들을 두 그룹으로 나누어 추적했다. 그리고 2017년에 제네릭 버전과 브랜드 버전이 생물학적으로 동등하며, 서로를 대체할 수 있다는 연구 결과를 발표했다.[12]

하지만 클리블랜드병원의 스탈링과 팀원들은 안심하지 못했다. 브라운이 입원하고 몇 달 후, 또 다른 심장이식 환자가 닥터 레디스의 제네릭 버전을 복용하다 이식 거부반응으로 병원에 입원했다. 이후에도 비슷한 사고가 몇 차례 더 발생했다. 스탈링의 팀이 이 사례들을 조사하면서 찾은 원인은 부적절한 제네릭 의약품뿐이었다. 닥터 레디스의 의약품은 오류의 여지가 없는 치료 계획에서 예측 불가능한 영향을 미치는 변수가 되었다. 스탈링은 통제를 중시하고 정답을 찾는 것에 익숙한 의사였지만, 어떤 것도 성공하지 못했다. 클리블랜드병원에는 활용할 만한 데이터가 없었다. 하지만 동료 레버와 마찬가지로 그의 '의심 지수'도 증가하고 있었다.

스탈링은 "나는 환자들이 브랜드 의약품을 복용하기를 원했다. 어떤 외부 변수도 발생하지 않기를 바랐기 때문이다"라고 설명했다. 그것이 클리블랜드병원과 환자와 보험사에 재정적 부담을 준다는 것을 알고 있었지만, 위험을 감수할 수는 없었다. 이식할 수 있는 장기가 매우 드물고 심장이식에 드는 평균 비용만 해도 100만 달러를 족히 넘었기 때문에 스탈링은 장기이식을 '막대한 투자'라고 표현했다. "환자에게 효과 없는 약물을 투여하는 것은 시스템의 막대한 실패이고, 장기 하나를 낭비할 수 있다."

스탈링과 레버의 환자들은 감시자의 역할을 했다. 레버는 그들의 불안정한 심장박동을 보면서 무언가가 어긋났음을 감지했다. 확인할 수도 없고 고칠 수도 없었지만, 그는 먼 곳에 있는 의약품 제조 공장에서 비롯된 문제일 것이라고 의심했다. 그 후 몇 달 동안 그는 FDA와 언론에 의혹을 제기했고, 그의 직감은 사실로 밝혀졌다. 그는 이렇게 말했다. "나는 아무것도 모르고 엉망진창인 상황을 우연히 마주했다."

20장

인내력 테스트

○

2009년 9월
메릴랜드, 실버스프링

수치로만 보면 란박시 사건은 블록버스터가 될 것이 틀림없었다.

란박시 본사에 대한 수색을 마친 연방 요원들이 3,000만 장이 넘는 자료를 들고 나타났다. 검찰은 최고위 임원인 말빈데르, 템페스트, 판트를 표적으로 삼았다. 메릴랜드 지구의 수석 검사인 스튜어트 버먼은 2009년 9월, 동료들에게 보낸 이메일에서 "개인에 관한 한 '중범죄 아니면 무죄' 라고 말하는 편"이라고 단언했다. "경계선에 있는 사례는 경범죄"로 간주했을 것이라고 말했다. 하지만 란박시에는 경계선이 없었다.

2010년 봄, 검찰은 도전장을 던졌다. 그들은 민형사상 책임을 묻기 위해 란박시의 변호사들에게 제약 회사에 관한 미 법무부의 판결 가운데 최고액인 32억 달러의 합의금을 제안했다.

한편 FDA의 로버트슨은 재킷이 수북이 쌓인 전략 회의실에서 여러 수사관과 함께 일하고 있었다. 5년이나 란박시 사건에 공을 들였지만 날이 갈수록 좌절감과 씁쓸함만 더 커졌다. 그녀를 비롯해 수십 명의 수사관, 특수 요원, 변호사가 성공을 보장했던 사건이 수렁에 빠지면서 볼티모어의 미 연방 지방검찰청과 법무부 소비자 소송, FDA 범죄 수사부까지 비난이 번졌다. 체념한 일부 수사관들은 미신에 의지하여 란박시라는 이름을 입 밖에 내지도 않았다. 대신 'R로 시작하는 단어'라고 불렀다.

형사사건 담당 검사들을 비롯하여 법무부 민사과의 두 개 부서, 몇 개 기관의 감사관, 메디케이드 사기 단속반 등 다양한 약자로 불리는 정부 기관 및 부서가 그 사건에 관여했다. FDA의 란박시 담당 집행부에만 ORA, OIP, OCC, CDER, OC, OCI 등 10여 개 부서의 직원들이 30명 이상 합류했다.

거대 조직은 아무리 노력해도 문제가 생기기 쉽다. 란박시 사건의 경우, 피고의 본사가 다른 대륙에 있다는 남다른 어려움도 있었다. 증인 인터뷰나 자료 수집 같은 기본 수사 업무조차 관할권 문제 때문에 쉽지 않았다. 증인 인터뷰를 위한 신속 비자를 발급받는 것은 고사하고, 필요한 누군가를 인도받을 수 있기는 할까?

하지만 이 사건의 어려움의 중심에는 더 인간적인 문제가 있었다. 그것은 바로 수사와 관련된 세부 사항에 목숨 거는 FDA 수사관들과 차출되어 합류한 법무부 검사들 사이에 커져가는 반감과 불신이었다. 이론상 두 집단은 한 팀이었다. 하지만 사건이 느리게 진행되는 동안 그들은 어느새 적이 되어 있었다. 한번은 FDA 전략 회의실에 붙어 있던 말빈데르의 사진에 누가 악마의 뿔을 그려놓았다. 검사들이 이의를 제기했고 사진은 바로 치워졌다.

사소한 불화였지만 로버트슨과 동료들이 수사와 관련하여 처음 내린 결정, 즉 사건을 법무부 메릴랜드 지구로 가져가려고 했던 것을 재고할 만큼 긴장 상태라는 것을 명확히 보여주는 사건이었다.

FDA의 법적 권한은 제한적이었다. 공식 수사를 하려면 검찰과 파트너 관계를 맺어야 했다. FDA는 법무부 산하의 특정 지부로 사건을 가져가 관할권을 주장할 수 있었고, 이 사건의 경우 란박시 본사가 있는 뉴저지나 검찰이 매번 특권을 주장할 수 있는 뉴욕으로 가져가면 되었다. 하지만 범죄 수사관들은 가까운 연방 검사들을 찾아갔고, 그들에게 온전한 관심을 받는 것이 얼마나 어려운 일인지를 새삼 깨닫게 되었다. 검사들은 두 집단으로 나뉘어 행정 업무와 재판을 동시에 처리했다. 란박시에서 밝혀진 위법행위는 점점 더 광범위해지고 복잡해지는데 사건을 워낙 띄엄띄엄 조사한 탓에 수색 관련 진술서 초안을 작성하는 데만 거의 1년이 걸렸다. 검찰은 수정을 요구하며 진술서를 여러 차례 돌려보냈지만 명확한 지침은 주지 않았다.

수색영장이 발부되자 범죄를 입증할 증거가 산더미처럼 쌓였다. 하지만 피고측 변호사들은 변호사와 의뢰인의 비밀 유지 특권에 따라 보호해야 할 자료라면서 18개월 가까이 검토를 유예시켰다. 검찰은 그 자료가 기밀인지 여부를 검토할 검사를 배정하지 않았고, 그 자료는 누구의 손도 타지 않은 채 정부 보관소에 고이 모셔졌다. "배치 기록, 이메일 파일, 실험실 노트북까지 모든 걸 가져가고도 (…) 검토를 지시하지 않았다." FDA 준법 감시관이 말했다. "20명으로 팀을 구성하여 자료를 검토했어야 했다. 모든 게 헛수고로 돌아가는 듯했다."

로버트슨과 동료들은 만약 FDA가 빠르고 공격적인 것으로 유명한 뉴욕 동부 지구의 검사들을 찾아갔더라면, 란박시는 폐업하고 임원들은 구속되면서 사건이 마무리되었을 것이라고 생각했다. 메릴랜드 지부가 마무리 없이 혼란만 지속시키자 그들은 습관처럼 농담을 던졌다. "검사만 한 명 있었어도 …."

불신을 더 확고하게 만든 사건이 하나 있었다. 수색 후 연방 요원들은 규정에 따라 란박시 임원들을 위해 압수한 자료의 목록을 남겨두었다. 그 후 로버트슨과 동료들은 굉장히 민감한 문건을 작성하고 그것을 '프린스턴 본사' 스프레드시트라고 불렀다. 압수한 자료 가운데 가장 중요한 증거를 열거하고, 수사상 중요한 부분에 주석을 달고, 잠재적 단서를 첨부한 것이었다. 2008년 말, 피고측 변호사들이 검찰에 스프레드시트의 사본을 요구하자 로버트슨과 동료들, 그리고 법무부 소비자 소송과의 선임 변호사 린다 마크스를 비롯한 여러 변호사가 회의를 열었다. 그들은 란박시와 공유하기에 너무 민감한 문서라고 판단했다.

하지만 불과 몇 개월 후인 2009년 2월 9일, 마크스는 피고측 변호인들에게 넘기겠다며 로버트슨에게 스프레드시트를 요청했다. 로버트슨은 문건을 공유하지 않기로 결정한 사실을 상기시켰다. 그러자 마크스가 물었다. "강조하거나 표시하지 않은 프린스턴 압수품 목록의 원본이 아직 남아 있습니까?" 그리고 "우리가 주목하고 있는 자료는 절대 노출해서는 안 되겠지만, 압수품에 대한 상세 목록은 원래 피고측 변호인들에게 주기적으로 제공됩니다"라고 덧붙였다. 이튿날 다시 회의가 열렸고, 그들은 자료를 공유하지 않기로 거듭 합의했다.

두 달이 지난 4월, 로버트슨은 '프린스턴 압수품 목록'에 포함된 문건을 찾도록 협조해달라는 피고측 변호인의 이메일을 보고 큰 충격을 받았다. 그녀는 한참 멍하니 있다가 몇 시간 후에야 답장을 보냈다. "이해되지 않는 부분이 있어 질문드립니다. 프린스턴 압수품 목록이라고 말씀하신 서류가 무엇인지, 어디서 얻었는지 알려주시겠습니까?" 변호사는 마크스가 2월 말에 스프레드시트를 보내주었다고 대답했다. 마크스는 상의나 경고 없이 합의 사항을 위반하고 주석이 달린 스프레드시트, 사건 해결의 지도가 되어줄 로제타스톤(나폴레옹의 이집트 원정군이 나일강 어귀의 로제타 마을에서 발견한 비석으로 이집트 문자를 해독하는 열쇠가 되었다—옮긴이)을 피고측 변호인들에게 넘겨주었다. 하지만 법무부 관료는 나중에 이 사실을 부인했다.[1]

이에 분노한 로버트슨은 마크스에게 싸늘한 이메일을 보냈다. "합의를 했는데도 불구하고 [문건을] 적극적으로 입수해서 피고측 변호인에게 보내셨더군요." 그녀는 그 문건이 피고측에 검찰의 전략에 관한 '로드맵'을 제공하고 "우리에게 협조하고 있는 증인들을 찾아내는 데 도움을 줄 수 있다"라며 이렇게 말했다. "그런 행동이 요원과 검사 들의 껄끄러운 관계를 더 악화시킬 겁니다. 앞으로는 검사를 신뢰하기가 더 어려워질 테니까요."

몇 주 후, 마크스가 로버트슨에게 다가가 말했다. "잠시 이야기 좀 하시지요."

"좋아요." 로버트슨이 대답했다. "하지만 지금은 저희 감독관이 없네요. 증인 없이는 당신과 대화하지 않을 겁니다."

⊖ ⊘ ⦶ ⊘

란박시의 변호사들은 2010년 1월에 처음으로 사건에 대한 국제적 해결책을 정부에 요청했다. 란박시를 상대로 제기한 민형사 및 규제와 관련된 소송을 합의를 통해 해결하자는 의미였다. 쉽지는 않겠지만 재판보다 훨씬 간단하고 저렴한 방법이었다.

2010년 3월, FDA 집행부의 부수석 고문 스티븐 타브Steven Tave는 가능한 해결책을 짜내기 시작했다. 이를테면 범죄 모의와 거짓 진술을 비롯한 다수의 혐의에 대해 유죄를 인정하거나, 란박시 공장에서 제조하여 미국에 판매한 의약품의 매출액에 근거하여 벌금을 내거나, 거짓 주장에 대해 민사상 합의를 하거나, 양자 합의에 의한 판결에 따라 주요 공장에서 제조된 의약품이 미국으로 유입되기 전에 운영 방식을 시정하는 것이었다. 해외 기업이 그런 판결을 따른 적은 한 번도 없었다.

하지만 FDA와 검찰은 한여름이 지나가기 전에 사건을 마무리하겠다는 목표로 처벌의 규모와 체계, 심지어 이론까지 숙고하느라 교착상태에 빠져 있었다. 미국에서의 총매출액을 근거로 해야 할까? 그렇다면 총매출액과 순매출액 중에 어느 것? 전 제품을 포함해야 할까, 아니면 특정 기간의 특정 제품들만 포함해야 할까?

숙고가 길어질수록 사건에 대한 논의는 더 모호해졌다. 그리고 잠재적 합의의 범위도 줄어들었다. "순매출액 수치 같은 걸 적용할 것 같아?" 2010년 8월, 로버트슨이 동료 타브에게 이메일을 보냈다.

타브는 이렇게 답했다. "그러려면 미 연방 지방검찰청이 FDA의 결정을 기다리면서 판에 박힌 대응만 하는 게 아니라 직접 결정을 내려야 해." (이런, 내가 좀 모질게 말했나?)

그해 3월이었다. 양측이 티격태격하는 동안, 란박시의 변호사들은 해결책을 달라며 매달렸고, 버락 오바마 대통령은 ACA에 서명했다. 이로써 제네릭 의약품은 합법적인 약물 치료를 받을 수 있는 미국인 2,000만 명에게 필수 요소가 되었다. ACA는 고통스러운 논의 과정에 포함되지 않았지만, 제네릭 의약품 공급을 바로잡아야 할 필요성을 분명히 보여주었다.

해결책을 찾지 못한 채 수개월이 흘렀고, 검찰과 FDA는 지연의 책임 소재를 두고 가시 돋친 대화를 주고받았다. "상부에서 사건이 언제 해결될지, 개인을 기소할 계획이 있는지에 대해 다시 묻고 있습니다." 검사보 버먼이 7월에 로버트슨과 타브에게 이메일을 보냈다.

타브는 짜증 섞인 답장을 보냈다. "저야말로 1주일 전에 보낸 양자 합의에 의한 판결에 대해 그분들께 묻고 싶습니다만…." (하지만 상황을 지연시키는 것은 FDA였다.)

2010년 9월, 로버트슨은 검찰이 합의안의 근거로 사용할 란박시의 매출 자료도 확보하지 않았다는 사실을 알게 되었다. "제 눈에는 법무부가 합의를 이끌어내기 위해 아무것도 하지 않았다는 걸 인정하는 것 같습니다." 로버트슨이 감독관에게 이메일을 보냈다. "열 달 동안 무엇을 하고 있었던 걸까요?"

2010년이 끝날 무렵 타브가 교착상태를 뚫어보려 시도했다. 그는 검찰에 장문의 이메일을 보내 이렇게 촉구했다. "이것은 강력하고 중요한 사건입니다. 많은 사람이 사건을 여기까지 끌고 오느라 많은 시간을 할애했습니다." 그는 합의안 협상을 16억 달러에서 시작해야 하고 8억 1,700만 달러 이하로 내려가면 안 되는 이유를 자세히 설명했다. 그리고 매우 고통스러웠던 과정을 반영했다. "자꾸 같은 말을 반복하는 것처럼 들릴 수 있지만, 그 증거가 다른 결과를 낳는다고 믿는 사람이 있다면 그 결과가 무엇인지, 어떻게 그런 결론을 내렸는지, 그 견해를 뒷받침하는 증거는 무엇인지 설명해주시겠습니까?" 그는 덧붙였다. "피고가 협상 테이블에 앉아 사건을 해결하자고 1년 넘게 애원하고 있는데…. 그렇게 하지 못할 이유는 전혀 없습니다."

하지만 그럴 수 없었다. 2011년 3월, 한 검사는 주요 제조 공장 한 곳을 형사 처벌하지 않고 포기할 준비를 했다. 로버트슨은 감독관에게 분노의 메시지를 보냈다. "형사사건에 관여할 검사가 없으니 상황이 계속 추잡해지는군요."

2011년 8월, 란박시의 변호사들은 제안 받은 합의금을 2억 6,000만 달러로 낮추어서 제시했다. 판트에게 면책특권을 주고 말빈데르에 대한 증언을 얻는 등의 방법으로 개개인을 기소하려던 계획이 무산되었다. 몇 년 후 말빈데르는 한 기자에게 "수사관들에게 질문이나 연락을 받은 적이 한 번도 없다"고 말했다. 그것은 판트도 마찬가지였다.

로버트슨은 은퇴에 대해 자주 생각했고 사건에서 벗어날 수 있기를 간절히 바랐다. 하지만 타쿠르에 대한 책임감이 그녀를 계속 나아가게 했다. 로버트슨은 "타쿠르가 목숨을 걸고 그 일에 나섰다"라고 생각했다. 그러므로 정신 건강이 위협받더라도 란박시가 법의 심판을 받을 수 있도록 최소한의 노력은 해야 했다.

⊖ ⊘ ⦶ ⊘

타쿠르는 2005년에 FDA와 처음 접촉한 후 수년간 사이포믹스Sciformix라는 회사를 운영하며 인도, 필리핀 등에서 의료 전문가들을 고용하여 제약 회사가 환자의 불평 사항과 규제 문제를 처리하는 것을 도왔다. 심지어 수익도 냈다. 하지만 그는 워싱턴 D.C.에 있는 스타인 미첼의 사무실에서 많은 시간을 보내며 베아토를 비롯한 20여 명의 변호사와 직원 들이 상자 400개나 되는 서류를 면밀히 검토하는 일을 거들었다.

타쿠르는 사이포믹스와 란박시 사건에 대한 책임감 때문에 매일 18시간씩 일에 메달렸다. 그는 인도와 비국을 자주 오갔다. 인도에 돌아가서도 업무를 처리하느라 뉴델리에 있는 집보다 뭄바이에서 더 많은 시간을 보냈다. 칼주름을 잡은 카키색 바지와 깔끔하게 다림질한 칼라 셔츠를 완벽하게 차려입었지만, 눈 밑의 다크서클은 갈수록 더 짙어졌다. 화를 참는 것도 힘들어졌다. 가족과 있는데도 노트북만 들여다보면서 란박시의 사기 행각으로 미국 정부의 관심을 끈 것이 현명한 결정이었는지 의심했다.

그는 인도에 남은 소날과 아이들의 미래를 안전하게 지키기 위해 열심히 일했다. 하지만 소날은 두 아이와 함께 나날이 고립되어간다고 느꼈다. 그는 가족들에게 아빠와 남편의 모습보다 컴퓨터 스크린만 쳐다보는 모습으로 더 익숙했다. 그는 집에 있을 때에도 지하 사무실로 내려가 변호사가 보낸 자료를 읽으며 많은 시간을 보냈다. 소날이 말했다. "얼마나 많이 노력했는지 몰라도, 남편의 마음은 늘 거기에 없었어요."

베아토는 타쿠르가 란박시에 대한 정부의 수사와 그의 역할에 대해 아내에게 최대한 숨기기를 바랐다. 란박시 사건과 소송 둘 다 기밀 사항이었고 관련 법원 기록 역시 봉인되어 있었다. 베아토는 타쿠르의 가족이 위험해질까 봐 걱정했다. 또한 소날이 얼마나 신중한지, 어떤 반응을 보일지에 대해서도 우려했다. 이러한 침묵은 타쿠르와 소날의 관계를 극한까지 밀어붙였다.

2009년 2월, 타쿠르는 모하비의 세 번째 생일을 축하하기 위해 인도로 돌아갔다. 그리고 구르가온의 스코틀랜드 왕립은행 건물에 있는 유명 중식당에 소날을 데려가 점심을 먹었다. 웨이터가 수프를 가져다주자 타쿠르가 조심스럽게 말을 꺼냈다. "당신에게 할 말이 있어." 그는 결혼 생활을 위해 변호사의 말을 어기기로 결심했다. 그리고 조심스럽게 모든 상황을 설명하기 시작했다. 란박시에서 실제로 무슨 일이 있었고, 그 과정에서 자신이 어떤 역할을 했는지, 어떻게 변호사를 만나서 미국 정부를 대신해 란박시를 고소하게 되었는지, 그리고 자신의 신원이 어떻게 비밀로 유지되고 있는지.

소날은 식사를 멈추었고, 스프는 차갑게 식어갔다. 그녀는 몹시 놀라며 걱정스러워했다. 남편이 위험한 수사에 휘말려서만은 아니었다. 그는 수사의 기폭제이자 핵심 증인이었고, 언제든 신원이 밝혀질 수 있었다. 그러면 가족이 위험해질 수도 있었다. 타쿠르는 "그 사람들이 여기서 사람 목숨을 가지고 장난치고 있어. 손 놓고 물러나 있을 수만은 없어"라고 말했다.

"왜 진작 말하지 않았어?" 소날이 물었다.

"나를 지지해줄 거라고 확신할 수 없었어. 당신이 겁먹을 것 같았고, 그랬으면 나서지 못했을지도 몰라." 그리고 "당신과 상의했으면 마음이 약해졌을 거야"라고 말했다. 어느 정도 일리가 있는 말이었다. 남편이 상의했다면 그녀는 사기 행각을 보고하지 않아야 하는 이유를 열 가지는 말했을 것이다.

"비용은 누가 대는 거야?" 소날이 소송에 대해 물었다.

타쿠르는 변호사가 자신에게 비용을 청구하는 대신 합의금의 일부를 지급받을 것이라고 설명했다. 남편에게 변호사가 있는 데다 무료 변호를 받는다는 사실이 무척 당황스러웠다. 타쿠르는 자신에게 돌아올 수 있는 경제적 보상에 대해 언급하지 않았다. 그런 일이 일어날 확률은 매우 희박했고 애초에 그런 이유로 시작한 일도 아니었기 때문이다.

"우리는 안전한 거야?" 아내가 물었다. 그녀는 인도의 내부 고발자들에게 어떤 일이 일어나는지 알고 있었다.

"이 일에 대해 아무도 몰라." 그는 이 사건이 비공개로 접수되었다고 설명했다. 인도의 법이 얼마나 조잡한 정치적 수단인지를 고려하면 이해하기 힘든 개념이었다.

"고소장을 제출하기 전에 그런 것들을 다 생각해본 거야?"

"사실 사기 행각을 보고하면 내가 할 일은 끝날 거라고 생각했어." 그가 말했다. 그때만 해도 FDA에 귀띔만 한번 해주면 사기 행각을 멈출 수 있을 것이라고 생각했다.

상사들이 줄지어 찾아오고 남편이 갑자기 퇴사하고 지하 사무실에서 그토록 오랜 시간을 보낸 것까지 처음으로 그 모든 상황이 이해되었다. 남편은 아주 논리적인 사람이라 성급한 결정을 내리지 않았다. 그런 그가 대안 없이 직장을 그만두었다는 것은 있을 수 없는 일이었다. 그의 몸과 마음이 부재했던 이유는 명확해졌지만 가족의 상처를 달래기에는 역부족이었다.

중식당에서 대화를 나눈 후 타쿠르는 아주 가끔 FDA와의 관계에 대해 이야기했고, 소날은 더이상 자세히 묻지 않았다. "당신은 뭐든 해야 할 일을 하고 있는 거야." 그녀는 의사결정의 일부가 되기를 체념한 듯 말했다. 그리고 매번 물었다. "그 사건은 언제 끝나는 거야?" 타쿠르도 수없이 자문했지만 답을 얻지 못한 질문이었다.

타쿠르가 미국으로 돌아간 후 두 사람의 결혼 생활은 더 악화되었다. 소날은 남편이 다른 사람들을 돕는 데 필요한 일을 하느라 곁에 없는 것이라고 애써 합리화했다. 하지만 외롭거나 아이들 키우기가 버거울 때는 그마저도 위로가 되지 않았다. 가끔은 자포자기의 심정으로 낯설기만 한 이혼을 생각하기도 했다.

부부 상담은 인도 문화에서 보편적이지 않았다. 그래서 소날은 친해진 이웃 어른에게 도움을 청했고, 타쿠르와 함께 그녀를 만났다. 이웃 어른의 조언은 평범했다. 잘해보라고, 서로의 입장을 이해하려고 더 노력하라는 것이었다. 하지만 두 사람은 떨어져 지낼 때는 불행해했고 함께 있을 때는 싸웠다. 소날은 "평화로운 시간은 찾아볼 수 없었다"라고 말했다. 그녀는 일에 몰두하려고 애쓰는 남편에게 말했다. "당신은 갈수록 더 미쳐가는 것 같아."

인도에서 "결혼을 끝내는 것은 간단한 일이 아니에요." 소날이 말했다. 그것은 두 집안의 문제였다. 그러다 보니 양가 부모님이 관여하기 시작했다. 소날의 어머니는 타쿠르의 아버지에게 사위가 오랜 시간 집을 비웠고 가족에게 정신적 고통을 주었다고 말했다. 연로한 아버지는 아들의 외로운 싸움에 대해 아무것도 모르는 채 며느리에게 지혜를 전해주려 애썼다. "네 생활이 녹록지 않은 건 안다." 그는 이렇게 조언했다. "그래도 잘 풀어가야지. 한 가정에서 여자는 모든 걸 한데 모을 수도 있고, 흩어뜨릴 수도 있단다."

그의 가르침은 깨달음을 주지 못했지만 그대로 현실이 되었다. 타쿠르가 자신의 길을 가기로 선택하면서 가정을 지키는 일은 소날의 몫이 되었다. 그나마 문화적 영향이 억울한 감정의 균형추 역할을 했다. "인도 사람들은 상황과 타협하는 법을 배워요." 소날이 말했다. "다른 선택지를 찾지 않아요." 하지만 외로움이 깊어지면서 다른 선택지를 생각하지 않을 수 없었다.

소송이 길어지면서 두 사람 사이의 긴장감도 점점 더 커졌고, 타쿠르는 가정의 평화를 위해 베아토에게 도움을 청했다. 베아토가 직접 소날과 대화를 나누었다. 그는 남편의 신원이 기밀로 유지될 것이고 사건도 언젠가 마무리될 것이라며 그녀를 안심시켰다. 그리고 타쿠르의 계획에 없던 뜻밖의 메시지를 전달했다. "남편께서는 전례 없는 일을 하고 있습니다.” 베아토가 이렇게 말하며 인도의 내부 고발자가 미국에서 이 정도 규모의 싸움을 벌이는 것은 처음이라고 설명했다. 가족의 안위를 걱정하는 것도 ‘너무나 당연하고 중요한 일’이지만 ‘란박시의 극악무도한 행위를 막아야만 하는 중대한 이유들’이 있다는 것을 그녀가 알아주기를 바랐다. 그는 타쿠르를 ‘영웅’이라고 불렀다.

타쿠르는 자신이 영웅처럼 느껴지지 않았다. 대개는 미치광이처럼 보였다. 몇 개월, 그리고 몇 년이 지나는 동안 끔찍한 황혼 속을 부유하듯 과거에 사로잡혀 한 걸음도 앞으로 나아가지 못하는 느낌이었다. 마감일이 다가올 때마다 정부측 변호사는 란박시를 기소하는 대신 베아토에게 전화를 걸어 기한 연장을 요청했다. 정부가 란박시 사건을 다져놓았으니 승소하려면 그들의 요구를 따를 수밖에 없었다. “저는 모든 걸 계획하는 사람입니다.” 타쿠르가 말했다. “성과도 굉장히 중시합니다.” 몇 년 동안 결과에 아무런 영향도 미치지 못한 채로 그 사건에 매달릴 계획은 전혀 없었다.

⊖ ⊘ ⦶ ⊘

2009년 여름, 소날은 아이들과 함께 한적한 길가에 있던 단독 주택을 떠나 구르가온 간선도로의 감시초소 뒤편에 있는 주택단지로 이사했다. 외부인의 출입이 제한되는 곳이었다. 사교적인 소날은 이사 후에 덜 외로워했다. 그녀는 남편과 상관없이 젊은 이웃들과 어울리기 시작했다. 유니테크 월드 스파라는 복합 단지에는 체육관, 클럽 하우스, 파티, 그리고 소날이 가입한 노래 동아리도 있었다. 그녀는 타쿠르를 동아리의 일원으로 끌어들이려고 했지만 그는 좀처럼 모습을 드러내지 않았다. 소날의 새 친구들에게 타쿠르는 미스터리한 존재였다. "사람들은 나에게 묻곤 했어요. 남편은 미국에 왜 그렇게 오래 머무는 거야? 왜 항상 거기에 있어?" 그녀는 별다른 말을 하지 않았다. 이사 후 두 사람의 관계는 완전히 변했다. 그녀는 전처럼 남편에게 의지하지 않았고, 그는 아내의 새 삶에 자신이 반드시 필요하지 않다는 것을 알아차렸다.

2010년 10월, 타쿠르는 딸을 데리고 복합 단지의 클럽 하우스에서 열린 핼러윈 파티에 갔다가 이웃이 된 판트와 마주쳤다. 그녀는 여전히 란박시 인허가 부문 부사장이었다. 타쿠르의 폭로 때문에 FDA의 부수석 고문은 곧 사기 공모 혐의로 그녀를 형사 고발하라는 장문의 메시지를 검찰에 보낼 예정이었다. 그녀의 이름은 말빈데르와 함께 법무부 '용의자' 명단의 상단을 차지했다. 타쿠르의 이름도 거기에 있었다. 란박시의 임원들이 잠재적 내부 고발자에 대해 조사했기 때문에 판트도 타쿠르에 대해 알고 있을 확률이 컸다.

두 사람은 짧은 대화를 나누었다. 그녀는 란박시의 새 CEO도 그곳으로 이사를 왔다고 말했다. 반가운 소식은 아니었다.

"최근에 바르바이야를 우연히 만났어요." 그녀가 타쿠르를 란박시로 데려갔던 옛 상사를 언급했다. "여전하더군요."

"그게 무슨 말씀이지요?" 타쿠르가 불안한 마음으로 물었다.

"여전히 자존심이 세시더라고요." 판트는 정보를 캐내려는 듯 대화를 이어갔다. 그의 상사였던 쿠마르도 언급했다. "그분은 란박시에 적응하지 못하는 것 같았어요." 그녀가 말했다.

"함께 일하기에 좋은 분이었습니다." 타쿠르는 딱딱한 말투로 대화를 마무리지었다.

자신을 감추려고 애를 쓰면 쓸수록 란박시와 그곳에서 보낸 세월의 결과에 포위되는 느낌이었다. 그는 베아토에게 판트와의 만남에 대해 전하면서 그날의 일을 기록했다. 그리고 자신에게 한 문장을 남겼다. "사건이 대중에게 알려지면 이곳을 떠나라."

21장

깊고 어두운 우물

○

1998~2010년
노스캐롤라이나, 더럼

그레이든 부부는 30년간 환자들의 편에 섰다.[1] 약리학자인 남편과 의학 인류학자인 아내는 신문에 칼럼을 게재하고 공영 라디오 프로그램인 〈피플스 파머시〉를 진행했다. 수년간 치료법을 찾는 환자들에게 권리를 찾아주고 그들을 교육하던 부부는 FDA를 능숙하고 신뢰할 만한 규제 기관으로 여겼다.

1980년대 말, 제네릭 의약품 스캔들로 어두웠던 시절에도 그레이든 부부는 FDA의 '철저한 분석'에서 소비자를 위험에 빠뜨릴 만한 문제가 발견되지 않았다며 제네릭 의약품의 충실한 지지자로 남았다. "두 제품이 동일하다고 믿었기 때문에 제네릭 의약품을 구할 수 있는데도 브랜드 의약품을 돈 주고 사 먹는 사람은 정말 어리석다고 생각했다." 그레이든이 회상했다.

10년 후, 그레이든 부부는 그들의 변호사 사무실에서 FDA 분석의 정확성에 대해 처음으로 의심하게 되었다. 한 직원이 주의력 결핍 장애를 앓는 아들에 대해 말했다. "리탈린을 먹을 때는 학교생활을 아주 잘했어요." 하지만 제네릭 의약품을 복용하면서부터 교사들이 아이의 집중력에 대해 불평했다. 1990년대 말부터 독자들과 라디오 청취자들이 편지를 통해 다양한 제네릭 의약품에 대해 좋지 않은 경험을 이야기하기 시작했다. 한 환자는 신지로이드의 제네릭 버전을 복용하면서부터 불안과 불면에 시달렸다. "평소보다 땀을 많이 흘렸고 심장이 가슴 밖으로 튀어나올 것처럼 두근거렸어요." 또 다른 환자는 두통 때문에 피오리셋의 제네릭 버전을 복용하면서 조증을 겪었다. "믿기 힘들겠지만 심하게 들떠서 새벽 3시에 편지를 쓰거나 팩스를 보내곤 했어요."

그레이든 부부는 1998년에 이런 사례들을 한 신문에 기고하면서 "FDA가 제네릭 의약품을 승인한 후에 얼마나 잘 감시하고 있는지"에 대해 의문을 제기했다.[2] 2002년, 조 그레이든은 FDA에 연락하여 제네릭 의약품팀 팀장 게리 뷸러와 통화했다.[3] 두 사람의 걱정 어린 대화는 그 후로 수년간 지속되었다.

이윽고 〈피플스 파머시〉의 웹사이트는 제네릭 의약품을 복용하면서부터 심각한 증상에 시달린 환자들의 정보 교환소가 되었다. 환자들은 글을 올리고 간절한 마음으로 답변을 기다렸다. 그레이든은 그들의 불평사항을 뷸러에게 전달했다. 그는 고위 관료들이 환자들의 증상에 대해 궁금해할 것이라고 믿으며, 2007년부터 2009년까지 20가지 이상의 의약품에 대한 불평 사항을 전달했다.

2008년 1월, 그레이든은 FDA CDER의 임상 과학팀 부팀장 로버트 템플에게 이메일을 보내 제네릭 버전의 뇌전증 치료제 다일란틴에 대한 불만을 전달했다. "저는 다일란틴 300밀리그램을 20년 넘게 복용하다 비용 절감을 위해 제네릭 의약품으로 바꾸면서 발작을 수차례 경험했습니다." 그레이든은 뷸러에게도 같은 이메일을 보냈다. "정말 우려스러운 일입니다. 이 사례를 저희만큼 심각하게 받아들이실 거라 믿습니다."

그레이든은 FDA의 생물학적 동등성 기준과 기업이 제출하는 데이터를 면밀히 검토하는 과정에서 제네릭 의약품의 생동성이 일반적인 가정보다 훨씬 더 떨어진다는 사실을 발견했다. 생물학적 동등성을 범위로 정의하는 FDA의 통계학적 공식에 따르면, 제네릭 의약품의 혈중농도는 브랜드 의약품의 80퍼센트 이하로 떨어지거나 125퍼센트 이상으로 올라가면 안 되고, 45퍼센트의 잠재적 외부 범위를 허용하며, 90퍼센트의 신뢰 구간을 사용한다.[4] 두 가지 제네릭 의약품을 복용한 환자들의 혈중농도는 어느 날은 저점에, 어느 날은 고점에 있을 수 있다. FDA는 제약회사들이 부형제로 알려진 다양한 추가 성분을 사용하도록 허용했는데, 그중에는 품질이 낮은 것도 있었다. 부형제 품질의 차이는 의약품의 생체 이용률, 다시 말해 잠재적인 혈류 흡수량에 영향을 줄 수 있다.

그레이든의 관심을 끄는 문제는 그것만이 아니었다. 제네릭 의약품 기업들은 환자의 혈액검사 결과를 생물학적 동등성 곡선의 형태로 제출했다. 그래프는 약물의 최대 혈중농도maximum concentration, Cmax를 나타내는 세로축과 최대 농도에 도달하는 시간time to maximum concentration, Tmax을 나타내는 가로축으로 구성되었다. 곡선은 뒤집힌 U처럼 보였다. FDA는 곡선의 최고점, 즉 최대 농도를 이용하여 혈액 흡수율을 평가했다. 하지만 혈액이 약물을 가장 많이 흡수하는 지점인 최대 농도는 어느 시점에 측정한 하나의 수치에 불과했다. FDA는 그것을 '흡수율' 대신 사용했다. 정점에 도달하는 시간을 반영한 두 곡선이 전혀 다르더라도 제네릭 의약품의 최대 혈중농도가 브랜드 의약품과 비슷하게 나오기만 하면 생물학적으로 동등하다고 간주했다.

그레이든은 두 곡선이 체내에서 완전히 다른 양상으로 나타난다는 것을 깨달았다. Tmax를 측정한 가로축은 FDA가 1992에 처음 생물학적 동등성 기준을 만들었던 당시에 광범위하게 사용하지 못했던 점진 방출형 약물time-release drug에 매우 중요했다. 생물학적 동등성 기준은 그 이후 유의미한 변화를 거치지 않았다. "Tmax에 이르는 시간이 다양하게 나타날 수 있는데도, 그들은 전혀 개의치 않아요." 그레이든은 한 기자에게 이메일을 보냈다. "우리에게는 이것이 상당히 기이해 보입니다." FDA는 용해 속도에서 "임상적으로 유의미한" 차이를 보이는 제네릭 의약품은 승인하지 않았다고 주장했지만, 기업들이 제출한 데이터를 공개하지 않았기 때문에 그 차이가 어느 정도인지는 알 수 없었다.

많은 환자가 〈피플스 파머시〉의 웹사이트에 제네릭 의약품과 관련된 고생담을 올렸고, 그레이든은 점진 방출형 약물에 대한 불평 사항이 다른 약물보다 많다는 것을 알아차렸다. 그중 하나가 레버의 환자들을 심하게 고생시켰던 토프롤 XL의 제네릭 버전이었다. 이 약이 시판되자마자 수많은 환자가 혈압과 심박수의 극적 증가를 보고했다.[5] 메스꺼움, 어지럼증, 염증, 두통, 탈모 같은 증상이 나타났고 수면 장애와 생생한 악몽에 시달렸다. 그레이든은 몇 가지 사례를 뷸러에게 전달했다. "이 문제와 관련하여 어떤 조치를 취하고 있습니까?" 그가 물었다. "사망자가 발생하면 엄청난 사건이 될 수 있습니다." 훗날 그레이든은 당시 뷸러의 반응을 칼럼에 실었다. "'다시 연락하겠다'는 대답뿐, 그 이상은 듣지 못했다."

하지만 그레이든은 전혀 다른 의약품에 주목했다. 항우울제 웰부트린 XL은 글락소스미스클라인의 인기 상품이었다. 약물을 몇 시간에 걸쳐 혈류에 방출하는 '지속 방출형extended-release'으로 바꾸면서 하루에 몇 번씩 복용해야 했다. 2006년 12월에 웰부트린 XL에 대한 특허가 만료되자, 이스라엘 제조업체 테바가 가장 먼저 제네릭 버전을 홍보하기 시작했고 임팩스 래버러토리스와 생산 계약을 체결했다. 테바는 부데프리온 XL이라는 상품명으로 제네릭 버전을 판매했다. 유효 성분은 부프로피온이었다. 그와 동시에 두통, 메스꺼움, 어지럼증, 과민성, 수면 장애, 불안 발작 등의 증상을 호소하는 환자들의 이메일이 〈피플스 파머시〉에 쏟아져 들어왔다. 어떤 사람은 제네릭 버전에서 악취가 난다고 말했고, 툭하면 눈물이 난다는 사람도 많았다. 자살 충동을 느끼거나 약간의 떨림과 발작 증상을 보고하기도 했다. "떨림이 너무 심해서 물을 마시거나 포크로 집은 음식을 입으로 가져가는 것조차 힘들다!" 한 환자는 이렇게 적었다. 그리고 거의 모든 환자가 우울증 재발을 보고했다.

그레이든은 환자들이 보고한 내용이 모두 비슷하다는 사실에 몹시 놀랐다. 한 환자는 "원래 자살 충동이 없었는데, 제네릭 버전으로 바꾸고 다음 날부터 1주일 동안 공황이 심해졌고 (…) 심각한 정신이상과 자기혐오를 경험했습니다. 저는 최악의 상황을 겪은 후에 자살 예방 센터에 전화했고, 부데프리온 대신 아티반 두 알만 먹었습니다. 이튿날에 상태가 훨씬 나아졌고, 오늘은 평소 모습으로 돌아왔습니다"라고 했다. 또 다른 환자는 웰부트린의 제네릭 버전을 2주간 복용한 후 "극도의 공격성이 나타났어요. 계좌에 있던 돈을 전부 써버렸고, 고속도로에서 여러 차량을 추월했고, 정지 신호도 무시했어요. 내가 죽거나 남을 죽일 수 있는 상황이었어요"라고 이야기했다.

한 환자는 다음과 같은 증상에 시달렸다. "시속 100킬로미터로 달리는데 현기증과 함께 엄청난 공황 발작이…. 저는 울기 시작했고 (…) 생각했습니다. 내가 왜 이러지? 미쳐가는 건가? 좀처럼 진정할 수가 없어서 대형 트럭과 차량들이 무섭게 질주하는 도로가에 차를 세우고 밖으로 나가 앉았습니다. 도로에 뛰어들고 싶다는 생각을 멈출 수가 없어서 배수로에 누워 두 귀를 막고 스스로를 진정시켰습니다."

그레이든은 빗발치는 메시지를 템플에게 전달했지만, 아무런 답도 얻을 수 없었다. FDA 역시 환자들의 불평 사항을 수집했다. 2007년 1월부터 6월까지 부데프리온 XL의 부작용이 85건 이상 보고되었지만, 임원들은 정신적 문제 또는 정제의 모양이나 색깔의 변화에 의해 나타나는 반응일 수 있다며 대부분의 보고를 무시했다.[6]

하지만 2007년 4월, 그레이든은 FDA와 협업하기로 했다는 기분 좋은 소식을 독자들에게 전했다. "〈피플스 파머시〉의 독자들이 브랜드 버전과 동등하지 않다고 의심하는 제네릭 버전을 FDA와 함께 분석하기로 했습니다." 그리고 "최대한 많은 정보와 경험을 서술하여 제네릭 정제와 함께 보내주세요"라고 썼다. 테바의 부데프리온 XL 정제를 비롯하여 전국 각지에서 보내온 '수많은' 의약품이 그레이든의 우편함을 가득 채웠다. 그레이든은 무언가가 잘못되었음을 즉시 알 수 있었다. "우편물에서 악취가 진동했다." 그는 그 의약품들을 FDA에 보냈다.

그레이든은 한 모금 행사에서 웰부트린의 화학작용을 개발한 버로스 웰컴(글락소스미스클라인의 전신—옮긴이)의 화학자를 우연히 만났다. "왜 그런 이상한 냄새가 나는 겁니까?" 그레이든이 물었다.

"아주 간단해요." 그는 이렇게 답하며 알약의 품질이 저하되고 있다는 신호라고 설명했다. "제조 과정의 문제입니다."

그레이든은 FDA의 시험 결과를 기다리는 동안 테바의 부데프리온 XL에 대한 불평 사항을 계속 전달했다. 2007년 6월 21일에 템플에게 이렇게 말했다. "저희가 가장 놀란 점은 많은 사람이 약을 바꾼 후 자살 충동을 느꼈다는 겁니다."

시험 결과를 기다리는 데 신물이 난 그레이든은 환자들이 보고하는 증상의 원인에 대해 전문가들과 논의하기 시작했다. 사설 연구소에도 도움을 청했다. 뉴욕 화이트플레인스에 있는 컨슈머 랩의 회장 토드 쿠퍼먼Tod Cooperman도 합류했다. 컨슈머 랩은 테바의 부데프리온 XL 300밀리그램과 글락소스미스클라인의 웰부드린 XL을 비교하여 시험했다.[7] 그 결과 처음 두 시간 동안 제네릭 버전이 브랜드 버전보다 유효 성분을 네 배 더 많이 방출한다는 사실을 확인했고, 이것이 환자들에게 고통을 유발한 것으로 보았다. 그레이든은 이 결과를 폭음에 비유하여 설명했다. "와인 한 잔을 두세 시간에 걸쳐 마시면 취하지 않지만, 15분 만에 다 마시면 금세 만취할 것이다."

그레이든은 이러한 '과도한 투여량'이 많은 환자에게 나타나는 두통과 불안 같은 과다 복용 증상과 우울증 재발, 자살 충동 같은 금단 증상의 원인이라고 믿었다. 테바는 컨슈머 랩의 보고서를 단호히 거부하면서 사설 연구소의 검사 방식은 "부적절"하다고 주장했다.

2007년 12월, 그레이든과 템플은 로스앤젤레스의 한 라디오 프로그램으로부터 제네릭 의약품의 승인에 필요한 요건을 설명해달라고 요청받았다.[8] 진행자는 템플에게 컨슈머 랩이 밝힌 웰부트린의 제네릭 버전과 브랜드 버전의 차이점에 대해 물었다. 템플은 제네릭 의약품과 브랜드 의약품의 유효 성분 방출 속도가 다르다고 처음으로 인정했다. "여기서 중요한 점은 제네릭 버전이 조금 더 빨리 방출된다는 겁니다." 템플이 말했다. "그건 장점이 될 수도 있습니다." 그리고 조기 방출이 환자의 우울증 치료에 어떤 차이를 만들었다고 보기는 "힘들다"고 덧붙였다. 그레이든은 프로그램을 마친 후 쿠퍼먼에게 이메일을 보내 템플이 조기 방출을 장점으로 이야기하는 것을 듣고 몹시 놀랐다고 말했다. "FDA는 위아래가 뒤집힌《이상한 나라의 앨리스》처럼 300밀리그램의 빠른 방출과 부프로피온을 바람직하게 여기는 세상에 살고 있는 것 같다."

템플은 나중에 한 기자에게 말했다. "그런 걱정은 대부분 단편적인 보고서에서 비롯됩니다. 생물학적 동등성 연구 결과를 살펴보면 걱정할 것이 없습니다."

그레이든은 템플과 개인적으로 대화하려 했지만 아무런 답을 듣지 못했고, 1월에 뷸러에게 이메일을 보냈다. "부데프리온 XL과 관련된 상황을 어떻게 진척시켜야 할지 막막해서…. 당신도 수백 건의 유사한 사례가 전부 우연의 일치라고 믿지는 않을 겁니다." 그는 FDA에 끊임없이 이메일을 보냈다. 그리고 한 동료에게 다음과 같은 글을 보냈다. "우리는 FDA에 잔소리도 하고 회유도 하고 징징대기도 하고 불평도 하고 웃음거리가 되기를 자처하기도 했다네."

2008년 3월, 그레이든은 몹시 분노했다. FDA가 테바의 의약품을 조사하겠다고 약속한 지 거의 1년이 다 되어갔지만 아무 일도 일어나지 않았다. 계속 시간만 갉아먹느니 그냥 포기하는 게 나을 것 같았다. 하지만 환자들의 불평 사항이 끊임없이 밀려들어 왔다. 그들은 병원에 입원하고 정밀 검사를 받고 우울증으로 직장과 가정을 잃었다. 한 환자는 다음과 같은 글을 올렸다. "아직 갈 길이 멀지만 나는 절대 원래의 자리로 돌아가지 않을 것이다. 제네릭 의약품으로 인해 내 삶의 중요한 모든 것이 망가졌기 때문이다."

2008년 3월 17일, 그레이든은 더 이상 참지 못하고 뷸러에게 이메일을 보냈다. "불평 사항이 끊임없이 들어오고 있습니다! (…) 그들은 당신의 고용주입니다! 급여를 주는 사람들이란 말입니다. 그러니 해명하십시오. 그들은 미치광이나 괴짜나 바보가 아닙니다. 진짜 문제를 가진 사람이니 책임지시기 바랍니다." 이튿날 뷸러는 FDA에서 보고 내용을 확인하고 있다며 퉁명스럽게 답했다. 그레이든은 마음을 가라앉히지 못하고 다음 달 다시 이메일을 보냈다. "계속 말씀드리지만… 생사가 걸린 문제입니다. 더 늦기 전에 보고서를 보내주십시오."

2008년 4월 16일, FDA는 그레이든의 첫 보고 이후 1년이 지나서야 보고서를 발표하고, 부데프리온 XL 300밀리그램을 승인한 것은 옳은 결정이었다며 소비자들을 안심시켰다.[9] 용해도에 '작은 차이'가 있지만, 테바의 제품이 FDA의 기준을 충족하기 때문에 웰부트린 XL과 "동등한 치료 효과를 가진다"고 말했다. 그리고 우울증의 '재발 경향성'은 의약품 자체의 문제가 아니라 환자 본인의 문제일 가능성이 크다고 결론 내렸다.

그레이든은 보고서를 꼼꼼히 살펴보다 간담이 서늘해지는 것을 느꼈다. FDA는 2007년에 그레이든에게 약속한 실험실 샘플 대신 테바가 2003년에 제출한 신청서의 생물학적 동등성 자료만 검토했다.[10] 더 심각한 문제는 300밀리그램이 아니라 150밀리그램을 시험하여 얻은 데이터를 사용했다는 것이었다. 보통 제네릭 의약품 제조업체들은 '참고용 의약품'으로 알려진 최고 투여량만 시험한다. 그보다 투여량이 적은 경우에는 그에 비례하여 체내에 작용할 것이라고 추정한다. 하지만 부데프리온 XL 300밀리그램은 지원자들이 '발작을 일으킬 위험이 있어' 한 번도 시험하지 않았다. 그레이든은 깜짝 놀랐다. FDA는 데이터도 없이 부데프리온 XL 300밀리그램의 생물학적 동등성을 어떻게 판단한 것일까? 그들은 그보다 낮은 투여량을 시험한 데이터에 근거하여 수백만 명이 복용할 의약품을 승인했다.

그레이든을 정말 당황스럽게 만든 것은 FDA가 보고서에 게재한 제네릭 버전과 브랜드 버전의 150밀리그램에 대한 시험 결과였다. 두 개의 곡선은 실험 대상의 혈액검사 결과를 보여주었다. 두 곡선이 완전히 달랐기 때문에 대충 훑어만 보아도 두 의약품이 한 환자에게 동일한 효과를 주지 못한다는 것을 알 수 있었다. 브랜드 버전은 다섯 시간 반쯤 후에 정점에 도달하는 완만한 경사를 가지고 있었고, 제네릭 버전은 두 시간쯤 후에 정점에 도달하는 급격한 경사를 가지고 있었다. 그는 두 곡선이 "확연히" 달라서 "어린 학생들도" 알아볼 수 있을 정도였다고 말했다.

FDA가 데이터도 없고 육안으로 보아도 명백히 다른 두 의약품을 저용량에 대한 시험 결과에만 근거하여 생물학적으로 동등하다고 추정했다면, 그레이든이 생각했던 것보다 더 심각한 상황이었다. "그때 우리의 반응은 '맙소사, 여기에 뭔가 엄청난 게 있어'였습니다." 그는 회상했다. "이것은 카드로 만든 집을 무너뜨릴 카드입니다. 모든 걸 바꾸었어요. 승인 절차가 그렇게 엉망일 거라고는 생각하지 못했습니다."

그레이든은 템플과 뷸러에게 이메일을 보냈다. "오늘 발표된 보고서를 검토하고 나서 FDA가 대중을 잘못된 길로 인도하고 있다고 믿게 되었습니다." FDA가 나서서 환자들을 구해주기를 바랐지만, 닫힌 문 뒤에서 오히려 환자들에게 해를 끼지는 방향으로 운영되는 것 같았다. 그들은 두 개의 곡선 외에 기업에서 제출한 어떤 생물학적 동등성 데이터도 공개하지 않았다. 템플은 나중에 한 기자에게 말했다. "FDA가 잘못된 정보를 전달하지는 않았어요. 불충분했을 수는 있지만…." 무엇을 더해야 할지 확신할 수 없었던 그레이든은 과학계 전반에 넓은 그물을 던졌다. 그는 공중보건의 위기라고 생각했지만 당황스러웠고 어쩔 줄 몰랐다. 의회를 찾아가야 할까? 아니면 의료계 로비스트? 기자? FDA를 움직일 수 있는 약점이 무엇일까?

그 무렵 그레이든은 클리블랜드병원의 레버와 비밀까지 털어놓는 이메일 친구가 되었고, 두 사람은 의학과 정치의 보편적인 지혜의 흐름에 맞서 싸우고 있었다. 그들은 비슷한 질문을 던졌다. 처음에 두 사람을 연결해준 클리블랜드병원 심혈관내과 과장 스티븐 니센Steven Nissen은 그레이든에게 이메일을 보내 FDA의 방해에 "질려버렸다"며 그에게 동조했다. 유명한 환자 권익보호 운동가였던 니센은 그들의 무기력한 모습에 익숙했다. 그는 FDA의 검토 절차에 대해 의문을 제기하는 수많은 의약품 안전성 조사를 이끌었다. "그들이 어떤 조치를 취할 거라고 기대하지 마십시오. 이런 경우, 문제를 인정하면 자신들이 망쳐놓은 것처럼 보이기 때문에 항상 부인하는 방식으로 대응합니다."

그레이든은 전 FDA 고위 임원에게 익명으로 지침과 정보를 제공받기 시작했다. 그는 자신의 정보원을 밀고자라고 불렀다. "그는 기본적으로 문제는 FDA에 있고 우리는 올바른 방향으로 가고 있으니 포기하거나 굴복하면 안 된다는 입장을 분명히 전달했습니다." 그레이든은 쿠퍼먼에게 이러한 내용의 이메일을 보냈다. 2008년 7월, 그레이든은 FDA 임원들을 만났다. 그들은 환자들을 괴롭히는 부데프리온 XL의 생물학적 동등성을 평가하는 연구에 협조하기로 약속했다. 그레이든은 한 기자에게 "우리의 입을 완전히 막아버리기" 위해 동의한 것이라고 말했다. 하지만 6개월 후인 2009년 1월까지도 FDA는 일을 진행하지 않았다. 그레이든은 한 임원에게 이메일을 보냈다. "아주 깊고 어두운 우물 아래로 조약돌을 던지는 느낌입니다. 아무 소리도 들리지 않아요."

그레이든은 웰부트린 XL의 테바 버전 때문에 "아내가 자살할 뻔했다"는 남성의 사연을 포함한 불만들을 계속 전달했다. 그는 2009년 2월 어느 금요일 저녁에 뷸러와 템플에게 보고서를 전달하면서 물었다. "이런 일들이 충격적이지 않습니까?" 그리고 "설마 아직까지도 이걸 심리적 문제라고 말하지는 않겠지만…. 언제쯤에야 조치를 취할 작정입니까?"라고 말했다.

2009년 12월, 〈월 스트리트 저널〉은 테바와 임팩스가 FDA의 지침에 따라 부데프리온 XL 300밀리그램에 대한 생물학적 동등성 연구를 계획하고 있다고 보도했다.[11] 하지만 1년이 지나도 진전이 없자 FDA가 자체 연구를 진행하기로 결정했다.

2012년 10월, 마침내 FDA가 연구 결과에 대한 대언론 공식 성명을 발표하여 그레이든이 내내 알고 있던 사실을 확인시켜주었다. 부데프리온 XL 300밀리그램은 유효 성분을 충분히 전달하지 못하므로 웰부트린 XL과 동등한 치료 효과를 가지지 않는다는 것이었다.[12] 그들은 제네릭 버전이 브랜드 버전과 "동일한 속도와 규모로 혈류에 흡수되지 않는다"라고 밝혔다. 컨슈머 랩의 쿠퍼먼은 기뻐하면서도 대수롭지 않게 넘겼다.[13] "문제 해결에 도움을 줄 수 있어서 자랑스럽지만 FDA가 그 제품을 퇴출시키기까지 5년이나 걸렸다는 점은 안타깝습니다." 그는 〈AP 통신〉에 말했다. FDA는 웰부트린 XL의 제네릭 버전을 생산하는 네 곳의 제조업체에 300밀리그램 정제의 생물학적 동등성을 시험할 것을 요청했다. 그 중 왓슨 래버러토리스도 기준 미달로 제품을 회수했다.

그레이든은 FDA 제네릭 의약품팀 팀장 뷸러에게 직접 묻고 싶었다. "환자들의 문제를 처음 보고하고 테바의 의약품을 시험하기까지 왜 5년이나 걸린 겁니까? 왜 명확한 생물학적 동등성 데이터가 없는 의약품을 승인했을까요?" 하지만 원고측 변호사들이 환자들을 대신하여 테바를 상대로 소송을 준비한 지 약 18개월이 지난 2010년 10월에 뷸러가 FDA

를 떠났기 때문에 물어보지 못했다. 그는 테바의 국제 인허가 정보 및 정책 부문 부사장을 맡았다.

⊖ ⊘ ⓘ ⊘

FDA가 생물학적 동등성 문제를 정면으로 대응하려고 했다면 일반인의 부작용 사례를 자체 수집한 데이터베이스만 살펴보아도 충분했다. 거기에도 제네릭 의약품에 대한 불만이 한가득이었다. 의약품이 곰팡이로 뒤덮여 있거나 '썩은 생선' 또는 '고양이 오줌' 냄새를 심하게 풍긴다든지, '의약품이 전혀 작용하지 않는 것처럼' 치료 효과가 없었다든지, 제약 회사에 직접 연락해보라는 FDA의 안내를 받고 검사해보라고 약도 보냈는데 아무런 답이 없다든지, 정제에 속눈썹부터 곤충까지 다양한 이물질이 들어 있다든지 하는 것들이었다.

FDA가 이런 불평 사항들을 '잠재적 안전 문제에 관한 정보의 주요 출처'로 여기고 검토하는 동안, 한 대변인은 나중에 "신중한 검토와 해석"이 필요하다고 설명했다. 불평 사항의 건수는 소송절차부터 언론 보도까지 어떤 것에든 영향을 받을 수 있었다.

2016년 1월, 뉴저지 마운트 로렐에 사는 71세 카를라 스토퍼Carla Stouffer는 평소처럼 고혈압 치료제인 암로디핀/베나제프릴을 먹으려다 찰나의 움직임을 감지했다. 가까이 들여다보니 작은 지네처럼 생긴 벌레가 캡슐에 반쯤 낀 채로 꿈틀거리고 있었다. 겁에 질린 그녀는 약에서 빠져나오려고 발버둥치는 벌레를 지켜보았다.[14] 그 일이 있기 전에는 누가 약을 만드는지에 대해 생각해본 적이 없었다. 그녀는 약제 관리 업체인 익스프레스 스크립트Express Scripts에서 세 달치씩 처방받고 있는 유지용 약물을 인도 기업인 닥터 레디스에서 만든다는 사실을 알게 되었다. 그녀의 사례는 그해 FDA에 제출된 100만 건 이상의 제약 회사 관련 불편 사항 중 하나였다.

그레이든도 환자들과 마찬가지로 FDA를 신뢰할 수 없게 되었다. "나는 늘 FDA의 승인 절차가 완벽하다고 믿었다. 모두가 그렇게 믿었기 때문이다." 하지만 알면 알수록 확신하기가 어려워졌다. 그레이든은 한 저녁 모임에서 와인을 과음한 글락소스미스클라인 임원과 대화를 나누었다. 그는 많은 기업이 운영비를 감축하기 위해 제조 시설을 중국으로 이전하고 있다고 알려주었다. 그레이든이 새롭게 고려해야 할 문제였다. FDA가 수십 년 묵은 규정과 씨름하는 사이, 미국의 의약품 제조업체들은 세계 곳곳에서 숨바꼭질을 하고 있었다.

이것은 그레이든의 생각을 완전히 뒤집어놓았다. 승인받은 의약품들이 FDA의 기준을 충족했을 것이라고 짐작했을 뿐, 기준 자체에 결함이 있을 것이라고는 미처 생각하지 못했다. 미국의 환자들을 괴롭히는 의약품들이 결함 있는 기준에도 미치지 못할 만큼 형편없는 데다 승인까지 잘못된 것이라면? FDA의 기준과 승인 절차가 모두 망가졌다는 뜻이었다. 하지만 FDA가 두 가지를 모두 수정한다고 해도 정말 심각한 제조상의 문제는 해결하지는 못할 것이다. 미국에서 의약품을 생산하지 않았기 때문이다.

22장

6억 달러 재킷

○

2011년
메릴랜드, 실버스프링

꼼꼼한 FDA 준법 감시관 다카하시의 책상 위에 란박시의 가장 귀중한 자산인 리피토의 첫 번째 제네릭 버전을 출시하기 위한 신청서가 널브러져 있었다. ANDA 76-477이라고 쓰인 이 논란의 재킷을 검토하는 작업이 국제 준법 감시팀의 상냥한 다카하시와 동료들에게 주어졌다. 시간이 얼마 없었다.

제네릭 의약품계에서 수익성이 가장 좋은 의약품은 아토르바스타틴이었다. 미국 정부는 매년 아토르바스타틴의 브랜드 버전인 리피토를 구입하는 데에만 25억 달러를 지출했다. 2011년 3월, 일부 상원 의원들은 FDA 국장에게 서한을 보내 제네릭 버전의 출시가 조금이라도 지연되면 미국인들이 하루 최대 1,800만 달러를 지불해야 한다는 것을 상기시켰다.[1] 란박시는 화이자와 합의한 덕에 아토르바스타틴을 만들려는 업체들의 행렬에서 대기 1번을 차지했고, 2011년 11월 30일부터 이 제품을 합법적으로 판매할 수 있었다.[2] 이제 남은 것은 FDA의 최종 승인뿐이었다. 하지만 문제가 갈수록 커지면서 란박시는 한때 출시가 확실해 보였던 제품을 가지고 전전긍긍해야 했다. "란박시로서는 생사가 걸린 싸움입니다." 어느 제약 회사의 변호사가 〈포천〉에 말했다. "이것은 제네릭 의약품 역사상 가장 큰 기회입니다. 어떤 결과로 이어질지는 아무도 모릅니다."[3]

FDA 내에서 란박시의 운명을 놓고 모호하고 혼란스러운 심의가 이어지는 동안, 일각에서는 미국에서 가장 중요한 제네릭 의약품을 독점으로 출시할 권리를 지키기 위해 온갖 사기 행각을 벌인 기업을 봐줄 리 없다고 확신했다. 란박시의 선출원 신청서는 정부의 작전 회의에 등장했던 말처럼 '구제 불가'로 보였다. "이 신청서는 절대 승인받지 못할 것이다." 2010년 중반, 로버트슨이 한 검사에게 말했다. FDA 약학팀 부팀장은 이런 메모를 남겼다. "빤한 지적이지만… ANDA 76-477에 대한 승인이 란박시에 대한 FDA의 규제 조치와 일치하지 않는 것처럼 보일 수 있다." 어떤 식으로든 란박시의 신청서는 자격을 박탈당하고 대기 중이던 다른 기업들이 나설 것이다. "안타깝게도 란박시에는 암울한 선택지뿐이다." 2010년 초, 타쿠르는 변호사 베아토와 논의하면서 이렇게 적었다. "법정에 가더라도 그들에게는 선택의 여지가 많지 않다. FDA는 아토르바를 승인하지 않을 것이다."

FDA는 심의에 대해 공개적으로 언급하지 않았다. 하지만 다카하시와 동료들이 검토 중단을 확신하며 란박시의 신청서를 철저히 조사하는 사이 FDA는 법적 증거, 규제, 절차, 관료주의와 관련된 문제들의 수렁에 빠졌다. 그중에는 FDA가 직접 만든 문제도 많았다. 란박시와의 싸움이 너무 복잡해지다 보니 사건을 제대로 이해하지도 못한 채 싸우는 규제관도 많았다. 그들은 란박시를 응원하는 팔찌라도 해야겠다며 씁쓸한 농담을 하기도 했다. 하지만 그들은 곧 막다른 길에 다다랐음을 깨달았다. FDA가 란박시의 아토르바스타틴을 승인하지 않으면 미국인들이 저가 버전을 언제쯤 이용할 수 있을지 장담할 수 없었다.

란박시는 아토르바스타틴에 대한 신청서를 2002년 8월에 제출했다. 당시 규정에 따르면(몇 달 뒤 바뀌었다), FDA가 명백한 결점을 이유로 신청 자격을 박탈하지만 않으면 독점권을 보류할 수 있었다. 그렇게 되면 경쟁사들의 신청서는 쌓여만 가고 대중은 저가 의약품을 구할 수 없을 것이다. 한 FDA 변호사는 이 규정을 동료들에게 "란박시가 리피토의 제네릭 버전을 팔 수 없으면 어떤 기업도 팔 수 없다"라고 설명했다.

표면상 FDA는 6개월간 아토르바스타틴을 독점으로 판매하려는 란박시의 계획을 중단시킬 이유를 충분히 가지고 있었다. 그들은 광범위한 사기 행각을 저질렀고 처벌받아야 했다. 하지만 사건이 너무 뒤죽박죽이다 보니 정부의 내부 심의에서도 슬며시 논쟁이 시작되었다. 란박시는 최저 이윤으로 운영되었기 때문에 기록적인 액수의 벌금을 내려면 아토르바스타틴으로 수익을 내야 했다.[4] 다카하시가 신청서에서 반박할 수 없는 사기의 증거를 발견하지 못하면, 란박시는 아토르바스타틴의 블록버스터급 출시와 함께 처벌을 교묘히 피해 갈 수도 있었다.

⊖ ⊘ ⦶ ⊘

다카하시는 신청서를 처음부터 체계적으로 검토했다. 개인 검토 위원들은 2002년부터 전자 데이터 누락, 다시 제출한 데이터에서 불일치하는 부분, 앞뒤가 맞지 않는 불순물 데이터 등 이례적인 부분을 표시했다.[5] 검토가 길어지자 란박시는 반올림 오차, 복사나 계산 실수, 심지어 사내 실험실의 허술한 결함 처리 프로토콜까지 탓했다. 임원들은 시험 날짜가 불일치하는 이유에 대해 분석가들에게 교육한 내용이 일관적이지 않아서라고 주장했다.

하지만 검토 위원들은 처음 제출한 신청서와 2007년에 수정하여 제출한 신청서 사이에서 '설명할 수 없는' 수많은 차이점을 발견했다. 일단 몇 가지 시험 결과가 너무 많이 바뀌어 있었다. 불순물이 의심스러울 정도로 감소했고, '백색' 정제는 '황백색'으로 바뀌어 있었다. 'OOS'이던 결과를 '기준 이내'로 보고한 경우도 있었다. 이런 변화는 일부 데이터가 전부 가짜이거나 완전히 뒤죽박죽이거나, 둘 다 해당된다는 것을 암시했다.

이것들은 작은 문제일 뿐이었다. 데이터 손상을 암시하는 더 불길한 징조가 있었다. FDA가 시험용 샘플의 품질 저하를 인위적으로 늦추기 위한 것이라고 의심했던 의문의 냉장고에 아트로바스타틴이 들어 있었다. 2007년 10월, 다카하시는 연초의 파온타 사히브 점검 직전에 한 정보원이 란박시의 부사장이 아토르바스타틴 자료를 조작했다고 보고한 사실을 알게 되었다. 2008년 여름, FDA는 파온타 사히브에서 가져온 자료를 조사하면서 란박시가 아토바스타틴를 비롯한 의약품들의 안정성 시험이 기준을 통과할 때까지 재시험하여 실패한 결과는 폐기하고 성공한 결과만 보고했다는 사실을 확인했다. 인도 구르가온의 연구 개발팀이 2009년 봄에 실시한 점검에서도 비슷한 사기 행각이 드러났다.[6] 아토르바스타틴 신청서가 손상되었다는 증거는 찾지 못했지만, 그렇지 않을 확률은 거의 0에 가까웠다.

FDA는 신청서를 배제할 확실한 수단을 가지고 있었지만 그렇게 하지 못했다. 그러다 2009년 2월, 좀처럼 꺼내지 않던 AIP를 적용하여 승인

전에 위법행위가 없음을 증명하게 했다.[7] 다카하시와 동료 캠벨은 란박시 전체를 처벌해야 한다는 메모를 복도에 줄줄이 붙여놓았다.

놀랍게도 FDA는 단호한 조치를 취하는 동시에 도피처를 열어주었다. 그달에 FDA는 파온타 사히브 공장에만 AIP를 적용할 것이라고 발표했다. 이 조치는 아토르바스타틴을 비롯한 85건의 의약품 신청서에 제동을 걸었지만, 새 데이터만 제출하면 가장 수익성 좋은 신청서들을 검토가 금지된 공장에서 다른 공장으로 자유롭게 옮길 수 있었다.

파온타 사히브에 AIP를 적용하고 10개월이 지난 2009년 12월, 란박시는 아토르바스타틴 신청서를 수정하여 다시 제출했다. 그들은 특허 소송을 마무리하고 화이자와 합의한 후 화이자의 유효 성분을 사용할 것이며, 점검 결과가 상대적으로 깨끗한 뉴저지의 옴 래버러토리스 공장으로 생산 시설을 이전하겠다고 밝혔다. 고위 관료들조차 FDA가 갑자기 제조 시설 이전을 허락한 이유를 이해하지 못했다. 제네릭 의약품팀의 규제 지원팀 팀장은 동료들에게 이런 글을 보냈다. "내가 알기로 란박시가 이 전략을 이용해 AIP를 간단히 회피할 수 있었기 때문에, 준법 감시부는 이전을 허락해주지 않기를 바랐다네." 하지만 어찌된 일인지 FDA는 이전을 허락했다. 다카하시와 동료들은 수정 사항을 꼼꼼히 살피면서 검토가 금지된 공장의 허위 데이터가 재사용되지 않았는지 확인하느라 더욱 바빠졌다.

2010년 4월, 다카하시는 또 다른 중요한 단서를 좇기 시작했다. 란박시는 AIP의 요구 사항에 따라 외부 감사를 고용하여 신청서에 첨부한 데이터가 정확하다는 것을 입증해야 했다. 란박시는 퀸타일즈 컨설팅을 고용하여 감사 결과를 FDA에 직접 보고하도록 했다. 2009년 11월, 퀸타일즈의 감사관들은 아토르바스타틴 신청시를 검토하고 FDA에 '따끈따

끈한' 감사 결과를 보고하기 위해 인도로 갔다. 하지만 2002년에 제출한 용해도 데이터의 원본 기록은 어디에서도 찾지 못했고, 입수한 원자료는 FDA에 제출한 데이터와 일치하지 않았다. 그로 인해 란박시는 신청 자격을 박탈당할 위험에 처했다. FDA는 신청서를 "충분히 완성하여" 제출할 것을 요구했다. 기업들이 대기 1번을 차지하기 위해 연구를 끝내거나 완전한 데이터를 산출하기도 전에 엉터리 신청서를 제출하는 것을 예방하기 위한 조치였다. 하지만 원본 기록이 없다는 것은 데이터가 분실되었거나 처음부터 존재하지 않았다는 의미였다. 시험이 조작되었다면 처음 제출한 신청서가 불충분하다는 뜻이고, 신청 자격을 박탈당할 수 있었다. FDA 범죄 수사부의 로버트슨은 검사들을 위해 누락된 데이터를 표시했다. "익숙하지 않으세요?" 그녀는 빈정거렸다.

퀀타일즈의 보고서는 원본 데이터가 발견되지 않으면 새로운 성분과 새로운 임상 연구를 통해 시험을 반복해야 한다는 점을 명확히 지적했다. 란박시가 완성된 신청서를 가장 먼저 제출한 제네릭 기업인지 여부에도 의문이 제기될 것이다. 만약 그렇다면 란박시는 대기 1번 자리를 지켜야 할까, 아니면 뒷자리로 옮겨야 할까?

2010년 5월 말, FDA 범죄 수사관들은 란박시의 새 CEO 어툴 솝티가 2009년 11월 추수감사절 연휴에 퀀타일즈의 고위 임원 밥 로즈Bob Rhoades를 인도로 불러서 그렇게 심각한 결함들을 상의도 없이 FDA에 보고한 이유에 대해 물어보았다는 사실을 알게 되었다. "기분이 좋아 보이지 않았어요." 로즈는 솝티가 질책했던 당시를 떠올렸다. 이후 솝티는 "긴 대화의 일부가 왜곡되고 부풀려진 것"뿐이라며 당황스러워했다.

하지만 두 사람의 만남에 대해 알게 된 FDA 임원들은 방해하려는 것이 분명하다고 생각했다. "지푸라기라도 잡아야 했던 것 같다." 로버트슨의 감독관은 FDA의 변호사에게 단언했다. "다른 사람도 아니고 CEO입니다. 사기와 기만의 문화가 란박시에 아직 살아 있을 뿐 아니라 최상위층에까지 존재한다는 뜻이에요. 모든 걸 원점으로 되돌려야 합니다."

FDA 내의 소수는 동의하지 않았다. 그사이 다카하시는 누락된 데이터에 대한 질문으로 돌아갔다. 이건 무슨 뜻일까? FDA는 무엇을 할 수 있을까? "의약품 신청서의 원자료를 영구 보관하라고 명시한 규정이 있습니까?" 준법 감시부의 제조 품질팀 팀장이 직원에게 이메일을 보냈다. 하지만 안타깝게도 그런 내용은 없었다. 준법 감시부의 규제 자문은 "현재로서는 원자료를 영구 보관해야 한다는 규정을 찾을 수 없습니다"라고 말했다.

2010년 5월, FDA의 변호인과 규제관, 범죄 수사관 10여 명이 란박시 사건을 해결하기 위한 산발적 노력을 논의하기 위해 본사에서 검찰 및 법무부 관료들을 만났다. 임원 개개인에 대한 기소부터 신청 자격 박탈과 기록적인 액수의 벌금까지 떠올릴 수 있는 모든 처벌이 등장했지만, 화제는 매번 아토르바스타틴으로 돌아갔다.

"정부에 가장 이익이 되는 것은 무엇입니까?" 준법 감시부의 차장 더글러스 스턴Douglas Stearn이 물었다. 그리고 란박시가 수정하여 제출한 신청서가 의심스럽다며 승인이라는 보상 대신 거액의 벌금을 부과해야 한다고 말했다. "액수는 클수록 좋습니다."

메릴랜드 검사보 버먼은 구르가온에 있는 연구 본부의 부본부장이 퀸타일즈 감사관들에게 놀라운 진술을 했다고 지적했다. "생성된 데이터를 실시간으로 기록하고 확인하는 것은 인도 문화가 아닙니다. 우리는 그것을 습관으로 익혀야 합니다." 그리고 버먼은 "[란박시에서] 제공받은 데이터는 전부 쓰레기"라는 말을 반박할 수 없을 것 같다고 말했다.

"이렇게 열심히 란박시의 사업을 유지시켜주는 이유가 뭡니까?" FDA 집행부의 부수석 고문 타브가 맞장구를 쳤다. "왜 2006년부터 시판된 제품을 모조리 회수해서 퇴출시키지 않는 거지요?"

"아니면 합의안은 제쳐놓고 기소부터 합시다." 버먼은 란박시가 얼마를 지불할 수 있는지도 모르는 마당에 합의안부터 묻는 것은 "주객이 전도된 상황"이라고 말했다.

하지만 선택지를 논의하는 동안 화제는 아토르바스타틴 제조를 허가하지 않을 경우 나타날 수 있는 결과로 바뀌었다. 타브는 "강력한 조치를 취하면 란박시가 자금을 댈 수 없기 때문에 대규모 합의에 도달할 수 없다"라고 말했다.

스턴은 우려를 표했다. "선출원을 허용해서 대규모 합의에 도달하면, 무슨 의미가 있습니까?" 란박시의 아토르바스타틴 제조를 막으면서도 제약 업계에 강력한 메시지를 보낼 수 있는 방법을 고민하고 있는데, 검사보 로안 니컬스Roann Nichols가 물었다. "선출원을 승인하지 않고 그 권한을 팔게 할 수는 없습니까?" 그렇게 하면 합의금을 마련할 수 있었다. 버먼은 법무부가 '부당이득'으로 벌금을 지원해주어서는 안 된다고 지적했다.

아토르바스타틴 없이는 "돈을 받지 못할 것입니다". 법무부 소비자 보호팀의 수석 고문 마크스가 말했다. 그녀는 란박시의 변호인단에 결정적인 단서를 공개할지를 두고 로버트슨과 작은 언쟁을 벌였다.

"란박시는 독점권을 완전히 포기해야 합니다." FDA의 변호사 페이지 테일러Paige Taylor가 끼어들었다. "신청서가 손상되었다면 어쩔 수 없는 겁니다."

정의로 가는 완벽한 길은 없는 듯했다. 니컬스가 이런 결론을 내렸다. "누군가는 결정해야 합니다. 어떤 선택을 하든 아토르바는 부정적인 영향을 미칠 겁니다." 그것은 틀림없는 사실이었다. 회의에 참석한 임원들은 신청서를 지지할 수 없으므로 불행한 결말은 불가피하다는 의견을 남기고 떠났다.

⊖ ⦸ ⦶ ⊘

해외 공장 규제에 관한 기본 타협안이 FDA 임원들의 강경한 태도를 누그러뜨리고 있었다. 5월 회의 후 불과 3주 만에 규제관들은 란박시로부터 아직 승인을 받지 않은 인도 모할리 공장을 점검해달라는 요청을 받았다. 준법 감시부는 그것을 파온타 사히브에 대한 엄중한 단속을 피해 더 많은 공장에서 승인을 받으려는 '창의적 전략'의 일환으로 이해했다. 당시 란박시는 5년 가까이 범죄 혐의에 대한 수사를 받고 있었다. 하지만 FDA는 평소처럼 점검 몇 주 전에 미리 허락을 구하는 방식으로 그들의 요청에 응했다.

2010년 8월 19일, FDA 수사관이 란박시에 "2010년 10월 4일에서 8일에 방문 가능한지와 사측이 준비되었는지"를 문의하면서 "수사관들에게 왕복 교통편이나 관련 정보를 제공해달라"고 요청했다. 란박시의 임원은 공장에 대한 세부 사항을 보내주면서 호텔을 예약하고 "초대장도 마련하겠다"라고 말했다. 즉, 란박시는 또다시 호스트이자 여행사의 역할을 하면서 6주 전에 사전 고지를 받아 공장을 미리 탈바꿈시켜놓을 것이었다.

그사이 국제 준법 감시팀의 다카하시는 ANDA 76-477에 명백한 위반 사항이 있는지를 확인하기 위해 FDA의 과학 전문가들에게 지속적으로 연락을 취했다. 신청서가 적법한지, 아니면 명백한 가짜인지를 입증할 수가 없어서 조사는 매번 원점으로 돌아갔다. 하지만 2011년 3월 16일 아침, 다카하시는 신청서 대신 절차를 조사하기로 결심했다. 그녀는 로버트슨의 부서가 2007년에 쿠마르를 상대로 진행한 인터뷰 기록의 사본을 요청했다. 쿠마르는 완벽한 자격과 확고부동한 진실성을 갖춘 증인이자 핵심 정보원이었다. 기록을 샅샅이 뒤지던 다카하시는 쿠마르가 진술한 위조 행위에 주목했다. 쿠마르는 수사관들에게 두 가지 미국 의약품을 언급하면서 란박시가 브랜드 의약품의 화학적 조성을 복제해서 자사 제품의 것처럼 보이게 만들었다고 진술했다.

다카하시는 고민했다. 란박시가 2002년에 처음 신청서를 제출하면서 첨부한 용해도 데이터가 리피토의 용해도 데이터와 수상하리만큼 비슷했다. 또한 그들은 해당 시험의 원자료를 찾을 수 없다고 주장했다. 아무래도 란박시가 화이자의 데이터를 통째로 베껴서 제출한 것 같았다. 가능성을 확인해보아야 했다. '스모킹 건'이라고 하기에는 부족했지만, FDA 내부에서는 '스모킹 건 가설'로 알려지게 되었다. 만약 그것이 사실이라면 초기 데이터의 일부가 누락된 이유를 설명할 수 있었다. 애초에 존재하지도 않았던 것이다.

브랜드 기업의 데이터를 유용했는지 여부를 확인할 수 있는 최선의 방법은 화이자의 리피토 신청서나 특허증, 그 외에 대중에게 공개된 출처를 이 잡듯 뒤져서 란박시가 제출한 데이터와 정확히 일치하는 크로마토그램 같은 시험 결과를 찾는 것이었다. 절박했던 타카하시는 시도해볼 만한 아이디어라고 생각했다. 나중에 알고 보니 그것은 정말 엄청난 작업이었다. 1996년에 승인받은 화이자의 리피토 신청서는 총 220장으로, 정부의 웨스트버지니아 창고에 보관되고 있었다. 자료를 메릴랜드의 CDER 본부로 옮기는 데만 4~6주가 걸릴 예정이었다.

다카하시는 공문서 검색에 제약을 둘 수밖에 없었다. 란박시가 신청서를 제출했을 때 공문서만 수천 건이었다. 말 그대로 건초더미에서 바늘 찾기여서 별 의미가 없었다.

선택지는 줄어들고 결정을 내리라는 압력은 커졌다. 상원 의원들이 신속한 승인을 요구했을 뿐 아니라 아토르바스타틴 신청서를 제출한 여섯 개 기업에서도 조치를 취해달라고 요구했다. FDA가 란박시의 신청서를 승인한다고 해도 언제 할지 알 수 없었고, 경쟁사들은 그렇게 머뭇거리다 자신들의 신청서 승인도 미루어질까 봐 걱정했다.

3월 18일, 마일란은 워싱턴 D.C.의 연방 지방법원에 FDA를 상대로 소송을 제기하면서 허위 데이터를 사용한 란박시는 독점권을 포기해야 하며, "FDA의 판단 지연으로 인해 란박시가 지속적으로 부당이득을 취하고 있다"고 주장했다. 소송에 관한 소식이 기사를 통해 퍼져나갔고, 인도의 어느 FDA 관료는 동료들에게 "그런 이야기는 이곳 환경에 좋지 않다"라는 메일을 보냈다.

4월 4일, FDA는 비밀 심의에 대해 공개하거나 마일란의 사업 계획을 도울 의무는 없다고 주장하며 마일란의 소송을 기각하기 위해 강경하게 대응했다.[8] 5월 2일, 판사는 한 기업이 다른 기업의 신청서에 개입할 수 없다고 판결하며 FDA의 손을 들어주었다. 투자자들은 이런 태도를 근거로 란박시가 FDA의 승인을 받고 11월부터 아토르바스타틴을 판매할 것이라고 판단했다. 이 소식에 란박시의 주가가 상승했다. 하지만 FDA의 심의가 어떤 결말로 이어질지는 아무도 몰랐다. 그사이 월 스트리트의 애널리스트들은 잠재적 시나리오와 그것이 시장에 미치는 영향에 대한 복잡한 흐름도를 준비했다.[9]

하지만 준법 감시부는 어떤 결말로 이어져야 할지 알고 있었다. 그들은 한 달 전, 몇 가지 질문과 가능한 답변을 배포했다. 이를테면 이런 질문이었다. "합의에 의한 추징금이 크게 감소하더라도 정부는 란박시의 아토르바스타틴에 대한 독점권을 박탈하라고 주장해야 하는가?" 답변은 다음과 같았다. "그렇다. 그것이 공중보건에 가장 유익한 결정이다."

하지만 FDA는 아토르바스타틴을 승인하는 방향으로 계속 움직였다. 2011년 5월, 오터의 준법 감시부가 중대한 권고안을 CDER에 보냈다.[10] 제네릭 의약품부에 아토바스타틴 신청서를 공식적으로 검토하고 AIP의 예외 조항에 따라 해당 절차를 신속히 처리하라고 촉구하는 내용이었다. 사기 행각이 있었다면 검토 과정에서 찾아낼 수 있고, 입증하려는 의지만 있다면 누구나 쉽게 반박할 수 있을 거라는 주장이었다. 하지만 미국 정부가 매년 25억 달러를 리피토에 쏟아붓고 있는 상황이다 보니 그보다 더 큰 외력들이 작용했다. 캠벨에 따르면 그들의 논리는 이러했다. "우리가 할 수 있는 일은 승인을 막는 것뿐이지만 그러지 않을 것이다. 수백만 달러를 아낄 수 있기 때문이다."

제네릭 의약품부는 란박시가 수정하여 제출한 아토르바스타틴 신청서를 공식적으로 검토하기 시작했고, 극복할 수 없을 것 같았던 반대 목소리도 사라졌다. 10월 중반, 관련 부서들이 신청서를 승인하고 FDA는 공식 발표를 준비했다. 11월 초, 대언론 성명서를 마무리하고 예상 질문에 대한 답변의 초안을 작성했다. 최종 마감일을 3주 앞둔 11월 7일은 란박시의 제품을 승인하는 중요한 날이 될 예정이었다.

하지만 당일 아침 FDA 임원들은 공황에 빠졌다. 란박시가 유효 성분의 주요 출처로 포함시킨 공장을 실사하지 않는 중대한 실수를 저질렀다는 것을 깨달았기 때문이다. 처음에는 뉴저지 공장에서 아트로바스타틴을 조립·포장하고, 아일랜드 코크에 있는 화이자 공장에서 생산한 유효 성분을 사용한다고 말했다. 하지만 2011년 7월 말, 돌연 펀자브 토안사의 유효 성분도 사용하겠다고 밝혀 FDA를 당혹스럽게 만들었다. "란박시가 자체 API를 사용하겠다고 하는 것 자체가 우스웠다." FDA의 변호사 마르시 노턴은 캠벨에게 이렇게 말했다. "이 약의 높은 품질을 고려하면 화이자의 API를 사용하는 것이 더 현명한 방법일 것이다."

FDA는 자체 규정에 따라 2년에 한 번씩 모든 의약품 제조 시설을 점검해야 했다.[11] 토안사 공장은 재방문을 앞두고 있었다. 임원들은 그날 오후 긴급회의를 열어 발표를 연기하고 점검을 서두르기로 결정했다.

리피토의 제네릭 버전을 수송하기 9일 전인 11월 21일, 수사관 두 명이 GMP를 준수하고 있는지와 아토르바스타틴의 유효 성분을 안전하게 생산할 수 있는지 여부를 확인하기 위해 토안사를 찾았다.[12] 그중 한 명이 파온타 사히브에서 샘플로 가득한 미등록 냉장고를 찾았던 브라운이었다.

토안사 공장을 점검하는 동안, 메릴랜드 규제관들은 초조하게 결과를 기다렸다. 추수감사절에 브라운은 그때까지 발견한 몇 가지 문제점을 요약해서 캠벨에게 보냈다. 직원들이 받는 교육의 수준이 형편없었고, 아토르바스타틴을 만들면서 이면지를 대놓고 사용하여 통제 부족과 데이터 조작의 가능성을 의심하게 했다. 14시간 후, 보고서 초안을 보냈을 때 상황은 더 악화되었다. 그녀는 작업장 한가운데에서 파쇄기와 배치 기록을 파기하고 있다는 증거를 발견했다. "이면지 사건이 우리를 더 잘못된 상황으로 이끌었어요." 그녀가 캠벨에게 말했다.

11월 25일 금요일, 불과 5일 뒤면 란박시가 아토르바스타틴 제조를 시작할 수 있는데도 FDA는 결정을 내리지 못했고, 캠벨은 브라운의 점검 결과와 FDA의 승인을 향한 거침없는 행보 사이에서 골머리를 썩었다. 시간이 촉박했다. 제네릭 의약품부가 승인에 대한 찬반 여부를 정리한 공식 권고안을 금요일까지 제출하라며 압박하는 사이에 금요일 아침이 밝았다. 란박시의 변호사들과의 합의안 협상에 몰두해온 노턴은 캠벨에게 모두가 사무실로 복귀하는 월요일까지 기다리라고 말했다. 실수는 용납되지 않았다. "법정이나 의회에서 이 결정을 철저히 검토할 겁니다." 그녀가 말했다.

그럼에도 불구하고 노턴은 브라운이 토안사 공장을 의약품 제조 시설에서 받을 수 있는 최하 등급인 OAI로 분류할까 봐 걱정했다. FDA가 그런 결과를 보고도 아토르바스타틴 신청서를 승인한다는 것은 말이 되지 않았다. 캠벨은 노턴을 안심시켰다. "OAI가 나올 것 같으면 미리 연락하겠습니다."

노턴은 FDA가 승산 없는 싸움을 하고 있다는 것을 알았다. 신청서를 승인하지 않으면 저가의 대체품을 요구하는 의회와 환자들로부터 비난이 쏟아질 것이다. 란박시가 더 큰 사건에 대한 합의를 거부할 가능성도 커진다. 하지만 신청서를 승인하면 기준 미달인 공장에서 제조되는 의약품인 줄 알고도 허가한 꼴이 된다.

불안해진 규제관들은 승인을 허락할 수 있는 명확한 답을 기다렸다. 한 시간도 채 지나지 않아 브라운이 최종 점검 보고서 사본을 보내왔다. 그리고 노턴의 가장 큰 두려움이 현실화되었다. 브라운은 GMP를 준수하지 못했다는 이유로 낙제 등급인 OAI를 매겼다. 그녀는 보고서 내용을 요약하여 이메일로 보냈다. "이면지를 너무 많이 사용했다." 그리고 "파쇄기도 일상적으로 사용하는 것 같았다"고 말했다.

토안사 공장이 안전하게 운영되지 않았기에 아토르바스타틴 제조를 거부해도 괜찮았다. 하지만 브라운은 자신의 표를 분산시켰다. 놀랍게도 토안사 공장의 유효 성분 생산을 "허용해도 된다"라며 신청서 승인을 권고했다. 제네릭 리피토의 유익함을 고려하면 그 정도의 결함을 수용할 수 있다는 입장이었다. 란박시가 아토르바스타틴의 유효 성분 제조와 관련하여 "많은 경험을 가지고 있다"라고도 평가했다. 브라운도 "이례적인 권고"였다고 인정했다. 그녀는 압박감 속에서 자신의 결정을 운에 맡겨 보기로 했다. 공장은 형편없지만 괜찮은 제품을 만들 수도 있었다.

규제관들은 곧 닥칠 재난의 윤곽을 볼 수 있었다. 토안사 공장은 GMP 점검을 통과하지 못했다. FDA의 기준을 충족하지 못한 것이다. 하지만 란박시의 제네릭 리피토를 승인하든, 곤경에 처한 수백만 명의 미국인을 저버리든 24시간 안에 결정을 내려야 했다.

규제관들은 인도 지부와 긴급 통화를 하면서 본질적인 난제에 대해 고민했다. FDA는 용납할 수 없는 절차들을 발견하고도 여전히 그들의 유효 성분을 신뢰했다. 왜 그런 걸까? 일부 규제관은 시간을 더 달라고 요구했다. 한 규제관이 더 결정적인 질문을 했다. "왜 미국인들이 인도의 란박시 제품(유효 성분)을 원해야 합니까?" 그러자 노턴이 끼어들어서 아토르바스타틴을 승인하지 않으면 란박시가 수년간 논의해온 양자 합의에 의한 판결에 서명하지 않을 것이라고 설명했다. 란박시는 대규모 사기 행각을 벌이고도 FDA를 궁지에 몰아넣는 데 성공한 것 같았다. 그녀는 "국장이 관여해야 할지도 모르겠다"라는 결론을 내렸다.

⊖ ⦸ ⦶ ⊘

2011년 11월 30일, 캠벨은 워싱턴 D.C.의 춥고 건조한 새벽녘에 두려움을 안고 잠에서 깨어났다. 달갑지 않은 하루였다. 출근 전까지 아토르바스타틴에 관해 물어보려는 언론의 전화가 빗발쳤다. 준법 감시부가 란박시의 신청서에 대한 최종 권고안을 발표하기 전이었다. 그렇더라도 점검에서 밝혀진 사실들은 변함이 없을 것이고, 브라운의 권고는 FDA에 '해명'이라는 과제를 남겼다. 주요 성분을 제조하는 공장이 기본적인 기준도 충족하지 못한 상황에서 란박시의 의약품을 승인한 것을 어떻게 정당화할 수 있을까?

하지만 그 사실들은 바뀔 수 있었다. 브라운이 토안사의 GMP를 부정적으로 평가했지만, 준법 감시부는 'OAI'를 'cGMP 상태'로 바꾸어 발표안을 준비했다. 발표에 따르면 그들은 점검팀을 '긴 시간' 인터뷰한 후 보고서 초안을 검토했고, "그 과정에서 모든 전문가가 결함과 관련된 사실들로 규제 조치를 정당화할 수 없다는 데 동의했다". '절대 안 된다'에서 '괜찮다'로 가기 위해 FDA는 불편한 사실을 바꾸고 명백한 경고를 못 본 척했다.

하루가 끝날 무렵, FDA는 란박시에 ANDA를 승인한 사실을 알렸다. 비록 스캔들로 피폐해지기는 했지만 수익성 좋은 제네릭 리피토를 6개월간 독점 생산하고 그 후에는 경쟁사들과 함께 생산할 수 있는 권한을 얻었다. 오후 8시 12분, FDA는 대언론 공식 성명을 통해 그 소식을 대중에게 알렸다.[13] 한편 인도에서는 란박시의 CEO이자 상무이사인 아룬 소니가 직원들에게 연설하고 있었다.[14] 그는 제네릭 리피토의 미국 출시는 "전 인도인과 제네릭 산업에 있어 역사적 사건"이라고 말했다. 그리고 의기양양하게 "그것은 절대 끝이라고 말하지 않는 정신"이라며 제네릭 리피토에 관한 이야기는 "한 편의 스릴러나 다름없었고" 치열한 경쟁 속에서 "란박시는 아토르바스타틴 시장의 가장 높은 자리에 오를 것"이라고 덧붙였다. 그들은 이튿날 아침부터 아토르바스타틴을 수송하기 시작했다. 24시간 안에 선주문으로만 1억 달러의 수익을 올렸고, 6개월 만에 6억 달러 가까

이 벌어들였다.[15]

준법 감시부는 서로에게 축하 인사를 건네며 결과적으로 옳은 일이었다고 확신했다. 하지만 승인 결정과 그 과정에 대해 깊은 불안감을 느꼈다. 그리고 얼마 지나지 않아 규제관들은 철저히 이용당했다는 사실을 깨달았다. 처음에 란박시는 미국에서 동원 가능한 최고의 제조 방식으로 아토르바스타틴을 생산할 거라며 FDA를 안심시켰다. 하지만 신청서 승인을 받고 하루 뒤인 12월 1일, 그들은 완제품을 인도 모할리 공장에서 생산하겠다며 말을 바꾸었다. 승인이 떨어지자마자 비용이 저렴하고 관리도 허술한 공장으로 다시 이전하려고 했던 것이다. FDA가 점검을 위한 '방문'을 요청하고 6주 전에 미리 알렸던 바로 그 공장이었다.

란박시의 '창의적 전략'에 정통한 규제관들도 깜짝 놀랐다. "우리가 모할리 공장에 대해 뭘 알지?" 약학부 차장이 동료들에게 물었다.

"뉴저지에 없다는 건 확실해!" 한 규제 변호사가 불만스럽게 말했다.

란박시는 불리한 위치에서 승산 없는 싸움을 완벽히 수행하여 승리를 거두었다. "그들은 평범한 전자 오르간을 명품 바이올린처럼 연주했어요." 캠벨은 나중에 이렇게 말했다.

란박시는 규정을 준수하고 있다는 것을 FDA에 지속적으로 어필했다. 2012년 3월, 란박시의 국제 품질 부문 총괄이 캠벨에게 이메일을 보냈다. "투명성과 협력의 정신에 입각하여 토안사에 있던 파쇄기를 작업장 밖으로 내보냈고, 현재는 QA 구역에 두고 지속적으로 관리하고 있다는 것을 확인하여 알려드립니다." 하지만 다카하시와 동료들은 란박시가 사기 행각을 지속적으로 은폐하여 미국인들에게 저질 의약품을 공급할 것이라고 우려했고, 그 후 몇 달 동안 벌어진 경악스러운 사건들을 통해 그들의 우려가 사실이었음이 드러났다.[16]

6부

분수령

BOTTLE
OF
LIES

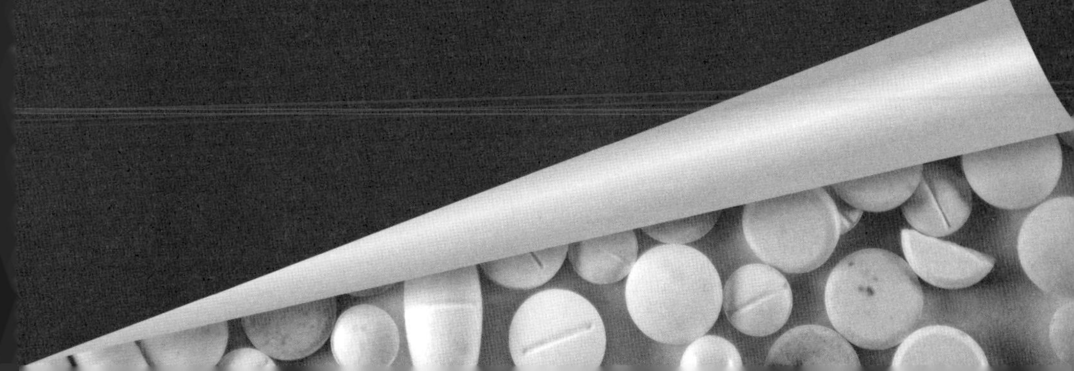

23장

전등 스위치

○

2012년 12월 7일
인도, 펀자브, 토안사

FDA가 인도의 소규모 지부에서 근무할 수사관을 모집했지만 지원자가 많지 않았다. 하지만 젊은 소비자 안전 감시관 피터 베이커는 다른 사람들과 달리 선뜻 지원했다. 그는 여행과 모험을 좋아해서 매년 모터사이클 모임 사람들과 함께 몽골에서 필리핀까지 원거리 여행을 다녔다. 자원한 데에는 실용적인 이유도 있었다. 인도는 정밀과학인 무균 의약품 제조 분야의 선두 주자로 유명했다. 일정 기간 동안 최고 수준의 실무를 경험하면 경력에 도움이 될 만한 전문 지식을 갖추어서 미국으로 돌아올 수 있겠다고 생각했다.

그는 뉴델리에 도착한 후 불과 3개월 만에 매우 중요한 임무를 맡았다. 펀자브 북부의 외딴 지역에 있는 토안사 공장에 가서 제네릭 리피토인 아토르바스타틴의 유효 성분을 만드는 과정을 점검하는 일이었다.

FDA 관료들의 개입에 크게 힘입어 막판에 간신히 점검 기준을 통과한 문제의 그 공장이었다. 하지만 고수익이 보장되는 아토르바스타틴을 출시하고 불과 10개월 만에 충격적인 사건이 발생했다. 미 전역에 공급된 수백만 개의 정제 중 일부에서 파란색 유리 조각이 발견되었다. 이러한 제조상의 문제는 준법 감시부가 우려했던 최악의 상황을 현실화했다. 란박시의 아토르바스타틴 제조를 승인해서는 안 되었다. 란박시는 수백만 개의 정제를 회수했고, FDA는 문제를 파악하기 위해 유효 성분을 제조하는 토안사 공장에 베이커를 파견했다.

아주 중요한 점검이었기 때문에 베이커는 뭄바이의 베테랑 수사관 어툴 아그라왈과 동행했다. 두 사람은 정반대의 외모를 가지고 있었다. 베이커는 갈색빛의 금발을 짧게 깎은 젊고 몸이 탄탄한 미남이었고, 아그라왈은 단신에 대머리로 다리를 절었다. 유일한 공통점은 속는 것을 싫어한다는 것이었다. 이번에는 증거를 숨길 수 없도록 단 몇 시간 전에 방문을 고지했다. 하지만 다른 동네로 갔다가 되돌아가느라 란박시에 몇 시간을 벌어주었다.

마침내 두 사람은 10여 개의 건물들이 드넓은 부지에 펼쳐져 있는 대규모 공장단지에 도착했다. 본사 임원이 그들을 맞이했다. 그날 아침에 뉴델리에서 첫 비행기를 탄 것으로 보아서 전날 밤에 미리 점검 소식을 들은 것 같았다. 인도 지부의 누군가가 정보를 흘린 것이 분명했다.

공장 임원들은 수사관들에게 프레젠테이션부터 들어보라고 권했다. 하지만 아그라왈은 오염 문제가 발생한 건물로 안내해달라고 요구했고, 임원들의 안내를 받아 MP-11 공장으로 이동했다.[1] 그들은 재료를 넣고 섞어서 화학반응을 일으키는 커다란 원통형 반응기의 입구를 둘러싸고 있는 파란색 유리 보호링이 오염원이라고 설명했다. 보호링은 사고 후 바로 제거해서 보여줄 수 없다면서 이가 빠진 유리 사진을 보여주었다. 베이커는 동그랗게 깨어져 나간 부위를 자세히 살펴보며 결함이라고 하기에는 너무 완벽하다고 생각했다. 누군가가 조심스럽게 깨뜨린 것처럼 보였다. 깨진 유리가 수백만 개의 정제를 오염시킬 수 있을까?

아그라왈과 베이커는 다른 반응기들의 내부도 자세히 들여다보았다. 공장 직원들에게 다리를 붙잡아달라고 부탁하고 반응기 안에 거꾸로 매달리기까지 했다. 한 무리의 임원이 잠자코 기다리는 동안, 베이커가 거대한 강철사일로의 내벽을 향해 손전등을 비추었다. 그는 유리 내벽을 비추어보다 거미줄처럼 갈라진 금을 찾아냈다. 그것이 참사의 원인인 것 같았다. 임원들은 무언가를 숨기려는 듯 주변을 서성이며 갖은 애를 쓰고 있었다.

다른 반응기 안에는 한 번도 청소하지 않았는지 분말 잔여물이 쌓여 있었다. 그는 점검 양식을 보여달라고 요청했다. 모든 결과가 아무런 설명 없이 'OK'로만 기록되어 있었다. 두 명의 기술자가 청소 일지에 서명했다. 베이커가 질문하자 공장 임원들은 사실관계를 확인하려는 듯 힌디어로 대화를 나누었다. 매서운 질문이 이어졌고, 결국 그들은 서명한 직원들이 실제로 청소를 하지는 않았다고 실토했다.[2]

점검 중에 한 임원이 유리가 섞인 성분들을 갈아서 거른 후 재판매할 예정이라고 밝혔다. 수사관들이 너무 위험한 물질이라고 설명하자 그들은 그것을 파기하겠다고 약속했다. 미국에서는 수사관의 참관하에 위험한 제품을 파기하는 것이 표준 프로토콜이었다. 베이커도 예전에 폐기물 처리장을 방문하여 불도저로 밀어버리기 전에 산처럼 쌓인 썩은 생선에 표백제를 쏟아붓는 모습을 지켜보았다. 독가스로 부풀어 오른 생선이 여기저기서 폭발했다. 베이커와 아그라왈은 란박시가 손상된 성분을 파기할 것이라고 믿지 않았다. 나중에 FDA 인도 지부의 지부장에게 파기 과정을 지켜보게 해달라고 요청했지만, 불필요한 일이라는 답변만 돌아왔다.

두 사람은 8일간 공장을 점검했다. 심각한 위반 사항들을 발견했지만 완벽한 원형으로 깨뜨려 조작한 증거만 있을 뿐 실제 결함이 발생한 반응기는 확인하지 못했기 때문에 농락당한 기분으로 무기력하게 떠날 수밖에 없었다. 게다가 란박시가 약속한 대로 오염된 성분을 파기하는 대신 재판매할 것 같아 걱정스러웠다.

이 경험을 계기로 베이커는 더 영리하고 공격적인 수사관이 되어 공장 임원들의 조직적인 방어와 부정을 꿰뚫겠다고 다짐했다. 이렇게 결심하고 얼마 지나지 않아 어떤 사건의 진상을 밝혀냄으로써 그는 인도 제약회사들 사이에서 악명을 얻었을 뿐 아니라 전 세계가 그들의 관행에 의문을 제기하도록 만들었다.

⊖ ⊘ ⦶ ⊘

베이커는 국제 사기의 세계에서 가장 먼 곳, 오리건의 레바논에서 잔디 종자 농원을 하는 메노파교도 부모님 밑에서 자랐다. 가족이 다니던 교회는 타인에게 봉사할 것을 강조했고, 공동체의 선교 사업을 위해 콜롬비아 아마존강 하류에 사는 원주민 마을과 도미니카공화국의 고아들을 찾아갔다. 베이커는 이웃 농장에서 여름을 보내며 파란 하늘 아래에서 트랙터와 콤바인을 몰았다.

그는 샌디에이고의 기독교 대학교를 다니면서 화학에 대한 애정을 발견했다. 그리고 유럽 배낭여행을 하면서 만난 스웨덴 여성과 함께 샌디에이고에 정착한 후, 제조업체들을 대신해 의약품을 시험하는 사설 연구소에 취직했다. 그는 매일 몇 시간씩 HPLC 시험을 진행했다. 그 회사는 GMP를 꼼꼼히 준수하는 것보다 비용 청구에 더 큰 관심을 가지고 있는 듯했다. 연구소의 화학자들 역시 느슨한 감시 속에서 작업을 빨리 끝내기 위해 데이터를 조금씩 손보는 간단한 방법을 사용했다. 회사가 맥주 파티와 농구 경기를 여는 금요일 오후에는 더욱 심했다.

1년 후, 베이커는 여자 친구와 중국으로 건너가서 공대생들에게 영어와 서양 문화를 가르쳤다. 그리고 다시 샌디에이고로 돌아와 결혼식을 올렸다. 그 후 베이커는 애보트 래버러토리스의 품질보증 연구소에 기술자로 들어갔다. 진짜 공부는 거기서부터 시작되었다. 그는 상사로부터 공식 관리 시스템이 없는 연구소를 체계화하라는 지시를 받았다. 투명하고 검증 가능한 기준의 기반을 구축하라는 의미였다. 덕분에 베이커는 GMP를 기초부터 제대로 배울 수 있었다.

그리고 2008년 샌프란시스코 주립대학교에서 분석화학으로 석사 학위를 취득하면서 FDA에 입사했다. 그 후 1년 동안 미국 내 공장을 점검했다. 그는 각 시설을 몇 주씩 점검하며 제조 과정을 완벽히 갖추라고 촉구했고, 대부분의 시설은 규정을 잘 따랐다. 미국에서 총 55건의 점검을 실시했는데 단 두 곳만 경고장을 받았다. 이후 한 기업은 지나치게 엄격한 점검을 피하려고 제조 공장을 대만으로 이전시키기도 했다. 2011년 중반, 해외 업무가 밀려드는 상황에서 베이커는 대학에서 배운 기초 중국어도 활용해볼 겸 중국 파견 업무에 자원했다.

몇 달 후, 베이커는 동물용 의약품 제조 공장을 점검하러 푸젠성의 외딴 마을인 푸청을 찾았다. 새벽 1시, 그는 호텔에서 잠을 자고 있다가 방문 두드리는 소리에 잠에서 깼다. 방문의 작은 구멍으로 내다보니 평상복 차림의 남자 10여 명이 보였다. 알고 보니 그들은 중국 정부의 보안 요원들이었다. 그들은 방문을 열어줄 틈도 없이 문을 부수고 들어와 베이커를 감금하고 방안을 뒤졌다. 그가 호텔의 유일한 외국인이었는데도 불구하고 호텔 측은 다른 사람으로 착각했다고 주장했다.

FDA는 해외 점검 시 20달러 이상의 선물은 절대 받지 말라고 경고하는 등 형식적인 교육만 제공했다. 정부의 감시, 금화 선물, 늦은 밤 호텔방에 찾아오는 콜걸, 점검 대상인 기업들이 지배적인 영향력을 행사하는 외딴 마을에서 안전하게 머무는 방법 등은 절대 언급하지 않았다. 베이커는 외진 마을에서 장시간 예측 불가한 일들을 마주하면서 위험한 상황을 다루어야 했지만, 의기소침해지지 않고 오히려 열정을 불태웠다. 몇 달 후 그는 인도에서 상근하기로 결정했다.

⊖ ⊘ ⓘ ⊘

2008년 말, FDA는 인도를 비롯하여 해외 곳곳에 전초기지를 세웠다. 이것은 불순물이 섞인 헤파린 사건에 대한 대응책이었고 오랫동안 자명했던 사실에 대한 인정이었다. FDA 직원이 상주하지 않는 나라에서 공장을 규제하는 것은 기대할 수 없었다. 인도 지부의 출발은 매우 불안했다. 뭄바이와 뉴델리에 각각 네 명씩, 총 여덟 명의 직원이 인도 전역에 있는 공장 수백 곳을 점검했다. 인도 기업에 상당히 관대했던 수사관 가비니도 최초 지원자 중 한 사람이었다. 그는 2009년 6월 뭄바이 점검팀에 합류했다.

뭄바이의 수사관들은 미국 총영사관이 입주해 있는 건물에서 근무했는데, 쥐들이 컴퓨터의 전력 케이블을 갉아놓곤 했다. 가비니는 몇 킬로미터 떨어진 곳에 살면서 간이역에서 지역 열차로 통근했다. 그는 수사관의 발길이 닿은 적 없는 제조 공장을 찾아갔다. 거기서 훈련이나 교육을 받지 않은 직원들을 찾아냈는데, 그중 일부는 문맹이었고 더러운 신발을 신은 채 공장 안을 돌아다녔다. 하지만 그는 인도인들에게 '무분별한 [수치심]'을 주지 않으려고 노력했고, 못마땅해하는 공장주들을 어르고 달래서 개선하겠다는 약속만으로 작업 재개를 허가해주었다. 이처럼 관대한 점검의 도움으로 기업들이 번창했고, 미국 수출을 승인받은 공장의 수가 급격히 치솟았다.[3] 2012년 9월, 베이커가 인도에 도착했을 때 그곳은 거대 의약품 수출국이 되어 있었다.

베이커는 점검을 하면서 인도에 과도한 명성을 가져다준 것이 무엇인지를 직접 확인했다. 신설 제조 공장들은 티 하나 없이 깨끗해 보였고, 설비도 완전 새것 같았다. 하지만 그는 무언가 다른 점을 알아차렸다. 공장 관리자들은 목줄을 매고 있는 개처럼 점검 내내 수사관들을 안내하며 공장을 돌았다. 환영식부터 방문 기념 슬라이드 쇼와 시설을 둘러보는 가이드 투어까지 정성스러운 접대가 마지막까지 이어졌다.

다섯 번째 점검을 위해 뭄바이의 RPG 라이프사이언스를 찾아간 베이커는 갑자기 경로를 틀어 시험 데이터를 보관해둔 품질관리 연구소부터 방문했다.[4] 그리고 결함이 있는 의약품과 관련된 기록을 전부 보여달라고 요청했다. 그러자 잔뜩 긴장한 관리자가 기록을 파기했다고 털어놓았다. 베이커에게는 곤란한 상황이었다. 그는 컴퓨터 시스템을 살펴보다가 공식적으로 기록되지 않은 의약품에 대한 몇 가지 자료를 찾아냈다. 모든 것을 투명하게 기록해야 하는데, 왜 비공식 기록을 가지고 있는 것일까? 그는 그 공장에 낙제 등급인 OAI를 매겼다. 안전하고 올바르게 운영되는 미국 공장에서는 은폐하거나 파기한 기록, 부정적인 수단 등 비공식적 것은 어떤 것도 용납되지 않았다.

인도에서 생활한 지 4개월째인 2013년 1월, 베이커는 주사용 암 치료제의 유효 성분을 만드는 칼랴니 제조 공장을 찾아갔다. 프레지니우스 카비 소유의 독일 브랜드 의약품 기업이었다.[5] 4년 전, 마지막 수사관이 지적한 문제점은 시험 중이던 의약품 샘플을 위한 관리의 연속성을 정확히 기록하지 않았다는 것뿐이었다. 한 달 전, 토안사 공장에서의 경험을 계기로 베이커는 공장 부지를 돌 때 안내받지 않겠다고 다짐했다. 그는 어디로 가서 무엇을 점검할지를 직접 결정했다. RPG에서도 최후의 밀실인 품질관리 연구소로 바로 향했다.

표면적으로 품질관리 연구소의 목적은 작업장의 시험 결과를 감사하고, 그것을 원본 그대로 보존하며, 이례적인 데이터를 빠짐없이 조사하는 것이었다. 또한 결함을 가진 의약품을 감지하고 제거하는 마지막 방어선이었다.

하지만 품질관리 연구소는 결함을 가진 의약품을 노출시킬 수 있는 데이터를 조작하거나 파기하는 중추로서 비도덕적인 역할을 할 수도 있었다. 베이커는 칼랴니 연구소에 데이터를 요청하는 대신 컴퓨터 앞에 앉아 HPLC의 시험 결과를 면밀히 검토하기 시작했다. 커다란 HPLC 기기는 의약품 샘플에 들어 있는 불순물을 분리하여 측정하고, 그 결과를 크로마토그램이라는 곡선의 형태로 나타냈다.

베이커는 파일을 살펴보다 무언가 이상한 점을 발견했다. 그는 정식 데이터 폴더에서 공식 시험 결과를 찾았지만, 'MISC' 폴더에서 동일 의약품 샘플의 초기 시험 결과로 보이는 파일을 발견했다.[6] 어떤 것은 하루 간격이고 어떤 것은 한 달 간격이었다. 초기 시험 결과의 일부가 'MISC'와 같은 보조 폴더나 'DEMO'라는 이름의 정식 폴더에 들어 있었다. 이러한 비공식 사전 시험과 재시험은 설명되지 않는 것들이었다. 허가 절차 또한 없었다. 그는 일부 HPLC 기기가 정식으로 등록되거나 공장의 메인 서버에 연결되어 있지 않았다는 사실을 알아냈다. 그들은 오프라인 시험을 수행하고 있었다.

베이커는 1차 제조 과정의 표면 아래에 숨겨진 2차 제조 과정의 윤곽을 밝혀냈다. 기술자들은 예비 결과를 얻기 위해 숨겨놓은 초기 시험 결과를 지침으로 삼아 매개변수나 용제의 양을 조정하는 등 설정을 변경했다. 그 후 공식 시스템 안에서 재시험하여 원하는 결과를 얻었다. 베이커가 관리자들에게 부정행위의 명백한 증거를 보여주었지만 그들은 부인했다. 베이커가 데이터를 전부 보여주었는데도 한 관리자는 모든 시험 결과가 메인 서버에 저장된다고 주장했다. 점검이 진행될수록 베이커는 공장의 더 깊숙한 곳으로 이동했다. 그는 아무런 표시가 없는 바인더 안에서 이면지를 발견했다. 관리자가 그것을 낚아채더니 주머니 안에 숨기려고 했고, 베이커는 그것을 돌려달라고 요구했다. 거기에는 개선이 필요한 제조상의 오류와 그 밖의 문제들이 적혀 있었다. 모든 품질 문제를 공식적으로 기록해야 하는 의무를 회피했다는 명백한 증거였다. 또한 베이커가 용제를 거르는 용기에서 알 수 없는 조각을 발견했지만, 관리자는 그 사실을 부인하며 유리에 빛이 반사되어 그런 것이라고 우겼다. 나중에 그곳을 다시 찾아갔을 때 조각은 사라지고 없었다. 관리자는 기술자들이 '은폐 행위'를 했을 리 없다며 그것 역시 부인했다.

다음 날 베이커는 자신의 의심을 확인할 수 있는 보고서를 발견했다. 보고서에는 그가 한 시간 동안 처리실 자리를 비운 사이 설비 운영자들이 '문제의 입자'를 제거했다고 적혀 있었다. 그 조각들은 낡은 캐스킷(내용물이 새지 않도록 이음부를 밀봉하는 마개—옮긴이)에서 나온 것이었다. 거기에는 관리자의 진술도 첨부되어 있었다. "2013년 1월 14일, USFDA 점검을 받던 중에 나는 몹시 당황했고 직원에게 설비를 열어 청소하라고 지시했다."

베이커가 질문하는 동안, 공장 관리자들은 독일의 품질관리자들에게 이 사실을 전달하며 위험을 알렸다. 점검 마지막 날, 베이커는 어리둥절하고 기진맥진한 모습의 부사장을 만났다. 그는 최종 결과를 듣기 위해 팀원들과 밤새 독일에서 날아왔다. 품질관리자들은 공장에서 무슨 일이 벌어지고 있는지 몰랐던 것 같았다. 베이커가 질문을 던지자 그들은 현지 직원들을 다그쳤다.

독일 품질관리자들은 지난 72시간 동안 확인한 사실을 기꺼이 털어놓았다. 그들은 전무이사의 주도하에 의약품 성분을 사전에 시험하고, 그 결과를 검토하여 설정을 은밀히 수정하고 기준을 통과할 때까지 샘플을 재시험했다. 전무이사는 베이커가 도착하기 전에 사전 시험 조작에 사용한 HPLC 기기를 부지 밖으로 옮기라고 지시했다. 그들은 시험을 통과할 때까지 불순물 함량이 높아 규격 미달인 성분에 양질의 성분을 섞어 넣었다. 베이커는 공장의 최고 책임자가 이런 일들을 지시했다는 사실에 몹시 놀랐다.

몇 달 후, 프레제니우스 카비는 자신의 공장을 조사하기 시작했다. 결과는 암울했다. 그들은 나중에 비공식 시험과 무허가 혼합, 가짜 제조 기록, 수천 건의 기록을 삭제한 사실은 물론 베이커의 점검 전에 얻은 모든 데이터의 정확성과 규정 준수 여부를 신뢰할 수 없다고 인정했다. 그야말로 낭패였다. 그나마 프레제니우스 카비가 해당 공장의 생산을 중단시키고 전 경영진을 해고하고 재혼합 성분으로 만든 의약품을 전량 회수한 것은 칭찬받을 만하다. 당시 상황만큼 충격적이었던 것은 그가 형편없는 위탁 운영의 희생자라는 사실이었다. 베이커가 불법행위를 밝히지 않았다면, 그는 자신의 공장에서 무슨 일이 벌어지고 있는지 절대 발견하지 못했을 것이다.

하지만 그런 상황에 처한 것은 프레제니우스 카비뿐만이 아니었다. 전 세계의 브랜드 의약품과 제네릭 의약품 기업들이 최저 비용으로 유효 성분과 의약품을 제조하는 인도 공장으로 달려들고 있었다. 그들은 인건비와 재료비를 아껴서 단기간에 막대한 이윤을 벌어들일 수 있었다. 하지만 베이커는 공장주들이 비용을 절감해주는 공장에서 실제로 벌어지는 일들을 제대로 파악하고 있는지 의심스러웠다.

⊖ ⊘ ⦶ ⊘

베이커가 인도에 도착하기 전에 FDA 수사관들은 오랫동안 무언가가 잘못되었다고 의심했다. 보통 규정을 준수하는 제조 공장들은 여러 이유로 일정 비율의 의약품 배치를 불합격 처리한다. 하지만 인도에서는 불합격 처리한 배치를 보기 힘들었다. 왜인지 몰라도 대부분이 기준을 통과했다. 또한 그들은 기록을 누락시켰다. "나는 [인도 기업이] 문서 작업을 성실하게 수행하는 것을 굉장히 힘들어한다는 것을 늘 알고 있었다." 한 수사관이 설명했다. "일상적인 기록은 인도인들의 습관이나 관행에 맞지 않는다. 찰타하이chalta-hai라는 태도를 가지고 있기 때문이다." 그는 인도인들이 어깨를 으쓱하며 기대에 못 미치는 결과를 기꺼이 받아들인다는 의미로 사용하는 유명 문구를 인용했다. "나는 내심 무언가가 잘못되었다는 것을 알고 있었다."

하지만 사전 고지까지 하면서 1주일 내에 광활한 공장단지에서 무엇이 잘못되었는지를 정확히 알아내기는 힘들었다. 베이커는 누구도 들여다보지 않은 곳을 들여다봄으로써 상황을 변화시켰다. 데이터를 샅샅이 뒤지면서 침투가 불가능한 소프트웨어의 기록 관리 시스템이 망가져 있거나 시험이 반복되거나 관련 기록이 공식 네트워크 서버에서 지워지는 것 같은 단서를 추적했다. 끈질긴 과학수사 끝에 동일 샘플에 대한 시험 결과의 삭제본과 그 이후에 실시한 공식 시험의 메타 데이터가 일치한다는 것을 확인했다. 어느 공장에서든 수백 수천 건의 시험 결과 중에서 본능적으로 조작이 의심되는 의약품 시험과 조작에 사용한 것으로 보이는 장비에 온 신경을 집중했다.

베이커는 중앙 소프트웨어 시스템에 연결되지 않은 비밀 시험용 HPLC 기기를 찾아냈다. 그들은 그 기기들을 비밀 연구실이나 네트워크와 연결된 기계들 사이에 숨기기도 했다. 하지만 베이커는 그것들을 단숨에 찾아냈다. 과거에는 수사관들이 10여 대의 HPLC 기기가 설치된 연구실에 들어가면, 임원들이 한 기기로 안내하여 작동 방식과 데이터 산출과정을 보여주었다. 시설당 주어지는 시간은 5일뿐인데 점검해야 할 것이 너무 많은 상황에서 네트워크에 연결되지 않은 기기 한두 대를 찾아내는 것은 불가능에 가까웠다. 한번은 베이커가 점검 중에 연구소 직원들에게 물었다. "모든 기기가 작동합니까?" 그러자 한 기술자가 답했다. "그 기기는 작동하지 않습니다." 현지 관리자가 모두 잘 작동한다며 수습해보려고 애썼지만 직원은 그렇지 않다고 말했다. 두 사람이 주거니 받거니 하는 동안, 베이커는 한 번의 질문으로 문제의 기기를 찾아냈다.

베이커와 함께 일하던 수사관들도 그의 기술을 배웠고, 극적인 변화가 나타났다. 한 FDA 직원이 "마치 '빌어먹을 기적' 같았다"고 회상했다. "어두운 방에 들어갔는데 갑자기 누가 불을 켠 것처럼 말이에요. 충격적이었지요." 하지만 두 달 후 실시한 점검에서 한 직원이 공장에서 빼돌리려던 쓰레기봉투에서 찢어진 배치 기록을 발견하고 나서부터, 베이커는 상당히 어두운 시각을 가지게 되었고 가짜 데이터의 위험성에 더욱 깊이 몰두했다.

⊖ ⊘ ⦶ ⊘

2013년 3월 18일, 베이커는 뭄바이에서 동쪽으로 320킬로미터 떨어진 아우랑가바드의 와루즈 지역에 있는 웍하트의 대표 공장에 도착했다.[7] 점검을 앞둔 회의에서 제조 부문 부사장은 베이커에게 미국 수출용 제품을 만드는 제조 라인은 하나뿐이라고 수차례 주장했다. 하지만 점검 둘째 날, 베이커는 한 직원이 계단 아래에 던져놓은 쓰레기봉투를 회수해 왔다. 그 안에는 인슐린 치료제의 배치 기록이 찢긴 채 들어 있었고, 수많은 약병에 검은색 입자들이 들어 있어 육안 검사를 통과하지 못했다는 내용이었다. 그 시험 결과는 회사의 공식 시스템에 기록되지 않았다. 해당 치료제를 만드는 제조 라인은 공식 기록에 존재하지 않았지만 공장 안에서 비밀리에 운영되었다. 공식 기록상의 인슐린 치료제는 삭제된 배치보다 훨씬 더 높은 점수로 시험을 통과했다. 그리고 인도와 중동 시장에 판매되었다.

베이커의 권한은 미국 수출용 의약품으로 국한되어 있었지만, 그와 미생물학자 동료는 찢어진 기록의 단서들을 계속 좇았다. 이튿날, 그들은 비밀 제형 구역에서 검은색 입자에 대한 비공식 '조사 보고서'를 발견했다. 날짜도 서명도 없이 공장 대표에게 쓴 것이었다. 보고서에는 검은색 입자가 기기 안의 망가진 발열 코일에서 나온 '금속성' 물질임이 명시되어 있었다. 기기 내부의 극심한 열기로 코일이 망가졌지만 비용 문제로 교체하지 않고 수리만 했다. 이후 입자가 들어간 치료제는 환자들에게 판매되었다.

베이커는 큰 충격을 받았다. 조잡하거나 태만한 과정으로 인해 입자에 대해 몰랐거나 실수로 출시를 지시할 수도 있다. 하지만 공장장은 그 치료제가 환자들에게 치명적일 수 있다는 것을 뻔히 알고도 인슐린 출시를 지시했다. 금속성 조각은 면역 체계가 손상된 환자에게 아나필락시스(과민성 면역반응—옮긴이) 쇼크나 사망을 쉽게 야기할 수 있다. 설상가상으로 베이커는 미국에서 부정맥 치료에 사용하는 주사제 아데노신이 동일한 비밀 제조 라인에서 동일한 위험 장비를 통해 만들어진다는 사실을 발견했다. 비공식 보고서에는 언급되지 않았지만, 베이커는 그 결과도 별반 나을 것이 없을 것이라고 확신했다.

이런 사기 행각이 미국에서 발견되었다면 불시 단속과 기소를 당했을 것이다. 그리고 누군가는 감옥에 갔을 것이다. 하지만 인도에서는 그럴 권한이 없었고, 유일한 해결책은 규제였다. 그는 웍하트의 와루즈 공장에서 생산되는 모든 의약품의 미국 수출을 제한할 수 있는 증거를 충분히 가지고 있었다.

점검은 5일 동안 이어졌다. 베이커가 일곱 가지로 정리한 점검 결과는 매우 충격적이었다. 그는 정교한 사기, 극도의 위험 요소, 심각한 위생 상태를 지적했다. 공장 임원들은 수차례 협조를 거부했다. 베이커가 약병의 내용물에 대해 질문하자 한 임원은 그것을 개수대에 쏟아버렸다. 또한 무균 제형 연구실을 위한 환복 구역에서 6미터 떨어진 화장실에는 소변기 배수관이 부족했다. 베이커는 "소변이 바닥에 떨어져 뚜껑 없는 배수구에 고여 있다" "하수구 악취가 심각하다"라고 적었다. 점검 중반, 베이커와 동료는 임원들에게 밀봉되지 않은 물병의 물을 받아 마시고 탈이 났다. 두 사람은 점검을 빨리 끝내려고 일부러 이상한 물을 준 것은 아닌지 의심했다.

점검 보고서 발표는 고사하고 조사 결과만으로도 주식 수백만 주를 날릴 수 있는 상황이었다. FDA 프로토콜의 일부인 마무리 회의에서 베이커는 제조 부문 부사장에게 점검 결과를 건넸다. 그는 베이커를 위협적으로 노려보며 인슐린 배치의 비공식 기록과 공식 기록의 불일치에 대한 관찰 결과를 삭제하라고 요구했다. 그것은 협박이었다.

"그렇게는 못 합니다. 죄송합니다." 베이커는 따가운 시선을 받으며 대답했다. 그는 공장에서 무사히 나가지 못할까 봐 몹시 긴장한 채로 동료에게 말했다. "나가시지요." 회사 차는 타고 싶지 않았다. 인적이 드문 데다 수많은 트럭과 광기 어린 질주를 고려하면 끔찍한 교통사고가 난다고 해도 놀랍지 않은 곳이었다.

동료는 수집한 증거를 가지고 이동하기보다 택배로 보내고 싶어 했다. 공장은 자발적으로 DHL에 연락했다. 얼마 후 가짜 유니폼을 입은 남자가 공장 안으로 들어왔다. 그렇게 해서라도 증거품을 빼돌려 점검을 방해하려는 속셈이었다. 베이커는 DHL 차량을 보여달라고 요구했고, 밖으로 나간 뒤 돌아오지 않았다. 겁먹은 수사관들은 3륜 택시인 툭툭이라도 잡아타기 위해 장비를 챙겨 길가로 나갔다.

베이커는 점검 보고서에 이렇게 적었다. "이번 점검을 진행하는 동안 위협적인 행동과 안전사고에 대한 우려가 있었으므로, 추후 점검은 응급 상황에 대한 대비책을 확실히 갖춘 점검팀이 수행하는 것이 좋겠다."[8]

⊖ ⊘ ⦶ ⊘

2013년 3월, 월하트 점검은 베이커에게 분수령이나 마찬가지였다. 비밀 연구소, 은밀히 반복되는 시험, 결과 조작 등 베이커는 개인적인 사기 행각을 넘어서는 사실들을 찾아냈다. 그리고 빈곤국에 수출할 의약품을 제조하여 선진국 가격으로 판매하려는 인도 제네릭 의약품 산업의 큰 그림을 밝혀냈다. 그들은 기술에 관한 지식과 명령을 따를 수밖에 없는 직원들과 사기에 유리한 기업 문화를 이용했다. 게다가 FDA의 낡은 점검 방식과 저가 의약품에 대한 서양의 의존도 한몫했다.

미국은 아주 저렴한 비용으로 똑같은 치료제를 만들어주겠다는 제네릭 기업들의 약속을 의심 없이 받아들였다. 그리고 이역만리에 있는 기업들이 FDA의 주장처럼 아무 문제 없는 양질의 제품을 만들고 있을 것이라고 생각했다. 하지만 베이커에게 덜미를 잡힌 인도 기업들은 법망을 교묘히 피하면서 최저 품질의 의약품으로 최대 이윤을 창출해왔다. 그들이 완벽한 치료제를 만들 수 있다는 것은 명백한 사실이었다. 지식의 격차는 없었고, 장비도 최상급이었다. 다른 것은 비용뿐이었다. 업계의 추정에 따르면 정밀 제어 비용이 약 25퍼센트 더 들었다.

의약품 승인에 대한 보장 없이 엄청난 선불 비용만 떠안는 것을 피하기 위해 기업들은 공장 안에 숨겨놓은 비밀 연구실에서 모든 샘플을 사전에 시험했다. 시험을 은밀히 수정하기 위해 결함이 나타난 결과는 은폐했다. 실제 품질과 무관하게 서류상으로는 제형이 완벽해 보이도록 노력했다. 시험을 조작하여 결과를 손보고, 이미 증명된 배치를 재시험했으며, 브랜드 제품을 사용하여 결과를 짜 맞추기도 했다. 그리고 그렇게 얻은 데이터를 FDA가 점검할 컴퓨터 시스템에 옮겨놓았다. 베이커가 인도에 가기 전까지는 내부 고발자 타쿠르 덕에 란박시만 덜미를 잡힌 상태였다.

베이커는 전통적인 점검의 틀을 깨부수고 이 모든 사실을 밝혔다. 현장을 돌아다니면서 설비 관리 기록을 확인하는 대신 과학수사를 기반으로 컴퓨터 시스템을 분석하는 데 집중했다. 정식 교육도 받지 않고 독학으로 이루어낸 성과였다. 하지만 위험부담도 컸다. 1주일 내내 컴퓨터 파일만 뒤지다 아무것도 건지지 못하면, 전통적인 방식의 점검은 아예 수행할 수 없게 된다. 하지만 베이커는 무엇을 살펴보아야 하는지 알고 있었다. 그는 'MISC' 'CHRON' 'DEFAULT' 같은 파일에서 품질관리 시스템에 기록되지 않은 수만 건의 비밀 시험 결과를 찾아냈다.

이러한 가짜 제조 시스템은 관련 지식과 수백 명의 참여를 필요로 했는데, 사전 고지 없는 점검, 적극적인 규제관들과 수시로 접촉하는 직원들, 내부 고발자에 대한 법적 보호 등 끊임없는 위협이 존재하는 미국에서는 거의 불가능한 일이었다. 하지만 인도에서 관행에 도전했다가는 업계에서 퇴출될 수도 있었다. 또한 새 직장을 얻으려면 전 고용주의 추천서가 필요했기 때문에 좋은 관계로 떠나야 했다. 내부 고발자가 되었다가는 목숨을 잃을 수도 있었다. 사기 행각을 벌이려는 제조업체들에게는 정말 완벽한 시스템이었다.

제네릭 의약품 제조 공장의 직원들은 대부분 계약직 노동자였고, 멀리 떨어져 있는 공장의 직원 중에는 가난한 농부도 있었다. 훈련 과정이 있더라도 매우 열악했고, 문맹인 직원도 많아서 서류를 작성하거나 교대 근무 때 작업 일지에 서명하는 과정에서도 어려움이 따랐다. 그들은 규정에 관한 시험을 정기적으로 치러야 했다. 어떤 공장은 직원들이 보고 베낄 수 있도록 모든 답을 벽에 적어두기도 했다. 직원 대부분이 하루 한 끼로 연명했다. 일상생활에서도 화장실이나 수돗물을 사용하지 못하는 경우가 많았다. 그런 사람들이 무균 제조 공장에 들어와서 갑자기 모든 규칙을 준수하기를 기대하는 것은 터무니없는 일처럼 보였다.

베이커는 점검 방식을 계속 발전시킴으로써 보조 파일에 숨겨져 있거나 컴퓨터 시스템에서 삭제되었거나 쓰레기통에 버려졌거나 자신이 도착하기도 전에 공장 밖으로 빼돌려진 사기 행각을 더 잘, 더 빠르게, 더 날카롭게 찾아냈다. 자신이 찾아내지 못하면 어느 누구도 찾지 못할 것이라는 두려움이 그의 원동력이었다. 웍하트를 비롯한 제조 공장에서 제조된 완제품들은 곧장 미국 도매업자의 공장과 약국으로 운송되었다. 사람들에게는 자신이 먹는 약이 무엇인지 알고 원하지 않는 것을 거부할 권리가 있었다. 하지만 미국 환자들은 저가 치료제의 제조 과정에 사용되는 속임수에 대해 전혀 몰랐고, FDA도 그 사실을 알리지 않았다. 그는 자신이 기회를 틈타 사기를 치려는 기업들로부터 환자들을 보호할 마지막 보루라고 생각했다.

24장

위 아 더 챔피언

○

2011년 8월
메릴랜드, 실버스프링

정부의 란박시 소송이 6년째로 접어들면서 FDA의 범죄 수사관 로버트슨은 55세에 은퇴하기로 결심했다. 명확한 해결책이 보일 때까지 란박시 사건을 떠나거나 타쿠르에게 등을 돌리지 않을 작정이었다. 하지만 검찰과 계속 싸우기에는 인생이 너무 짧았다.

타쿠르는 극심한 상실감을 느꼈다. 그녀가 없었다면 수사는 계속 제자리걸음이었을 테고, 그는 가명 뒤에 숨어서 란박시의 범죄를 멈추어달라고 FDA에 애원했을 것이다. 타쿠르는 구르가온에서 로버트슨에게 진심 어린 메시지를 보냈다. "수사 초기 몇 년 동안 당신의 흔들림 없는 도움의 손길이 얼마나 위안을 주었는지 말로 표현하기 힘듭니다." 그리고 이렇게 썼다. "아시는지 모르겠지만, 우리가 주고받은 이메일과 통화가 인생에서 가장 힘들었던 시기를 넘길 수 있도록 도와주었습니다." 타쿠르는 로버트슨이 '모두를 위해 더 효과적이고 안전한' 의약품을 제조하는 데 필수적인 역할을 해준 것에 감사를 전했다. 그리고 규정과 법 집행이 미비한 인도의 공중보건 시스템은 "대부분 부패했다"면서 로버트슨 같은 사람이 드물다고 덧붙였다. "여기에는 당신처럼 양심적인 특수 요원이 없습니다."

소송이 길어지면서 타쿠르의 변호사 베아토도 큰 타격을 입었다. 그는 메릴랜드 베데스다의 집에서 밤마다 타쿠르의 안전과 회사의 재정 상황을 걱정하느라 잠을 이루지 못했다. 스타인 미첼은 온종일 란박시 소송에만 몰두하고 있는 20명 이상의 직원에게 수백만 달러를 지급하고 있었다. 합의를 끌어내지 못하면 경제적 타격에서 살아남을 수 없었다. 사건이 비공개로 진행되다 보니 타쿠르가 대화를 나눌 수 있는 사람은 베아토뿐이었다. 아홉 시간 반의 시차 때문에 두 사람은 보통 한밤중에 대화를 나누었다. 다시 잠들기 힘들 때면 베아토는 충직한 반려견 지기와 늦은 밤 산책을 나갔다.

매년 두 사람은 란박시의 민형사 및 규제와 관련된 법적 책임을 하나의 합의안으로 정리해줄 국제적 해결안이 나오기만을 기다렸다. 실질적 합의의 명확한 지표는 란박시가 합의금을 지불하겠다고 약속하는 것이었다. 2011년 12월, 베아토는 법무부의 연락을 목 빠지게 기다렸다. 란박시가 약속할까? 만약 그렇다면 그 액수는 얼마일까? 내 의뢰인은 몇 퍼센트를 받을 수 있을까? 회사는 얼마나 보상받을 수 있을까? 수년간 애써 온 스타인 미첼이 손익분기점 이상의 수익을 얻을 수 있을까?

그리고 결전의 날, 베아토는 법무부의 연락을 한참 동안 기다렸다. 아내와 약속한 시간이 지나 사무실을 나가려는데 전화기가 울렸다. 란박시가 모든 법적 책임을 해결하기 위해 5억 달러를 확보해두기로 다이이찌산쿄와 합의했다는 소식이었다. 일본 기업이 란박시의 과거 행위로 인한 재판과 법적 책임을 떠안지 않겠다는 의지를 표현한 것이었다. 타쿠르와 스타인 미첼에 지급할 합의금은 아직 협상 중이었다. 12월 21일, 아토르바스타틴의 블록버스터급 출시 이후 불과 3주 만에 란박시는 대언론 공개 성명을 통해 합의금 5억 달러를 지급하겠다고 선언했다.[1]

"메리 크리스마스." 베아토는 인도 북부의 히말라야 산자락에 있는 통나무집에서 가족과 시간을 보내고 있던 타쿠르에게 문자를 보냈다. 그리고 개인 차량으로 귀가했다. 하지만 누적된 스트레스 탓인지 앞 범퍼에서 뒷 범퍼까지 측면 전체를 차고의 콘크리트 기둥에 긁고 말았다. 원칙적 합의가 이루어졌지만 란박시가 서명할지는 여전히 확실하지 않았다.

몇 주 후, 란박시가 합의안에 서명하자 FDA 임원들은 몹시 기뻐했다. "정말 긴 여정이었어!!" 한 고위 임원이 동료에게 이메일을 보냈다. "지울 수 없게 펜으로 서명했기를 바랄 뿐이야!" FDA의 국제 의약품 품질 부서를 지휘하던 카멜로 로사는 다카하시와 캠벨에게 사건을 해결하기 위해 "셀 수 없이 많은 시간"을 할애해주어서 고맙다며 다정한 인사를 전했다. "두 분 모두 소비자를 보호하겠다는 단 하나의 목표만을 염두에 두고 계셨다는 것 압니다."

고대했던 합의 소식이 전해진 후에도 정부와 란박시의 변호사들은 세부 사항을 두고 실랑이를 벌였고, 임원들은 계속해서 규제관들의 신경을 건드렸다. 란박시 임원들은 FDA 관료들과의 회의를 앞두고 각을 세웠다. 한 FDA 변호사는 동료에게 "란박시 경영진이 공정한 기회를 얻을 것"이라고 믿지 않기 때문이라고 말했다. 이러한 시각은 FDA의 일부 고위 임원들을 망연자실하게 만들었다. 로사는 그 변호사에게 답장을 보냈다. 란박시 임원들이 "무슨 배짱으로 그런 말을 했는지 궁금하네요."

2012년 5월, 타쿠르는 파트너와 언쟁을 벌인 후 사이포믹스의 CEO 자리에서 내려왔다. 그러는 사이 모아둔 돈은 계속 줄어들었고, 소날은 사건이 해결될 것이라는 기대를 버렸다. 타쿠르는 란박시 사건에서 자신이 어떤 역할을 했는지가 대중에게 알려지면 제약 업계에서 퇴출당할 것이라고 생각했다.

최종 합의안의 잉크가 다 마르기도 전에 법무부 변호인들이 베아토와 타쿠르에게 기한 연장을 요청했다. 내부 고발자 사건에서 그들에게 주어지는 유일한 권한이었다. 2013년 1월 3일, 베아토는 2개월 추가 연장을 요구하는 정부측 변호인에게 벌컥 화를 내며 말했다.[2] "왜 60일이나 필요합니까? 당신은 나와 내 의뢰인, 내 파트너들을 말려 죽이고 있어요. 타쿠르는 경제적으로 어려워요. 가족들도 힘든 상황이고요. 인내심에 한계가 오고 있어요. 저도 회사에서 무척 곤란한 입장이고, 할 수 있는 일이 거의 없어요. 60일을 연장해주면 란박시는 끝까지 버틸 겁니다." 타쿠르는 승소를 위해 연장에 기꺼이 동의했고, 베아토는 란박시에 60일이 더 남았다고 말했다가는 시간만 끌 테니 함구해달라고 당부했다. 한 검사보가 그를 안심시키려고 애썼다. "결승점이 바로 코앞입니다."

그사이 베아토는 얼마 전 타쿠르가 내부 고발자라는 사실을 알게 된 란박시의 변호사들과 싸우고 있었다. 그들은 타쿠르에게 란박시를 공개적으로 폄하하지 않는다는 약속과 함께 모든 문서, 특히 폭발적인 파급력을 지닌 SAR을 돌려달라고 요구했다. 그들은 그것을 영원히 묻어둘 작정이었다. 베아토의 회사에 주기로 했던 합의금을 지급하지 않겠다는 협박에 타쿠르는 문서를 모두 돌려주었다. 그리고 마침내 합의를 위한 메릴랜드 지방법원의 합의 공판이 2013년 5월 13일로 잡혔다. 정말 끝이 눈앞으로 다가왔다.

⊖ ⊘ ⦶ ⊘

공판 전날, 타쿠르는 워싱턴 게스트 스위트호텔에서 아침 일찍 일어나 커피를 마시며 뉴스를 시청하고, 모하비, 이샨과 페이스 타임을 했다. 그는 규칙적인 사람이라 일요일 아침을 평소처럼 평범하게 보냈지만, 모든 것이 평범하지 않은 날이었다.

그는 이른 아침에 찬 기운이 가시지 않은 길을 나섰다. 맨홀 뚜껑에서 김이 모락모락 피어올랐다. 포토맥강 강변을 따라 늘어선 벚꽃나무의 꽃은 이미 오래전에 지고 없었다. 그는 길게 뻗은 법무부 부지를 지나 워싱턴 몰로 걸어가면서 만개한 꽃과 선명한 초록빛의 나무 들을 보았다. 링컨 기념관 앞 연못이 이른 아침의 고요함 속에서 잔잔히 흔들렸다. 유년 시절에는 거대한 팔락누마 궁전 같은 하이데라바드의 기념물과 신전이 상상의 세계를 채워주었다. 자신이 워싱턴 D.C.에서 미국 정부라는 거대 권력을 등에 업고 인생 최대의 싸움을 벌일 거라고는 꿈에도 생각하지 못했다.

타쿠르는 어둠 속에서 내린 결정이 어떤 결과를 초래할지 모르는 채로 전 세계 환자들을 대변하기 위해 미국으로 돌아갔다. 란박시가 대가를 치르게 하려면 감사관부터 의료 사기 관리팀, 자문 위원, 소송 분과까지 수많은 관계 부처의 협조가 필요하다는 것은 미처 몰랐다. 8년이라는 긴 시간 동안 그는 미국 정부의 삐걱거리는 불완전한 사법 체계를 아주 가까이에서 지켜보았다.

타쿠르는 링컨 기념관의 계단을 뛰어 올라가 우뚝 솟은 대통령 동상 아래에 잠시 서 있었다. 어떻게 보면 링컨 역시 타쿠르의 여정에 일조했다. 변호사들이 란박시를 고소할 때 '링컨법'으로 알려져 있는 부정 청구법을 인용했기 때문이다. 링컨은 남북전쟁 당시 부정 청구법을 도입하여 내부 고발자들이 정부를 대신하여 북군에 엉터리 물건을 팔아 부당이득을 취하는 사람들을 고발할 수 있도록 했다. 타쿠르는 기념비에 앞에 서서 게티즈버그연설을 몇 차례 읽었다. 모든 인간이 평등하게 태어났다는 신념을 지키기 위해 헌신했던 미국이 의약품의 균일한 품질을 위해 싸우는 것은 전혀 놀랄 일이 아니었다. 미국의 법과 관습이 그에게 정의를 좇을 수 있는 방안을 제시했고, 이튿날 판결이 예정된 가운데 그는 성공을 눈앞에 두고 있었다.

그는 워싱턴 D.C.와 버지니아를 연결하는 알링턴 기념교의 벤치에 앉았다. 그리고 수년 전 란박시의 사기 혐의를 수사할 때 도움을 주었던 프로젝트 매니저에게 전화를 걸어 다음날 뉴스를 눈여겨보라고 전했다. 이 모든 사건의 출발점인 옛 상사 쿠마르에게도 전화했다. 그들은 수년간 연락을 주고받았다. 두 사람 모두 직업적인 어려움을 겪었는데, CEO에 걸맞게 사려 깊은 태도를 지닌 쿠마르가 특히 힘든 시간을 보냈다.

쿠마르는 퇴직 후 인도 최대 제네릭 의약품 기업 중 하나인 닥터 레디스에서 연구 개발 부문 사장으로 일했다. 하지만 그곳에 오래 머물지는 않았다. 2년 후 그는 케임브리지로 돌아갔고, 자신이 겪었던 일에 대해 함구했다. 환자보다 이윤을 더 중요하게 여기는, 감히 상상조차 할 수 없었던 세상에서 길을 잃은 의사이자 과학자였다. 타쿠르는 쿠마르에게도 이튿날 뉴스를 좀 챙겨보라고 말했다. 더 자세히 말하고 싶었지만 그럴 수 없었다.

그는 통화를 마치고 어느새 익숙해진 기다림을 위해 게스트 스위트호텔로 돌아갔다.

월요일 아침, 메릴랜드 볼티모어에 있는 미 연방 법원의 5A 법정 밖에 많은 사람이 몰려왔다. 법정은 아직 잠겨 있었고 연방 검사들, 란박시의 임원과 변호사 들이 불편한 표정으로 복도에서 모여 있었다. 베아토와 동료들은 타쿠르를 데리고 인파 속에서 사람이 없는 공간을 찾아갔다. 그들이 지나가자 사람들이 고개를 돌려 쳐다보았다. 란박시 임원들은 자신들에게 엄청난 고통을 안겨준 인물이 누군지 이미 알고 있었다. 하지만 그들과 함께 복도에 서 있는 것은 쉽지 않았다. 법정이 처음이었던 타쿠르는 잔뜩 긴장한 채로 대기했다.

문이 열리자 군중이 법정 안에 꽉 들어찼고, 베아토의 얼굴에 좀처럼 보기 힘든 미소가 희미하게 번졌다. 법정에 들어온 사람들 모두가 착석했다. 타쿠르는 변호사들과 나란히 앉아 로버트슨이 나타나기를 기대하며 입구 쪽을 쳐다보았다. 개정 직전에 그녀가 모습을 드러냈다. 타쿠르가 미소를 지으며 일어서자 베아토가 점잖게 그를 제지했다.

J. 프레더릭 모츠J. Frederick Motz 판사가 개정을 선언했다. 란박시는 어느 기업도 경험하지 못한 암울한 아침을 맞이했다. 기업들이 벌금을 납부하는 일은 흔했지만, 형사재판을 받는 일은 극히 드물었다.

란박시는 사취할 의도로 불순물이 들어 있는 의약품을 판매하고, 의약품이 기준을 충족하지 못한 사실을 보고하지 않고 정부에 고의로 거짓 진술을 하는 등 일곱 가지 범죄 혐의에 대해 유죄를 인정하기로 했다. 정부는 혐의를 입증하기 위해 최악의 사기 행각에 해당하는 여드름 치료제 소트레트, 뇌전증 치료제 가바펜틴, 항생제 시프로플록사신을 집중 공략했다. 란박시는 벌금과 추징금, 과태료로 5억 달러를 지급하기로 합의했다. 정부가 처음 제안했던 30억 달러보다는 훨씬 적었지만, 제네릭 의약품 기업에 부과된 액수로는 역대 최고였다.

모츠 판사는 란박시를 란크스베리로, 합의금 5억 달러를 50만 달러로 잘못 말했다. 검사보 버먼이 5억 달러로 정정했다.

모츠 판사가 농담을 던졌다. "제 눈에는 모두 엇비슷해 보이는군요."

란박시를 대표하여 유죄를 인정했던 임원이 일어나 이전 금액이 더 낫겠다고 말하여 웃음을 유도했다. 하지만 그가 "회사를 대신하여 죄를 인정하고자 한다"라고 말했을 때에는 법정 안에 침묵이 내려앉았다. 모츠는 합의안을 허가했고, 각 임원에게는 형사상 책임을 묻지 않았다.[3]

재판은 그렇게 끝났다. 법정을 나온 타쿠르는 로버트슨을 끌어안았다. 나중에 베아토는 그날 아침에 일어난 일은 "단순한 법원 공판"이 아니었던 것 같다고 회상했다. 그는 그 사건에 참여한 사실에 자부심을 느꼈고, 자신의 회사가 수백만 명의 삶을 좌우하는 업계를 거짓이 없도록 정화하는 데 도움을 주었기를 바랐다. 그는 그것을 전환점으로 여겼다.

베아토와 타쿠르가 베아토의 혼다 파일럿을 타고 워싱턴 D.C.로 돌아오는 동안, 법무부의 공식 성명이 언론에 보도되었다. 뒷좌석에 있던 동료가 큰 목소리로 보도 내용을 읽었다. "제네릭 의약품 제조업체와 역대 최대 규모의 의약품 안전 합의안을…."

"좋았어!" 베아토가 소리쳤다.

그 소식이 워싱턴 D.C.에서 뉴델리로 신속히 전해지는 동안, 베아토는 CD 플레이어를 켜고 퀸의 〈위 아 더 챔피언We Are the Champions〉을 쾅쾅 울릴 정도로 크게 틀었다. 그들은 창문을 내리고 노래를 따라 불렀다. 베아토의 사무실에 도착해보니 뉴스 매체의 문의가 정신없이 밀려들고 있었다.

그날 늦은 밤, 타쿠르는 인도에 있는 소날에게 전화를 걸었고, 두 사람은 밀린 대화를 나누었다. 소날은 아이들을 학교에 보내지 않고 현관 앞에 경비원을 한 명 세워두었다. 란박시가 미국에서 유죄를 인정한 사실이 인도 언론의 머리기사에 실렸고, 타쿠르가 사건에 기여한 공로를 인정받아 합의금의 일부인 4,800만 달러를 받을 것이라는 소식도 함께 전해졌다. 그의 사진이 텔레비전에 등장하자 깜짝 놀란 가족과 친지들의 축하 전화가 끝없이 이어졌다. 소날은 두려움과 스트레스에 시달리며 그 사건에서 타쿠르가 어떤 역할을 했는지를 설명하느라 모든 에너지를 소진했다. 이튿날에도 두려움은 여전했지만 일단 아이들을 학교에 보냈다.

⊖ ⦸ ⦶ ⊘

란박시가 유죄를 인정하고 이틀 후, 란박시 사건과 타쿠르의 역할에 대한 1만 자 분량의 기사가 〈포천〉의 미국 웹사이트에 실렸다.[4] 기사는 란박시와 말빈데르가 수년간 대중과 다이이찌산쿄에게 감추려고 했던 문서를 공개했다. 그것은 쿠마르가 이사회 과학 위원회에 보여준 SAR이었다. 기사는 다이이찌산쿄가 사기 행각의 규모와 심각성을 알고 있었는지에 대해 의문을 제기했다. 2010년에 다이이찌산쿄의 국제 전략 부문 총괄 우네는 〈포천〉과의 인터뷰에서 "한 번도 속았다고 생각하지 못했다"고 말했다.

기사가 보도된 후 1주일 만에 다이이찌산쿄는 말빈데르를 겨냥하여 대언론 공개 성명을 발표했다.[5] 그들은 란박시에 속았다는 것을 인정하면서 "란박시의 주주 몇 사람이 미 법무부와 FDA 수사에 관련된 중요한 정보를 감추거나 잘못 전달했다"라고 밝혔다. 그리고 "적용 가능한 법적 해결책"을 찾고 있었다고 말했다. 사실 그들은 이미 싱가포르의 국제중재재판소에서 말빈데르를 상대로 소송절차를 시작한 상태였다.

⊖ ⊘ ⦶ ⊘

그 후 몇 달은 정신없이 흘러갔다. 타쿠르는 로버트슨과 베아토를 비롯한 사건 관계자들과 저녁 식사를 하며 승소를 축하했다. 내부 고발자 상도 몇 차례 수상했고, 용감한 시민을 위한 조 A. 캘러웨이 어워드Joe A. Callaway Award for Civic Courage를 받고 나서는 워싱턴 D.C.에서 열린 만찬에도 참석했다. 그들은 그가 "직업적으로나 개인적으로 상당한 위험 부담을 감수하면서 제약 업계의 관행과 이전 고용주의 사기 행각에 도전함으로써 국제 의약품 안전을 위해 헌신했다"고 말했다.

그는 잠시나마 가족의 품으로 돌아갔다. 부부는 아름다운 바다 경관을 자랑하는 탬파의 아파트를 구입했다. 소날과 아이들은 한 달간 그곳에서 여름을 보내고 디즈니랜드도 갔다. "드디어 우리도 삶이라는 것을 가지게 되었어요." 소날은 남편의 느긋한 모습에 새삼 놀라워했다. "이제는 함께 있는 시간을 즐길 수 있어요."

하지만 모든 일이 그렇게 간단하지는 않았다. 란박시 사건은 정확히 어떤 성과를 거두었을까? 란박시가 유죄를 인정했던 날, 메릴랜드의 연방 검사였던 로드 로즌스타인Rod Rosenstein은 한 기자에게 그 사건의 한계에 대해 인정하면서 해외 의약품 제조업체는 규정 준수 여부를 "대부분 직접 증명한다"고 말했다. "제조업체가 [규정을] 위반하기로 결정하면, 실제로 무슨 일이 벌어지고 있는지 증명하기가 매우 어렵다." 이런 문제를 고려하면 "개인을 기소하는 것이 더 효과적인 억제책일 것"이라고 말했다. 하지만 그런 일은 일어나지 않았다.

캠벨은 FDA가 승소함으로써 패배했다고 생각했다. 물론 양자 합의에 의한 국제적 판결을 얻어낸 것은 전례 없는 성과였다. 그는 "어떤 사건도 그보다 크지 않을 것"이라고 인정했다. 하지만 판결의 규모와 엄격한 조항은 'FDA의 세 사람이 손을 놓은 채' 란박시의 결백만을 주장했다는 것을 의미했다. FDA는 자원을 최대한 활용했던 것일까?

FDA 수사관 가비니는 란박시의 유죄 인정을 힘들여 이끌어낸 과정을 경멸했다. 그는 FDA가 "쥐 한 마리를 잡으려고 온 산을 헤집어놓았는데" 누구에게도 책임을 묻지 않아서 "쥐가 도망갔다"고 말했다. 그의 말은 사실이었다. 란박시의 많은 임원은 데이터 사기의 전문가가 되었다. 그들은 수년간 연구 개발 단계부터 상업용 제조 과정에 이르기까지 시험 데이터를 변경하는 복잡한 과정에 몰두했고, 의심 많은 규제관들의 모든 질문에 답했다. 그들은 회사가 문제의 의약품 제조법을 완전히 익히기도 전에 엄청난 속도로 승인을 받아내기 위한 시스템부터 배웠다.

사건에 연루된 임원들은 다이이찌산쿄와 유죄 인정에 의한 대변동으로 말미암아 란박시를 떠났고, 동료들의 도움과 다양한 능력 덕분에 업계 도처에서 일자리를 얻었다. 규제관과 수사관 들에게 란박시의 디아스포라(유대인들이 팔레스타인을 떠나 세계 각지에 흩어져 사는 것—옮긴이)가 의미하는 것은 한 가지였다. 다음 사기가 어디서 일어날지 알아내는 최고의 방법은 전 란박시 임원을 추적하여 어디에 정착했는지 확인하는 것이었다.

25장

파일 박살내기

○

2013년 1월
펜실베이니아, 캐넌즈버그

전 란박시 화학자 말릭은 유리벽으로 된 마일란 래버러토리스 본사에서 사장과 상무이사를 맡았다. 이 소식은 예전 동료들을 놀라게 했다. 연구개발을 담당하던 화학자가 미국 기업의 중역이 되는 일은 흔하지 않았다. 펀자브에서 교육을 받고 인도 기업에서만 근무한 과학자라는 배경을 고려하면 더 놀라운 일이었다. 하지만 늘 명민하고 자신감 있는 태도로 손을 쭉 뻗어 악수를 청하던 말릭은 연구만 하는 평범한 과학자가 아니었다. 옛 동료에 따르면 그는 "놀라운 비전과 의지력으로 불가능을 가능으로 만들고, 경영진이 맡긴 임무에서 한 번도 실패한 적이 없는 것"으로 유명했다. 하지만 지금은 동료의 말처럼 "자신이 경영진이므로 임무를 직접 선택할 수 있다".

그의 최근 임무는 최대 규모의 해외 기업 인수를 감독하는 것이었다.

마일란은 인도를 기반으로 전 세계 아홉 개 제조 공장을 운영하는 무균 주사제 제조업체 아길라 스페셜티스를 16억 달러에 인수할 예정이었다.[1] 말릭은 마일란의 성장을 지켜보며 더 크고 복잡한 임무, 즉 전 세계 시장에서 동일한 품질의 의약품을 만들 수 있도록 전 세계 마일란 공장의 "기준을 높이는 것"에 대해 자주 언급했다. 하지만 그것을 실행하는 것은 말처럼 쉽지 않았다. 그러려면 그의 말처럼 인도의 "낮은 기준"이 마일란의 품질을 저하하거나 란박시의 "비극으로 끝난 아름다운 이야기"처럼 회사의 이미지를 추락시키지 않아야 했다.

2012년에 CEO가 된 브레시에 따르면, 마일란은 수십 년 동안 "이야기의 선한 편에 선" 기업으로서 기준의 수호자라는 명성을 즐겼다. 하지만 기업들이 인건비가 저렴하고 감시가 덜한 지역의 공장을 매입하기 시작하면서 이야기의 선한 편에 서기가 더 복잡해졌다. 마일란은 주저하는 업계를 개선시키는 데 선두적인 역할을 했다. 브레시는 세계 여행을 마치고 돌아오는 길에 호주의 한 공장을 방문했다가 FDA가 10년 넘게 점검하지 않았다는 사실을 알게 되었다. 미국 수출용 의약품을 제조하는 해외 시설의 수는 '천정부지로 치솟는데' 점검 수준은 미 대륙에 비해 한참 뒤처져 있었다.

뾰족구두와 화려한 옷차림을 즐겼던 브레시는 점검 수준의 격차를 해소하기 위해 예상 밖의 활동을 시작했다. 그녀는 기업들이 더 많은 점검을 받을 수 있도록 FDA에 수수료를 지불하자며 동료와 경쟁자 들을 설득했다. 무리한 요구처럼 들렸다. 어느 기업이 더 엄격한 점검을 받겠다며 돈을 내겠는가? 하지만 브레시는 그럴듯한 논거를 가지고 있었다. 수수료를 사용하여 해외 점검을 늘리고 신청서 검토 속도를 높이면 업무가 밀려서 승인이 늦어지는 상황을 줄일 수 있다는 것이었다.

그 결과 2012년 1월에 제네릭 의약품 신청자 수수료 개정법Generic Drug User Fee Amendment, GDUFA이 통과되었다. 브레시의 역할이 컸던 이 성과는 이야기의 선한 편에 서는 마일란의 명성을 더욱 드높였다.[2] GDUFA 제정으로 말미암아 FDA가 전 세계 산업을 더 효과적으로 규제하고, 혹독한 점검으로 인해 불리했던 미국 기업들도 공정하게 경쟁할 수 있다면 가장 이상적이었다. 브레시는 어디에서든 더 높은 품질의 의약품을 생산할 수 있을 것이라고 말했다. "나는 전 세계의 기준을 높이는 일을 여전히 매우 희망적이고 낙관적으로 바라보고 있다."

하지만 기준을 높이는 것은 단순히 법과 규정의 문제만은 아니었다. 그것은 종종 기업 문화의 변화를 요구했고, 마일란은 곧 안팎의 저항에 부딪쳤다.

⊖ ⦸ ⦶ ⊘

2013년 6월, FDA는 몇 달 전 마일란이 아길라로부터 인수하겠다고 발표한 카르나타카 방갈로르의 무균 주사제 공장에 대한 점검 일정을 잡았다.[3] 무균 주사제 공장을 점검하는 것만큼 복잡한 작업은 거의 없었다. 무균 기술을 전문적으로 연구하는 미생물학자를 포함한 점검팀을 보내는 것이 가장 이상적이었다. 하지만 직원이 힘들지 않은 선에서 머나먼 공장을 찾아갈 누군가, 아니 누구든 찾아야 했고 FDA는 뉴욕 버팔로 지점에서 온 수사관을 선임했다.

그는 주로 뉴욕 북부에 지내면서 낙농가와 수의사를 틈틈이 점검했다. 이는 생사와 상관없는 일이었다. 하지만 방갈로르 공장은 완전히 달랐다. 무언가를 놓치면 사람들이 죽을 수도 있는 일이었다. 겁에 질려 있던 그는 다행히 노련한 수사관 베이커와 동행할 수 있었다. 두 사람은 6월 17일에 공장에 도착하여 열흘간 머물렀다.

무균 제조 공장에서는 무균 환경에 영향을 줄 수 있는 행동과 움직임을 철저히 통제해야 한다. 그런데 두 수사관은 방갈로르에서 위험할 정도로 엉성한 공장을 발견했다.[4] 그들은 개방된 약병을 다루는 컨베이어 벨트 근처에서 더러운 걸레를 발견했다. 베이커의 보고서에 따르면, 느리고 신중한 태도를 요구하는 작업장에서 훈련받지 않은 직원들이 빠르게 움직이며 "단방향 기류를 방해할 가능성을 야기했다".[5] 설비의 핵심 부품을 비멸균 구역에 보관했고, 사용 전에 멸균 처리를 하지도 않았다. 심지어 몇몇 직원은 화장실에서 변기를 사용한 후 손을 씻지 않았다.

하지만 그 공장의 진짜 문제는 장갑이었다. 기술자들은 의약품을 오염시킬 수 있는 벗겨지고 구멍 난 장갑을 착용한 채 작업했다. 보관용 벽장 안의 장갑 상자에서는 '죽은 벌레'가 발견되었다.[6] 다른 여분의 장갑 역시 갈라지고 변색된 상태였다. 기술자들은 점검 나흘째에 발견된 해어진 장갑들을 마지막 날까지도 계속 사용했다.

그것은 엄청난 참사였고, FDA가 아길라의 시설 두 곳에서 심각한 문제를 찾아내면서 상황이 더 악화되었다. FDA는 2년이 조금 넘는 기간 동안 마일란의 공장 중 무균 환경이 미흡한 세 곳을 적발했는데, 그중 두 곳이 아길라에서 인수한 공장이었다. 문제가 발견된 공장들은 화이자와 글락소스미스클라인의 유효 성분도 만들고 있어 세계적인 반향을 일으켰다. 하지만 펜실베이니아 캐넌즈버그의 마일란 본사가 가장 큰 타격을 입었고, 말릭은 자신이 그 문제들을 떠안게 된 상황에 대해 분노했다.

"아길라를 인수했을 때 FDA와 ANVISA(브라질의 규제 기관)를 비롯한 전 세계 모든 기관의 승인을 받은 공장이 [인도에] 여섯 곳 있었다." 말릭이 나중에 설명했다. "화이자, 글락소스미스클라인, 모든 게 최첨단이었고, 자동화 시스템과 비디오카메라…. 그리고 6개월 만에 경고장이 날아왔다." 어느덧 화제는 베이커와 그의 공격적인 점검 방식으로 넘어갔다. 말릭의 주장에 따르면, 그는 "극도의 공포 분위기를 조성했고" 직원들의 두려움과 침묵조차 못마땅하게 여겼다. 그럼에도 불구하고 마일란의 반응은 철두철미했다. 그들은 해진 장갑의 영향을 받았을 것으로 추정되는 199배치 가운데 119배치를 시장에서 회수하여 시험했다. 그 결과 미립자는 발견되지 않았고, 마일란은 이 데이터를 FDA에 제출했다.

그 무렵 마일란은 FDA의 고위 임원 오터를 전략적 국제 품질 및 규제 정책 부문의 수석 부사장으로 영입했다. 나중에 오터는 "마일란이 옳은 일을 할 것이라는 사실에 100퍼센트 만족하지 않았다면 제 발로 걸어 나왔을 것"이라고 말했다. 말릭은 아길라 사건으로 "3년 동안 공장 세 곳이 문을 닫았다"며 마일란이 투명성 유지와 품질관리에 최선을 다하고 있음을 보여주는 조치였다고 말했다. 그것은 흰 장갑과 티끌 하나 없는 설비, '올바르게 하라'는 기업 정신까지 모든 것이 합쳐진 결과였다.

하지만 사실 마일란은 변화하고 있었고, 몇몇 직원은 더 나은 변화가 아니라고 믿었다. 말릭이 내부적으로 의약품을 시장에 내놓는 데 온 신경을 집중하고 있는 동안, 인도와 미국의 직원 모두 변화를 체감하기 시작했다. 옛 직원들은 말릭과 그의 보좌관들이 속도를 가장 중요하게 여기는 듯했다고 말했다. 사임한 어느 고위 임원은 체계적인 GMP를 고수하자고 주장하는 사람들이 소외감을 느낄 정도였다며 "엄격하게 행동하면 느린 사람으로 찍혔다"라고 말했다.

말릭의 리더십 아래 마일란 인디아는 생산성 배양의 온실이 되었다. 말릭은 해외 규제 기관에 얼마나 많은 신청서를 제출했는지를 가지고 성과를 평가했다. 그와 팀원들은 매년 목표를 초과 달성했다.[7] 신제품이 끊임없이 개발되었고 연구실이 유리한 데이터로 넘쳐나면서 종종 예상보다 수십 건이나 더 많은 신청서를 제출했다. 하지만 직원들(그중 일부는 데이터 조작을 강요받고 그만두었다고 주장했다)은 의구심을 떨치지 못했다. 말릭이 엄선한 팀이 란박시에서 배운 방식을 남겨두었을까, 아니면 마일란으로 가져왔을까?

⊖ ⊘ ⦶ ⊘

기준의 수호자라는 마일란의 명성은 머지않아 엄청난 타격을 입었다. 개학을 앞두고 미국 대선이 한창이던 2016년 8월, 마일란은 이야기의 악한 편에 무모하게 뛰어들었고 순식간에 악덕 기업으로 유명세를 떨쳤다. 수많은 아이가 평생 사용하는 에피네프린 주사제 에피펜의 가격을 400퍼센트 넘게 인상했던 것이다.[8]

마일란은 2017년에 머크Merck KGaA의 제네릭 의약품 부문을 인수하면서 에피펜의 소유권을 가지게 되었다. 그들은 자동 주입 장치 일부를 개선하여 한 팩에 두 개씩 들어 있는 에피펜을 100달러에 판매했다. FDA가 디자인 결함을 이유로 경쟁 업체의 제네릭 버전에 대한 승인을 거부하자, 마일란은 에피펜 시장을 독점하고 가격을 대폭 인상했다. 2016년에 에피펜의 정가는 600달러였다. 아이들이 가정과 학교에서 사용할 에피펜을 넉넉히 사두려던 부모들은 갑자기 엄두도 못 낼 만큼 비싼 약값을 부담해야 했다.

소셜 미디어에 분노의 게시물들이 빠르게 올라왔다. 그리고 브레시의 어마어마한 연봉이 공개되면서 해시태그 에피게이트Epigate는 엄청난 호웅을 얻었다. 브레시의 연봉은 2007년 240만 달러에서 2015년 1,900만 달러로 대폭 상승했다. 2014년에는 절세를 위해 아일랜드에 법인을 설립하기로 결정하면서 엄청난 수익을 거두었고, 그해 그녀와 말릭은 각각 2,500만 달러 이상의 연봉을 수령했다. 당시 에피펜의 매출액은 총 매출액의 약 10퍼센트를 차지했다.[9]

브레시는 하루아침에 제약 업계의 탐욕을 상징하는 인물이 되었다.[10] 언론은 그녀를 헤지펀드 매니저 출신으로 거대 제약 회사 CEO 자리에 올라 수십 년간 판매해오던 에이즈 치료제를 5,000퍼센트나 인상한 마틴 슈크렐리와 비교했다. 비난이 쇄도하는데도 브레시는 자신을 옹호했다. CNBC와의 처참했던 인터뷰에서 그녀는 가격 폭등에 대해 "나보다 더 좌절한 사람은 없다"고 단언했다.[11] 그리고 공급망의 관계자들에게 책임을 돌리면서 망가진 보건 시스템에 대한 국가적 논의를 제안했다. 그 효과는 나이팅게일보다 마리 앙투아네트에 가까웠다.

마일란은 PR의 대실패를 막으려고 애썼다. 할인 카드를 발급하고, 곧 에피펜의 제네릭 버전을 절반 가격으로 시장에 내놓겠다고 약속했다. 복잡 미묘한 가격 책정 과정과 가격을 낮추려는 중간상인들에 대해서도 구구절절 설명했다. 하지만 대중은 특정 제네릭 의약품 기업이 고가의 의약품을 독점 판매하는 상황을 전혀 이해하지 못했다.[12]

갑자기 마일란의 과거 스캔들의 역사가 언론에서 흘러나왔다. 거기에는 브레시의 MBA도 포함되었다. 2007년 12월, 〈피츠버그 포스트 가제트〉는 브레시가 학위에 필요한 과정을 수료하지 않았지만, 부친인 조 맨친이 주지사에 당선된 후 웨스트버지니아대학교에서 그녀의 성적 증명서를 수정하고 소급 적용하여 수료를 인정했다고 밝혔다.[13] 엄청난 논란이 뒤따랐고, 결국 웨스트버지니아대학교는 2008년에 브레시의 학위를 취소했다. 또한 코어리 회장의 음악가 아들이 전국 공연을 위해 회사 소유의 제트기를 이용했다는 의혹도 제기되었다.[14] 그리고 마일란의 신사옥 부지에서 기업 부회장이 연루된 수상한 부동산 거래도 포착되었다.

그중에서도 에피펜 스캔들은 독보적이었다. 얼마 지나지 않아 의회 조사와 집단소송이 이어졌고, 몇 개 주의 검찰총장들이 독점 금지법 위반과 관련하여 수사를 진행했다. 2016년 9월 21일, 브레시는 전국 방송에서 미 하원 감시 정부 개혁 위원회House Committee on Oversight and Government Reform에 닦달당하는 자신의 모습을 불만족스럽게 지켜보았다.[15] 의원들은 약값을 감당할 수 없는 가족들을 외면한 이유에 대해 말하라고 요구했다.

하지만 그 모든 일이 벌어지는 순간에도 대중의 눈에 띄지 않는 곳에서 마일란의 진정성과 의약품 품질에 의문을 제기하는 훨씬 더 중대한 사건이 새롭게 전개되고 있었다.

⊖ ⊘ ⦶ ⊘

약 1년 전, 마일란의 전 직원이 메릴랜드 실버스프링에 있는 FDA 본사에 찾아가 고위 관료를 만났다. 그는 말릭의 지휘하에 하이데라바드 연구 개발 센터가 데이터 사기의 중추로서, 인도 영업소 곳곳에 조작법을 퍼뜨렸다는 구체적인 내용을 제보했다. 그리고 란박시에서 마일란으로 이직하여 주요 직책을 맡고 있는 사람들이 데이터 조작 기술을 활용하고 있다고 주장했다.

내부 고발자는 미국 시장에 출시하려는 의약품의 신청서도 마찬가지라고 설명했다. 그는 마일란이 일부 의약품을 기준에 충족시키기 위해 안정성이 떨어지는 상업용 배치의 샘플을 통제하기 쉬운 소규모 시험용 배치와 바꿔치기했다고 주장했다. 하지만 가장 놀라운 점은 마일란이 그 사실을 숨기기 위해 사기 방법을 진화시켰다는 것이었다. 조작된 데이터를 소프트웨어 시스템에서 삭제하여 메타 데이터(데이터의 속성을 설명해주는 데이터—옮긴이)의 흔적을 남기면 베이커와 같은 수사관들에게 들킬 수 있기 때문에, 공장 관리자들은 감추고 싶은 데이터를 일부러 망가뜨렸다. 수사관을 따돌리기에는 그 방법이 더 나았다.

FDA 임원들은 내부 고발자의 주장에 신빙성이 있다고 판단했지만, 그럼에도 1년 동안 아무것도 하지 않았다. 마일란은 마치 보호막 안에 존재하는 것 같았다. 상원 의원의 딸이자 CEO인 브레시는 물론, FDA 임원 출신으로 그들과의 관계를 감독하는 오터도 마찬가지였다.

2016년 7월, 내부 고발자는 이메일을 통해 무대응에 대한 실망감을 표현하며 임원들을 자극했다. 미국 환자들에게 일어난 일에 대해 책임을 져야 한다고 강조했다. 그리고 소극적인 태도의 원인으로 마일란의 정치적 인맥과 마일란으로 이직한 FDA 임원들에 대한 전관예우를 지적했다.

그는 "솔직히 나는 사기꾼들을 상대로 정의를 실현하는 FDA의 접근 방식에 지대한 믿음과 신뢰를 가지고 있었다"라고 적었다. "하지만 FDA 출신들을 고용하는 전략이 아주 효과적이었던 것 같다." 그는 말을 이어갔다. "어쩌면 FDA는 안전성과 효능이 기준을 충족하지 않는 제네릭 의약품으로 인해 미국 땅에 결정적 비극(항레트로바이러스 치료제가 아프리카에서 적절한 약효를 보이지 않았던 것처럼)이 일어나기를 기다리는지도 모르겠다."

그는 무언가 또는 누군가가 마일란에 대한 FDA의 점검을 방해한다고 의심했다. "인도 같은 나라에서는 이런 관료주의적 시나리오가 '관행'으로 여겨질 수 있다. 하지만 윤리적 기준이 높을 뿐만 아니라 도덕적 가치를 중시하는 것으로 알려져 있는 미국 정부 기관이라면 완전히 다를 것이라고 기대했다."

평소답지 않은 신랄한 어조가 FDA 내부에 무모한 경쟁을 촉발했다. 두 달 후인 9월 5일, 브레시가 의회 증인석에 앉기 2주 전에 한 수사관이 인도 나시크의 간선도로를 빠져나와 염소와 닭들이 활보하는 먼지투성이 샛길을 지나 마일란의 인도 대표 공장에 도착했다. 사전 고지 없는 방문이었다.

⊖ ⊘ ⦶ ⊘

타들어가는 듯한 뭄바이의 논밭과 적막한 노변 카페들을 지나 다섯 시간을 달리면 마일란의 나시크 공장이 나타난다. 황량한 2만 7,000평 부지에 대규모로 세워진 최첨단 공업단지는 호주와 아프리카, 미국까지 전 세계로 수출되는 의약품을 매년 80억 회분까지 생산할 수 있다.

그곳에 도착한 FDA 수사관은 9일간 점검을 진행하면서 공장의 소프트웨어 시스템이 '기기 고장' '전력 상실' '크로마토그래피 시스템 연결 분실' 같은 오류 메시지로 가득하다는 것을 확인했다.[16, 17] 그런데도 공장 관리자들은 반복되는 사고를 조사하지 않는 것 같았다. 그들은 오류 메시지를 받으면 곧장 의약품을 재시험했고, FDA는 내부 고발자의 주장처럼 고의적인 사고가 아닌지 의심했다. 마일란의 기술자들은 원하지 않는 데이터를 삭제하여 단서를 남기는 대신, 컴퓨터 플러그를 뽑아서 시스템을 망가뜨렸다. FDA 임원들이 '파일 박살내기'라는 이름을 붙일 만큼 유명한 기술이었다.

두 달 동안 세 명의 수사관들이 사전 고지 없이 웨스트버지니아 모건다운에 있는 마일란의 공상을 방문했다.[18] 거기서 그들은 의심스러운 관행을 발견하고 경악했다. 기술자들은 공식 시험을 시작하기 전에 결과를 예측해보려는 듯 HPLC 기기에 샘플을 주입했고, 분석가들은 의약품 배치에서 결함이나 이상을 발견하고도 규정대로 조사하지 않았다. 오히려 재시험을 통해 기준에 충족하는 결과를 얻어내 조작에 대한 의혹을 불러일으켰다.

FDA의 준법 감시관들은 망가진 소프트웨어, 사전 시험, 비정상적인 결과에 대한 조사 불이행 등 모든 영역에서 사기의 낌새를 알아차렸다. 그들은 마일란에 서신을 보내 나시크의 오류 메시지가 "산출된 데이터의 진실성과 신뢰도에 대해 의문을 제기한다"라며 해명을 요구했다.[19] 이러한 인식은 웨스트버지니아 공장을 심상치 않은 위험으로 몰고 갔다. 품질 문제가 한 공장에 국한된 것이 아니라 시스템 전반에 걸쳐 나타난다는 결론이 내려지면 처벌과 제제가 대폭 강화될 수 있었다. 또한 FDA의 의심이 유리벽으로 된 본사와 일부를 투명하게 만든 명함까지 부지런히 쌓아온 진실한 기업으로서의 이미지를 위태롭게 할 수 있었다. 정치적 영향력에도 불구하고 마일란은 깨끗한 실험실을 운영한다고 믿기 힘든 다른 제네릭 기업들과 한통속이 될 처지에 놓이고 말았다.

훗날 마일란의 임원들은 어느 기자와 만난 자리에서 FDA의 수사 결과를 폄하하면서 '데이터 무결성'이라는 기분 나쁜 용어에는 단순한 결함까지 모두 포함되어 있다고 설명했다. 마일란의 국제 품질 시스템 및 준법 감시 총괄 데릭 글러버Derek Glover는 "이런 것들이 데이터 사기와 연관되어 있음을 보여주는 증거는 하나도 찾지 못했다"라고 말했다.

⊖ ⊘ ⦶ ⊘

마일란은 나시크와 모건타운 점검 결과에 적극적으로 대응했다. FDA와 회의, 통화, 서신 교환을 이어갔고 일류 변호사와 인맥 좋은 임원 들이 전폭적인 협조와 투명성을 약속했다. 그들은 철저한 품질관리 시스템을 갖추고 있고 자체 조사도 준비했다는 것을 증명하기 위해 엄청난 양의 데이터와 분석 내용을 FDA에 보냈다.

2017년 1월, 마일란은 FDA에 장문의 기밀 서신을 보내 나시크 공장에서 오류 메시지가 1주일 동안 42개나 발견된 이유를 설명하려 했다. 하지만 제대로 된 설명은 하나도 없었다. "이더넷 케이블이나 전력 코드의 단절과 무관하다"라는 메시지뿐이었다. 그리고 "후향 평가로는 이 단절 현상이 케이블 수동 조작(케이블에 우발적으로 가해진 충격)이나 신호의 전기적 손실로 발생했는지 여부를 정확히 판단할 수 없다"라고 덧붙였다. 1주일 동안 150회나 발생한 또 다른 오류에 대해서는 소프트웨어의 일부 설정으로 인해 "오류 메시지가 의도하지 않게 여러 번 반복되었다"라며 불완전한 해명을 했다. 다음 달에 보낸 기밀 서신에서는 "이러한 오류들이 제품을 출시하기로 한 결정의 완전성과 타당성에 아무런 영향을 주지 않았다"라고 장담했다.

FDA는 그들의 주장을 믿지 않았다. 그리고 2017년 4월 3일, 문제를 시정할 때까지 신청서 검토를 사실상 중단한다는 내용의 경고장을 나시크 공장에 보냈다. 그들은 마일란의 품질관리 시스템이 "데이터의 정확성과 무결성을 충분히 보장하지 않는다"라고 지적했다. 그리고 오류 메시지에 대해 계속 의심하고 있다는 점을 분명히 했다. "귀사의 품질관리팀은 이런 문제들이 점검에서 확인될 때까지 오류 신호를 제대로 처리하지도, 손실되거나 삭제된 데이터의 범위나 영향을 파악하지도 않았습니다." 이 소식이 알려지자 마일란의 주가가 2퍼센트 하락했다.

경고장을 받고 3주도 지나지 않아 말릭과 여섯 명의 임원은 모건타운 공장에 대한 제재 조치를 막기 위해 FDA 본사를 찾아가 불만스러운 표정의 관료 19명과 마주 앉았다. FDA 임원들은 왜 실험실 기술자들이 이례적인 결과를 조사하지 않고 대신 해당 의약품을 재시험하여 기준을 충족한 결과만 기록한 것에 대해 다그쳐 물었고, 말릭의 팀원들은 곧 근원적인 질문을 마주했다. 마일란에 무슨 일이 있었던 겁니까? 규제관들은 모건타운의 과실과 관행에 대해 듣고 "너무 놀랐고 어이가 없었다"라면서 '전체 공장의 투명성'에 대해 의구심을 표했다. 한 관료는 직설적으로 말했다. "마일란의 전반적인 품질 문화를 고려할 때 모건타운 시설에서 그런 위반 행위가 어떻게 발생할 수 있었는지 이해하기 어렵습니다."

마일란의 변화를 도모하고 이끌었던 말릭이 직접 나서서 마일란과 모건타운의 근본적 가치는 변하지 않았다고 주장했다. 그는 임원들에게 "품질에 대한 마일란의 철학은 데이터 무결성이나 환자의 안전에 관해서만큼은 타협하지 않는다는 것"이라고 설명했다. 또한 모건타운 공장에 대한 엄격한 감시를 피하기 위해 "그곳에서 마일란이 시작되었고, 첫날부터 무결성의 원칙 위에 시설을 세웠다"라며 그곳의 특별함을 강조했다. 그들은 낡은 표준 운영 절차를 업데이트하지 않고 조사 없이 재시험한 부분만 탓했다.

이번에는 마일란의 접근법이 효과를 보였다. 2017년 5월, FDA의 제조 품질팀 팀장 톰 코스그로브는 별개인 두 부서의 격렬한 반대를 무릅쓰고 논란거리가 될 만한 결정을 내렸다. 모건타운에 대한 수사관들의 부정적 평가를 OAI에서 VAI로 한 단계 상향 조정한 것이다. 또한 제목

없는 비공개 서신을 마일란에 보냈다. 코스그로브는 이런 식으로 2년 동안 두 차례나 마일란에 대한 점검 결과를 완화했고 그 사실을 은폐했다.

코스그로브는 FDA 동료에게 보낸 이메일에서 마일란의 재시험 관행이 "더 만연해 있고 조사가 불충분했다"라는 견해에 동의했다. 그러면서도 자신의 결정을 옹호했다. "마일란이 즉시 응답하여 사실 관계를 솔직히 밝혔기 때문에 자발적 개선을 믿을 수 밖에 없었다."

이러한 조치 덕분에 모건타운 공장은 강도 높은 수사로부터 잠시나마 벗어날 수 있었다. 하지만 몰아치는 폭풍우를 피하기에는 역부족이었다. 2018년 초, 모건타운 공장의 한 내부 고발자가 FDA에 접촉하여 인력 부족부터 위생 문제까지 상황이 악화되고 있다고 폭로했다. 또한 마일란의 경영진이 문제를 시정하기 위한 사전 대책을 강구하는 대신 FDA를 피하기 위해 '겉만 번지르르한 서류'를 만드는 데 집중하고 있다고 주장했다. 모건타운에 쌓여 있는 조사 업무를 신속히 마무리하기 위해 인도 출신 직원들이 투입되었고, 업무에 관한 질문은 금지되어 있다고 말했다. 내부 고발자는 다른 전 직원들과 마찬가지로 마일란이 사기 행각을 허용하는 '세뇌 문화'를 발전시켰다고 주장했다.

⊖ ⊘ ⦶ ⊘

뭄바이에서 가장 유명한 호텔 타지마할 팰리스의 씨 라운지에서 전 마일란 화학자가 뭄바이 항구와 1920년에 세워진 개선문 게이트웨이 오브 인디아를 내다보았다. 하지만 그는 바깥 풍경에 아무런 감흥을 느끼지 못했다. 실크 쿠션과 세심한 웨이터들에게 둘러싸여 있는데도 심란하기만 했다. 그는 마일란이 각 제조 단계에서 '조리된' 데이터를 이용하여 수십 건의 의약품 신청서를 어떻게 신속히 처리했는지를 기자에게 설명하기 위해 은밀히 그곳을 찾았다. 그리고 말릭과 그의 팀이 데이터 조작을 지휘했다고 설명했다. 그들은 웨스트버지니아 사업소가 변화하고 부패하는 동안 인도 사업소를 성공의 발전소로 구축했다.

그는 말릭의 팀원들이 중요한 제품의 승인을 앞당기기 위해 여러 속임수를 사용했다고 말했다. 그들은 개발 데이터를 통과시키기 위해 '필요한 작업'을 했고, 제출용 배치의 제조 과정을 '관리'했다. 필요에 따라 샘플을 바꿔치기하여 생물학적 동등성 데이터를 산출했다. '똑똑한 사람들'이 규제 기관에 제출할 패키지를 준비했다. 승인 후 제조 과정은 전문가들이 '처리'했다. 패키지를 '축복'하기 위해 규제 기관들의 존경을 받는 국제 전문가들과 상의했지만, 정보는 일부만 제공되었다. 이 모든 개입이 제네릭 의약품을 개발하고 제조하는 데 일반적으로 요구되는 시간을 '단축'하는 데 기여했다.

화학자는 씨 라운지에서 산업 수준으로 데이터를 조작하는 능률적인 시스템과 결함이 발견된 데이터를 처리하기 위해 각 제조 단계에 배치되는 연구 개발팀에 대해 설명했다. 말릭과 그의 패거리는 모든 제조 시스템을 동일하게 다루었다. 그는 '한 사람이 문장을 시작하면 다른 사람이 마무리할 수 있을 정도'라며 약간의 지시만으로도 말릭의 의중을 정확히 실행할 수 있는 사람들이라고 덧붙였다. "너무 구체적으로 지시할 필요도 없었다." 그들의 목표는 의약품을 최대한 빨리 시장에 내놓는 것이고, 말릭을 위해 일하는 사람들은 그것을 이루기 위해 물불을 가리지 않았다.

그들은 각 단계마다 장비를 감추고 시험 결과를 어설프게 고치고 비밀리에 바꿔치기하는 등 다양한 방법을 사용했다. 그 과정을 공장으로 옮겨가서 배치의 규모를 확대하자 결함이 나타나기 시작했다. "그러면 이메일을 보내는 대신 전화를 합니다." 화학자가 말했다. "분석팀 사람을 QC(품질관리)로 보내어 데이터를 처리하면 깨끗이 정리됩니다."

그러고 나면 훨씬 더 통제하기 힘든 대규모의 상업용 제조 과정이 진행된다. 그는 "상업용 배치가 안정성 기준을 통과하지 못할 때"에도 데이터 조작으로 해결한다고 말했다. "불순물이 나타나지 않도록 매개변수로 장난을 칩니다." 각 단계마다 "R&D 사람들이 문제를 해결하는 방법을 알려줍니다."

화학자는 FDA 승인을 받기 위해 수많은 제품의 데이터를 조작하여 제출하는 시스템 아래에 있다 보니 퇴사를 서두를 수밖에 없었다고 말했다.

마일란의 법률 고문 브라이언 로먼Brian Roman은 마일란이 데이터 조작 혐의를 "전면적으로 극렬하게" 부인했다고 말했다. 그는 FDA가 직접 확인한 사항이 없다고 지적했다. 그리고 "누군가 샘플 바꿔치기의 증거를 가지고 있다고 말한다면 거짓말이 분명하다"라고 기자에게 말했다. 그렇게 주장하려면 반드시 "수사할 수 있는 문건을 작성했어야 한다"라고 덧붙였다. 실제로 화학자는 그렇게 했다. 사임 후 그는 자신의 주장을 선임 관리자들에게 서면으로 상세히 전달했다.

씨 라운지에서 화학자는 FDA 수사관 베이커가 공식 시험과 아주 유사한 비공식 시험의 시스템을 밝혀내 "인도의 맥을 정확히 짚어냈다"라고 설명했다. "늘 윗선에서 지시가 내려옵니다." 그는 말없이 눈물을 흘렸다. "이 업계에서 벌어지는 일들은 정말 말도 못 하게 더럽습니다."

26장

최종 시험대

○

2013년 2월 7일
우간다, 캄팔라

뮬라고 국립병원Mulago National Referral Hospital에서 자원봉사를 하고 있던 캐나다 출신의 외과 전문의 브라이언 웨스터버그Brian Westerberg 박사가 위중한 상태의 13세 소년을 검사했다.[1] 소년은 고열, 오한, 구토 증세를 보였고, 감염원일 가능성이 큰 외이도에서 액체가 흘러나왔다. 웨스터버그는 세균성 수막염을 의심했지만 CT 스캐너가 또 말썽이어서 정확한 진단을 내릴 수 없었다. 웨스터버그는 세균을 죽이고 뇌부종을 완화시키기 위해 광범위 항생제 세프트리악손을 정맥에 투여했다. 그는 소년이 회복할 것이라고 자신했다.

그는 뮬라고병원에서 16년간 자원봉사를 하면서 부족함을 일상적으로 겪었다. 환자들이 몰려들어 1,500개 병상으로는 늘 부족했다.[2] 또한 빚에 시달리던 병원은 세금을 내지 못해 수돗물이 끊기기도 했으며, 의약품이 부족해 수년간 캐나다에서 직접 공수해 와야 했다. 하지만 최근 지방정부와 국제 구호단체를 통해 저가의 제네릭 의약품이 광범위하게 보급되었고, 웨스터버그는 이를 올바른 방향으로 한 걸음 나아가는 희망적인 발전이라고 여겼다.

하지만 치료를 시작한 지 나흘이 지나도 소년의 병세가 나아지지 않았다. 두통은 더 심해졌고 '액체가 흐르던 귀'는 고름이 흐르는 종기 모양의 덩어리로 변했다. 웨스터버그는 귀를 절개하고 감염된 조직을 도려내기 위해 수술을 준비했다. 수술 직전에 소년이 발작을 일으켰지만, 다행히 병원의 CT 스캐너가 다시 작동했고, 황급히 CT 검사를 하여 감염에 의한 것으로 보이는 작은 뇌농양을 발견했다.

한 신경외과의가 CT 사진을 보더니 웨스터버그에게 자신 있게 말했다. "수술은 안 해도 되겠네요." 그는 효과적인 항생제로 치료하면 부종과 농양이 완화될 것이라고 확신했다. 웨스터버그는 혼란스러웠다. 이미 정맥용 세프트리악손으로 항생제 치료를 했지만 감염을 잡지 못했기 때문이다. 더 비싼 버전으로 바꾸어보자는 동료의 제안에 혼란이 가중되었다. "어차피 똑같은 세프트리악손인데 왜 바꾸어보자는 거지?" 그는 궁금했다. 하지만 얼마 지나지 않아 병원의 의약품 공급이 어려워졌다.

결핍이 일상인 아프리카는 효과 없는 경우가 많은 인도산과 중국산 제네릭 의약품으로 포화 상태였다. 아프리카 의사들은 치료 효과를 위해 권장량의 두세 배를 처방하기도 했다. 그리고 많은 병원이 치료받고도 회복하지 못하는 환자들을 위해 '고급 약'이라고 부르는 브랜드 의약품이나 고품질 제네릭 의약품을 일정량 비축해두었다.

웨스터버그의 동료들도 외부에서 구입한 세프트리악손을 예비용으로 구비해두었다. 그들은 더 비싼 버전의 세프트리악손으로 바꾸고 두 가지

약을 추가하여 소년을 치료했다. 효과가 완벽하지는 않았지만 액체가 흐르던 귀는 말끔히 나았다. 하지만 이미 너무 늦은 상황이었다. 소년은 회복하지 못했고, 치료를 시작한 지 11일 만에 뇌사 판정을 받았다.

우간다 의사들은 13세 소년의 죽음에 놀라지 않았다. 약효가 제대로 발휘되지 않아 환자가 사망하는 일이 비일비재했다. '고급 약'을 예비용으로 비축해둔다고 해도 모든 환자에게 사용할 만큼 충분하지는 않았기 때문에 날마다 우선순위를 정해야 했다. "솔직히 지쳤다." 서 우간다의 한 의사가 말했다. 제네릭 의약품을 사용할 때마다 안전한지를 계속 확인하기도 어렵다고 밝혔다. "오늘은 전신마취제, 내일은 세프트리악손, 모레는 아목시실린일 수 있다."

⊖ ⊘ ⦶ ⊘

새로운 제조 공장을 점검할 때마다 베이커는 미국 수출용 의약품을 복용할 미국인들을 보호하는 데 초점을 맞추었다. 하지만 인도 공장의 사기 행각과 제조 과정의 결함을 기록하면서 개발도상국 수출용 의약품이 더 심각하다는 위험신호가 늘어나고 있음을 깨달았다.

2013년 5월, 그는 인도의 한 제네릭 기업이 하이데라바드 남쪽에서 운영하고 있는 제조 공장을 찾아갔다. 무균상태여야 할 항암 치료제 젬시타빈의 약병이 제대로 밀봉되어 있지 않았다. "도대체 어떻게 된 겁니까?" 임원들은 이렇게 대답했다. "그건 아프리카로 보낼 겁니다." 또 다른 공장에서는 FDA가 수입을 금지한 의약품 성분을 발견했고, 관계자에게 어디로 보내는지 묻자 우크라이나라고 답했다. 이 사실을 우크라이나 정부에 알렸지만 묵묵부답이었다.

베이커는 타쿠르가 란박시에서 발견하고 큰 충격을 받았던 것과 비슷한 세계지도를 천천히 들여다보기 시작했다. 기업들은 전 세계 시장을 위해 고품질 의약품을 동일하게 생산한다고 주장했다. 하지만 타쿠르는 란박시에서 데이터 조작을 발견하여 그들의 주장이 거짓임을 밝혀냈다. 베이커는 그것을 두 눈으로 직접 확인했다. 점검을 나갈 때마다 아프리카, 동유럽, 아시아, 남아메리카처럼 규제가 약한 시장으로 수출되는 의약품의 제조 과정에서 가장 뻔뻔한 사기 행각과 심각한 품질 문제가 발견되었다.[3] 인도에서 불합격한 배치를 보기 힘들었던 이유 중 하나는 아무리 명백한 결함을 가졌더라도 그것을 내보낼 수 있는 시장이 항상 존재하기 때문이었다.

타쿠르와 베이커가 우연히 발견한 것들은 작은 결함이나 예외 사항이 아니라 제네릭 의약품 산업에서 흔히 볼 수 있는 관행이었다. 불공평한 생산 기준은 '이중 트랙dual-track' '다중 티어multi-tier' 'A열/B열 생산row A/row B production' 같은 다양한 이름을 가지고 있었다. 기업들은 의약품을 구매하는 나라에 따라 제조 품질을 주기적으로 조정했다. 품질이 좋은 의약품은 규제가 엄격한 시장으로 보내고, 품질이 낮은 의약품은 규제가 약한 나라로 보냈다. 이윤이 적은 산업의 기업들은 저질 원료, 축소된 제조 단계, 낮은 기준을 사용하여 비용을 대폭 절감하고, 그렇게 제조한 의약품을 규제가 형편없는 나라에 판매한다.

란박시의 관리자가 아프리카로 보낼 저질 에이즈 치료제에 대해 "무슨 상관입니까? 흑인들이 죽는 것뿐이잖아요"라고 말했던 것처럼 인종차별주의도 분명히 기여했다. 하지만 근본적으로 기준의 차이를 만들어 낸 것은 냉정한 손익계산이었다. 즉, 기업들은 최저가 의약품을 만들어 불법행위를 들킬 가능성이 가장 작은 시장에 팔았다. 그들은 이와 관련하여 각 시장의 품질 기준에 맞추어 의약품을 만드는 것뿐이라고 주장했다. 하지만 세계 최고의 제약 기준 설정 기관인 USP의 국제 건강 영향 프로그램global health impact program의 부회장을 역임한 루쿨레이는 그들의 주장을 "완전한 쓰레기"라고 불렀다. 그는 모든 의약품의 "기준은 하나이고, 그 기준은 개발자가 설정한다"라고 말했는데, 여기서 개발자는 제품을 개발한 브랜드 의약품 기업을 의미한다.

베이커는 미국 밖의 환자들에게 판매되는 의약품에 대한 통제권이나 지휘권을 가지고 있지 않았다. 그럼에도 불구하고 점검 보고서에 관련 조사 내용을 적었다. 이 보고서들은 다른 나라들의 규제 기관에 보내는 경고의 로드맵이 되었고, 일부 국가들은 조사 내용을 추적했다. 베이커는 공중보건 위기라는 빙산의 일각을 기록하고 있었다. 타국의 환자들에게 무슨 일이 벌어지고 있는지 확신할 수는 없었지만, '시한폭탄'처럼 개발도상국에 쏟아지는 제네릭 의약품들은 아주 끔찍한 결과가 예상될 만큼 질적으로 형편없었다.

⊖ ⦸ ⦶ ⊘

우간다의 웨스터버그 박사는 규격 미달의 의약품을 투여받은 환자들이 죽어 나가고 있다는 사실을 확인하고 큰 충격을 받았다. 그는 캐나다로 돌아가서 자신처럼 가나에서 저질 의약품을 경험한 호흡기 치료사 제이슨 니커슨Jason Nickerson과 팀을 결성했다. 그들은 우간다 소년의 죽음과 관련된 제네릭 세프트리악손의 화학적 특성을 시험해보기로 했다.

웨스터버그의 동료가 뮬라고병원 약국에서 의심스러운 세프트리악손 한 병을 가져다주었다. 국제 제약 회사 CSPC 중누오 제약이 중국 허베이성에서 제조하여 미국과 여러 개발도상국 시장에 수출하는 제품이었다. 니커슨의 연구실에서 세프트리악손을 실험해보니, 유효 성분이 라벨에 적힌 양의 절반에도 미치지 못했다.

웨터스버그와 니커슨은 충격을 받았다. 니커슨은 그렇게 낮은 농도에서는 무용지물이나 마찬가지라며 한 사람도 치료하지 못할 것이라고 말했다. 그와 웨스터버그는 CDC의 〈주간 이환율 및 사망률 보고Morbidity and Mortality Weekly Report〉에 사례 보고서를 발표했다.[4] 규격 미달의 세프트리악손이 소년을 죽였다고 단정할 수는 없었지만, 그들은 그 가능성을 뒷받침하는 강력한 증거를 제시했다.

CSPC 중누오 제약은 이전에도 품질 문제를 일으켰었다. 2009년, 파푸아뉴기니 의학 보건과학대학교의 잭슨 라우워 교수Jackson Lauwo는 파푸아뉴기니의 의약품 품질에 대해 우려했고, 독일 프랑크푸르트의 약학자 제니퍼 드레스먼Jennifer Dressman에게 연락하여 의약품 샘플을 실험해줄 수 있는지 물어보았다. 그녀는 흔쾌히 수락했고, 라우워는 수도 포트모르즈비에 등록된 약국 다섯 곳에서 여러 제조업체의 항감염제 아모디아퀸과 아목시실린 샘플을 수집하여 드레스먼의 연구실로 가져갔다. 그리고 몇 개월 후 모든 샘플이 품질 평가를 통과하지 못했다는 소식을 전해 들었다.[5]

14개 샘플 가운데 세 개가 위조품, 즉 불법으로 만든 가짜 약이었다. 나머지는 기준 미달로, 합법적인 기업들이 고의로 제작한 저질의약품이었다. 그중 하나가 CSPC 중누오 제약 제품이었다.

CSPC 중누오 제약에서 만든 미국 수출용 의약품의 품질도 형편없었다. 2013년 이후, 품질 규정 위반으로 FDA로부터 네 차례나 지적을 받았다. 베이커는 베이징 북동쪽에 있는 공장을 점검하다가 노골적인 데이터 조작을 발견했다.[6] 그들은 실패한 시험 결과를 주기적으로 삭제하고 기준을 통과할 때까지 샘플을 재시험한 것으로 드러났다.

미국은 해외에 수사관을 파견할 여력이 있다. 하지만 우간다와 파푸아뉴기니 같은 가난한 나라들은 대개 최저가를 제시한 업체의 의약품을 수입하는 데다 품질을 확인할 규제 기관도 없다. 수입국의 허술한 감시에 제조국의 솜방망이 법과 형편없는 규제가 더해져 이중 트랙 생산이 활성화되었다.

예를 들어, 인도 규제관들은 유효 성분의 함유율이 70퍼센트 이상이면 법적 조치를 취하지 않았는데, 그것은 FDA를 비롯한 주요 규제 기관이 설정한 수용 가능 기준에 한참 못 미치는 수치였다.[7] 필수 의약품에 대한 접근성을 높기 위한 활동을 하는 시민 단체, 전 인디아 의약품 행동 네트워크All India Drug Action Network의 아난트 파드케Anant Phadke는 이중 트랙 생산은 인도에서 불법이 아니라고 말했다. "이것이 도덕적으로 옳은지 아닌지는 해석에 따라 달라집니다."

⊖ ⊘ ⦶ ⊘

웨스터버그가 우간다에서 소년을 치료했던 그해에 유타 출신의 마취 전문의 션 러넬스 박사가 국가 보건 시스템에서 일하기 위해 르완다에 도착했다. 그가 가장 먼저 깨달은 사실 중 하나는 르완다의 보건 프로그램이 공급하는 많은 제네릭 의약품이 '효과가 없다'는 것이었다. 당시에는 구입한 의약품을 시험할 공식 기관이 없어서 품질을 확인할 수 없었다.

수도 키갈리의 대학병원에서 러넬스는 마취제와 항생제를 신뢰할 수 없다고 판단했다. 그는 초산인 임산부들이 필요한 항생제를 다 맞고도 제왕절개 후 세균 감염으로 죽어가는 모습을 지켜보았다. 러넬스와 동료들은 여성들을 살리기 위해 효과적인 약물을 사용하는 대신 수술에 의지하여 복부를 세척하고 감염된 조직을 도려내며 필사적으로 노력했다. 그는 "극소수만 살아남았다"라고 말했다.

처음에는 동일하지 않은 품질에 많이 놀랐지만, 그의 르완다 동료들도 우간다 의사들처럼 그 문제에 익숙했고 그것을 처리할 시스템을 가지고 있었다. 제네릭 의약품이 효과 없으면 다른 버전을 찾아보거나 다른 종류의 의약품으로 바꾸었다. 두 가지 모두 효과가 없을 때는 저질 제네릭 의약품의 투여량을 늘렸다.

부유한 환자들은 운이 좋았다. 그들은 개인 약국에서 브랜드 의약품을 구입하여 이러한 문제에서 벗어날 수 있었다. 차이는 놀라웠다. "브랜드 의약품을 복용하자마자 환자들의 상태가 호전되었다." 러넬스가 말했다. 그는 이러한 확연한 차이를 보고 죽었다 살아난 성경 속 인물의 이름을 따서 '나사로 효과Lazarus Effect'라고 불렀다.

⊖ ⦸ ⦶ ⊘

지난 10년간 아프리카의 제약 관련 문제는 극적으로 변화했다. 과거 아프리카 대륙의 의약품은 주로 선진국의 기부나 소량 구매의 형태로 유입되었다. 가장 큰 문제는 가격이 비싸서 공급량이 부족하다는 점이었다. 2004년, 인도의 영업 사원들이 아프리카에 들어가 저렴한 제네릭 의약품을 제공하기 시작했다. 가나의 초반 분위기는 긍정적이었지만 결과는 그렇지 않았다. 국립 가톨릭 건강 서비스National Catholic Health Service를 위한 커뮤니티 및 시설 관리community and institutional care의 코디네이터 어니타 아피아Anita Appiah 박사가 말했다. 아프리카는 "정말 아무것이나 보내는" 곳이 되었다. 가나 쿠마시의 콰메 은크루마 과학기술대학교Kwame Nkrumah University of Science and Technology 교장 콰베나 오포리 콰캬Kwabena Ofori-Kwakya 교수가 말했다. 그는 건강에 미치는 부정적 영향이 "천문학적 수준"이라고 말했다. 모든 유형의 의약품이 형편없는 품질의 영향을 받았다.

쿠마시에 있는 콤포 아노키예 부속병원Komfo Anoyke Teaching Hospital 정신과 과장이면서 개인 병원에서 가나의 중산층을 치료하는 고든 더닐Gordon Doonir 박사는 자신과 동료들이 저질 의약품 때문에 온갖 고생을 하고 있다고 말했다. 올란자핀, 리스페리돈, 디아제팜 등 그가 처방하는 대부분의 제네릭 의약품이 기준 미달이다. 이런 상황에서는 투여량을 늘릴 수밖에 없다. 유럽에서 온 동료들은 정신 질환을 치료할 때 보통 할돌의 제네릭 버전인 할로페리돌 2.5밀리그램을 하루에 여러 번 복용하도록 처방한다. 그는 2.5밀리그램으로는 "아무런 효과도 얻을 수 없다"는 것을 알기 때문에 10밀리그램을 하루 3회 복용하도록 처방한다. 이 사실을 알고 충격을 받았던 동료들도 투여량을 늘려야 효과가 나타난다는 사실을 깨닫고 나면 태세를 전환한다. 한번은 15세 소년에게 항불안제 다이제팜을 일반적인 투여량의 열 배로 처방했다. 원래라면 기절해야 하는 양이지만 환자는 "여전히 웃고 있었다"고 더닐이 말했다.

2012년, 가나 식품 의약품 당국은 데이터가 부족한 상황에서 USP와 USAID의 도움을 받아 시판되는 임산부용 의약품의 품질을 시험했다. 그들은 분만 후 출혈을 예방하는 필수 의약품인 옥시토신과 에르고메트린을 표적으로 삼았다.[8] 결과는 매우 충격적이었다. 2013년에 발표된 보고서는 다수의 제네릭 기업에서 제조한 옥시토신 샘플의 2분의 1 이상과 에르고메트린 주사제 샘플의 4분의 3 가까이 기준 미달이라고 밝혔다. 에르고메트린 정제는 전부 기준 미달이었고 효과를 전혀 발휘하지 못했다. 유효 성분을 함유하지 않거나 무균 시험을 통과하지 못한 샘플들도 있었는데, 이러한 결과들은 하나같이 기준 미달의 제조 과정을 원인으로 가리켰다. 특히 대부분 인도산과 중국산 의약품들은 출산으로 인해 출혈이 발생한 여성들에게는 사망 선고와 같았다.

가나의 환자들은 대부분 자신이 복용하는 의약품의 종류나 제조업체에 대해 알지 못한다. 기술 혁신가 브라이트 시몬스Bright Simons는 신뢰를 기본으로 하는 가나의 문화 때문이라고 설명했다. "가나 사람들은 그들의 치료제가 효과적이기를 기도한다."

⊖ ⦸ ⦶ ⊘

2008년, 아프리카의 과학자 알렉산드라 그레이엄Alexandra Graham은 GMP에 따라 양질의 의약품을 제조하겠다는 목표를 가지고 가나의 수도 아크라 외곽에 의약품 제조 기업 라그레이 화학을 설립했다. 나이지리아 출신인 알렉산드라와 가나 출신인 남편 폴 라티Paul Lartey는 그런 일을 하기에 이상적인 배경을 가지고 있었다. 화학자인 알렉산드라와 폴은 시카고의 애보트 래버러토리스에서 각각 특수 제품 부서의 관리자와 감염질환 의약품 탐색팀 팀장으로 일하다 만났다. 처음에 두 사람은 인도의 제네릭 산업을 저비용 고품질 의약품 제조의 모델로 삼았다. 시플라의 유수프 박사가 세상을 위해 만든 모델이었다.

그레이엄은 그러한 위대한 업적을 달성한 비결을 배우기 위해 인도로 갔다. 하지만 눈앞에 펼쳐진 광경에 영감이 아니라 충격을 받았다. 그녀가 둘러본 노후된 제조 시설은 '작은 침실을 작업장으로 사용하는' 가정집이었다. 교차 감염을 예방하는 데 필요한 품질관리 시스템이 부재했다.

그녀는 "에어컨도, [환기] 시스템도 없이 먼지만 가득했다"라고 회상했다. 그곳을 떠나면서 보안 요원이 나이지리아와 케냐로 수출할 의약품을 포장하고 있는 것을 목격했다. 인도에서는 판매 허가를 받지 못한 제품이었다.

그레이엄은 그들과 다른 방식으로 사업체를 운영하겠다고 결심했지만, 그것은 엄청난 도전이었다. 전력 수급이 불안정해서 조명과 복잡한 화학반응을 처리하는 민감한 장비를 지속적으로 사용하기 어려웠다. 하지만 더 큰 문제는 해외 업체들이었다. '가나에 공격적으로 진입하여' 저가 의약품을 판매하고, '온갖 인센티브와 뇌물을 제공하는' 인도와 중국의 영업 사원들과 경쟁하는 것이 정말 힘들었다. 부패한 지역 도매업자들까지 제약 회사들과 손을 잡고 유효 성분 함유량을 줄인 저가 의약품을 팔았다.

그레이엄은 인도의 대형 제약 회사의 능력 있는 CEO이자 회장인 동료에게 도움을 청했다. 하지만 그의 조언은 그녀를 혼란스럽게 했다. 그는 "대표 제품"을 생산할 "괜찮은 공장"과 "지역 기준"에 맞는 공장을 동시에 지으라고 제안했다. 그레이엄의 저비용 고품질이라는 아이디어는 신화에 불과했다. 기업들은 "USFDA 점검을 받은" 또는 "WHO가 보증한" 공장이라고 자랑하면서 아무렇지도 않게 저렴한 저질 의약품을 아프리카에 판매했다. 그레이엄은 진퇴양난의 상황에 놓였다. 높은 기준의 제조 방식만 고집한다고 해도 유효 성분을 공급하는 기업들이 그 기준을 따를지는 확신할 수 없었다.

2014년, 그레이엄은 HIV 치료제의 유효 성분을 구입하기 위해 중국 기업 상하이 데사노의 빈하이 공장을 방문했다.[9] 협상 초반에 데사노의 영업 사원은 "아프리카 고객을 위해 WHO의 점검과 승인을 받은" 빈하이 공장 대신 중국 푸신에 있는 비밀 공장에서 제조하는 저가 의약품을 권했다. 그레이엄은 몹시 분노했다. 그녀는 곧장 데사노의 부회장에게 항의 이메일을 보냈다. "다른 나라 시장에 좋은 약은 가나에도 좋습니다!"

그레이엄의 기준에 맞추려면 비용이 너무 많이 들었고, 이윤보다 품질을 우선시하는 그녀의 모습에 실망한 투자자들이 주식을 팔기 시작했다. 결국 2016년에 회사는 폐업했고 아크라 외곽의 제조 공장은 잡초로 뒤덮였다. 그녀는 아프리카와 인도, 중국의 강력한 규제 개혁 없이 기준 미달의 의약품 생산을 통제할 수 없다고 말했다. "품질에 대한 인센티브가 없는 환경이다." 그리고 덧붙였다. "규정에 따라 기업을 운영하면 살아남을 수 없다."

⊖ ⊘ ⦶ ⊘

몇 년 전부터 공중보건 전문가들이 이중 트랙 생산 문제를 폭로하기 시작했다. 2003년, 국제 구호원이자 약사인 장 미쉘 쿠드롱Jean-Michel Caudron은 국제 제네릭 의약품 기업들을 방문하여 제조 과정을 확인하기로 결심했다. 제조 현장에 접근하는 것은 "꽤 간단했다"라고 쿠드롱이 말했다. "당시 국경없는의사회, 유니세프와 함께 일하면서 의약품을 다량으로 구입하고 있었기 때문에 (…) 환영받을 수 있었다." 그들은 쿠드롱을 잠재 고객으로 대접하며 그와 동료들이 인도를 비롯한 전 세계 제조 시설에 임시로 접근할 수 있도록 허용해주었고, 거기서 그는 멀티 티어 생산을 목격했다. "한 유명 인도 기업의 관리자들이 USFDA와 유럽의 인증을 받아 무척 자랑스럽다고 설명하고 난 뒤, 규제가 없는 국가에 판매할 제품은 다른 품질로 제조하고 있다고 분명히 말했다." 쿠드롱이 회상했다. 한 관리자에게 시장에 따라 다른 기준으로 제조하는 이유를 묻자 "아, 아프리카랑 아시아 시장 말이지요? 그 사람들은 안전성에 대한 근거를 요구하지 않거든요"라고 답했다.

쿠드롱과 동료들은 4년 동안 180개 시설의 이중 트랙 생산을 정리하고 나서 〈열대 의학 및 국제 보건을 위한 유럽 저널European Journal of Tropical Medicine and International Health〉에 획기적인 논문을 실었다.[10] 규제가 약한 시장을 위해 품질을 낮추는 사업 전략은 놀랍도록 흔한 일이며, "부유한 사람을 위한 기준과 가난한 사람을 위한 기준"을 효과적으로 만들어냈다고 설명했다.

전 세계 연구원들이 이중 트랙 생산의 문제를 해결하려고 노력하는 동안, 저질 제네릭 의약품 남용은 약물내성이라는 엄청난 재앙을 키우고 있다. 세균은 치료를 위해 고안된 의약품에 저항하도록 진화한다. 베이커가 두려워했던 시한폭탄이 바로 이런 것이었다. 2014년, 영국 정부는 약물내성에 의한 피해를 지도로 작성하고 가능한 해결책을 찾는 야심찬 작업을 의뢰했다.[11] 초반에 작성된 일련의 보고서는 현 추세가 계속 이어진다면 2050년까지 매년 1,000만 명이 약물내성 감염으로 사망할 것이라고 추산했다. 전 영국 총리 데이비드 캐머런이 말했다. "당장 조치를 취하지 않으면, 항생제가 더 이상 효과를 발휘하지 못하여 의학의 암흑기로 돌아가는 상상 밖의 시나리오를 마주할 수도 있다."

이 프로젝트는 아홉 권의 주요 보고서로 마무리되었고, 대부분은 약물내성과 관련하여 다음의 세 가지 요인을 지적했다. 개발도상국이 제조 과정에서 의약품을 호수와 강에 버려서 환경을 오염시키고, 가축에 항생제를 남용하고, 환자들이 의약품을 처방받은 대로 정확히 복용하지 않고 오용하는 것이었다. 한 보고서에서만 네 번째 요인, 즉 기준 미달의 제네릭 의약품을 개발도상국의 수많은 사람에게 조직적으로 불충분하게 투여하고 있는 점을 지적했다. 저질 제네릭 의약품과 약물내성이 만연한 개발도상국의 연구원들이 둘 사이의 연관성을 조사하기 시작했다.

저소득 국가들은 범죄 조직의 불법 복제약과 이류 제약 회사들의 기준 미달 제네릭 의약품 같은 저질 의약품으로 인해 어려움을 겪고 있다. 불법 복제약은 진짜 제품과 똑같이 생겼지만 유효 성분을 포함하지 않는 경우가 많았다. 반대로 기준 미달 의약품은 대개 유효 성분을 포함하지만 함량이나 제형이 약효를 발휘할 만큼 충분하지 않다. 불법 복제약이 정치적 분노와 언론의 주목을 가장 많이 끌어내지만, 일부 전문가들은 기준 미달 의약품 역시 공중보건에 아주 큰 위협을 가한다고 말한다. 일반적으로 기준 미달 의약품은 환자들을 효과적으로 치료할 수 있을 만큼의 유효 성분을 포함하지 않기 때문에 가장 강한 미생물은 온전히 살아남고 약한 미생물만 죽는다. 이렇게 살아남은 미생물들이 계속 번식하여 제대로 만들어진 효과가 좋은 의약품에 저항할 수 있는 새로운 세대의 병원균을 만들어낸다.

2011년, 태국과 캄보디아 국경에서 약물내성 말라리아가 출현했을 때 미 공중보건 전문가 크리스토퍼 레이먼드Christopher Raymond는 기준 미달 의약품을 원인으로 지적했다.[12] 인도네시아 USP 책임자였던 그는 유효 성분을 소량 함유한 의약품으로 환자를 치료하는 것은 "가솔린으로 불을 끄는 것"과 같다고 말했다. 레이먼드는 동남아시아라는 유리한 조건에서 기준 미달 의약품이 많이 사용되는 지역과 약물내성의 '핫 스팟' 사이에서 명확한 연관성을 확인할 수 있었다.

동남아시아에서 활동하던 영국 출신의 말라리아 전문가 폴 뉴턴Paul Newton은 기준 미날 항말라리아제로 인한 문제와 약물내성이 중복되어 나타나는 것을 20년 가까이 지켜보았다. 그리고 2016년에 공동 집필한 사설에서 "치사량보다 적은" 항말라리아제를 함유한 의약품들이 적은 투여량을 견딜 수 있는 기생충에게 "생존에 유리한 환경"을 만들어준다고 설명했다.[13] 하지만 아무리 논리적이고 그럴듯한 주장일지라도 연관성을 뒷받침할 강력한 과학적 증거는 찾지 못했다며 신중한 태도를 취했다.

정황증거가 쌓이는 동안 비영리단체 USP는 2017년에 품질 연구소를 신설하여 의약품 품질과 내성의 연관성에 관한 연구에 자금을 지원했다. 그리고 2018년 말에 노력의 결실을 맺었다. 보스턴대학교의 무하마드 자만Muhammad Zaman 박사가 기준 미달 의약품과 항균제 내성의 연관성에 관한 첫 번째 논문을 공동 집필했다.[14] 자만은 연구소에 일하면서 리팜피신이라는 흔히 사용되는 항생제를 연구했다. 제대로 제조되지 않으면 리팜피신 퀴논으로 분해되어 불순물을 생성하는 약물이었다. 불순물에 노출된 세균은 리팜피신과 유사한 의약품에 내성을 가지게 하는 돌연변이를 일으켰다. 자만은 이 연구를 통해 기준 미달 의약품도 형편없는 규정 준수, 처방약 오용과 마찬가지로 전 세계를 위협하는 약물내성의 '중대 원인'이라는 것을 정책 입안자들에게 납득시킬 수 있기를 바랐다.

인도네시아에서 의약품 품질을 연구해온 전염병학자 엘리자베스 피사니Elizabeth Pisani는 2015년 보고서에 이렇게 적었다.[15] "항균제 내성: 의약품 품질은 그것과 어떤 연관성을 가지는가?" 약효가 떨어지는 의약품들이 저소득 국가들의 약물내성 위기에 불을 지피고 있으며, 부유한 국가들 역시 이 문제를 마냥 무시할 수만은 없다. "병원균에게는 국경이 없기 때문이다."

병원균이 알려진 모든 치료법에 저항할 수 있도록 진화하게 되면, 전 세계 환자들은 잠재적 피해자가 된다. 2016년 8월, 네바다의 70대 여성이 인도를 여행하다 대퇴골 골절상을 입고 집으로 돌아갔다.[16] 대퇴골에서 시작된 감염은 금세 고관절로 번졌다. 그녀는 리노병원에 입원했고, 의사들은 곧장 다약제내성 세균의 유무를 검사했다. 전 CDC 소장 토마스 프리든Thomas Frieden이 기자회견에서 언급한 것처럼, CDC는 치료법도 없는 '악몽 같은 세균' 카바페넴 내성 장내세균carbapenem-resistant Enterobacteriaceae, CRE의 존재를 확인해주었다.[17]

네바다에는 그녀를 살릴 수 있는 의사가 몇 명 없었다. 무엇보다 다른 환자들에게 전염될까 봐 걱정이었다. 리노병원은 즉시 격리실을 마련했고, 직원들은 마스크와 장갑, 가운을 착용한 상태로 그녀를 돌보았다. 하지만 한 달도 채 지나지 않아 그녀는 세상을 떠났다.

⊖ ⃠ ⓘ ⊘

간디의 아슈람에서 시작된 인도의 자기 신뢰 운동self-reliance campaign은 세상에서 가장 불행한 환자들을 구조하는 임무로 변형되었다. 유수프 박사의 혁명은 제네릭 기업들에 국제사회의 균형 장치로서의 역할을 부여하고 부유한 사람과 가난한 사람 들이 똑같이 사용할 수 있는 치료제를 만들 수 있는 기회를 제공했다. 하지만 타쿠르가 란박시에서 스프레드시트로 작성했던 것과 베이커가 인도 전역의 제조 공장에서 관찰했던 것은 그러한 이상의 실현이 아니었다. 그것은 가장 가난한 환자들에게 최악의 의약품을 제공하여 모두의 목숨을 위협하는 극도의 파괴 및 착취 행위였다.

가나의 기술혁신가 시몬스는 냉혹한 현실을 "모든 의약품은 유독하다. 철저히 통제된 환경 속에서만 제대로 기능한다"라고 요약했다. 제조 과정을 분 단위로 추적한 데이터를 가지고 있는 의약품이라면 믿을 수 있을 것이다. 하지만 감시가 허술한 시장의 제조 기준을 누가 보장할 수 있겠는가? 아프리카 국가들의 10분의 1만이 효과적인 규제 기관을 가지고 있었고, 5분의 2는 의약품 품질을 정기적으로 시험할 수 있는 연구소를 가지고 있지 않았다.[18]

이러한 결핍이 루쿨레이 박사를 가나의 수도로 이끌었고, 그는 그곳에서 아프리카의 베이커들을 훈련시키기 시작했다. 그는 2013년 아크라에 USP의 전초기지인 제약 발전 훈련 센터Center for Pharmaceutical Advancement and Training, CePAT를 열었다. 비포장 흙길을 따라가면 기다란 철재 출입문 뒤로 평범한 시설이 나타났다. 하지만 내부는 경이로웠다. 출입문에는 생체 인증 지문 인식기가 달려 있었고, 최첨단 미생물학 연구소에는 HPLC 기기가 가득했으며, 안정성 실험실에는 의약품의 기능이 얼마나 빨리 저하되는지를 시험하는 특수 냉장고가 있었다.

CePAT는 국내 유일의 의약품 규제관 훈련 프로그램과 품질 검사를 위한 공인 연구소를 운영한다. 루쿨레이는 이런 자원들로 아프리카 전역의 의약품 품질을 향상시킬 수 있기를 바랐다. 하지만 그의 말처럼 "인접국들이 모두 엉망이면" 한 나라의 상황만 개선해서는 별 효과가 없었다.

높은 수준의 훈련을 받은 과학자로서 위엄 있으면서도 상냥한 루쿨레이는 가나에서 진행할 임무의 적임자였다. 그는 시에라리온의 가난한 동네의 추장이었던 아버지 밑에서 24명의 형제자매와 함께 자랐다. 루쿨레이는 등유 램프 밑에서 공부하고 야자나무 잎사귀로 만든 침대에서 잠을 잤다. 뛰어난 성적과 순수한 의지로 시에라리온의 수도 프리타운에 있는 학교에 진학해서 미시간 주립대학교 대학원까지 마쳤다. 그 후 미국의 화이자와 와이어스에서 일하다가 USP로 옮겼다. 아프리카에서 보낸 유년의 경험은 역경에 대한 감각을 각인시켰다.

2016년 3월, 모잠비크와 스와질란드, 르완다, 잠비아, 라이베리아 등 아프리카 국가의 정부에서 일하는 수십 명의 젊은 규제관이 연수를 위해 CePAT를 찾았다. 한 교육관에 따르면, 그들은 2주 동안 형식적인 점검 사항을 훑어보는 대신 제약 회사들이 제출한 자료를 더 철저히 조사하고 그들의 주장에 대해 비판적으로 사고하는 방법을 배웠다. 훈련 프로그램의 수료식은 최전선에서 저질 의약품을 방어하는 규제관들의 중대한 역할을 강조하기 위해 엄숙히 치러졌다. 루쿨레이의 동료는 그들에게 '최종 실험대'인 아프리카를 향해 "힘찬 물줄기처럼 나아가라"고 격려했다.

루쿨레이는 수료식 때마다 긴 튜닉과 찰랑거리는 바지, 수놓은 모자를 착용하고 수료생들 앞에 나섰다. "여러분은 군인입니다." 그가 말했다. "우리는 국민들을 죽이려는 사람들과 싸우기 위해 탄약을 받아들고 무장했습니다." 그는 언젠가 부패나 정치적 개입에 부딪치겠지만 '숭고하고 윤리적인 임무'라는 사실을 잊지 말라고 강조했다. 그리고 가장 중요한 것은 눈앞에 서류가 놓였을 때 이런 질문을 하는 것이라고 힘주어 말했다. "대충 체크하고 말 것인가, 아니면 진정한 규제관이 될 것인가?"

27장 들끓는 파리 떼

28장 원고 적격

7부

심판

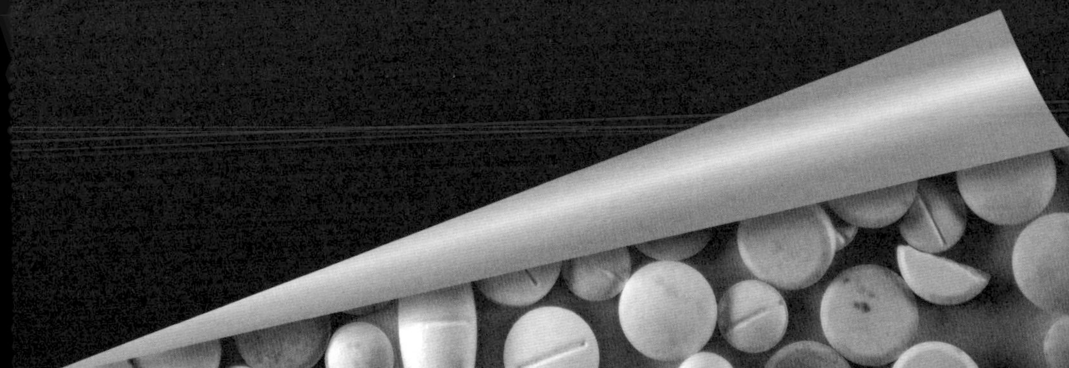

27장

들끓는 파리 떼

○

2013년 6월
인도, 뉴델리

미국 정부와 란박시가 합의한 후, 한 달 동안 FDA와 인도 규제관들의 관계는 엉망이 되었다. 인도 지부에 보낼 외교에 능한 공중보건 전문가를 물색하던 FDA는 인도 태생의 미국인 알타프 랄Altaf Lal에게 주목했다. 가느다란 은발에 따뜻한 성품과 우아한 태도를 지닌 그는 6년간 뉴델리에서 미국 보건 담당관으로 근무한 훌륭한 공중보건 전문가였다.

FDA는 보건 기관치고는 상당히 요란스럽게 그를 배웅했다. 그들은 랄이 자신의 세 가지 목표를 간략히 정리하여 블로그에 올린 것을 웹사이트에 게재했다. 인도 규제관들과 친밀하게 지내며 신뢰 관계 구축하기, '점검을 신속하고 철저하게' 수행하기, '모든 제품의 품질과 안전, 효과를 보장하는 것이 가장 중요하다는 것을 인도 업계와 규제관들이 이해할 수 있도록' 돕기. 랄은 블로그 게시글에 이렇게 적었다.[1] "한 동료는 최근에 내가 FDA에서 맡은 역할을 에베레스트 등반에 비유했다. 하지만 알다시피 나는 트레킹과 등산을 좋아하고 다음 도전 과제를 (…) 모험으로 받아들이고 있다."

FDA는 랄을 미국 정부의 기대와 인도의 경영 방식을 모두 이해하는 적임자로 보고 인도 지부의 운영자로 임명했다. 그는 카슈미르에서 중앙 정부의 고위 회계사인 아버지 밑에서 자랐다. 화학 박사 학위를 취득하여 과학자가 되었고, 국립 보건원에서 박사 후 과정을 밟고 CDC에 기용되어 말라리아원충을 연구했다. 그렇게 CDC에서 14년 동안 근무하다가 뉴델리의 미 보건복지부로 옮겼다.

랄의 가장 중요한 임무는 미국과 인도 정부가 제품의 안전성을 개선하기 위해 협력하는 상호 의존 개념을 강화하는 것이었다. 충분히 명확한 개념이었다. 미국은 인도 제약 업계의 가장 중요한 고객이었고, 인도는 가장 큰 의약품 공급원 중 하나였기 때문에 당연히 협력하고 싶었을 것이다. 하지만 베이커는 인도라는 무법 지대에서 홀로 고군분투하는 경찰관이 된 느낌이었다. 인도 규제관들은 파트너 역할을 하기는커녕 무관심으로 일관하거나 노골적인 반감을 드러내곤 했다.

랄은 란박시 사건에 이어 인도를 원점으로 돌려놓을 효과적인 리셋 버튼이었다. 그는 거기서 인도 규제관들과 동지애를 쌓고 인도 기업들은 GMP만 철저히 지키면 충분하다고 격려했다.

랄이 초반에 기울인 노력 가운데 하나가 일련의 연수 프로그램을 기획하여 기업들에게 FDA 규정을 준수하는 방법을 알려주는 것이었다. 그는 이 문제에 몰두하면서 인도 정부와 제약 업계 내부의 정보원들을 발굴해냈다. 한 제약 업체의 고위 임원은 FDA가 여태껏 인도에서 거둔 성과를 이렇게 정리했다. "당신들은 라라 랜드에 있는 게 분명하다." FDA는 현장에서 어떤 일이 벌어지는지 거의 모르는 듯했다. 하지만 랄은 곧 변신 가능한 도구를 마음껏 이용할 수 있다는 사실을 깨달았다. 그것은 바로 베이커였다.

⊖ ⊘ ⊕ ⊘

랄이 인도에 도착하고 한 달 후인 2013년 7월, 베이커는 아우랑가바드 칠칼타나 지역의 웍하트 공장을 점검하기 시작했다. 그곳은 웍하트의 최고 인기 상품이자 심장 질환 및 고혈압 치료에 필수인 베타 차단제 토프롤 XL의 제네릭 버전을 제조하는 시설이었다. 웍하트 버전인 메토프롤롤 석시네이트는 미국 시장의 3분의 1을 점유하고 있었다. FDA는 인정하지 않았지만, 미국 환자들은 그 약에 문제가 있다는 것을 알고 있었다.[2] 〈피플스 파머시〉의 라디오 프로그램에는 그 약에 대한 불평이 넘쳐났다. 이번에 웍하트는 수사관이 도착하기 불과 3일 전에 사전 고지를 받았다.

7개월 전, 클리블랜드병원의 심장 전문의 레버는 웍하트의 메토프롤롤 석시네이트에 대한 우려를 상세히 기록하여 FDA의 CDER 소장 우드콕에게 보냈다.[3] 그는 그 약을 복용한 환자들의 흉통과 심박수, 혈압을 적절히 통제할 수 없었고, 브랜드 의약품으로 바꾸면 증상이 완화되었다고 말했다. "우려를 뒷받침할 데이터는 없지만, 이 질환과 관련하여 상당히 많은 경험을 가지고 다수의 환자들을 지켜보았습니다." 그리고 이렇게 적었다. "제가 보기에는 임상학적으로 유의미한 차이가 있는 것이 틀림없습니다."

이틀 만에 FDA 제약 품질팀에서 브랜드 버전과 제네릭 버전을 비교 연구하겠다는 약속과 함께 구체적인 답변을 보냈다.[4] 답장에서만큼은

FDA가 순조롭게 작동하는 것처럼 보였다. 레버는 베이커가 FDA 임원들보다 훨씬 먼저 웍하트의 의약품 문제를 확인하고 있다는 사실은 까맣게 모른 채 결과만 기다리고 있었다.

⊖ ⊘ ⦶ ⊘

7월 24일, 베이커는 웍하트의 치칼타나 공장 점검을 위해 아우랑가바드 공항에 도착했다. 렌터카를 받아 막 출발하는데 낯선 남자가 차문을 열더니 안으로 뛰어들어서는 어두운 표정으로 어디로 가는지, 어떤 시설을 점검하는지 물은 후 정지 신호에 다시 뛰쳐나갔다. 베이커는 웍하트 쪽에서 감시하기 위해 보낸 사람이라고 추측했다. 그와 웍하트는 서로에게 최악의 악몽 같은 존재였다. 공장 임원들과 만날 생각을 하니 두려움이 차올랐다. 어떤 증거를 찾아내든 무례하거나 현실과 완전히 동떨어진 반응을 보일 것이기 때문이었다.

디페시 샤와 아그라왈은 베이커보다 이틀 먼저 도착했다.[5] 그들은 지체하지 않고 공장의 품질관리 연구소부터 점검했다. 거기서 아그라왈은 모든 HPLC 기기의 기록 관리 시스템을 자세히 살펴보았다. 몇 시간 동안 확인해본 결과, 베이커가 3월에 마지막으로 점검한 직후 '시험 주입'이라고 적힌 폴더가 HPLC 기기 열 대의 컴퓨터 드라이브에서 삭제되어 있었다. 웍하트는 비공식 사전 시험의 증거를 지우고 있었다.

아그라왈은 컴퓨터 드라이브를 꼼꼼히 뒤지다가 '2013년 5월 디폴트'라고 적힌 폴더를 각 기기에서 발견했다.[6] 그 폴더에서 의약품을 사전에 시험하는 관행이 지속되었다는 명백한 증거인 시험 주입 기록 수백 개를 찾았다. 와루즈에서 마지막으로 진행했던 점검에서는 사전 시험과 공식 시험의 제품 번호가 같았기 때문에 연관성을 입증하는 것이 비교적 쉬웠다. 하지만 이번에는 사전 시험의 숫자를 모조리 지워버려서 연관성을 찾기 어려웠다.

하지만 아그라왈은 포기하지 않았다. 1주일 동안 감추어져 있던 사전 시험과 공식 시험을 나란히 놓고 일일이 비교하면서 연관성을 찾았다. 하지만 웍하트가 연관성을 필사적으로 감추고 있었기 때문에 사전시험에 대해 자백할 관계자가 필요했다.

매일 밤 수사관들은 아그라왈의 호텔방에 모여서 낮은 직급의 화학자들을 공장 임원들로부터 떼어놓고, 두 시험의 연관성과 조작 시도에 대한 자백을 받아낼 수 있는 방법을 논의했다. 그러던 중에 아그라왈이 한 임원과 단 둘이 남겨졌고, 그 기회를 틈타 질문 공세를 퍼붓자 임원이 애원했다.[7] "선생님, 제 입장도 좀 이해해주십시오. 시운전(사전 시험의 또 다른 말)을 인정했다가는 직장을 잃을 겁니다."

험난했던 8일 동안 수사관들은 부분적인 자백을 두 차례 받았고, 끔찍한 작업환경에 대한 증거도 몇 가지 찾아냈다. 그들은 배수관이 없어서 소변이 고여 있는 화장실을 발견했다. 한 관리자는 변기 위의 스티커가 수리를 받았다는 의미라고 주장했다. 하지만 수사관들은 스티커가 없다고 지적하면서 거짓말하지 말라고 경고했다. 다른 곳에서는 한 직원이 의약품 샘플의 무게를 재면서 결과를 기록하지 않는 것을 발견했다. 그 직원은 결과를 기억해두었다가 나중에 기록할 생각이었다고 해명했다.

그곳은 분명 편의와 비용 절감의 원칙에 의해 관리되는 통제 불능의 공장이었다. 수사관들은 90장에 달하는 관찰 내용을 작성했다. 점검 중간에 회장 아들인 전무이사가 스위스로 떠난다고 알려왔다. 수사관들은 조사 결과 발표로 주가가 폭락하기 전에 회사 돈을 빼내 스위스은행 계좌에 감추려는 것은 아닌지 의심했다. 몇 달 후, 인도 증권 거래 위원회는 FDA가 와루즈에 내렸던 강제 조치를 발표하기 직전에 대량으로 매각된 웍하트 주식에 대해 조사했다. FDA가 경고장을 발부하고 수입제한 조치를 취한 후 웍하트의 주가는 70퍼센트 하락했다.[8]

점검 말미에 전무이사가 돌아왔다. 그는 스치듯 지나가는 아그라왈에게 격앙된 목소리로 물었다. "우리 제품의 품질에 문제가 있다고 생각하십니까?" 아그라왈은 "그런 것 같습니다"라고 대답했다.

웍하트에서의 경험이 점검팀을 흔들어놓은 이유는 두 가지였다. 점검 중반에 아그라왈의 몸 상태가 안 좋아졌고, 수사관들은 그들이 음식에 수돗물을 넣은 것이 아닌지 의심했다. 또한 베이커는 시험 주입을 들킨 관리자들의《거울 나라의 앨리스》같은 반응을 유독 힘들어했다. 덜미를 잡히면 잘못을 인정하는 여느 기업과 달리 그들은 조직적으로 부인해서 그를 화나게 했다. 수사관들은 나중에 한 인도 공무원을 통해 그들이 매일 밤 호텔방에 모여 점검 전략을 짜는 것을 웍하트의 임원들이 듣고 있었다는 사실을 알게 되었다. 도청 장치를 설치했던 것이다.

⊖ ⊘ ⓘ ⊘

업무에 적응하는 동안, 랄은 인도 규제관들을 대화로 유도하여 규제 목표를 공유할 방법을 찾는 것보다 더 큰 문제를 발견했다. 자신이 사용해야 할 점검 시스템이 너무 심하게 부패해서 사실상 무용지물이었다. 사전 고지는 인도 기업에 만연한 사기 행위를 부추길 뿐 아니라 FDA 점검팀도 타락시켰다. 현지 직원이 적다 보니 미국에 있는 수사관들을 중요한 점검에 배정해야 했다. 이 과정에서 미국 정부가 하루 예산으로 허용한 호텔방이 갑자기 업그레이드되고 비용도 청구되지 않는 경우가 발생했다. 일부 수사관들은 배우자나 연인을 데려와 기업의 지원금으로 쇼핑을 다니거나 골프 회동, 마사지, 타지마할 관광 등을 즐겼다. 랄은 이것을 "단속 관광"이라고 부르며, 시스템 또는 시스템의 부재로 인해 수사관들이 "얽매이고 타협하는 것"이라고 말했다.

또한 랄은 기업과 가비니 같은 수사관의 유착 관계를 면밀히 조사했다. 가비니는 종종 공장 임원들을 회의실로 초대하여 서류를 직접 전달받았고, 그에게는 '회의실 수사관'이라는 별명이 생겼다. 이런 방식은 기업들에게 서류를 조작할 기회를 제공했다. 또한 점검 전후에 공장 임원들과 대놓고 통화를 했고, 점검 보고서를 공식적으로 제출하기 전에 기업에 먼저 보내 검토할 수 있게 했다. 가비니는 기업들과 정보를 공유하는 과정에서 "그것을 비밀로 하는" 수사관들만큼 많은 성과를 얻었다고 말했다.

가비니는 수년간 홀로 하이데라바드 출장을 다녔다. 거기서 미국 시장에 처음 진출하는 공장들의 약 85퍼센트를 승인하여 제조 산업을 성장시켰다. 뒤늦게 그곳을 점검하기 시작한 동료들이 그들의 사기 행각을 발견하고 가비니가 점검하기는 한 것인지 궁금해했다. 2011년 6월, 한 내부 고발자가 FDA 임원에게 이메일을 보내 수년 전의 가비니와 최근의 한 수사관이 란박시로부터 대가를 받고 부정적인 조사 결과를 최대한 축소시켜주었다고 주장했고, 가비니는 이를 부인했다. 내부 고발자는 이렇게 제안했다. "인도 시설을 점검할 때 배경과 출신이 다른 수사관을 두 명 이상 배정하는 것이 좋습니다." 여러 사람을 한꺼번에 매수하거나 사기 행각에 끌어들이기는 어렵기 때문에 팀 단위로 점검하면 부패를 방지할 수 있었다. 어느 제조 공장에서 수사관들에게 개별적으로 금화를 제안했는데 모두 거절했다는 유명한 일화도 있다. 하지만 FDA 본사의 몇몇 임원은 내부 고발자의 이메일이 더는 내부로 전달되지 않는다며 그의 주장을 맞받아쳤다.

나중에 FDA 대변인은 "직원의 부적절한 행위에 대해 철저히 수사하고 있다"라고 주장했다.

기업이 장악한 외딴 마을에서는 공장 대신 호텔이 손님맞이와 감시자의 역할을 맡았다. 호텔 직원들은 점검을 시작하기도 전에 수사관이 누구이고 방문 목적이 무엇인지를 훤히 꿰고 있었다. 수사관들의 방문 일정표는 제조업계의 촘촘한 연결망으로 빠르게 공유되었고, 기업 임원들은 왓츠 앱의 그룹 채팅을 통해 은밀히 소통했다. 한번은 치칼타나 공장을 점검하다 탈이 났던 소비자 안전 감독관 아그라왈이 랄에게 전화를 했다. "호텔에서 다음에 어디로 갈 건지 알려달라는데요?" 그러자 랄이 대답했다. "호텔이 미국 공무원의 다음 행선지를 알 필요는 없어요."

이 늪을 청소하기 위해 랄은 오랫동안 미루어두었던 해법을 FDA 본사의 임원들에게 제안했다. 몇 달 전에 하는 사전 고지와 기업의 지원을 받는 관례를 없애고, 수사관의 방문을 며칠 전에 고지하거나 아예 고지하지 말자는 것이었다. 국내 점검과 해외 점검에서 가장 크게 두드러지는 차이를 고려한 제안이었다. 전자는 사전에 고지하지 않는 반면, 후자는 거의 예외 없이 몇 주, 심지어 몇 달 전에 고지했다.

2013년 12월, FDA가 제안을 받아들이자 랄은 인도 파일럿 프로그램을 시작했다. 그는 아그라왈에게 미국에서 오는 수사관들과의 연락을 전담하라고 지시했다. 이제 기업들은 누가, 언제 공장 문을 열고 들어올지 알 수 없었다. 랄은 개입하고 싶어도 할 수 없도록 누구를 어디에 보내는지 자신에게 알리지 말라고 당부했다. 아그라왈은 거기서 한 걸음 더 나아갔다. 그는 인도 지부의 직원들과 접촉하지 않기 위해 미국 대사관을 통해 수사관들의 일정을 조율했다. 촉박한 통보에도 불구하고 기업들이 대비할 시간을 더 줄이기 위해 점검 날짜까지 바꾸었다. 랄이 기획하고 아그라왈이 시행한 인도 파일럿 프로그램은 인도 공장 안에서 벌어지는 일들을 FDA에 여과 없이 보여주었다. 세계적으로도 전례 없는 일이었다. 인도는 미국 다음으로 수사관들이 사전 고지 없이 방문하는 나라가 되었다.

⊖⊘①⊘

2014년 1월 2일 목요일, FDA 인도 지부는 란박시 임원들에게 제네릭 리피토 정제 수백만 개에서 유리 조각이 발견되어 다음 주 월요일에 토안사 공장을 재점검할 것이라고 통보했다. 미국 소비자들이 집단소송까지 제기했지만, 오염 원인은 아직 확실하지 않았다. 아그라왈은 그 시설에서 무슨 일이 벌어졌는지 수사관들이 밝혀주기를 바랐다. 그래서 사전 고지 없이 점검을 일요일 아침으로 옮겼다. 그는 외부 시스템을 이용하여 비행기를 예약했다. 란박시의 경영진은 대비하기는커녕 수사관들이 일요일에 들이닥칠 것이라고 짐작조차 하지 못했다.

일요일 이른 아침, FDA 수사관 베이커와 샤는 토안사 공장 밖에 서서 출입구의 보안 요원에게 신분증을 보여주었다.[9] 밖에서 들여다본 공장은 베이커의 바람처럼 조용하고 한산했다.

그들은 아주 잠시 동안만 눈에 띄지 않기를 바라면서 품질관리 연구실로 빠르게 이동했다. 그들은 분주한 연구실을 보고 망연자실했다. 수십 명의 직원이 서류 앞에 쭈그려 앉아 다음 날로 예정된 점검에 대비하여 날짜를 소급해서 적고 있었다. 베이커는 책상 위에서 조작해야 할 서류를 목록으로 정리한 노트북을 발견했다. 모든 서류의 표면에는 수정이 필요한 날짜를 적은 포스트잇이 붙어 있었다. 직원들은 직원 훈련 일지, 연구실 분석 자료, 청소 기록 등 일부만 채워 넣은 서식에 날짜를 소급하여 적었다.

베이커와 샤가 눈앞에 펼쳐진 광경을 받아들이는 동안, 대부분의 분석가는 그들을 컨설턴트로 생각하고 무시했다. 잠시 후 고위 관계자들이 들어와 FDA 사람들이라고 알렸고, 직원들은 미친 듯이 서류를 책상 서랍에 밀어 넣었다. 사전 고지를 하고 갔다면 서랍 뒤에 처박힌 약병, 바깥에 쓰레기가 쌓여서 창문이 닫히지 않는 바람에 파리가 들끓는 샘플 준비실, 아니면 베이커가 최종 보고서에 언급한 것처럼 'TNTCtoo numerous to count(말도 못 하게 많은) 파리 떼'는 보지도 못하고 시설을 허가했을 것이다.[10] 점검 후 공장에는 경고장이 발부되고 통상 금지령이 내려졌다.

미국 규제관들이 점검 일정을 사전에 고지했는지 여부는 이론적으로 중요하지 않다. 의약품 제조업체들은 언제나 GMP를 따라야 한다. 모범업체들은 언제든 점검을 받을 수 있는 상태로 운영된다. 규정은 시간제로 준수하는 것이 아니다. 랄이 말한 것처럼 "규정은 협상할 수 있는 것이 아니다. 1월을 우수 제조의 달로 지정할 수는 없다."

하지만 점검을 촉박하게 고지하거나 아예 고지하지 않는 FDA의 새 프로그램은 만연해 있던 불법행위를 수면 밖으로 끄집어냈다. 수사관들은 사전 고지 없이 들이닥침으로써 수년간 완벽한 의약품이 아니라 완벽한 결과를 생산하는 데 전념해온 시스템 전체를 밝혀냈다. 공장들은 사전 고지와 값싼 인건비로 무엇이든 그럴듯하게 만들어낼 수 있었다. "주말 이틀이면 건물도 세울 겁니다." 한 수사관이 말했다.

수사관들은 무균 제조실을 점검하다가 어디서 들어온 새 한 마리나 실험 장비 옆에 똬리를 튼 뱀을 찾아내기도 했다. 어떤 공장에서는 곧장 미생물 연구실을 찾아가 무균 환경에서 완벽한 순서에 따라 수행한 시험에 대한 자료를 확인했다. 모든 샘플이 미생물 한도 시험과 내독소 시험에서 완벽한 결과를 얻었다. 하지만 정작 샘플은 존재하지 않았다. 그들은 아무것도 시험하지 않았고, 연구소 전체가 가짜였다. 얼마 지나지 않아 수사관들은 무균상태임을 증명하기 위해 모든 데이터를 조작한 두 번째 공장을 찾아냈고, 한 FDA 임원은 "충격적인" 결과였다고 밝혔다.[11]

수사관들은 아그라왈의 지시를 받아 기업별 위반 사항을 표시했고, 위반 사항과 경고장이 483건으로 늘어났다. 얼마 지나지 않아 미국은 41개 공장의 의약품에 대해 수입제한 조치를 내렸다.[12] 긴밀하게 연결된 제약업계의 분노가 커져갔고, 미국 대사관 관료들은 FDA의 인도 내 활동을 더 철저히 조사했다. 한 국무부 임원은 수사관들이 "카우보이 행세를 하고 있다"라며 아그라왈을 책망했다. 어떤 면에서는 갈등이 일어나는 것이 당연했다. 국무부의 역할은 인도에서 미국의 경제적 이득을 증진시키는 것이고, FDA 수사관들의 임무는 미국 소비자의 안전을 보장하는 것이었다. 하지만 미국과 인도 정부 모두 랄의 수사관들에게 불만을 가지고 있었다.

규제관들이 순순히 따르도록 하는 데 능숙한 인도의 의약품 제조업체들이 반격을 시작했다. 일부 대변인들은 새로운 점검 방식을 공개적으로 폄하하면서 반인도적 편견에서 비롯된 것이라고 주장했다. 그들은 어둠 속에서 지략 싸움을 펼쳤다. 점검 일정과 수사관에 대해 사전 고지를 받지 않아도 누가, 언제 오는지 미리 알아내려고 안간힘을 썼다. 그들은 공항과 호텔을 감시했고, 공장에서도 수사관보다 늘 한발 앞서려고 노력했다. 또한 자료를 찾기 위해 쓰레기통을 뒤지는 수사관들의 습관을 눈치채고 공장 안의 쓰레기통을 전부 없애기도 했다.

대부분의 전쟁이 그렇듯 그들의 싸움도 갈수록 심화되었다. 베이커와 몇몇 수사관은 공장들이 쓰레기를 모아두는 지역을 조사하기 시작했다. 그 과정에서 담벼락을 오르거나 대형 쓰레기통에 들어가기도 했다. 거기서 후속 조치 없이 버려진 환자들의 불평 사항을 한 무더기 찾아냈다. 수사관들이 일선에서 뛰는 동안, 랄은 FDA 본사의 커져가는 회의론에 맞서면서 인도 정부에 대한 부정적 평가를 초래하지 않도록 인도 대선 전까지 완화하라는 미국 대사관의 요구를 거절했다. 그의 대답은 단호했다. "점검은 점검입니다. 점검을 바꾸는 일은 없을 겁니다."

사전 고지 없는 점검은 새 시대의 전조로서 인도 제네릭 기업들의 강력한 경영진과 그들을 보호하는 규제 기관, 심지어 FDA와 충돌할 수 있는 상황으로 수사관들을 밀어 넣었다.

⊖⊘⦶⊘

인도 최고의 의약품 규제관인 갸넨드라 나스 싱 박사는 뉴델리 코틀라 로드의 엉성한 관목으로 둘러싸인 낡은 건물에서 중앙 의약품 표준 관리국Central Drugs Standard Control Organization, CDSCO을 운영했다. 건물 안내 데스크의 'ㅐ'자는 스카치테이프 덕에 간신히 매달려 있었다. 2층 국제 협력 사무소는 근무시간에도 자주 자물쇠로 잠겨 있었다.

CDSCO는 인도의 FDA였고, 본사의 침체된 분위기는 수십 년간 인도 소비자들을 저질 의약품으로부터 보호하기보다 인도 제약 회사를 규정으로부터 보호하는 데에만 몰두했다는 비난을 반영하는 듯했다. 40년 동안 수많은 국내 보고서가 인도 의약품 규제 기관의 서투름, 인력 부족, 부패를 맹비난하며 CDSCO를 점검하라고 촉구했다.[13] 또한 인도 시장에 저질 의약품이 넘쳐나는데 CDSCO는 타성에 젖어 무기력하고, 얼빠진 직원은 하품이나 해대며 서류를 누락시키기 일쑤라고 지적했다.

CDSCO에 가장 많이 쏟아지는 비난은 관료들이 의약품 제조업자들뿐만 아니라 공정하다고 알려진 소위 의학 전문가들과도 결탁한다는 것이었다. 세계적으로 금지된 의약품들도 각 지역의 전문가들이 제약 회사의 초안에서 따온 것이 분명한 평가서를 제출하면 CDSCO의 승인을 받을 수 있었다. "규제 기관과 제약 산업의 유착이 워낙 강해서 깰 수 없을 겁니다." 인도의 저명한 제약 전문 기자가 말했다.

2015년 1월, 갸넨드라 나스가 웬일로 미국 기자와 인터뷰 약속을 잡았다. 외부 사무실로 들어간 기자는 직원의 안내에 따라 인도 최고의 제약 회사 CEO들이 서명한 방명록을 작성했다. 그 후 조그만 내부 사무실에서 인터뷰를 진행했는데, 갸넨드라 나스는 살짝 불쾌한 질문에도 정중하고 활기찬 태도를 유지했다. 그는 30분 동안 "파트너들과의 협력"에 대해 이야기하고 CDSCO는 환자를 보호하기 위해 "절대 타협하지 않을 것"이라고 설명했다. 또한 그들이 단속하는 제약 회사들과 "유착 관계를 맺고 있지 않다"라고 단언했다. 하지만 바로 이어서 제약 회사들이 CDSCO 규제관을 두려워하지 않는 이유에 대해 명확히 말했다. "저희는 항상 그들에게 개선할 기회를 줍니다." 그리고 내부 고발자들의 정보는 대부분 '가짜'라고 말했다.

1년 전쯤 그는 〈비즈니스 스탠더드〉라는 인도 신문사와 솔직한 인터뷰를 진행하면서, 공장에서 파리가 발견되고 알약에서 머리카락이 나온다고 해서 제조 공장을 폐쇄할 수는 없다고 설명했다. 그는 “인도 시장에 납품하는 시설들을 미국 기준에 따라 점검해야 한다면, 거의 모든 시설을 폐쇄해야 할 것”이라고 인정했다.[14]

⊖ ⊘ ⦶ ⊘

수십 년간 FDA 임원들은 외국 정부들과 ‘상호 인정mutual recognition’, 즉 미국 규제 기관이 해외 규제 기관과 협력하고 그들에게 의지하여 어떤 공장을 승인할지에 대해 판단을 내린다는 개념에 대한 합의점을 찾기 위해 고군분투해왔다. 하지만 그들은 규제 기준이 비슷하게 높은 선진국과 거래할 때에도 어느 나라의 기준이 미국에 더 적합할지를 두고 논쟁을 벌였다. 한 진영은 자체적인 점검 기준 대신 믿을 만한 해외 규제 기관들의 점검 기준을 사용할 수 있어야 한다고 주장했고, 다른 진영은 미국의 기준이 다른 어떤 나라보다 월등하다며 상호 인정을 극렬히 반대했다.[15]

FDA는 다른 나라에도 자체 규정을 적용하려고 애썼고 그들의 규제 기관이 자신들만큼 훌륭하다는 데 동의할 수 없어 ‘상호 의존mutual reliance’ 전략으로 바꾸었다. 이 전략에 따라 해외 규제 기관도 건강과 안전에 관한 논의에 참여할 수 있었지만, 서로의 점검 방식을 교환하여 적용하지는 않았다. 하지만 인도와 상호 의존에 관해 합의하는 것은 FDA의 재량을 벗어나는 일 같았다. 그 무렵 랄이 FDA에서 근무하기 시작했고, 인도와 미국의 규제 기관들은 가장 기본적인 상호 의존 합의안을 두고 3년간 협상을 진행했다. 과정이 너무 험난했기 때문에 FDA 임원들은 사전 고지 없는 점검이 협상을 방해할 것이라며 수사관들의 요청을 거부했다.

하지만 마침내 그 순간이 왔다. 랄은 미국과 인도가 정보를 공유하고, 협력하며, 서로의 규제 기관들을 점검에 참여시키고, 이런 행위가 '권리나 의무를 발생시키지' 않는다는 점을 명시한 네 장짜리 '의향서'를 완성하는 작업을 도왔다.[16] 2014년 2월, FDA 국장 마거릿 햄버그 박사가 열흘 일정으로 인도를 방문하여 뉴델리에서 열리는 협약 체결식에 참석했다.

그 일정은 최대 의약품 수출국인 인도의 역할이 얼마나 중요한지를 분명히 보여주었다. 하지만 외교 무대의 화려한 공연도 규제 기준을 둘러싼 전쟁을 감출 수는 없었다. 비공개 회의에서 햄버그는 란박시 임원과 웍하트 임원 사이에 앉았고, FDA의 홍보 담당은 잘못된 좌석 배치로 인해 몹시 괴로워했다. 란박시 임원이 그 틈을 타서 햄버그에게 로비를 했다.[17] 품질 개선을 하려면 자금이 필요한데, 수출제한을 해제해주면 충당할 수 있다는 것이었다. 햄버그는 그의 요청을 정중히 거절했다.

사진 촬영을 아무리 많이 해도 그 방문에 걸린 어마어마한 이해관계, 또는 미국과 인도의 기준 격차를 가릴 수는 없었다. 마무리 행사에서 갸넨드라 나스가 쏘아붙였다.[18] "우리는 미국이 무슨 일을 하고 뭘 점검하는지 알지 못하고 거기에 얽매이지도 않습니다. FDA 역시 자국이 아닌 인도의 행동 방식이나 전달 방식을 단속해서는 안 됩니다." 그것은 사실이 아니었다. 미국에 의약품을 수출하려면 그들의 규정을 따라야 하고, 그러지 않으면 제재를 받아야 했다. 랄은 인도 출장에서 돌아온 햄버그의 요청에 따라 해외 지부에 인력을 배치하는 방법을 수정하기 위한 제안서를 작성했다. 그는 "고도의 훈련을 통해 전문성과 자격을 갖추고" 몇 년간 해외 근무에 전념하면서 긴급 임무에 배정될 수 있는 '출동팀'에 적합한 인물이어야 한다고 생각했다.

그 제안은 '경력 단절과 승진 기회 부족' 같은 해외 지부의 채용 문제를 해결할 것이다. 해외 근무자들은 종종 일자리를 보장받지 못한 채 미국 본사로 돌아왔고, 가끔은 강등도 감수해야 했다. 랄이 국무부 관료들에게 제안했던 우수한 교육과정, 연봉, 전문적인 진로를 수용하면 베이커 같은 엘리트 수사관들을 더 많이 양성할 수 있을 것이다.

⊖ ⊘ ⓘ ⊘

베이커의 탁월한 조사 결과가 FDA 내에 퍼지자 직원들은 엇갈리는 반응을 보였다. 2014년 3월, 베이커는 랄과 아그라왈의 추천으로 올해의 수사관 후보에 올라 수상까지 했다. 한 임원은 베이커와 동료들을 랄의 "네이비 실"로 표현했다. FDA에서 가장 열정적인 공중보건 지지자는 베이커를 "고귀하고 특별한 사람"이라고 불렀다. 하지만 다른 임원들은 지속 불가능하고 따라 할 수 없는 방식이라며 우려를 표했다. FDA는 수사관들에게 쓰레기통으로 뛰어들라고 요구할 수 없었다.

베이커의 조사 결과에 대한 반응은 점검 방식에 대한 반응보다 더 심하게 엇갈렸다. 그의 조사 결과는 기업들을 처벌하고 수출을 제한할 것을 요구했다. 이것은 FDA를 곤경에 빠뜨렸다. 그들은 제네릭 의약품 신청서를 더 많이 승인하여 의약품 부족을 완화하고 그 수치를 의회에 보여줘야 했다. 기업과 의약품을 제한하면 반대 효과가 나타날 수밖에 없었다. 베이커의 보고서가 본사에 도착하자 그들은 기업들이 최악의 제재를 피할 수 있도록 정치적이고 현실적인 타협으로 점철된 수상쩍은 심의 절차에 돌입했다.

예를 들어, 2012년 10월에 베이커는 첸나이의 호스피라 헬스케어 인디아Hospira Healthcare India가 운영하던 공장에서 무균 환경과 관련하여 심각한 과실을 발견하고 국제 의약품 품질부에 경고장 발부와 수출제한 조치를 권고했다. 하지만 FDA의 고위 관계자들은 그와 반대로 '수입 경보'를 해제하고 대중의 눈을 피해 사적인 또는 '제목 없는' 서신을 보내기로 결정했다. 이에 격분한 국제 의약품 품질부 총괄 카멜로 로사는 CDER 준법감시부의 차장에게 이메일을 보냈다. "모두가 지시를 따르겠지만, 안타깝게도 일부 직원들은 규정 준수에 관한 검토 과정이 손상된 점에 대해 몹시 속상해하고 있습니다." 다른 직원들도 "과학과 정책, 규정이 아닌 정치적 동기에 근거하여 결정을 내렸다는 점에 실망한 나머지 다른 곳에서 기회를 찾아보고 있습니다"고 덧붙였다.

베이커와 동료들이 위반 사항을 많이 찾아낼수록 관료들의 개입도 잦아졌다. 랄도 적을 만들고 있었다. 그는 인도 지부의 일부 정책 분석관과 수사관 들이 비생산적이라고 생각했다. 연봉과 각종 생활비를 계산하면 한 사람 앞으로 매년 50만 달러 정도의 세금이 들어갔다. 랄이 볼 때 몇몇 분석관은 공중보건의 이익을 증진하는 데 별 도움이 되지 않았다. 게다가 여기저기로 돈이 새어나가고 있었다. 개점이 결정되지도 않은 하이데라바드 지점에서 메릴랜드 관료들의 승인을 받고 가구를 30만 달러치나 주문했다. 그리고 유급휴가나 다름없는 학회 참석을 위해 전 직원이 결근하는 경우도 비일비재했다. 랄이 일부 직원들에게 더 생산적으로 일할 것을 요구하자, 그들은 차별 대우를 받았다며 평등 고용 추진 위원회Equal Employment Opportunity Commission, EEOC에 그를 고발했다.

그리고 그곳에 가비니가 있었다. 가비니는 대부분의 인도 제약 회사 임원들에게는 반가운 얼굴이었지만, 그가 점검하고 승인한 공장에서 다수의 위반 사항이 계속 발견되었기 때문에 동료들에게는 환영받지 못했다. 가비니는 랄이 주도하는 개혁을 경멸했다. 그는 랄의 수사관들이 소통 능력이 떨어지는 말단 직원들을 따로 불러서 질문한다든지, 사전 고지 없이 일요일에 들이닥친다든지 이러한 방식으로 인도의 제약 업자들을 범죄자 취급하는 것은 부당하다고 생각했다. 그는 나중에 "수사관들은 신이 될 수 없다"면서 사기를 수사하려면 "크로마토그램 3,000개를 들여다보아야 한다"라고 덧붙였다. "베이커가 아니고서야 누가 그런 에너지를 가지고 있겠는가?" 가비니는 당시 상황이 기업의 행동과 무관하다고 믿었다. 그는 "FDA 사람들은 보상을 노리는 것"이라며 부정적 결과를 얻어서 경력을 쌓기 위해 엄격히 단속하는 것이라고 말했다. 또한 란박시가 "가장 존경받는 기업"이었지만 FDA가 "좋은 사람들을 다 쫓아내서 회사를 망쳐놓았다"라고 덧붙였다.

2013년 12월, 가비니가 미국으로 돌아갈 계획을 세우는 동안 랄은 오래전부터 그에 대해 우려했던 부분들을 자세히 서술한 기밀 서한을 FDA 범죄 수사국에 보냈다. 랄은 가비니가 제약 회사 임원들과 밀담을 나누고, 점검 보고서를 공식적으로 발표하기 전에 초안을 보내주었으며, 기업이 개선하겠다고 약속만 하면 사정을 봐주었다고 주장했다. 증거는 없지만 가비니가 뇌물을 받는다는 소문에 대해서도 언급했다.

랄은 인도 기업들이 정보가 공개되기 전에 그에 대한 풍문을 먼저 접하는 것이 분명하다고 말했다. 가비니에 대한 조사가 끝날 때까지 새 업무에 배정하여 '점검 자료'에 접근하는 것을 막아야 한다고 촉구했다. 이에 대해 가비니는 한 기자에게 "공장을 승인하고 돈이나 뇌물은 받은 적은 한 번도 없었다"며 그랬으면 "지금쯤 부자가 되었을 것이다"라고 덧붙였다.

가비니에 대한 조사는 이루어지지 않았다. 대신 2014년 4월 말, 랄은 미국으로 돌아오라는 지시를 받았고, 아크라왈은 인도 지부의 일상 업무를 중단하라는 지시를 받았다. 그리고 6월에 랄은 해고되었다.

그 조치는 랄의 수사관들에게 충격으로 다가왔고, 그들 역시 뉴델리로 소환되어 미국 대사관의 인사과 직원으로부터 사무실 내 갈등에 대한 질문을 받았다. 그들은 당시 상황을 일하기 싫어하는 직원들과 제네릭 기업들의 강력한 로비가 이끈 '쿠데타'로 보았다. 인도의 제약 업계를 좋은 방향으로 변화시키기 일보 직전이라고 생각했는데, 랄이 없으니 더 이상의 진전도 기대할 수 없었다.

온갖 소문이 돌던 중에 랄이 내사과의 의심을 받고 있다는 사실이 밝혀졌다. 그들은 랄이 인도에서 소유하고 있던 재산과 미국으로 송금한 내역의 연관성을 조사하기 시작했고, 그는 FDA와 미국 대사관에 모든 사실을 밝혔다고 주장했다. 랄은 부적절한 행동에 대해 강력히 부인하면서 인도 지부의 무능과 위법행위를 끄집어냈다는 이유로 해고된 것이라고 주장했다. 그 주장이 받아들여져서 복직할 수 있었지만, 랄은 결국 2015년에 은퇴했다.

그를 퇴출시키려는 진흙탕 싸움에서 한 가지는 명확해 보였다. 랄의 은퇴는 미국 소비자들을 위해 공중보건과 의약품의 안전을 보장하려던 대의를 후퇴시킬 것이었다. 결국 랄은 자신의 경험에 의해 깊은 고민에 빠졌다. "나는 이 의약품을 소비하는 미국인들의 얼굴을 바라본다. 그들은 나에게 그저 단순한 숫자가 아니다."

⊖ ⦸ ⦶ ⊘

베이커는 인도에 남았지만, 그에게도 먹구름이 드리워졌다. 몇 차례 위협을 당한 후에도 그가 가장 두려워한 것은 자신의 삶이 위험에 처했다는 사실이 아니었다. 그가 가장 두려워한 것은 자신이 보호해야 할 미국 소비자들의 안위였다.

그는 고의로 저질 의약품을 만들고 허위 데이터로 증거를 은폐하고도 호전적 태도나 무반응으로 일관하는 임원들과 현장에서 붙잡아 눈앞에 증거를 들이미는데도 끝까지 반박하는 공장 관리자들에게 상처를 받았다. 고의로 환자들의 목숨을 위험에 빠뜨리고도 반성의 기미를 보이지 않는 그들은 베이커에게 악마나 다름없었다.

베이커가 인도에서 점검한 공장들은 대부분 환자들이 바로 복용할 수 있는 캡슐, 알약, 정제 형태의 완제품을 만드는 곳이었다. 그중에는 완벽한 무균상태로 가동되어야 하는 무균 공장도 많았다. 약병 하나하나가 환자의 목숨과 같았다. 그는 미국 국민들과 미국 시장으로 보내질 위험한 의약품 사이에서 홀로 점검을 이어가며 끝없는 스트레스에 시달렸다.

뉴델리에 머물면서 여러 증상에 시달리기 시작했다. 어지럼증과 불안, 현기증을 경험했고, 그는 대사관의 정신과 의사를 찾아가 외상 후 스트레스 장애 진단을 받았다. 12개월 동안 정신적 싸움을 지속한 대가였다.

28장

원고 적격

○

2014년 9월 17일
인도, 뉴델리

타쿠르가 은퇴하고 내부 고발자로 번 돈으로 가족과의 시간을 즐긴다고 해도 그를 탓할 사람은 아무도 없었다. 하지만 미국 정부가 란박시와 합의하고 1년 후, 타쿠르는 인도 보건복지부의 허름한 348-A 사무실 밖에서 조바심을 내며 대기하고 있었다. 3개월간 보건복지부 장관 하쉬 바르단과 약속을 잡기 위해 전화를 하고 이메일과 등기우편까지 보냈다. 이런 방법들이 모두 실패하자 그는 차티스가르 주지사인 소날의 삼촌에게 만남을 주선해달라고 부탁했다. 그리고 마침내 그날이 찾아왔다. 하지만 바르단이 업무를 보는 사이 30분, 한 시간, 두 시간이 지나갔다.

타쿠르는 바르단과의 만남을 떠들썩하게 요구하면서도 확실한 계획은 가지고 있지 않았다. 한 가지 확실한 것은 자신이 9년 전 FDA와 처음 접촉하면서 시작했던 일이 아직 미완성으로 남아 있다는 사실이었다. 란박시에서 일했던 사람들은 아무도 기소되지 않았다. 사기를 감독했던 임원들은 제약 업계로 뿔뿔이 흩어졌다. 란박시에 대한 타쿠르의 주장으로 FDA는 인도 제약 회사들을 더 철저히 점검하게 되었다. 하지만 저질 의약품을 고의로 제조하는 행태는 여전히 만연했고 대부분 방치되었다.

⊖ ⊘ ⦶ ⊘

타쿠르는 인도의 자조自助를 돕는 데 어떤 역할을 해야 한다고 생각했다. 그는 인도 제약 회사들이 선택한 위험한 지름길에 대해 누구보다 잘 알았다. 그리고 가능한 해결책에 대해 오랫동안 아주 열심히 고민했다. 그는 자신이 유용하게 쓰이기를 간절히 바랐다. 유명 인사는 아니지만, 내부 고발자들이 종종 죽음을 맞이하는 나라에서 옳은 일을 해서 큰돈을 벌었을 뿐만 아니라 여전히 살아 있다는 사실만으로도 악명을 얻었다. 하지만 모두가 그를 긍정적 변화의 요인으로 보지는 않았다. FDA와 란박시가 합의한 후, 제약 업계의 로비스트들은 타쿠르가 '반국가적' 인물이고 인도 기업을 끌어내리려는 '외국의 손길'이 그의 노력에 반영되어 있다며 기자들 앞에서 그를 비난했다.[1] 타쿠르는 그런 비난으로 인해 약속을 잡는 것이 더 힘들었던 것은 아닌지 의심했다.

오랜 기다림 끝에 사무실로 안내를 받았지만, 바르단은 전혀 관심을 보이지 않았다. 그는 한쪽 눈으로 카슈미르의 홍수에 대한 뉴스를 응시하면서 비서와 출장 일정을 정리했다. 타쿠르는 잠시 기다렸다가 바르단과 아주 짧은 대화를 나누었다. 그는 더 하고 싶은 이야기가 있으면 서면으로 보내라고 요청했다. 한 달이 지나지 않아 타쿠르는 신랄한 내용의 세 장짜리 편지를 보냈다.[2] "비서와 일정을 상의하면서도 저의 이야기에

5분 동안이나 관심을 가져주셔서 진심으로 감사드립니다." 그는 설명을 이어나갔다. 국제 규제 기관들의 제재에도 불구하고 인도 제약 회사들의 관행이나 태도가 거의 바뀌지 않았고, 바르단이 공개적으로 "기득권의 뱀 구덩이"라고 불렀던 CDSCO는 오히려 반항적인 태도를 부추기고 있었다.[3]

타쿠르는 거두절미하고 이렇게 경고했다. "한때 번영했던 이 산업은 수천 개의 좋은 일자리와 함께 말라 죽을 겁니다." 그리고 일단 일부 의약품의 품질 문제를 인정해야 한다며, 자신의 멘토인 쿠마르가 수년 전 란박시의 경영진에게 제안했던 것처럼 모든 것을 솔직히 털어놓으라고 충고했다. 그 목적을 위해 타쿠르도 역할을 해왔다. "저는 공중보건 분야에서 열심히 일하는 인도인으로서 인도의 제약 산업이 성장하고 번창하는 모습을 보고 싶었습니다. 그래서 제 능력과 지식, 경험을 제공하여 문제 해결을 돕겠다고 약속하기 위해 사무실을 찾아간 겁니다."

하지만 답장은 오지 않았다.

⊖ ⊘ ⦶ ⊘

타쿠르는 인도의 관료 체제 안에서 제약 산업을 개선하는 데 관심이 있는 사람을 찾으려고 애썼다. 하지만 그가 마주한 것은 침묵과 무관심, 노골적인 적개심뿐이었다. 그는 자신이 미국 시민이라서 자신의 노력이 반인도적인 행위나 인도 제약 산업을 깎아내리려는 서구의 중상모략처럼 보일 수 있다고 거듭 설명했다.

인도에서 무언가를 개선하는 일은 최상의 조건에서도 쉽지 않은 데다, 타쿠르는 내부 고발자들에게 친숙한 중간 지내에서 활동하고 있었다. 어떤 기업도 그를 고용하지 않았고, 제약 회사들은 그를 적으로 간주했으며, 인도 정부는 그가 사라지기를 바랐다. 직업적인 유배나 다름없었다. 국적도 명확하지 않았다. 귀화한 미국 시민이자 평생 비자를 가진 재외 인도 시민으로서 두 나라 모두에 속한다고 느낄 때도 있었고, 어느 곳에도 속하지 않는다고 느낄 때도 있었다. 그는 필요에 의해서라기보다는 습관적으로 소날과 아이들이 있는 뉴델리와 탬파의 가족용 콘도를 오갔다. 여정이 반복될 때마다 내부 고발자라는 것 외에는 소속감이 희미해졌다.

란박시와 합의하고 5개월 후, 타쿠르는 워싱턴 D.C.의 그랜드 하얏트 호텔에서 열린 행사에서 올해의 내부 고발자상Whistleblower of the Year Award을 받기 위해 검은색 정장과 회색 실크 넥타이 차림으로 수백 명의 청중 앞에 섰다. 행사를 주최한 TAFEF는 2007년 그에게 변호사를 찾아주었다. 그는 그 행사에서 쿠마르와 로버트슨이 벌였던 싸움을 예로 들면서 공적 영역에서 만나는 롤모델의 중요성에 대해 이야기했다.

몇 주 전에 타쿠르는 TAFEF에서 주최한 또 다른 행사에 참석했고, 그곳에서 가족을 만난 것 같은 편안함을 느꼈다. TAFEF는 수년간 내부 고발자들이 플로리다 키스에서 함께 주말을 보낼 수 있도록 도왔고, 처음으로 모두를 행사에 초대했다. 그중 18명 정도가 참석했다. 잘 알려지지 않은 사람도 있었고, 버나드 메도프의 폰지 사기(피라미드식 다단계 금융 사기—옮긴이)를 증권 거래 위원회에 최초로 알린 금융계의 탐정 해리 마코폴로스Harry Markopolos처럼 유명한 사람도 있었다. 글락소스미스클라인의 품질 보증 관리자였던 셰릴 에카르트Cheryl Eckard가 행사 주최를 지원했다. 그녀는 푸에토리코에 있는 글락소스미스클라인 공장의 비멸균 제조 공정을 폭로하여 내부 고발자로서는 역대 최고액인 9,600만 달러의 보상금을 받았다.

TAFEF의 상무이사 패트릭 번스는 내부 고발자들을 한자리에 모으는 것에 대해 우려했다. 그는 "그들은 사람들과 잘 어울리지 않는다"라고 말했다. 하지만 "진실을 선택하고 그로 인해 대가를 치른 사람들"이라는 공통점을 가지고 있었다. 그들은 주말마다 함께 낚시를 하고 음식을 나누어 먹고 어니스트 헤밍웨이가 작품 활동을 했던 집을 방문했다. 그 집은 발가락이 여섯 개인 고양이 수십 마리가 사는 것으로 유명했는데, 적응을 힘들어하는 내부 고발자들이 방문하기에 딱 맞는 곳 같았다.

타쿠르는 그들과 주말을 함께 보내며 카타르시스를 느꼈다. 그는 에카르트과 빠르게 친해졌고, 그녀는 이에 기뻐하며 번스에게 말했다. "이 사람들은 이제 제 사람들이에요." 번스는 나중에 이렇게 말했다. "내부 고발자들은 캔자스 노변의 동물원에 사는 북극곰 같아요. 그들은 실제로 본 적도 없는 다른 북극곰이 세상 어딘가에 있을 거라고 확신해요."

⊖ ⊘ ⦶ ⊘

2014년 10월, 타쿠르의 가족은 구르가온 월드 스파 웨스트의 고급 주택 단지 안에 있는 더 크고 웅장한 집으로 이사했다. 소날은 그 집이 망가져 버린 본인의 가족을 회복시켜줄 수 있는 기쁨의 장소가 되기를 바랐다. 그녀는 조명과 창문의 패턴 장식, 짙은 색 목재 가구, 공주님 테마와 별과 행성으로 꾸민 아이들 방까지 인테리어에 각별히 신경을 썼다. 아래층에는 바닥이 낮은 거실이 있었고, 유리문 밖으로는 울타리에 둘러싸인 뒷마당이 이어졌다. 타쿠르 부부는 탁 트인 거실에서 모닝커피를 마셨다. 타쿠르는 지하에 미국 영화를 감상할 수 있는 홈시어터를 설치했다. 그 옆의 사무실에는 기사와 사진을 붙여놓고 내부 고발자로 이루어낸 성과들을 기념했다.

두 사람은 이삿날에도 다투었다. 그녀는 외로웠고 자신의 노력을 인정받지 못한다고 느꼈다. 그는 새 안식처에서도 불안해하며 안절부절못했다. 타쿠르가 란박시 사건에 개입한 이유에 대한 의문이 둘의 결혼 생활을 괴롭혔다. "란박시는 직원만 2만 명이잖아." 소날이 주장했다. "나와 아이들을 이런 상황으로 밀어 넣어야 했던 이유가 도대체 뭐야?" 그녀는 부모가 주선한 결혼을 해서인지 여전히 소속감이 부족하다고 느꼈다.

타쿠르의 대답은 한결같았다. "그렇게 하지 않으면 잠을 잘 수 없었어."

아이들이 그의 까칠한 성격을 부드럽게 어루만져주었지만, 그는 이러한 순간들을 자주 깨뜨리고 사무실로 돌아가 의약품 품질에 관한 블로그 게시물을 작성하거나 알고 지내는 기자들과 통화를 했다.

새 집을 드나드는 전기 기사들의 조악한 작업 때문에 사무실 장비가 위험해지자, 그는 언성을 높이며 인도에 스며든 낮은 품질 기준에 대해 불평했다. 그가 기사들에게 올바른 장비 설치법을 설명하는 동안 소날은 손님에게 말했다. "남편은 일을 미국식으로 제대로 처리하려는 거예요." 이러한 미국식 사고방식은 까다로운 기준과 평등한 정의에 대한 약속과 함께 수년간 타쿠르를 지탱해왔다. 그는 한때 아이들이 자라는 모습을 페이스 타임으로 지켜보며 수개월을 보냈다. 미국의 시스템이 진실을 밝히고 환자들을 보호할 것이라고 믿었기 때문이다. 그것은 어느 정도 효과가 있었다. 하지만 인도는 다시 원래대로 돌아갔고 낮은 품질 기준이 그를 갉아먹었다. 낮은 품질 기준은 새 집의 배선 작업뿐 아니라 인도의 가장 가난한 사람들에게도 많은 영향을 미쳤다. 그는 "입에 풀칠하는 것이 얼마나 힘든 일인지 보지 않고는 집 밖에서 1킬로미터도 움직일 수 없다"고 말했다. 그의 새 집에서 일하는 일꾼들은 매일 자전거를 타고 수 킬로미터 떨어진 타쿠르의 집으로 출근했다. 만약 약이 필요하면 이들은 일당을 탈탈 털어서 사야 했다. 하지만 그 약은 품질도 가장 낮은 데다 규제도 거의 받지 않는다는 사실에 타쿠르는 몹시 분노했다.

그는 자신을 둘러싼 특권의 보루를 보면서도 만족을 느끼지 못했다. 오히려 더 불안해졌고 눈앞에 놓인 전투에 이끌렸다. 그는 한 지인에게 설명했다. "나에게는 공중보건과 관련해서 뭔가를 시도하고 해결해야 하는 책임이 있어. 많은 것을 아는 위치에 있으니까. 내 문제가 아니라고 말하는 것은 변명이야."

⊖ ⊘ ⦶ ⊘

타쿠르는 제네릭 의약품 산업을 변화시키기 위한 탐색을 계속했고, 예상 밖의 동료들이 그의 주변에 몰려들었다. 그중 한 사람이 클리블랜드병원 심장 전문의 레버 박사였다. 워싱턴 D.C.의 보수적인 두뇌 집단인 미국 기업 연구소에서 보건 정책을 전문적으로 다루는 경제학자 로저 베이트Roger Bate처럼 NPR 〈피플스 파머시〉의 진행자 조 그레이든도 그들과 연대했다. 기준 미달 의약품을 다루는 데 실패한 국제법을 연구해온 캐나다 출신 변호사이자 생물학자인 아미르 아타란Amir Attaran 역시 합류했다.

얼마 지나지 않아 〈임상 지질학 저널〉에 게재된 한 논문이 그들의 관심을 끌었다.[4] 2011년부터 2013년까지 공동 저자인 하버드 소속 과학자 프레스턴 메이슨Preston Mason은 15개국의 20여 개 제네릭 의약품 기업에서 제조한 제네릭 리피토 샘플 36개를 수집했다. 그는 각 샘플의 화학조성을 시험한 결과에 깜짝 놀랐다. 33개 샘플이 효과를 보장할 수 없을 정도로 많은 불순물을 함유하고 있었다. 한 기업에서 제조하여 여러 국가로 판매되는 샘플들의 불순물 함량도 크게 달랐는데, 그것은 일부 제네릭 기업들이 한 제품을 여러 품질로 만든다는 증거였다. 즉, 서양 국가들을 위한 양질 의약품과 저소득 국가들을 위한 저질 의약품을 따로 만들고 있었다.

얼마 후 메이슨은 타쿠르와 새로운 동료들 무리에 합류했다. 비슷한 생각을 가진 전문가들이 이메일로 소통하던 모임은 금세 안전 의약품 연합Safe Medicines Coalition이라는 정식 지지 집단으로 발전했다. 그들은 미국 공중보건 최고의 협상 결과인 외국산 저가 의약품이 부주의한 제조 과정과 마구잡이식 규제로 심각하게 손상되었음을 대중에게 알리려 노력했다.

안전 의약품 연합은 공개 토론회를 열고, 사설을 쓰고, 기자들을 지원하고, 미 의회 직원과 온종일 회의하기도 했다. 다양한 의회 브리핑을 준비했다. 이와 별개로 각 회원은 정교한 퍼즐의 조각들을 파헤치기 위해 수년을 할애했다. 타쿠르는 기회가 날 때마다 인도 규제 기관의 무능과 부패는 먼 나라 이야기가 아니라 미국 의약품의 품질에 직접적인 영향을 미치는 문제라고 강조했다. 잘 기능하는 지역 규제 기관과 파트너 관계를 맺어야 인도 기업들의 의도적인 저질 의약품 제조를 막을 수 있었다.

그들의 노력은 약간의 언론 보도와 FDA의 방어적 공격을 끌어냈다.[5] 하지만 지속적으로 상승하는 의약품 가격에 대한 대중의 분노로 인해 미국에서 가장 합리적인 가격의 의약품들이 손상되었다는 그들의 메시지는 환영받지 못했다.

하지만 타쿠르는 포기하지 않았다. 그는 클린턴 재단, 글로벌 펀드, 게이츠 재단, 국경없는의사회 등 세계에서 가장 가난한 환자들을 위해 의약품을 대량으로 구매하는 비정부 조직들과 접촉했다. 타쿠르가 볼 때 이 조직들은 의약품의 가격과 접근성에 초점을 맞추고 품질 문제는 우선적으로 고려하지 않는 것 같았다. 타쿠르는 각 조직에 면담을 요청했다. 하지만 대부분 응하지 않았다. 하지만 글로벌 펀드의 운영 책임자가 제안을 수락했고, 타쿠르는 그를 만나기 위해 자비를 들여 뉴델리에서 제네바로 날아갔다. 그리고 구매 계약서에 어느 정도의 품질 기준을 충족해야 한다는 문구를 추가해달라고 촉구했다.

⊖ ⊘ ⦶ ⊘

2015년 1월 26일, 인도 뉴델리에서 건국기념일을 축하하는 퍼레이드가 진행되었다. 인도의 세련미와 군사력을 전 세계에 보여주는 화려한 행사였다. 번쩍이는 미사일과 탱크, 그리고 화환으로 장식한 낙타에 올라탄 댄서들과 군 장교들이 수 킬로미터를 행진했다. 퍼레이드의 주요 메시지는 군사적 의미가 아니라 상업적 의미였다. 가운데 차량에 설치한 핵심 장식물은 맞물려 돌아가는 수천 개의 톱니바퀴로 만든 화려한 금속 사자였다. 거기에 적힌 '메이드 인 인디아'라는 슬로건은 인도를 공학과 제조 분야의 차세대 선두 주자로 성장시키려는 나렌드라 모디Narendra Modi 수상의 대표적인 정책을 반영했다. 그것은 퍼레이드에 내빈으로 참석한 미국 대통령 오바마를 어느 정도 염두에 둔 메시지이기도 했다.

사자는 6개월 전 모디가 뉴델리의 레드포트 성곽에서 발표한 '무결점, 무공해Zero Defect, Zero Effect' 운동의 정점으로, 제품의 품질을 조국에 대한 자긍심으로 만들려는 노력이었다.[6] 모디는 그 행사에서 말했다. "우리는 수출한 상품이 다시 돌아오지 않도록 하자 없는 제품을 생산해야 합니다." 무공해는 제조 과정이 환경에 부정적인 영향을 미치면 안 된다는 의미였다. 하지만 건국기념일 퍼레이드와 '메이드 인 인디아' 사자의 데뷔를 불과 사흘 앞두고 모디의 무결점 운동이 심각한 타격을 입었다. 유럽 최고의 의약품 규제 기관인 유럽 의약품청European Medicines Agency이 다수의 제조업체에서 생산된 의약품 700여 종의 수입을 중단하라고 권고한 것이다.[7] 그 제품들에는 한 가지 공통점이 있었는데, 한 인도 기업으로부터 생물학적 동등성을 증명하기 위한 데이터를 제공받았다는 것이었다. 그곳은 제약 회사들이 환자에게 사용할 의약품을 시험하기 위해 고용하는 임상시험 수탁 기관인 GVK 바이오사이언스였다.

2012년 5월, GVK의 전 직원이 FDA를 비롯한 세계적인 점검 기관 다섯 곳에 이메일을 보내 GVK가 생물학적 동등성 기준을 충족시키기 위해 환자의 혈액을 시험한 데이터를 일상적으로 복제했다고 주장했다.[8] 그 주장은 너무나 구체적이고 끔찍했으며, 세계 시장의 수많은 의약품이 연루되어 있음을 시사했다. 6주 후, FDA를 비롯한 네 곳의 규제 기관에서 파견된 수사관들이 하이데라바드에 있는 GVK의 임상 시험 시설을 방문했다. 그중에는 8년 전 란박시의 임상 시험 수탁 기관이었던 빔타 랩의 사기 행각을 최초로 밝혀냈던 프랑스의 선구적인 수사관 르블레이도 있었다. 그의 점검 결과로 인해 쿠마르가 의구심을 가지게 되었고, 란박시 사건을 조사하기 시작했었다.

르블레이는 GVK를 점검하면서 사기 행각을 의심했지만 증거를 찾지 못했다. 그 후 2년 동안, 그와 프랑스 규제관들은 GVK가 신청서와 함께 제출한 데이터를 철저히 검토했고, 환자들의 심장박동을 시험하는 일렉트로카디오그램이 아홉 개 연구에서 동일하다는 것을 확인하고 위조 가능성이 크다고 판단했다. 르블레이는 2014년 보고서에 엄청난 파급력을 가진 점검 결과를 게재했다.[9] GVK 임원들이 그의 주장을 반박하려고 애썼지만, 유럽 규제 기관들은 르블레이의 손을 들어주었고, GVK의 의도적인 위조가 데이터를 신뢰할 수 없게 만들었다는 명확한 결론을 내렸다.

스캔들이 통제를 벗어나 소용돌이치는 동안, 인도 정부의 분노는 GVK가 아니라 내부 고발자 콘두루 나라야나 레디Konduru Narayana Reddy와 유럽연합을 향했다. 유럽 규제 기관들이 의약품 700종을 철수시키겠다고 발표할 무렵, 내부 고발자는 데이터를 절도하여 함부로 변경·위조하고, 회사와의 약속을 위반하고 직원들을 위협했다는 혐의로 GVK로부터 고발당하여 감옥에 있었다.

내부 고발자 레디는 타쿠르처럼 침착하거나 자제력이 강한 사람이 아니었다. 그는 석방되자마자 전 세계의 수사관, 정치인, 기자 들에게 두서없는 이메일을 보내 구속으로 인해 경력과 가족, 생계가 파탄 났다고 주장했다. 그는 안전하게 주장할 방법을 찾지 못했는데, 인도에는 그런 것이 없기 때문이기도 했다. 하지만 그가 반드시 틀렸다고 할 수는 없었다.

인도 정부는 유럽 규제 기관들의 저의를 강도 높게 비난했다. 인도 최고의 의약품 규제관 갸넨드라 나스는 인도 신문에 "더 큰 게임이 진행되고 있다"며, 거대 제약 회사들이 인도의 제네릭 기업들을 헐뜯기 위해 GVK 사건을 꾸며냈다고 주장했다.[10] 말도 안 되는 진부한 주장이었다. 인도 기업뿐 아니라 전 세계에 있는 GVK의 고객들과 시장에서 퇴출된 제약 회사들 역시 유럽연합의 결정으로 피해를 입었다. 그럼에도 불구하고 인도 정부는 유럽연합과 자유무역협정에 대해 협상하려던 일정을 취소하고, GVK와 관련된 의약품들에 대한 금수 조치를 철회할 때까지 대화를 중단하기로 결정했다. 모디 수상은 독일 수상인 앙겔라 메르켈에게 금수 조치를 해제해달라며 개인적으로 청탁했다.

갈등이 폭발하는 동안 타쿠르와 동료들은 상황을 가까이서 지켜보았다. "엄청난 일이니 놀라지 마세요!"[11] 그레이든이 단체 메일을 보냈다.

타쿠르는 조금도 놀라지 않았다. 인도 규제 기관들은 수사관이 아니라 근위병 역할을 하고 있었다. GVK의 회장 브라는 란박시가 급속도로 발전하던 1999~2003년에 그곳의 전무이사이자 CEO였다는 사실도 그렇게 놀랍지는 않았다. 그는 보카러톤 회의를 주재했고, 거기서 최고위 임원들이 소트레트의 결함과 위험성을 알고도 그것을 미국 시장에 출시하기로 결정했다. 그럼에도 인도 산업의 거물인 브라는 너무 멀쩡한 모습으로 나타났다. 그는 월 스트리트 투자 회사 콜버그 크레비스 로버츠부터 일본 자동차 회사 스즈키의 인도 자회사까지 세계 여러 기업의 이사회에 속해 있었다.

나중에 GVK의 CEO 마니 칸티푸디Manni Kantipudi는 르블레이의 결론이 불공평하다며 아쉬워했지만 즉시 부인하는 대신 "감사관들의 의견 차이"라고 말했다. 2016년 중반, GVK는 르블레이가 증거를 찾았던 연구 시설들을 폐쇄하고 생물학적 동등성 관련 사업을 조용히 정리했다. 한편 FDA는 30곳 이상의 인도 의약품 제조 공장이 제품을 미국으로 수송하는 것을 금지했고, 인도의 의약품 규제 기관들은 자국의 산업을 옹호했다.

⊖ ⊘ ⦶ ⊘

인도 정부에는 자신을 지지해줄 집단이 거의 없었기 때문에 타쿠르는 홀로 망가진 규제 시스템을 연구했다. 중앙 규제 당국과 36개 주의 지역 규제 기관들이 70년 전에 제정된 법에 근거하여 의약품 승인 및 제조 과정을 제각각 감독했다. 타쿠르는 새로운 법을 만들거나 기존의 법을 전면 재검토해야만 문제를 수정할 수 있을 것이라고 확신했다. 수십 년 동안 의회 상설 위원회와 전문가들이 그러한 변화를 촉구했지만, 아무도 귀를 기울이지 않았다.

타쿠르는 새로운 지지자들과 상의하고 자신의 자원을 평가하면서 인도 산업을 구제하고 전 세계의 의약품 공급을 개선하려면 인도의 규제 시스템을 개혁하는 것이 최선이라고 믿게 되었다. 인도가 자체 기준을 점검·강제했다면 인도의 의약품을 구입한 모든 사람이 혜택을 받았을 것이다. 인도 정부에서 비슷한 생각을 하는 파트너를 찾지 못한 그는 새로운 길을 모색했다. 인도를 고소하여 목표 지점에 도달할 작정이었다.

건국기념일 퍼레이드 후 3일이 지났다. 구르가온에 있는 타쿠르의 가족은 오래전부터 계획했던 집들이를 준비하느라 떠들썩했다. 전기 기사와 정원사 들이 집안을 부지런히 오갔고, 출장 요리사와 플로리스트 들이 음식과 꽃을 배달했다. 소날과 친구들은 집 안을 둘러보며 옷차림과 음식, 집들이를 위해 준비한 안무에 대해 상의했다.

소날은 그날의 파티를 자신의 가족이 긴 부재 끝에 돌아왔음을 알리는 신호탄으로 여겼다. 그녀는 월드 스파의 거주민들을 초대했는데, 그중 많은 사람이 구르가온에 빽빽이 들어선 세계적 기업의 고위 임원들이었다. 소날의 기대감이 고조되는 동안, 타쿠르의 영혼은 침잠해갔다. 단순히 파티를 경멸하기 때문에 그런 것은 아니었다. 그는 주변의 모든 사람이 불행한 때에 행운의 거품 속에서 무언가를 축하한다는 개념 자체를 이해하지 못했다. 그럼에도 타쿠르는 살와르 카미즈라고 알려져 있는 바삭거리는 흰색 튜닉과 거기에 어울리는 바지를 차려입었다. 소날은 청록색 실크 사리에 테두리가 금으로 된 새빨간 스카프를 둘렀다. 출장 요리사들이 호화로운 음식을 내왔고, 실크 쿠션으로 장식한 무대 한쪽에 소규모 밴드가 자리 잡았다.

손님들이 도착하기 시작했다. 완벽한 헤어스타일의 여성들은 스팽글과 보석으로 장식한 드레스와 크러시트 벨벳으로 된 튜닉을 입고 있었다. 사진사가 그들 사이를 빠르게 돌아다녔다. 파티가 무르익고 소날과 친구들이 원 안에서 춤을 추는데, 눈에 띄는 한 여성이 사람들을 헤치고 들어왔다. 그녀는 검은색 머리카락과 붉은색 입술, 금테가 둘러진 완벽한 흰색 사리 차림으로 포즈를 취했다. 란박시의 인허가 부문 부사장이었던 판트였다. 타쿠르는 소날이 그녀를 초대했다는 사실을 알고도 평소처럼 불평하지 않았다. 그녀도 이웃이었고 어느 누구보다 그 자리에 잘 어울렸다. 한때 그녀는 타쿠르의 폭로로 기소될 뻔했다. 지금은 자신이 감독했던 기업을 폭로한 내부 고발자가 그 대가로 구입한 우아한 집을 방문한 손님이었다. 그럼에도 그들은 다정하게 대화를 나누었다. 그녀는 타쿠르가 손님 몇 명에게 집을 구경시켜주는 자리에도 선뜻 합류했다.

판트가 지하 사무실 벽을 자세히 살펴보는 동안 그는 말없이 서 있었다. 2014년 국제 부정 감사인 협회Association of Certified Fraud Examiners가 "자신을 넘어 진실을 선택했다"라며 수여한 메달, 〈사기 문화와 싸우기〉라는 제목과 함께 〈프러드 매거진Fraud magazine〉 표지에 실린 사진, 액자에 넣은 용감한 시민을 위한 조 A. 칼라웨이 어워즈의 문구, 란박시와 합의한 후 의기양양해 하는 베아토의 동료 변호사들과 함께 찍은 사진 테두리에 모두의 사인이 담겨 있었다. 그녀는 그것들을 말없이 둘러보았다. 파티가 늦은 밤까지 이어지는 동안, 타쿠르는 손님들을 남겨두고 지하실로 돌아갔다.

판트는 거실에 남아 와인을 홀짝이며 한 손님과 대화를 나누었다. 그녀는 제네릭 의약품 산업의 변화를 되돌아보면서 FDA 규정의 중요한 변화에 대해 이야기했다. FDA 주차장에 누가 먼저 줄을 서는지는 더 이상 중요하지 않았다. 신청서에 찍힌 날짜와 상관없이 기한 내에 제출하기만 하면 '첫 번째 제출자'로 간주되어 의약품 출시 혜택을 공유할 수 있다. 덕분에 텐트나 리무진으로 진을 치는 경쟁 열기를 효과적으로 가라앉힐 수 있었다. 판트는 "재미가 모두 사라져서 너무 아쉽다"라고 말했다.

⊖ ⊘ ⦶ ⊘

2015년 내내 타쿠르는 인도와 망가진 규제 시스템을 상대로 소송을 준비하는 데 에너지를 쏟아부었다. 한 팀으로 활동할 변호사들을 고용했고, 그들은 '정보에 접근할 권리'를 주장하며 다수의 정부 기관에 관련 정보를 100건 넘게 청구했다. 더디고 손이 많이 가는 방법이었지만, 타쿠르는 인도 규제 기관들이 국민을 보호하지 못했다는 사실을 보여줄 명백한 증거를 수집하는 것이 최선이라고 믿었다. 그 결과 인도 전역의 36개 주와 각 지역에서 전혀 다른 기준과 근거로 운영되는 낡고 부패한 규제 시스템의 증거를 확인할 수 있었다. 위험하고 효과도 없는 의약품들이 아무 이유 없이 승인받았다. 논란이 될 만한 판단과 관련된 자료는 누락되었다. 해외 규제 기관이 공장에서 위험한 환경을 발견했을 때에도 인도 정부는 점검 결과를 무시하거나 규제관들을 공격했다.

2016년 1월, 타쿠르의 변호사들은 소송 준비를 마쳤다. 그들은 장문의 탄원서 두 개를 공들여 작성했는데, 인도의 의약품 규제 시스템의 조각난 구조는 제대로 기능하지 못할 뿐 아니라 헌법에 위배된다는 내용이었다.[12] 그들은 이것을 인도 대법원에 제출하고 공익을 위한 소송(국민들이 사회정의와 관련된 문제를 국가의 최고 법원에 탄원할 수 있게 허용하는 법적 장치)

을 제기했다. 이제 대법원은 심리 여부를 결정해야 했다.

지역 뉴스와 신문이 소송에 대해 보도하자, 소날은 타쿠르에게 이제 그만 멈추라고 애원하면서 "가족에게 미칠 영향은 고려하지 않고 원하는 대로만 하려고 해"라며 비난했다.

타쿠르는 자신을 변호하려고 애썼다. "누군가는 해야 할 일이야."

십 대가 된 아들 이샨도 그에게 따져 물었다. "왜 이런 일을 하시는 거예요? 저런 데 나와서 온갖 안 좋은 관심을 끌고 있잖아요."

타쿠르는 그 사건을 준비하는 동안 좌절감을 느끼지 않았을뿐더러 에너지와 자신감이 회복되는 것 같았다. 좌절감은 서서히 사그라졌다. 친구들은 그가 전보다 더 편안하게 휴식을 취한다는 것을 알아차렸다. 당시 그는 고대 인도의 경전《바가바드 기타》에서 가르치는 사심 없는 행동을 마음속 깊이 새겨준 할머니를 자주 떠올렸다. 할머니는 그 이야기를 손주들에게 읽어주면서 두려움, 흥분, 불안, 기쁨과 같은 감정은 덧없는 것이라고 강조했다. 어떤 행동을 할지 결정할 때에는 책임이나 의무를 따르는 것이 더 나았다.

2016년 3월 10일 목요일 아침, 타쿠르는 플로리다 탬파의 콘도에서 일어났다. 전날, 일정을 변경할 수 없는 회의에 참석하기 위해 미국으로 건너왔다. 커피를 내리고 미닫이문을 열어 탁 트인 멕시코만을 바라보았다. 그는 새들이 수면으로 급강하하는 모습을 바라보는 것을 좋아했다. 가끔 이른 아침에 돌고래가 얼핏 보이는 날도 있었다. 그날 오후, 그는 마이애미 인근의 방송국에서 진행한 공화당 대선 후보들의 토론회를 보다 깜박 잠이 들었다.

미국의 목요일 밤이 저물어가는 동안 인도에서는 금요일 아침이 밝아왔다. 타쿠르가 인도에 그다지 대단하지 않은 변화를 가져올 능력이 있는지를 심판하는 날이었다. 타쿠르 대 인도 연합 사건의 심리를 허락받기 위해 탄원서를 제출했던 변호사들이 대법원의 작은 벤치 앞에 나타났다. 인도 최고의 의약품 규제관 갸넨드라 나스는 자신의 소속 기관이 피소를 당한 후, 로이터와의 인터뷰에서 타쿠르를 공개적으로 공격했다.[13] "저희는 내부 고발자들을 환영하고 대단히 존경하지만, 진실하고 애국적인 의도여야만…. 그분에 대해서는 할 말이 없습니다." 그래도 타쿠르는 여전히 일말의 희망을 느끼고 있었다.

뉴델리의 금요일 아침, 활력 넘치는 지적재산권 변호사 프라샨트 레디Prashant Reddy가 인도 대법원의 가파른 계단을 올라 다른 변호사들 옆에 섰다. 타쿠르는 비용을 아끼지 않았다. 그의 팀에는 레디뿐 아니라 수석 변호사인 라주 라마찬드란Raju Ramachandran을 비롯하여 인도에서 가장 성공한 헌법 전문 변호사들이 포함되어 있었다. 변호사들은 짧은 시간에 두 명의 대법관을 설득하여 심리를 허가받아야 했다.

제1법정이 사람들로 북적였다. 주요 신문사의 기자들도 타쿠르의 승소 여부를 지켜보기 위해 참석했다. 타쿠르의 변호사들이 변론을 시작하자 검은색 판사복을 입은 두 명의 재판관이 그들을 날카롭게 내려다보았다.

"재외국민이 인도법에 도전하기 위해 먼 길을 오셨군요. 현장이 어딥니까?" 수석 재판관이 물었다.

'현장locus'은 타쿠르의 원고 적격standing, 즉 소를 제기할 수 있는 권리를 말하며, 본질적으로 그가 어디에 속하는지에 대한 질문이었다. 변호사들이 예상했던 질문이었다. 라마찬드란은 인도 헌법이 공익을 위해 소송을 제기한 사람의 국적을 제한하지 않는다고 설명했다. 그들의 의뢰인은 인도에 세금까지 납부했으므로 사법적 구제를 받을 자격이 있었다.

재판관은 그 소송이 언론의 관심을 끌어보려는 노력의 일환인지 물었다. “사람들이 감옥에서 고통받고 있는 마당에 너무 원론적인 사안들을 가지고 오셨군요. 우리는 그런 것들까지 다룰 여유가 없습니다.”

“너무 매정한 말씀입니다.” 라마찬드란이 이의를 제기하며 탄원서의 문제들은 생사가 걸린 매우 중대한 사안들이라고 설명했다. 하지만 15분 만에 심사가 끝났고, 재판관들은 심리를 거부했다.

레디가 타쿠르에게 전화를 걸었다. 전화를 받았을 때 탬파는 새벽 2시였다. 레디는 재판관들이 소송절차를 거부했다는 충격적인 소식을 전했다. 타쿠르는 어둠 속에서 일어났다. 그는 커피를 내리고 컴퓨터 앞에 앉았다. 그리고 자신이 소송을 시작한 이유를 설명하는 블로그 게시글을 열정적으로 작성하기 시작했다. 그는 인도의 규제 시스템을 인도에서, 그리고 세계에서 가장 취약한 사람들의 건강을 보호하지 못하는 “거대한 실패작”으로 묘사했다. 그리고 인도의 규제 기관과 제조업체 들의 일상적인 변명들을 맹공격했다.

> 속임수를 쓰고 실패한 시험 결과를 파기하고, 원하는 결과를 얻을 때까지 시험을 반복하고, 기준 미달인 제품을 고의로 시장에 판매해도 괜찮다는 말은 인도 법 어디에도 없지만 (…) 인도 제약 산업에서 가장 크고 가장 존경받는 기업이 이런 식으로 운영된다면, 중소기업들이 일을 제대로 할 것이라고 믿을 수 있겠는가? 누가 이런 일에 신경이나 쓸까?

커피 네 잔을 마신 후, 타쿠르는 〈전 세계 사람들을 위해 의약품 품질을 개선하려는 진심 어린 시도〉라는 제목으로 그 글을 게재했다.[14] 그리고 약간의 위로를 기대하며 소날에게 전화를 걸었다. 소날은 소송이 끝났다는 사실에 기뻐하며 그에게 상기시켰다. "내가 하지 말라고 했잖아." 타쿠르는 말을 아꼈다. 나중에 인도 제약 산업의 주요 로비 단체인 인도 제약 연합Indian Pharmaceutical Alliance이 그 소식에 환호했다는 사실을 알게 되었다.

⊖ ⊘ ⦶ ⊘

그 후 몇 개월 동안 어둠이 걷히지 않았다. 2년 동안의 노력과 25만 달러의 소송 비용이 모두 물거품이 되었다. 그는 자신이 벌이는 일을 더 이상 아내에게 설명할 수 없었고, 스스로도 납득하기 어려웠다. 그의 노력은 개혁에 반대하거나 관성을 지지하는 세력에 의해 압도되었다. 한때 감정의 닻이었던 가족이 산산이 부서지는 것 같았다. 란박시에서 그 일을 맡고 어쩔 수 없이 옳은 길을 선택하고 내부 고발자가 되어 필요 이상으로 오랫동안 싸움을 계속하면서 가족을 갈기갈기 찢어놓은 소송을 시작한 것을 어느 정도 후회해야 맞는 것인지도 모른다. 하지만 후회로 가슴 아팠던 적은 단 한 번도 없었다. 그는 한 지인에게 말했다. "내가 왜 진실하고 올바르고 정당한 일로 후회하겠어?" 며칠 후 그는 할머니의 가르침으로 돌아가 어쩔 수 없는 결과였음을 이해하고 자신의 책임이라고 여기는 일을 이행하기로 했다. 대법원의 결정을 받아들이고 다음 할 일에 집중해야 한다는 뜻이었다.

2주도 지나지 않아 그는 보건복지부의 보좌관 K. L. 샤마K. L. Shama에게 이메일을 보내 자신을 소개하고 사실상 모든 것을 처음부터 다시 시작했다. "당신에 대해 조금 읽어보니, 공중보건과 관련하여 옳고 그름에 대한 감수성이 좋은 분 같더군요. 델리에 있는 사무실에 찾아가 만나 뵙고 싶어서 이렇게 메일을 씁니다."[15]

에필로그

2017년 10월, 국제적 스캔들이 베이커의 관심을 끌었다.

일본의 철강 제조 기업 고베 제강이 데이터 위조로 붙잡혔다.[1] 그들은 일부 제품의 인장 강도를 거짓으로 전달했다. 고베 제강의 알루미늄, 구리, 철이 그들이 주장하는 무게를 견디지 못한다는 뜻이었다. 즉시 전 세계에 경고음이 울렸다. 고베 제강의 제품으로 만든 다리, 철도, 자동차, 비행기가 정말 안전한 것일까?

베이커는 대중의 관심에 놀랐다. 그는 매일 전 세계의 의약품 제조 공장을 방문하여 허위 데이터를 찾아냈다. 그의 점검 보고서는 누구나 이용할 수 있었다. 점검 결과는 미국을 비롯한 전 세계 의약품의 안전성과 효과와 관련된 끔찍한 상황을 반영했다. 하지만 그가 발견한 것들은 대중의 레이더망 밖에 있는 듯했다. 50만 톤짜리 다리가 붕괴될 수 있다는 말이 더 쉽게 다가왔을 것이다. 하지만 제대로 작용하지 않는 의약품은 어떨까? 해로운 불순물이 들어 있거나 시험 또는 밀봉하지 않은 의약품은? 몇 시간에 걸쳐 용해되어야 할 성분이 너무 빨리 용해되거나 높은 온도에서 너무 빨리 저하되는 캡슐은? 베이커와 타쿠르를 비롯하여 경고음을 울리려고 노력했던 사람들에게 저질 의약품은 붕괴될 수 있는 다리와 마찬가지였다. 유일한 차이점이라면 저질 의약품에 의한 붕괴는 체내에서 보이지 않게 일어나며 생사를 좌우하는 결과를 초래한다는 것이었다.

수년간 제네릭 의약품 산업과 그들의 거래, 불완전한 보호 전략에 의존하는 환자들에게 나타날 수 있는 위험성을 조사해온 사람들은 손상이 의심되는 의약품을 피하려고 노력했다. FDA 국제 의약품 품질부 총괄로사는 한 학회에 참석했을 때 보일러 폭발로 다쳐 입원했던 일을 이야기했다. 당시 그는 데이터 위조 혐의로 FDA의 조사를 받던 제조업체들의 제네릭 의약품을 거부했다. "저는 기도하는 걸 좋아해요." 그가 청중에게 말했다. "하지만 그 약이 좋은 약이기를 기도하고 싶지는 않아요."

인도 공장을 방문했던 한 FDA 수사관은 인정했다. "처방약을 받을 때마다 생각납니다." 그는 약을 '하루도 빠짐없이' 복용하는 만성질환자들에게 저질 의약품이 몹시 위험하다고 믿었다. 그리고 "그중 하나가 오염되었을 수 있습니다"라고 말했다. "그런 불순물이 체내에 들어가는 것은 누구도 원하지 않을 겁니다."

타쿠르의 변호사 베아토는 란박시 사건에 개입하기 전에 이렇게 말했다. "나는 약봉지를 들여다보거나 라벨을 읽어본 적이 없었다." 하지만 타쿠르를 변호하면서부터 달라졌다. "2007년부터 우리 가족은 한 가지 규칙을 지키고 있다. 외국산 제네릭 의약품을 피할 수 있다면 어떤 대가라도 지불할 것이다." 로버트슨도 같은 결론에 다다랐다. "[란박시] 사건을 시작하면서 가족에게 인도산 제네릭 의약품을 먹지 못하게 했다." 그녀가 회상했다. 넬슨은 의회에서 란박시 시설을 점검했던 FDA 수사관 일곱 명에게 란박시 제품을 기꺼이 복용하겠느냐고 물었다. "그들은 모두 아니라고 대답했다."

베이커는 웍하트 점검 이후 저가의 외국산 제네릭 의약품을 다시는 먹지 않겠다고 다짐했다. 동료에게 "사람들이 제대로 알게 된다면 [그런 약]은 아무도 먹지 않을 거야"라고 말했다. 그는 2015년에 인도를 떠난 후, 자신이 지키려 했던 진실함이라는 단어를 필기체로 팔에 새겼다.

⊖ ⃠ ⦶ ⊘

대중은 대부분 어둠 속에 남아 있었지만, 의약품을 둘러싼 보이지 않는 싸움과 그로 인한 악영향은 계속되었다. 란박시 사건으로 인해 상처받은 타쿠르와 소날의 결혼 생활은 회복되지 않았다. 두 사람은 2016년 여름에 헤어졌고 쓰라린 이혼 소송을 시작했다. 하지만 타쿠르는 다른 영역에서 자신의 목소리를 찾은 듯했다. 그는 저질 의약품의 번창을 허용하는 인도의 침묵과 사리사욕, 부패에 관한 신랄한 글과 견해를 개인 블로그에 올렸다.

2018년 2월, 타쿠르는 온라인 발행물 〈와이어The Wire〉에 실린 한 칼럼에서 란박시 스캔들에 관한 진술을 다시 찾아보았다.[2] 전 CEO 말빈데르와 이사회, "탁상공론이나 하는" 공중보건 전문가들은 기록 관리와 관련된 사소한 규정들을 위반했을 뿐이라며 잇속을 차리기 위한 거짓말을 했다. 그는 FDA의 점검 결과가 발표된 후에도 제재 조치를 내리지 않은 인도 최고의 규제 기관들을 선정했다. 그들은 란박시에 '깨끗한 증명서'를 발급하여 '사기의 보호막' 역할을 했다.

같은 달, 인도 최고의 의약품 규제관 갸넨드라 나스는 법규에 의해 허용된 기간보다 5년 더 체류했다는 주장이 제기되어 자신의 보좌관, 그리

고 중간급 임원들과 함께 해고되었다.[3]

란박시는 더 이상 존재하지 않는다.[4] 2014년 4월, 너무 많은 고통을 안겨준 그 존재를 간절히 떼어내고 싶어 했던 다이이찌산쿄는 볼품없어진 란박시를 인도 제네릭 의약품 기업인 선 제약Sun Pharma에 싼값으로 팔아넘겼다.[5] 그 무렵 또 다른 내부 고발자가 다이이찌산쿄에 접촉하여 데와스와 토안사 공장에서 정교한 사기 행각이 지속되고 있다고 폭로했다. 내부 고발자의 주장에 따르면, 란박시는 양질의 성분들을 저질의 성분들로 바꿔치기하고 이중장부를 기록했다. 또한 목탄을 사용하여 노란색 알약을 흰색으로 표백하는 과정에서 불순물 함량이 높아진 일부 의약품을 은폐했다. 품질이 저하된 성분은 천장 타일 뒤에 숨기고 증거는 강물에 버렸다. 또한 란박시에 의약품 성분을 납품하는 공장에는 참새들이 둥지를 틀고 원숭이 떼가 드나들었다.

현재 선 제약 소유인 모할리 공장은 FDA 점검을 통과하고 의약품을 미국 시장에 수출하고 있지만 데와스와 파온타 사히브, 토안사 공장은 여전히 제제하에 있으며, 대변인에 따르면 선 제약은 "앞으로 세 공장의 제품을 미국 시장에 공급할 수 있을지를 평가하고 있다".

그사이 다이이찌산쿄는 싱가포르 국제중재재판소에서 란박시의 전 CEO 말빈데르를 상대로 제기한 소송에서 승리했다.[6] 란박시의 전 변호사 데시무크가 몇몇 외부 변호사와 함께 말빈데르에게 불리한 증언을 했다는 점은 놀라웠다. 그들은 말빈데르와 그의 패거리가 다이이찌산쿄의 우네에게 SAR의 은폐 과정을 길고 자세하게 설명했다. 2016년 4월, 싱가포르 국제중재재판소는 싱 형제에게 다이이찌산쿄에 5억 5,000만 달러의 손해배상금을 지급하라고 명령했다. 그들이 SAR에 대해 모르는 채로 란박시 주식을 비싸게 매입한 점을 고려한 금액이었다.

싱 형제도 반격에 나섰다. 그들은 싱가포르 국제중재재판소에서 판결의 규모에 이의를 제기했지만 결국 패소했다. 2018년, 싱 형제의 변호사들은 인도 대법원을 찾아가 싱가포르 국제중재재판소의 판결은 인도에서 집행할 수 없다고 주장했다. 하지만 거기서도 패소했다. 이 판결을 계기로 싱 형제는 가족 사업인 포티스 헬스케어의 대표 자리를 내려놓았고, 두 사람이 공개 상장 기업인 포티스의 자금 7,800만 달러를 가족 소유의 계좌로 빼돌렸다는 주장이 새롭게 제기되었다.[7] 뉴욕의 한 사모 투자 회사도 싱 형제가 개인 채무를 갚기 위해 공개 상장 금융 회사인 렐리가레 엔터프라이즈에서 16억 달러 가까이를 "조직적으로 강탈해갔다"며 비슷한 주장을 했다.[8] 말빈데르는 "포티스의 기금이나 자신의 지위를 부실 관리하거나 오용했다는 주장"을 일체 부인하면서 기업 간의 예치금은 모두 공동으로 결정했다고 말했다.

2018년 9월, 싱 형제의 전쟁이 외부로 터져 나왔다. 시빈데르는 말빈데르가 사기와 부실 경영으로 가족 사업을 "감당할 수 없는 빚의 구덩이"로 끌어들였다고 주장하며 국가기업 법률 재판소National Company Law Tribunal에 탄원서를 제출했다.[9] 그리고 불과 며칠 후, 시빈데르는 어머니가 중재를 요구했다며 탄원을 철회했다.[10] 하지만 휴전은 그리 오래가지 않았다. 1년도 지나지 않아 말빈데르는 시빈데르를 폭행 혐의로 고소했고, 시빈데르는 "날조된 거짓말"이라고 반박했다.

제네릭 의약품의 품질을 둘러싼 격렬한 싸움에 관여했던 사람들은 자신의 자리를 찾아갔다. 베아토는 란박시와의 합의를 마무리하고 현재 스타인, 미첼, 베아토 앤드 미스너 LLP라고 불리는 로펌의 파트너가 되었다. 로버트슨은 FDA를 그만두고 베아토의 로펌에서 수사관으로 잠시 일하다가 완전히 은퇴했다.

다른 사람들도 새로운 길을 찾았다. 2018년 9월, 말빈데르 때문에 란박시를 떠났던 데시무크는 로펌인 카소위츠 벤슨 토레스 LLP의 파트너가 되어 특허법 관련 업무를 맡고 있다. FDA 인도 지부의 책임자였던 랄은 란박시를 인수한 선 제약으로 이직하여 국제 보건 혁신 부문의 수석 고문을 맡았다. 그는 신약 개발부터 약물 저항 말라리아와의 전투까지 선 제약의 열대성 질병 프로그램을 관리한다.

에르난데스, 캠벨, 가비니는 2015년에 FDA를 그만두었다. 그리고 각각 컨설팅 사무소를 차려서 기업들에게 FDA 규정에 대해 조언해주었다. 에르난데스는 베이커와 그를 두려워하는 기업들이 자신을 부자로 만들어준다고 말하는 것을 좋아했다.

2017년에 마일란의 모건타운 공장에 대한 점검 결과를 완화해주고 경고장을 막아주었던 FDA 관료 코스그로브는 FDA를 떠나 워싱턴 D.C.의 로펌에서 제약 회사들을 변호했다.

2017년 10월, 마일란의 회장 말릭과 관련하여 심각한 주장이 새롭게 제기되었다.[11] 47개 주의 검찰총장들이 대규모 민사소송을 연방 법원에 제기하여 의약품 가격을 높게 유지하기 위해 담합한 혐의로 제네릭 의약품 기업 18곳을 기소했다. 원고측은 수년간의 수사 결과에 따라 경쟁 관계인 두 기업의 경영진, 즉 인도 엠큐어 제약의 CEO와 마일란의 말릭을 가격 담합 혐의로 고발했다. 마일란은 성명을 통해 말릭을 적극적으로 변호했다. "마일란은 말릭 회장의 진정성을 깊이 신뢰하며 후방에서 물심양면으로 지원할 것이다." 그들은 말릭에게 씌워진 혐의와 맞서 싸우겠다고 다짐했다.

그사이 FDA는 마일란의 공장을 지속적으로 방문하며 문제점을 찾아냈다. 2018년 3월, FDA는 수사관 여덟 명을 웨스트버지니아 모건타운 공장으로 보내 25일 동안 점검했다. 정밀 조사 결과 내부 고발자의 주장처럼 세척 과정에서 매우 심각한 문제가 발견되었고, FDA는 제품 자체의 오염과 제품 간 교차 오염의 가능성을 우려했다.[12]

FDA가 모건타운 공장에 경고장을 발부하여 신청서 검토를 중단시킬지 고민하는 동안, 마일란은 고위 임원과 비공식 경로로 접촉하기 위해 물밑에서 발빠르게 움직였다. 2018년 6월, 마일란의 지역 품질 규정 관리 총괄은 FDA의 부서장에게 전화하여 마일란의 말릭 회장을 대신해 가볍게 만나 커피나 한잔하자고 제안했다. 임원은 그의 제안을 딱 잘라 거절했고, 그 일을 기록하여 동료들에게 이메일로 보냈다. 그는 "나에게 연락하여 그런 제안을 하는 것은 부적절하다고 설명했다"면서 "업계 사람들과 개인적으로 만나지 않으며, 점검 중에는 더욱 그렇다"라고 말했다.

약 6주가 지난 8월에 말릭은 같은 임원에게 직접 연락하여 정식 면담을 요청하려고 시도했으나 어떤 방법도 통하지 않았다. 2018년 11월, FDA는 세척 과정의 문제가 발견되었고, 제품 간 교차 감염의 위험을 방치했으며, 이례적인 시험 결과를 충분히 조사하지 않았다는 이유로 마일란의 모건타운 공장에 경고장을 발부했다. 한때 업계의 롤모델이었던 마일란과 그들의 대표 공장에 대한 엄중한 꾸짖음이었다. 마일란은 경고장에 대해 "모건타운 시설에서 종합적인 구조 조정과 시정 계획"을 시행했다고 설명하며 FDA의 우려를 해소하겠다고 약속했다.[13]

말릭이 8월에 FDA 임원에게 이메일을 보내 면담을 요청하면서 상세히 설명했던 계획 가운데 하나가 모건타운의 제조 물량을 "2018년 이전에 생산된 물량의 절반 이하로" 대폭 줄이는 것이었다. 그는 제조 시설을 해외로 이전할지 여부는 언급하지 않았다. 그렇게 하면 사업체와 FDA의 정밀 점검 사이의 물리적 거리를 효과적으로 늘릴 수 있었다.

클리블랜드병원의 레버는 FDA 승인을 받은 제네릭 의약품을 바꾸어 가며 환자들을 치료했고, 직감은 매번 정확히 맞아떨어졌다. 2014년 3월, 레버가 베타 차단제 메토프롤롤 석시네이트의 제네릭 버전에 대한 우려를 보고하고 15개월이 지났을 때였다. FDA의 한 고위 임원이 그에게 연락하여 광범위하고 "종합적인 수사"를 통해 제네릭 의약품이 브랜드 의약품과 생물학적으로 동등하다는 결론을 내렸다고 설명했다.[14] FDA는 기업들이 승인받기 위해 제출한 초기 데이터만을 검토하여(해당 기업의 데이터가 조작되었을 가능성은 고려하지 않은 채로) 그러한 결론에 도달했다.

하지만 한 달 만에 닥터 레디스에 이어 웍하트까지 메토프롤롤 석시네이트의 생물학적 동등성 문제를 인정하며 해당 의약품을 시장에서 회수했다.[15] 결국 레버가 옳았다.

2018년 6월, 한 여성이 클리블랜드병원 응급실에 들어와 흉통과 호흡곤란을 호소했다. 35세 크리스티 조던Kristy Jordan은 3년 전 성공적으로 심장을 이식받았고 그 후로 줄곧 장기 거부반응을 예방하기 위해 면역억제제 프로그랍을 복용했다. 하지만 6개월 전 CVS 파머시 약국에서 닥터 레디스의 제네릭 타크로리무스를 받았고, 그 약을 복용하는 동안 몸 상태가 계속 악화되었다. 클리블랜드병원 응급실에서 검사한 결과, 심한 장기 거부반응과 타크로리무스의 혈중농도가 기대치보다 낮다는 사실을 확인했다. 닥터 레디스의 의약품이 충분히 작용하지 않았다는 뜻이었다. 의사들은 조던을 안정시켰다.

레버와 그의 동료 스탈링은 단서들을 짜 맞추어보기로 했다. 환자들의 혈액검사 결과로 필요한 것을 갖추고 조던의 타크로리무스 캡슐을 회수하여 매사추세츠의 한 연구소에 보냈다. 그사이 조던은 계속 둔해지는 느낌을 받았고 건강을 완전히 회복하지 못했다. 결국 2018년 9월에 그녀는 심장마비로 사망했다. 스탈링은 닥터 레디스의 타크로리무스와 조던이 겪었던 고통스러운 병의 역행이 그녀의 죽음에 기여했는지 확인할 방법이 없다고 말했다. 그리고 환자들이 재입원하면 병원에서 메디케어에 벌금을 내야 한다는 점을 지적했다. "재입원을 막으려는 노력의 일부가 저질 의약품에 의해 좌절되고 있다는 사실은 매우 중요한 발견이 될 것이다." 2019년 2월, 메사추세츠 연구소는 닥터 레디스의 타크로리무스가 브랜드 버전에 비해 유효 성분을 매우 빠르게 방출한다는 예비 결과를 전달했다. 시험은 계속되었다.

⊖ ⃠ ⦶ ⊘

2015년 2월, 베이커는 인도를 떠나 베이징으로 건너갔고, 중국에 상주하는 유일한 의약품 수사관이 되어 400개의 공장을 점검하고 의약품이나 의약품 성분의 미국 수출을 승인해주었다. 중국 정부는 그가 스파이 노릇을 할까 봐 비자 발급을 제한했다.[16]

베이커는 중국 정부가 자신의 동선과 이메일, 전화를 감시하고 있다는 것을 알았지만 뉴델리를 떠나온 것에 대해 안도감을 느꼈다. 그는 더 이상 미국 소비자들과 안전하지 않은 의약품 사이의 마지막 보루가 아니었다. 그가 중국에서 점검하는 제조 공장들은 대부분 완제품이 아닌 유효 성분을 만들었다. 또한 대부분 무균 시설이 아니었다. 그가 무언가를 놓치더라도 이론상 다른 수사관이 문제를 포착할 수 있었다.

한 달이 지나지 않아 그는 상하이에서 남쪽으로 320킬로미터 떨어진 타이저우에 있는 대규모의 저장 하이정 공장을 찾아갔다. 그곳은 화이자가 합작 투자한 공장으로, 하이정-화이자 제약의 영향력 아래에서 2012년부터 고품질의 저가 의약품을 생산하기 시작했다. 그들은 최대 규모로 중국산 의약품 성분을 미국으로 수출했고, 성공을 보장받은 것처럼 보였다.

화이자는 전 세계에 있는 직영 공장과 도급 업체 200곳의 품질을 유지하는 데 전념하는 대규모 사업체였다. 훈련받은 감사관부터 실험실 분석관까지 수백 명의 사람들이 화이자의 의약품을 보호하는 일을 했다. 화이자는 기준이 충족하는지 확인하기 위해 자사와 관련된 모든 공장에 직원을 배치했고, 저장 하이정 공장도 다르지 않았다. 화이자의 공급망 보안 수석 책임자였던 브라이언 존슨은 명백한 사기를 적발하기는 어려웠다고 인정했다. 하지만 그는 화이자의 다중 시스템을 믿었기 때문에 아웃소싱을 위험하게 여기지 않았다. 그는 "적절히 통제하면 위험성이 더 커지지 않을 것"이라고 말했다. FDA 수사관들이 저장 하이정 공장을 10여 차례 방문했지만 문제점을 거의 발견하지 못했다.

베이커는 그곳에 도착하자마자 품질관리 연구소부터 찾아갔다. 그는 컴퓨터의 기록 관리 시스템을 통해 대학에서 배운 기초 중국어로 '시험 주입'과 '시험 샘플' 같은 단어를 검색했다. 화이자가 3년이나 먼저 시작했지만, 그는 단 하루 만에 하이정 공장이 대체 실험실을 비밀리에 운영하고 있다는 사실을 알아냈다.

그 공장은 의약품 샘플을 사전에 몰래 시험하고 증거를 남기지 않기 위해 기록 관리 시스템을 꺼두는 식으로 결과를 은폐했다. 베이커는 기술자들이 2014년 2월 6일 오전 9시 9분에 기록 관리 시스템을 끄고 비밀 시험을 80건이나 수행한 사실을 밝혀냈다. 기록 관리 시스템은 이틀 후 오전 8시 54분에 다시 켜졌고, 그들은 확실한 결과가 나올 수 있도록 조작한 시험을 반복·수행했다. 베이커는 소프트웨어의 메타 데이터에서 명백한 증거를 찾아냈다.

점검 사흘 째, 공장 관리자와 분석관 들은 이미 참혹한 점검 결과를 예상하고 있었다. 베이커는 점심 식사를 마치고 품질관리 연구소로 들어서면서 한 분석관이 HPLC 기기에서 휴대용 저장 장치를 제거하여 실험실 가운에 슬며시 감추는 것을 목격했다.

점검 보고서에 따르면 베이커가 휴대용 저장 장치를 넘겨달라고 요구하자 분석관이 "연구소 밖으로 도망치기 시작했다".[17] 15분 후에 한 관리자가 돌아와 저장 장치를 넘겨주었지만, 동일한 것인지는 알 수 없었다.[18] 베이커는 그것을 기록 공유에 대한 거부로 간주했다. 이는 의약품 성분의 미국 수출을 중단시킬 만큼 심각한 사안이었다.

베이커는 47장 분량의 점검 보고서를 작성했다. 중국 의약품 산업에서 여태껏 보아왔던 문서들과는 완전히 달랐다. 서양의 한 제약 회사 경영진이 말한 것처럼 "우리는 언제든 외국인들을 속일 수 있어"라는 식의 태도가 오랫동안 만연해 있던 중국 제조 공장들을 호되게 비난하는 내용이었다. 베이커는 평범한 외국인이 아니었다. 2년 반 후 화이자는 저장 하이정과의 파트너십을 종료했다.[19]

저장 하이정 공장을 점검하고 6주 후, 베이커는 랴오둥반도의 다롄에 가서 다른 공장을 점검했다.[20] 화이자가 소유하고 운영하는 그 공장은 미국 수출용 완제 의약품을 만들었다. 거기서 그는 조작된 시험과 보고되지 않은 결과, 그리고 사용 기한이 지난 원료를 사용하고 있음을 보여주는 허술한 배치 기록을 찾아냈다.[21] 점검 기간 동안 한 무더기의 자료가 완전히 사라졌는데, 나중에 위층 나무 상자 안에 쑤셔 박힌 채 발견되었다.

베이커는 순식간에 중국 전역을 쑥대밭으로 만들었다. 전국에 있는 34개 공장을 더 점검하여 심각한 데이터 조작을 비롯한 위반 사항들을 찾아냈다. 베이커의 혹독한 점검은 고질적인 사기 행각이 만연한 중국 의약품 제조업체뿐 아니라 FDA의 해외 점검 프로그램에도 여명을 비추었다.[22] "베이커는 공장에 발을 내디딜 때마다 더 많은 문제들을 찾아냅니다." FDA의 고위 임원이 말했다. "그런 걸 찾지 못하는 점검팀에 대해서는 뭐라고 해야 할까요?"

FDA 수사관들은 종이에 인쇄된 것이 유일한 데이터였던 시대에 훈련을 받았다. 그들은 수십 년간 훈련 프로그램을 유의미하게 재고하거나 점검하지 않았다. FDA의 한 컨설턴트는 이렇게 말했다. "거기 사람들은 1990년대 뇌를 가지고 사고합니다."

중국에 파견된 대부분의 수사관은 중국어를 하지 못했고, 제조 기록을 읽을 수 없었다. 하지만 FDA는 개인 통역관을 제공하지 않았다. 대신 중국 기업들이 자사의 영업 사원을 통역관으로 제공했다. 말이 통하지 않다 보니 조치가 불필요하다고 평가했고, 많은 공장을 너무 자주 통과시켰다.

수사관들은 도로 표지판도 읽지 못하는 수준이라 조악한 조작에도 쉽게 속아 넘어갔다. 기업들은 모든 것이 순조로워 보이는 '전시용' 가짜 공장으로 그들을 안내했지만, 실제로 제품을 생산하지는 않았다. 여러 기업이 재원을 모아 '전시용' 공장 한 곳에 투자하기도 했는데, 같은 공장이어도 다른 수사관들이 다른 시기에 방문하기 때문에 다른 시설을 점검한다고 생각했다.

베이커는 보통 혼자 점검을 나갔다. 하지만 미국이나 다른 나라의 수사관들이 동행할 때에도 형사처럼 행동했다. 그들은 기업들이 제품을 어디로 가져가는지 확인하기 위해 공장 부지의 타이어 자국을 좇았다. 창문을 통해 다 허물어져가는 공장을 찍고 그 안에 있는 박스의 라벨을 기록하여 그곳이 실제로 제품을 생산한 공장이라는 것을 증명했다. 베이커가 외국 수사관들과 협업하면서 그의 명성이 전 세계로 퍼져나갔다. 브라질 ANVISA부터 유럽 의약청까지 수많은 규제 기관이 수사관을 훈련시키기 위한 학회에 베이커를 초대했다.

베이커는 어디에서 무엇을 살펴보아야 할지를 정확히 알고 있는 정예 수사관들만이 소비자를 진정으로 보호하고 제약 산업을 유익한 방향으로 변화시킬 수 있다고 생각했다. 2015년 12월, FDA 국장과 한 시간이나 면담하면서 데이터 사기를 탐지할 수 있는 훈련 프로그램을 제안했다.

⊖ ⊘ ⦶ ⊘

베이커의 제안은 메릴랜드 실버스프링에 있는 FDA 본사의 불안한 시스템에 적용되었다. 수사관들이 너무 까다로워 보이거나 검토 위원들이 신청서를 너무 많이 검토하거나 FDA가 의약품을 충분히 승인하지 않으면, 전체 시스템이 무너질 수도 있었다.

베이커의 날카로운 점검은 수차례 수입을 중단시켜 미 전역의 의약품 공급량 부족에 기여했다. 점검 결과는 해외에서 운영되는 제네릭 의약품 기업들에 물음표를 남겼다. 의약품 승인도 늦추었다. 그 결과 의약품 신청서 승인 건수에 영향을 받는 FDA의 재정 상태가 위태로워졌다.[23] 수사관들을 엄격히 훈련시켜 더 많은 위반 사항을 찾아내자는 베이커의 제안이 더 많은 문제를 일으킬 수 있었다. 결국 FDA의 일부 인사들은 다른 문제를 걸고넘어지기 시작했는데, 그것은 바로 베이커 그 자신이었다.

FDA 임원들은 데이터를 위조하는 기업들과 싸우고 있다는 인상을 외부에 심어주었다. CDER의 제조 품질팀 팀장 코스그로브는 산업 소식지의 기자에게 "진실을 은폐하는" 제약 회사들을 "점점 더 불편하게" 만들 계획이라고 말했다.[24] 추가적인 불이익도 예상된다고 말했다. FDA가 국제적인 데이터 사기에 대한 강력한 단속을 시작한 것처럼 보였다.

하지만 베이커는 FDA가 명확한 권한과 잘 쓰인 규정에도 불구하고 점검 강도와 결과를 완화하는 것을 지켜보아야 했다. 2012년부터 2018년까지 FDA는 인도에서 수행한 112건의 점검 결과를 깎아내려 최종 등급을 올려주었다.[25] 마일란, 시플라, 오로빈도, 닥터 레디스, 선 제약, 글렌마크의 등급이 전부 OAI에서 VAI로 바뀌었다. 그렇게 함으로써 수사관들이 현장에서 내린 판단을 무효화하고 메릴랜드의 관료들이 내린 판단으로 대체했다.[26] 코스그로브와 몇몇 임원은 수입제한을 포기했다. 그들은 기업을 공개적으로 질책하는 대신 그들과 제목 없는 편지를 교환하며 은밀히 소통하는 방식을 선택했다. 정치가 FDA의 강제 조치를 좌우하는 듯했다. 전 준법 감시관 캠벨은 말했다. "그들은 신청서 승인을 위해 CDER의 준법 감시 기능을 약화시키고 싶어 했습니다. 준법 감시는 승인을 방해하기만 했어요."

베이커가 화이자 소유의 저장 하이정 공장을 점검한 후, FDA는 그 공장에서 생산하는 제품 30종의 수입을 제한했다. 하지만 15가지 의약품 성분의 미국 내 공급량이 부족했기 때문에 백혈병과 유방암, 난소암 치료에 중요한 항암제를 비롯하여 절반 정도의 의약품에 대한 제한 조치를 해제해야 했다.[27]

베이커는 그들의 결정을 이해할 수 없었다. 규정에 따르면 미국에 공급되어서는 안 되는 의약품들이었다. 충분히 효과적이거나 안전하지도 않았다. 의약품이 부족하다고 해도 그 사실에는 변함이 없었다. 의약품 부족은 하나의 게임이 되었고, FDA도 거기에 참여했다. 사기를 저지르더라도 공급량이 부족한 의약품을 생산하면 순이익을 보전할 수 있었다. 의심스러운 제조 방식을 사용해도 제한받지 않았고, 안전하지 않은 의약품을 제조하여 덜미를 잡히더라도 꾸준한 수입원을 유지할 수 있었다. "기업들은 기준 미달 제품을 수출하고도 아무런 책임을 지지 않아." 베이커가 동료에게 말했다. "누군가는 패배해야 하는 상황이고, 최종적인 패배자는 [환자들]이지."

베이커는 2018년 3월에 중국을 떠나 칠레 산티아고에서 지역 총괄을 맡았다. 하지만 FDA는 점검을 맡기지 않았고, 1년 후 그는 사임했다.

2018년 7월, 안전성의 위기가 국제 의약품 공급을 흔들면서 베이커의 주장이 증명되는 듯했다. 유럽의 규제 기관들은 고혈압 치료제 디오반의 제네릭 버전인 발사르탄에 널리 사용되는 유효 성분이 NDMA(한때 로켓의 액체연료에 사용되었다)로 알려져 있는 발암 독성 물질을 함유하고 있다는 끔찍한 조사 결과를 발표했다. 그 유효 성분은 중국 기업인 저장 화하이 제약에서 세계 최대 규모로 생산되었다. 그것을 사용한 10여 곳의 미국 의약품 제조업체는 관련 제품을 모두 회수했고, 전 세계 수십 곳의 제약 업체도 마찬가지였다. 저장 화하이 제약은 2012년에 생산량을 늘리기 위해 규제 기관의 승인을 받고 생산과정을 수정했다고 해명했다. 다시 말해, 그것은 이윤의 극대화를 위한 변화였고, 몇몇 환자는 6년 동안이나 독성 물질을 복용했다.

FDA는 유효 성분에서 발견된 불순물은 2급 발암물질이라서, 매일 노출되어도 암 발병 가능성은 극히 낮다며 소비자들을 안심시키려고 노력했다. 발사르탄 참사가 FDA를 기습했지만 그들은 크게 놀라지 않았다. 2017년 5월, 한 FDA 수사관이 중국 린하이에 있는 공장에서 정상 범위를 벗어난 시험 결과에도 불구하고 잠재적 불순물을 조사하지 않았다는 증거를 찾아냈다. 수사관은 그 공장에 OAI 등급을 매겼지만, FDA가 VAI 등급으로 상향 조정했다.[28] 다시 말해 그 기업은 처벌을 면했고, 1년도 채 지나지 않아 세계적인 품질 스캔들의 중심에 놓이고 말았다.

⊖ ⊘ ⦶ ⊘

2017년, 베이커는 이따금씩 동료들을 위한 워크숍을 개최할 수 있도록 제한적인 허가를 받았다. 그리고 그들에게 데이터 사기를 찾아내는 방법을 교육했지만, FDA는 점검을 가장 확실하게 방해할 수 있는 조치를 취했다.

점검에 대한 사전 고지를 촉박하게 하거나 아예 하지 않는 랄의 인도 파일럿 프로그램이 실시되면서 최악의 평가 등급인 OAI가 50퍼센트 이상 증가했다. 이 모델을 확장하여 전 세계 모든 국가에서 사전 고지 없는 점검을 표준으로 만드는 것이 타당해 보였다. 하지만 FDA 관료들은 다른 결정을 내렸다.

2016년 11월 3일 아침, 인도 FDA 고위 임원들이 인도의 선임 규제관들과 인도 제약 산업 최고의 로비스트, FDA의 신랄한 점검 결과를 견디어온 카딜라와 닥터 레디스의 임원 세 사람을 만났다. 랄에 이어 FDA 인도 지부 운영을 맡은 매튜 박사의 주도로 회의는 한 시간 동안 이어졌다.

그들은 공동 작업과 역량 강화, FDA의 GMP에 관한 워크숍 일정을 논의했다. 인도 제약 연합의 사무총장인 딜립 샤Dilip Shah는 인도 의약품 제조업체들이 품질 문제를 다루기 위해 자신들의 역할을 하고 있고, 그의 팀이 데이터 신뢰도를 강조하는 지침을 제약 업계에 발표할 것이라고 전했다. 그리고 매튜가 거기에 모인 사람들이 기다리던 말을 꺼냈다. "실험은 끝났다. 지금부터 FDA는 모든 정기 점검을 인도 기업에 미리 통보할 것이다."[29]

이 책을 쓰는 과정은 하나의 여정이었고, 많은 사람들이 그 길을 함께 하며 도움을 주었다.

2009년, 〈셀프〉에 제네릭 의약품에 관한 첫 번째 기사가 게재되면서, 나는 운 좋게도 편집자 사라 오스틴Sara Austin을 만났다. 현재 〈리얼 심플Real Simple〉의 주필을 맡고 있다. 2013년 5월, 〈포천〉에 게재되어 이 책의 출발점이 된 란박시에 관한 기사, 〈더러운 의약품Dirty Medicine〉은 편집자 닉 바하버Nick Varchaver의 특출한 기술과 판단력, 헌신으로부터 엄청난 혜택을 받았다. 현재 비영리 온라인 언론사인 〈프로퍼블리카ProPublica〉의 수석 편집자다.

2014년에 이 책을 집필하기 시작하면서 전 세계 기자들의 도움이 필요했다. 인도와 가나, 중국 등 여러 국가의 재능 있는 기자들을 소개해준 〈국제 탐사 보도Global Investigative Journalism Network, GIJN〉의 상무이사 데이비드 캐플런David Kaplan에게 감사하다. GIJN 컨퍼런스는 프로젝트를 진행하는 내내 영감과 도움을 준 용감하고 재능 있는 다국적 기자들과 소통할 수 있는 창구를 열어주었다. 막막하기만 했던 순간, 수년간에 걸친 보도 자료와 산더미 같은 정보를 진짜 이야기로 바꾸는 방법에 대해 조언해준 스토리 기반 조사 협회Story-Based Inquiry Associates의 마크 리 헌터Mark Lee Hunter에게도 감사하다.

국제 탐사 보도 언론인 협회International Consortium of Investigative Journalists, ICIJ 부회장 마리나 워커 게바라Marina Walker Guevara는 파나마 페이퍼스와 파라다이스 페이퍼스의 해외 은행 기록에 대한 접근을 허락해주었고, 에밀리아 디아즈 스트럭Emilia Diaz Struck은 인내를 가지고 기록을 검색하는 방법에 대한 지시사항을 제공해주었다. 언론 자유 재단Freedom of the Press Foundation의 뉴스실 디지털 보안 책임자 할로 홈스Harlo Holmes와 디지털 보안 교육관 올리비아 마틴Olivia Martin은 디지털 파일 암호화와 위험 평가, 정보원과의 안전한 소통 방법에 대해 귀중한 지침을 제공해주었다.

⊖ ⦸ ⦶ ⊘

나는 기사를 보도하는 동안 FDA가 전 세계에서 시행한 모든 점검에 관한 기록과 중요한 보조 데이터를 제공하는 데이터베이스 FDA질라FDAzilla에 의지했다. 경비는 늘어나고 예산은 빠듯한 상황에서 FDAzilla의 공동 창립자 토니 첸Tony Chen과 CEO 마이클 드 라 토레Michael de la Torre가 사이트를 계속 사용할 수 있도록 허락해주고 맞춤형 데이터도 제공해주었다. 다른 외부 단체들도 매우 유용한 도움을 제공했다. 통계자료 제공 사이트인 스탯STATS.org의 책임자 레베카 골딘Rebecca Goldin은 통계 용어를 쉬운 영어로 번역할 수 있게 도와주었다. 법률 전문가인 소런슨 법률 사무소Sorenson Law Office의 피터 소런슨Peter Sorenson과 스토터 앤드 에소시에이츠Stotter and Associates LLC의 대니얼 J. 스타터Daniel J. Stotter는 정보공개 요청을 통해 FDA 기록을 얻을 수 있도록 도와주었다.

소피 버넘Sophy Burnham, 캐시 스리다아Kathy Sreedhar, 비비언 월트Vivienne Walt, 안톤 하버Anton Harber, 림짐 데이Rimjhim Dey 등 취재 과정에서 나를 초대하여 지식을 공유해준 사람들에게도 감사하다.

관대한 지원으로 기사를 완성할 수 있도록 도와준 수많은 단체에 감사하다. 카네기 재단은 나를 2015년 앤드루 카네기 펠로로 선정하고 거액의 기금을 지원해주었다. 알프레드 P. 슬론 재단은 대중의 과학, 기술, 경제 이해 프로그램Public Understanding of Science, Technology, and Economics program을 통해 보조금을 지원했다. 특히 슬론의 부회장이자 프로그램 책임자인 도런 베버Doron Weber가 프로젝트에 보내준 신뢰에 감사하다. 뉴욕 시립대학교 크레이그 뉴마크 언론 대학원의 맥그로 센터는 맥그로 비즈니스 저널리즘 펠로십을 제공해주었다. 맥그로 센터의 상무이사 제인 새신Jane Sasseen은 귀중한 시간과 조언을 제공해주었다. 그뿐만 아니라 조지 포크 탐사 보도상George Polk Award for Investigative Reporting도 매우 중요한 지원을 제공했다.

⊖ ⦸ ⦶ ⊘

훌륭한 기자들도 이 책에 참여해주었다. 아리엘 블레이커Ariel Bleicher는 1년 동안 우아한 글솜씨와 날카로운 보도 기술로 도움을 주었다. 셋 나자캣Syed Nazakat은 인도의 복잡한 비즈니스 네트워크와 정부 관료 체계를 탐사하는 데 도움을 주었다. 켄트 멘사Kent Mensah는 가나 현지에서, 서니 양Sunny Yang은 중국에서 도움을 주었다. 도리스 버크Doris Burke와 앤드루 골드버그Andrew Goldberg는 법률 및 재정과 관련된 기록을 철저히 조사해주었다. 3년 동안 곁에서 데이터를 분석해준 과학 기자 소니 살즈만Sony Salzman의 재능과 근면함이 없었다면 이 책은 결승점을 통과하지 못했을 것이다. 켈시 쿠닥Kelsey Kudak은 놀라운 기술로 이 책의 사실관계를 확인해주었다. 남은 오류는 모두 내 탓이다.

최고의 편집자들에게도 감사하다. 현재 펭귄 랜덤 하우스Penguin Random House 소속인 힐러리 레드먼Hilary Redmon은 에코/하퍼콜린스Ecco/HarperCollins에서 이 책을 선택하여 생명력을 불어넣었다. 이야기식 논픽션 편집의 장인 도메니카 알리오토Domenica Alioto는 책의 구조를 구축하는 데 도움을 주었다. 이 책을 솜씨 좋게 편집하여 프로덕션 단계로 넘겨준 에코의 엠마 자나스키Emma Janaskie에게 감사하다. 에코의 멋진 팀원들 대니얼 핼펀Daniel Halpern, 미리엄 파커Miriam Parker, 가브리엘라 두브Gabriella Doob, 메건 딘스Meghan Deans, 케이틀린 멀루니 리스키Caitlin Mulrooney-Lyski, 레이철 메예르스Rachel Meyers에게도 감사를 전한다. 그리고 끝없이 인내하며 법률 검토를 확실히 책임져준 하퍼콜린스의 윌리엄 S. 아담스William S. Adams에게 특별한 감사 인사를 전한다.

내 에이전트이자 친구 티나 베넷Tina Bennett이 지혜와 격려, 비전을 아낌없이 쏟아주지 않았다면 이 책은 존재할 수 없었을 것이다. 가장 힘들었던 시기에도 흔들림 없이 나를 지지해주었다.

⊖ ⊘ ⦶ ⊘

이 책을 자세히 읽고 함께 상의해주고 편집에 대해 지적해줌으로써 이 책을 모든 면에서 더 나아지게 만들어준 친구, 동료, 가족에게 감사하다. 닉 바하버Nick Varchaver, 제니퍼 가너먼Jennifer Gonnerman, 매슈 돌턴Matthew Dalton, 이 책의 제목도 지어준 필립 프리드먼Philip Friedman, 소니 살즈만, 어머니 엘리너 푹스Elinor Fuchs와 아버지 마이클 O. 핀켈슈타인Michael O. Finkelstein, 모두 가장 먼저 책을 읽고 통찰력을 전해주었다.

마리암 모히트Maryam Mohit와 에릭 블래치퍼드Erik Blachford는 재무 기록을 해석하는 데 도움을 주었고, 브라이언 크리스티Bryan Christy는 선견지명을 가지고 편집에 대해 조언해주었다. 모린 N. 매클레인Maureen N. McLane은 뛰어난 작문 기술을 활용할 수 있게 허락해주었으며, 양어머니 비비안 버거Vivian Berger는 분쟁 조정에 관해 전문적인 조언을 해주었다.

글을 쓰는 동안 늘 지지해준 린디 프리드먼Lindy Friedman, 트레이시 슈트라우스Tracy Straus, 클레어 핀켈슈타인Claire Finkelstein을 포함한 가족과 친구들에게 감사하다. 줄리아 프리드슨Julia Freedson과의 일상적인 대화가 나를 지탱해주었다. 1998년에 하늘의 별이 된 내 소중한 친구 카렌 아베노소Karen Avenoso는 이 책의 모든 페이지에 살아 있다.

⊖ ⃠ ⓘ ⊘

사랑하는 아이들 어밀리아Amelia와 이소벨Isobel은 내가 책 너머의 세상과 단절되지 않도록 잡아주었다. 영원히 끝나지 않을 것 같던 작업 기간 동안 아이들은 인내심 있게 나를 지지해주고 웃겨주었다(다음에는 아이들을 위한 책을 써보라고 권했다). 남편 켄 레벤슨Ken Levenson은 모든 면에서 도움을 주었다. 모든 단계에서 나를 격려해주었고, 긴 취재 기간에는 가족을 돌보아주었고, 문제점들을 날카롭게 지적하며 현명한 조언을 해주었고, 수많은 원고를 읽어주었다.

마지막으로 의약품의 진실과 환자들의 안녕을 위해 정보를 맡겨준 수많은 정보원에게 특별한 감사를 전한다. 많은 사람이 몇 시간, 심지어 몇 년을 할애하여 질문에 답해주고 복잡한 과정을 이해할 수 있도록 도와주었다. 그들의 도움이 없었다면 이 책은 나오지 못했을 것이다.

캐서린 에반
뉴욕 브루클린
2019년 3월

- **483 양식**Form 483: FDA 수사관이 제조 시설을 점검하면서 발견한 cGMP에 대한 위반 사항을 483이라고 부르는 양식에 기록한다.
- **AIP**: 신청서 무결성 정책Application Integrity Policy. 신청서에서 부정행위가 의심될 때 FDA가 내리는 제재 조치. AIP에 따르면 FDA는 기업이 데이터의 정확성을 증명할 수 있을 때까지 미결 신청서에 대한 검토를 중단할 것이다.
- **ANDA**: 약식 신약 허가 신청서Abbreviated New Drug Application. 제네릭 의약품 기업이 제네릭 의약품에 대한 승인을 요청하기 위해 작성하여 FDA에 제출하는 신청서. '재킷jacket'이라는 업계 용어로 알려져 있다.
- **API**: 원료 의약품active pharmaceutical ingredient. 생물학적으로 유효한 의약품 성분. 완제 의약품에서 가장 중요하고 값비싼 요소다.
- **AUC**: 그래프의 곡선하 면적area under the curve. 시간 경과에 따른 환자의 혈액 내 약물의 총 농도를 반영한다.
- **CDER**: 의약품 평가 연구 센터Center for Drug Evaluation and Research. 신약 신청서를 검토하고 승인받은 의약품의 안전성을 감시함으로써 브랜드 의약품과 제네릭 의약품을 규제하는 FDA 산하기관이다.
- **cGMP**: 《연방 규정》 21권에 간략히 서술된 현행 우수 제조 관리 기준current Good Manufacturing Practices. 제조 시설 운영 방식에 대한 FDA의 요구 사항을 제시한다.
- **FDA 수사관**: 제조 시설을 점검할 수 있도록 훈련받은 FDA 직원. '조사관inspector'이나 '소비자 안전 감독관consumer safety officer'으로 부르기도 한다.
- **FDA**: 미국 식품의약국U.S. Food and Drug Administration. 식품, 의약품, 의료 기기의 안전성과 품질을 규제하는 연방 기관이다.
- **HPLC**: 고성능 액체크로마토그래피high-performance liquid chromatography. 의약품 샘플의 성분을 분리하고 측량하는 데 흔히 사용하는 기술이다. 의약품 제조업체들은 HPLC를 사용하여 의약품의 불순물을 식별하고 측정한다.

- **NAI**: 조치가 불필요함No Action Indicated. FDA 수사관들이 점검 후 시설을 평가할 때 사용하는 세 가지 등급 가운데 하나다. 수사관이 cGMP와 관련된 위반 행위를 발견하지 못했고 시정 조치가 필요하지 않다는 뜻이다.
- **OAI**: 공식적 조치가 필요함Official Action Indicated. FDA 수사관들이 점검 후 시설을 평가할 때 사용하는 세 가지 등급 가운데 하나다. 수사관이 cGMP와 관련된 중대한 위반 행위를 발견하여 즉각 시정 조치를 하도록 권고했고, 이를 따르지 않으면 더 강력한 제재를 가할 수 있음을 알렸다는 뜻이다.
- **PEPFAR**: 2003년 조지 W. 부시 대통령이 시작한 에이즈 퇴치를 위한 대통령의 비상계획President's Emergency Plan for AIDS Relief. 현재도 진행 중인 이 프로그램은 저가 제네릭 의약품의 구매 비용을 지원하여 아프리카를 비롯한 여러 국가의 에이즈 환자들에게 공급한다.
- **SAR**: 자기 평가 보고서Self-Assessment Report. 2004년 란박시 래버러토리스에서 내부적으로 작성한 기밀문서로, 대규모 데이터 조작을 상세히 기술했다.
- **USP**: 미국 약전United States Pharmacopeia. 처방약 제조법의 국제 표준을 제정하고 조정하는 비영리 독립 단체다.
- **VAI**: 자발적 조치가 필요함Voluntary Action Indicated. FDA 수사관들이 점검 후 시설을 평가할 때 사용하는 세 가지 등급 가운데 하나다. 수사관들이 cGMP의 몇 가지 위반 행위를 발견하고 자발적 시정 조치를 권고했다는 뜻이다.
- **가바펜틴**gabapentin: 유효 성분의 이름을 따서 가바펜틴이라고 부르는 항경련제. 화이자가 만든 브랜드 의약품 뉴론틴은 1993년에 승인을 받았다.
- **경고장**: 어느 기업의 시설이 FDA 규정을 위반했으니 경고장에 상세히 기술된 문제들을 즉시 처리하지 않으면 추가적인 강제 조치를 내리겠다고 경고하는 공식 메시지다.
- **기준 미달 의약품**substandard drug: FDA나 다른 규제 기관에서 설정한 품질 기준을 충족하지 않는 의약품이다.
- **데마덱스/토르세미드**Demadex/torsemide: 울혈성 심부전 환자의 체액 저류 치료제. 1993년 FDA는 로슈의 브랜드 의약품 데마덱스를 승인했다. 제네릭 버전은 유효 성분의 이름을 따서 토르세미드라고 부른다.
- **리피토/아토르바스타틴**Lipitor/atorvastatin: 콜레스테롤 수치를 낮추는 데 도움을 주는 의약품. 1996년 FDA는 화이자의 브랜드 의약품 리피토를 승인했고, 이후에 유효 성분인 아토르바스타틴 칼슘의 이름을 딴 란박시의 제네릭 버전 아토르바스타틴을 승인했다.

- **벌크 의약품**bulk drugs: 원료 의약품이나 완제 의약품 제조에 사용되는 주요 성분이다.
- **부형제**excipients: 착색제, 방부제, 충전제 같은 의약품의 비유효 성분이다.
- **브랜드 의약품**: 제약 회사가 발견하여 개발하며, 일반적으로 특허에 의해 보호되는 의약품. 브랜드 의약품 제조업체들은 혁신 기업innovator company이라고 부르기도 한다.
- **생물학적 동등성**bioequivalence: FDA가 제네릭 의약품이 체내에서 브랜드 버전과 유사하게 작용하는지 여부를 결정할 때 사용하는 기준. FDA의 통계 공식에 따르면, 제네릭 의약품의 혈중농도는 브랜드 의약품의 80퍼센트 이하로 떨어지거나 125퍼센트 이상 올라가면 안 되고 90퍼센트의 신뢰 구간을 사용해야 한다.
- **수입 경보**: 안전하지 않다고 여겨지는 제품을 출입국 항에 억류하기 위한 FDA의 공개 발표. 특정 유형이나 특정 제조 공장에서 제조된 제품들을 대상으로 할 수 있다.
- **아큐탄/소트레트**Accutane/Sotret: 여드름 치료제. 1982년 FDA는 로슈의 브랜드 의약품 아큐탄을 승인했다. 2002년에는 란박시 래버러토리스의 제네릭 버전 소트레트를 승인했다. 유효 성분은 이소트레티노인이다.
- **웰부트린 XL/부데프리온 XL**Wellbutrin XL/Budeprion XL: 장시간 작용하는 우울증 치료제. 1985년 FDA가 글락소스미스클라인의 브랜드 의약품 웰부트린 XL을 승인했고, 이후에 테바의 제네릭 버전인 부데프리온 XL을 승인했다. 유효 성분은 부데프리온 하이드로클로라이드다.
- **제네릭 의약품**: 체내에서 브랜드 의약품과 유사하게 작용하도록 제조된 의약품. 보통 브랜드 의약품의 특허가 만료된 후 판매된다. FDA에 따르면 제네릭 의약품이 생물학적 동등성을 인정받기 위해서는 '제형, 안전성, 강도, 투여 경로, 품질, 성능 특성, 용도'가 반드시 동일해야 한다.
- **지속 방출형 토프롤 XL/메토프롤롤 석시네이트**Toprol XL/metoprolol succinate extended-release: 흉통과 고혈압 치료에 사용하며 장시간 작용하는 베타 차단제. 1992년 FDA는 아스트라제네카의 브랜드 의약품 토프롤 XL을 승인했다. 제네릭 버전은 유효 성분의 이름을 따서 메토프롤롤 석시네이트라고 부른다.
- **코렉/카르베딜롤**Coreg/carvedilol: 고혈압과 심부전 치료에 사용하는 의약품. 1997년 FDA는 글락소스미스클라인의 브랜드 의약품 코렉을 승인했다. 이후에 출시된 제네릭 버전은 유효 성분의 이름을 따서 카르베딜롤이라고 부른다.
- **크로마토그램**chromatogram: HPLC 기기로 산출하는 그래프. 의약품 샘플의 성분을 분리

하여 보여준다.

- **퓨로세마이드**furosemide: 울혈성 심부전 환자의 체액 저류를 치료하는 데 사용하는 제네릭 의약품. 브랜드 버전인 라식스는 1960년대에 승인을 받았다.
- **프라바콜/프라바스타틴**Pravachol/pravastatin: 콜레스테롤 수치를 낮추는 데 사용하는 치료제. 1991년 FDA는 BMS의 프라바콜을 승인했다. 제네릭 버전은 유효 성분인 프라바스타틴 나트륨의 이름을 따서 프라바스타틴이라고 부른다.
- **프로그랍/타크로리무스**Prograf/tacrolimus: 면역 체계를 억제하여 장기이식 거부반응을 예방하는 약물. 1994년 FDA는 아스텔라스의 브랜드 의약품 프로그랍을 승인했다. 제네릭 버전은 유효 성분의 이름을 따서 타크로리무스라고 부른다.
- **헤파린**heparin: 혈액응고를 막기 위해 사용하는 항응고제다.

미주

프롤로그

1. FDA, Establishment Inspection Report, Wockhardt Ltd., Aurangabad, India, March 18-22, 2013. A full list of Peter Baker's inspections, and those of all FDA investigators, can be found on the website https://fdazilla.com/.
2. 수출용 의약품 및 해외 의약품 제조 공장의 증가와 관련된 수치는 다음의 자료를 참고했다. Pew Charitable Trust, Pew Health Group, "After Heparin: Protecting Consumers from the Risks of Substandard and Counterfeit Drugs", July 12, 2011, 22.
3. Ketaki Gokhale, "Urine Spills Staining Image of Wockhardt's Generic Drugs", *Bloomberg*, September 27, 2013.
4. 이 장면을 재현하는 데 도움을 준 자료는 다음과 같다. FDA, Form 483, Inspectional Observations, Wockhardt Ltd., Aurangabad, India, March 18-22, 2013; FDA, Establishment Inspection Report, Wockhardt Ltd., Aurangabad, India, March 18-22, 2013; FDA, Warning Letter (WL: 320-13-21), July 18, 2013; news stories, including Pallavi Ail, "USFDA Says Team Threatened during Wockhardt Inspection", *Financial Express*, May 28, 2014.
5. FDA, Establishment Inspection Report, 13-18.
6. Reuters, May 23, 2013. Accessed December 14, 2018. https://in.reuters.com/article/wockhardt-fda-revenue-loss/wockhardt-hit-by-fda-import-alert-on-drug-plant-idINDEE94M09320130523.
7. 이메일과 전화로 수차례 취재를 요청했지만 웍하트는 응하지 않았다. 하지만 FDA가 수입 경보를 발표하고 2013년 5월 24일에 웍하트의 CEO 하빌 코라키왈라가 긴급 전화 회의를 열었다. 그는 FDA의 우려를 해소하기 위해 노력하고 있고 "적어도 한두 달 안에 문제를 시정할 수 있도록" 도와줄 미국 컨설턴트를 고용할 예정이라며 투자자들을 안심시켰다. 한 투자자가 추궁하자 그는 FDA가 와루즈에서 그렇게 많은 과실을 발견

한 이유는 미국 외의 시장에 판매될 예정이었던 다수의 제품이 같은 시설에서 제조되었기 때문이라고 설명했다. FDA가 점검한 시설은 미국의 엄격한 기준을 충족하게끔 설정된 곳이 아니었다. Habil Khorakiwala, "Wockhardt Conference Call to Discuss U.S. FDA Report on Waluj Facility", May 24, 2013, http://www.wockhardt.com/pdfs/Wockhardt-Investor-Call-USFDA-Import-Alert-version-final.pdf (accessed December 3, 2018).

1부 지각변동

1장 더 먼 곳을 내다본 남자

1. 공장 부지에 대한 묘사는 2015년 11월에 취재차 방문했던 기억을 참고했다.
2. 란박시와 미국에서 성장한 과정에 관한 자세한 정보는 다음의 자료를 참고하라. Bhupesh Bhandari, *The Ranbaxy Story: The Rise of an Indian Multinational* (Delhi: Penguin Books India, 2005); *Legends Are Forever: The Story of Ranbaxy* (Ranbaxy Global Corporate Communications, 2015); P. Indu, *Ranbaxy's Globalization Strategies and Its Foray into the U.S.* (ICMR Center for Management Research, 2005).
3. 2001년, FDA는 《오렌지북Orange Book》에 제시되어 있는 것처럼 란박시의 의약품 신청서 17개를 승인했다. *Orange Book: Approved Drug Products with Therapeutic Equivalence Evaluations* (Rockville, MD: U.S. Department of Health and Human Services, Food and Drug Administration, Center for Drug Evaluation and Research, Office of Pharmaceutical Science, Office of Generic Drugs).
4. Ann M. Thayer, "30 Years of Generics", *Chemical and Engineering News*, September 29, 2014.
5. P. T. Vasudevan and D. S. Thakur, "Soluble and Immobilized Catalase", *Applied Biochemistry and Biotechnology*, 49, no. 3 (1994): 173-89, doi: 10.1007/bf02783056.

2장 골드러시

1. U.S. Department of Health and Human Services, Food and Drug Admini-

stration, "Abbreviated New Drug Application (ANDA)", updated May 17, 2018, https://www.fda.gov/Drugs/DevelopmentApprovalProcess/HowDrugsareDevelopedandApproved/ApprovalApplications/AbbreviatedNewDrugApplicationANDAGenerics/default.htm (accessed January 10, 2018).

2. John Simons, "The $10 Billion Pill", *Fortune*, January 20, 2003; Katherine Eban, "The War over Lipitor", *Fortune*, May 6, 2011.
3. Keith Webber, FDA CDER, letter to Scott D. Tomsky, Ranbaxy, November 30, 2011.
4. Abha Pant, Ranbaxy Laboratories Ltd., letter to Office of Generic Drugs, August 19, 2002, vi.
5. U.S. Food and Drug Administration, Center for Drug Evaluation and Research, *Approval Package for Application Number: ANDA 076477Orig1s000*, November 30, 2011, https://www.accessdata.fda.gov/drugsatfda_docs/anda/2011/076477Orig1s000.pdf (accessed May 24, 2018).
6. 화이자의 린가스키디에 대한 묘사는 2014년 8월에 취재차 방문했던 기억을 참고했다.
7. 화이자와 란박시의 소송에 관한 기록은 다음 자료에서 찾을 수 있다. Pfizer Inc. et al. v. Ranbaxy Laboratories Ltd., et al. (U.S. District Court for the District of Delaware, August 2, 2006), Pacer Case Locator Case 06-1179, https://ecf.ded.uscourts.gov/cgi-bin/HistDocQry.pl?363128528119674-L_1_0-1 (accessed May 23, 2018).
8. Aaron Smith, "Investors Biting Nails over Lipitor", *CNN Money*, August 2, 2005.
9. Nora Ephron, "Oh Haddad, Poor Haddad", *New York*, November 25, 1968.
10. Ronald Reagan, "Remarks on Signing the Drug Price Competition and Patent Term Restoration Act of 1984", September 24, 1984, Reagan Library, https://www.reaganlibrary.gov/research/speeches/92484b.
11. 이 문장은 다음 자료를 인용한 것이다. Herbert Burkholz, *The FDA Follies* (New York: Basic Books, 1994), 26. In an endnote, Burkholz attributes it to the personal communication of David W. Nelson, former chief investigator for the House Subcommittee on Oversight and Investigations for the

Committee on Energy and Commerce (personal communication).

12. 프로비질을 두고 벌어진 경쟁과 FDA 주차장에서의 기다림에 대한 이야기는 다음 소송을 참고했다. Federal Trade Commission v. Cephalon, Inc., Civil Action No. 2:08-cv-2141-MSG (U.S. District Court for the Eastern District of Pennsylvania, August 12, 2009), www.ftc.gov, https://www.ftc.gov/sites/default/files/documents/cases/2009/08/090812cephaloncmpt.pdf (accessed June 15, 2018).
13. U.S. Department of Health and Human Services, Food and Drug Administration, Center for Drug Evaluation and Research, Office of Generic Drugs, "Guidance for Industry: 180-Day Exclusivity When Multiple ANDAs Are Submitted on the Same Day", July 2003, 4.
14. *Legends Are Forever*, 54.
15. 몇 가지 자료가 이 장면을 재현하는 데 도움을 주었다. 란박시를 조사할 때, 말릭은 보카러톤에서 일어난 일을 FDA 범죄 수사관들에게 설명했다. 그들은 말릭이 2010년 2월 26일에 진술한 내용을 다음 자료에 상세히 기록했다. Rajiv Malik, "Memorandum of Interview", Food and Drug Administration, Office of Criminal Investigations, February 26, 2010. 란박시의 임원들은 소트레트 시험 결과를 〈소트레트-조사 보고서〉라는 제목의 네 장짜리 문서로 요약했다.
16. Jennifer Frey, "A Double Dose of Heartache", *Washington Post*, January 10, 2001. Frey chronicles the suicide of BJ, the son of Representative Bart Stupak, a Democrat from Michigan.

3장 부자를 위한 빈민가

1. 이 묘사는 하리아나의 인구조사국(Directorate of Census Operations)에서 발표한 2011년 전수조사 자료(2017년 12월에 검색함)와 다음 자료를 포함한 다수의 뉴스 기사를 참고했다. Vidhi Doshi, "Gurgaon: What Life Is Like in the Indian City Built by Private Companies", *Guardian*, July 4, 2016.
2. 구르가온과 메라울리 구르가온로, 란박시 래버러토리스, 구르가온 1단계에 있는 타쿠르의 첫 번째 집에 대한 관찰 내용은 2015년 1월 취재차 방문했던 기억을 참고했다.
3. Shalu Yadav, "India's Millennium City Gurgaon a 'Slum for the Rich'?" *BBC Hindi*, August 17, 2012.

4. "Cover Story: India's Best Managed Company", *Business Today*, March 13, 2005.
5. Celia W. Dugger, "Whatever Happened to Bill Clinton? He's Playing India", *New York Times*, April 5, 2001.
6. *Legends Are Forever*, 46.
7. Shankar Vedantam and Terence Chea, "Drug Firm Plays Defense in Anthrax Scare", *Washington Post*, October 20, 2001.
8. Manu Joseph, "Indian Cipro Copies Don't Pay Off", *Wired*, November 8, 2001.
9. Biman Mukherji, "No AIDS Progress without Affordable Medicine, Clinton Says in India", *Agence France-Presse*, November 21, 2003.
10. Randeep Ramesh, "Benign Buccaneer: Interview Brian Tempest, Chief Executive Designate of Ranbaxy", *Guardian*, March 27, 2004.
11. Rohit Deshpande, Sandra J. Sucher, and Laura Winig, "Cipla 2011", Case Study N9-511-050, Harvard Business School, May 3, 2011.
12. "Indian Officials Red-Faced after Clinton's Taj Mahal Bus Breaks Down", *Agence France Presse*, November 23, 2003.

4장 품질이라는 언어

1. The CFR Title 21 covering food and drugs can be found on the FDA website, https://www.accessdata.fda.gov/scripts/cdrh/cfdocs/cfcfr/cfrsearch.cfm (accessed June 15, 2018).
2. 이 장면은 인터뷰와 2차적 출처에 근거하여 재현되었다. 정보공개법에 근거하여 FDA에 주요 점검 자료를 요청했으나, FDA에 따르면 483 양식을 비롯해 에르난데스와 관련된 모든 자료가 2005년에 발생한 태풍 카트리나에 의해 파괴되었다.
3. 정보공개법에 따라 이 점검과 관련된 실태 조사 보고서와 483 양식을 FDA에 요청했지만, 서류 보관 일정에 따라 1994년 서면 제약 점검에 관한 기록을 없앤 후였다. 그래서 인터뷰와 2차적 출처에 근거하여 이 장면을 재현했다. 또한 서면 제약은 FDA의 AIP를 위한 기업 명단에 올라가 있다. 다음을 참고하라. U.S. Food and Drug Administration, "Application Integrity Policy—Application Integrity Policy List", updated

October 7, 2011, https://www.fda.gov/ICECI/EnforcementActions/ApplicationIntegrityPolicy/ucm134453.htm (accessed June 19, 2018).

4. Garnet E. Peck, "Historical Perspective", *Food Drug Cosmetic Journal*, August 1979.
5. Mona Nasser et al., "Ibn Sina's *Canon of Medicine*: 11th Century Rules for Assessing the Effects of Drugs", *Journal of the Royal Society of Medicine* 102, no. 2 (2009): 78-80, https://www.ncbi.nlm.nih.gov/pmc/articles/PMC2642865/ (accessed December 28, 2017).
6. Peter Cartwright, *Consumer Protection and the Criminal Law: Law, Theory, and Policy in the U.K.* (Cambridge: Cambridge University Press, 2001), 152, http://assets.cambridge.org/97805215/90808/frontmatter/9780521590808_frontmatter.pdf (accessed December 28, 2017).
7. Lembit Rägo and Budiono Santoso, "Drug Regulation: History, Present and Future", in *Drug Benefits and Risks: International Textbook of Clinical Pharmacology*, 2nd ed., rev., edited by C. J. von Boxtel, B. Santoso, and I. R. Edwards (Amsterdam: IOS Press and Uppsala Monitoring Centre, 2008), 65-77, http://www.who.int/medicines/technical_briefing/tbs/Drug_Regulation_History_Present_Future.pdf (accessed December 28, 2017).
8. The Authority of the Medical Societies and Colleges, *Pharmacopoeia of the United States of America* (Boston: Wells and Lilly, for Charles Ewer, 1820). See also Jeremy A. Greene, *Generic*: The Un*branding of Modern Medicine* (Baltimore: Johns Hopkins University Press, 2014), 27.
9. Friedrich Christian Accum, *A Treatise on Adulterations of Food, and Culinary Poisons. Exhibiting the Fraudulent Sophistications of Bread, Beer, Wine, Spiritous Liquors, Tea, Coffee, Cream, Confectionery, Vinegar, Mustard, Pepper, Cheese, Olive Oil, Pickles, and Other Articles Employed in Domestic Economy. And Methods of Detecting Them* (London: printed by J. Mallett, sold by Longman, Hurst, Rees, Orme, and Brown, 1820), https://trove.nla.gov.au/work/19480247?selectedversion=NBD4018878 (accessed December 28, 2017).

10. Dale A. Stirling, "Harvey W. Wiley", *Toxicological Sciences* 67, no. 2 (June 1, 2002): 157-58, https://academic.oup.com/toxsci/article/67/2/157/1635211 (accessed December 28, 2017).
11. National Endowment for the Humanities, Chronicling America, "The Washington Times, December 14, 1902, Page 14, Image 14", https://chroniclingamerica.loc.gov/lccn/sn84026749/1902-12-14/ed-1/seq-14/ (accessed December 28, 2017).
12. U.S. Food and Drug Administration, Center for Biologics Evaluation and Research, Office of Communication, Training, and Manufacturers Assistance, "The St. Louis Tragedy and Enactment of the 1902 Biologics Control Act", Commemorating 100 Years of Biologics Regulation.
13. Paul A. Offit, *The Cutter Incident: How America's First Polio Vaccine Led to the Growing Vaccine Crisis* (New Haven, CT: Yale University Press, 2007), 58.
14. Samuel Hopkins Adams, "The Great American Fraud", *Collier's Weekly*, October 7, 1905, https://books.google.com/books?id=fd_S2Van52EC&printsec=frontcover&source=gbs_ge_summary_r&cad=0#v=onepage&q&f=false (accessed December 28, 2017).
15. U.S. Food and Drug Administration, Center for Biologics Evaluation and Research, "The American Chamber of Horrors", Histories of Product Regulation.
16. Carol Ballentine, "Sulfanilamide Disaster", *FDA Consumer*, June 1981.
17. John P. Swann, "The 1941 Sulfathiazole Disaster and the Birth of Good Manufacturing Practices", *PDA Journal of Pharmaceutical Science and Technology* 53, no. 3 (May/June 1999): 148-53, https://www.ncbi.nlm.nih.gov/pubmed/10754705 (accessed December 28, 2017).
18. Dale E. Cooper, "Adequate Controls for New Drugs", *Pharmacy in History* 44, no. 1 (2002); John P. Swann, "The 1941 Sulfathiazole Disaster and the Birth of Good Manufacturing Practices", *Pharmacy in History* 40, no. 1 (1999).
19. Linda Bren, "Frances Oldham Kelsey: FDA Medical Reviewer Leaves Her Mark on History", U.S. Food and Drug Administration, *FDA Consumer*

(March/April 2001), http://web.archive.org/web/20061020043712/http:/www.fda.gov/fdac/features/2001/201_kelsey.html (accessed December 28, 2017).

20. Cornelius D. Crowley, "Current Good Manufacturing Practices", *Food and Drug Law Journal* (March 1996).
21. Cooper, "Adequate Controls for New Drugs".
22. *Federal Register* (June 20, 1963): 6385-87.
23. Seymore B. Jeffries, "Current Good Manufacturing Practices Compliance—A Review of the Problems and an Approach to Their Management", *Food and Drug Law Journal* (December 1968).
24. Pew Charitable Trust, Pew Health Group, "After Heparin: Protecting Consumers from the Risks of Substandard and Counterfeit Drugs", July 12, 2011.
25. FDA는 서면 질의에 이렇게 답했다. "점검을 사전 고지하는 이유는 여러 가지인데, 그 중 하나는 점검 기간에 사측으로부터 적절한 인력을 제공받기 위해서다."

5장 적색경보

1. Christopher King, "Management Development Report: Dinesh Thakur", Kelly & King, August 3, 2004.
2. World Health Organization, "Inspection Report", Vimta Labs, Hyderabad, India, July 26-27, 2004.

2부 인도가 부상하다

6장 자유의 투사들

1. K. A. 하미드의 삶과 관련된 자세한 내용은 대부분 그의 자서전에서 가져왔다. K. A. Hamied, *A Life to Remember* (Bombay: Lalvani Publishing House, 1972).
2. K. A. Hamied, "Oral History Reminisces of India's History Freedom Struggle from 1913 Onwards", interview by Uma Shanker, Centre of South Asian Studies, January 13, 1970.
3. Peter Church, *Added Value: 30 of India's Top Business Leaders Share Their*

Inspirational Life Stories (New Delhi: Roli Books Pvt., 2010), 85.

4. Hamied, *A Life to Remember*, 111.
5. Ibid., 240.
6. Y. K. Hamied, "Indian Pharma Industry: Decades of Struggle and Achievement", address on the occasion of Dr. A. V. Rama Rao's seventieth birthday, Hyderabad, April 2, 2005.
7. Deshpande, Sucher, and Winig, "Cipla 2011", 2.
8. Ibid.
9. 바이 모한과 란박시의 초기 역사는 다음 자료를 참고했다. Bhandari, *The Ranbaxy Story*; and *Legends Are Forever*.
10. Bhandari, *The Ranbaxy Story*, 29.
11. Ibid.
12. Ibid., 40.
13. Ibid., 47.
14. Ibid., 51.
15. *Legends Are Forever*, 52.
16. Ibid., 45.
17. Margalit Fox, "Agnes Varis, 81, Founder of Drug Company", *New York Times*, August 3, 2011.
18. Bhandari, *The Ranbaxy Story*, 90.
19. 싱 가문의 경쟁 구도에 대해 더 자세히 알고 싶다면 앞에 언급한 책의 90-107쪽이나 다음 자료를 참고하라. Shyamal Majudal, "The Ranbaxy Clash", in Majudal, *Business Battles: Family Feuds That Changed Indian Industry* (New Delhi: Business Standard Books, 2014).
20. Bhandari, *The Ranbaxy Story*, 111.
21. Majudal, "The Ranbaxy Clash".
22. Bhandari, *The Ranbaxy Story*, 143-51.

7장 하루에 1달러

1. Donald G. McNeil Jr., "Selling Cheap 'Generic' Drugs, India's Copycats Irk

Industry", *New York Times*, December 1, 2000.

2. 많은 자료에서 유수프 박사가 에이즈의 확산을 막기 위해 기울였던 노력에 대해 찾아 볼 수 있다. 몇 가지 유용한 자료는 다음과 같다. Michael Specter, "India's Plague: Are Cheap Drugs Really the Answer to AIDS?", *The New Yorker*, December 17, 2001; *Fire in the Blood: Medicine, Monopoly, Malice*, documentary film directed by Dylan Mohan Gray, 2013.
3. Deshpande, Sucher, and Winig, "Cipla 2011", exhibit 1, AIDS timelines.
4. Bob Drogin, "Bombay: Epicenter of Disaster", *Los Angeles Times*, November 26, 1992.
5. Mark Schoofs, "The Agony of Africa", *Village Voice*, November/December 1999, http://www.pulitzer.org/winners/mark-schoofs (accessed May 25, 2018). See also UNAIDS Joint United Nations Programme on HIV/AIDS, "AIDS Epidemic Update: December 1998", December 1998, http://data.unaids.org/publications/irc-pub06/epiupdate98_en.pdf (accessed December 8, 2018).
6. Neil Darbyshire, "Land Where Only Coffin Makers Thrive", *Telegraph*, June 24, 2002.
7. Joint United Nations Programme on HIV/AIDS (UNAIDS), *AIDS in Africa: Three Scenarios to 2025*, January 2005, http://www.unaids.org/sites/default/files/media_asset/jc1058-aidsinafrica_en_1.pdf (accessed December 8, 2018).
8. Peter Church, *Added Value: 30 of India's Top Business Leaders Share Their Inspirational Life Stories* (New Delhi: Roli Books Pvt., 2010), 92.
9. Helene Cooper, Rachel Zimmerman, and Laurie McGinley, "AIDS Epidemic Puts Drug Firms in a Vise: Treatment vs. Profits", *Wall Street Journal*, March 2, 2001, https://www.wsj.com/articles/SB983487988418159849 (accessed May 25, 2018); see also Deshpande, Sucher, and Winig, "Cipla 2011", 5.
10. Y. K. Hamied, speech at the Round Table Conference, European Commission, Brussels, September 28, 2000. 또한 이 장면은 다음의 자료도 참고했다. Specter, "India's Plague".
11. McNeil, "Selling Cheap 'Generic' Drugs, India's Copycats Irk Industry".
12. R. Bendick et al., "The 26 January 2001 'Republic Day' Earthquake, India",

Seismological Research Letters 72, no. 3 (May/June 2001): 328-35, doi:10.1785/gssrl.72.3.328 (accessed June 15, 2018).

13. David Remnick, "The Wanderer: David Remnick, "The Wanderer: Bill Clinton's Quest to Save the World, Reclaim His Legacy—and Elect His Wife", *The New Yorker*, September 18, 2006.

14 Donald G. McNeil Jr., "Indian Company Offers to Supply AIDS Drugs at Low Cost in Africa", *New York Times*, February 7, 2001.

15. Cooper, Zimmerman, and McGinley, "AIDS Epidemic Puts Drug Firms in a Vise".

16. Neelam Raj, "Cipla: Patients before Patents", in *The Politics of the Pharmaceutical Industry and Access to Medicines*, edited by Hans Löfgren (New York: Routledge/Social Science Press, 2018).

17. Deshpande, Sucher, and Winig, "Cipla 2011", 6.

18. Adele Baleta, "Drug Firms Take South Africa's Government to Court", *The Lancet* 357, no. 9258 (March 10, 2001), doi:10.1016/S0140-6736(00)04158-1 (accessed June 15, 2018).

19. Celia W. Dugger, "Clinton Makes Up for Lost Time in Battling AIDS", *New York Times*, August 29, 2006, https://www.nytimes.com/2006/08/29/health/29clinton.html (accessed June 15, 2018).

20. Ethan B. Kapstein and Joshua W. Busby, *AIDS Drugs for All: Social Movements and Market Transformations* (Cambridge: Cambridge University Press, 2013), 138.

21. John W. Dietrich, "The Politics of PEPFAR: The President's Emergency Plan for AIDS Relief", *Ethics and International Affairs* 21, no. 3 (Fall 2007): 277-93.

22. Senators John McCain, Russell D. Feingold, Ted Kennedy, Lincoln Chafee, Olympia Snowe, and Dick Durbin, letter to the Honorable George W. Bush, March 26, 2004.

23. "Appendix VI: Generic HIV/AIDS Formulations Made Eligible for Purchase by PEPFAR Programs under the HHS/FDA Expedited Review Process,

through December 10, 2006", United States President's Emergency Plan for AIDS Relief, 2006, https://www.pepfar.gov/press/82131.htm (accessed June 21, 2018); *The Power of Partnerships: The United States President's Emergency Plan for AIDS Relief: Third Annual Report to Congress on PEPFAR*, 2007, https://www.pepfar.gov/documents/organization/81019.pdf (accessed June 19, 2018).

8장 영리한 작업 방식

1. 정보부(MOI)에 따르면 말릭과 그의 란박시 팀은 오스트리아 빈의 제네릭 의약품 기업 산도스에 채용되어 2년 동안 일했다.
2. Rajiv Malik, "Memorandum of Interview", Food and Drug Administration, Office of Criminal Investigations, February 26, 2010. 정보부에 따르면 "말릭은 보카러톤 회의 후 인도행 비행기 안에서 사직서를 썼다고 설명했다. 그는 2003년 6월 1일에 사직서를 제출했지만 약 두 달을 더 머물렀다".
3. 마셀카르 박사는 인도의 과학 산업 연구 위원회(Council of Scientific and Industrial Research)의 위원장을 역임했다. 그는 영향력 있는 잡지를 통해 간디식 혁신이라는 개념의 개요를 설명했다. R. A. Mashelkar and C. K. Prahalad, "Innovation's Holy Grail", *Harvard Business Review* (July/August 2010), https://hbr.org/2010/07/innovations-holy-grail (accessed January 10, 2018).
4. 인도의 제네릭 의약품을 선도하는 제조업체들은 우수한 의약품을 만들 수 있지만 브랜드 의약품과 비슷한 제품을 만들어야 한다는 규정 때문에 제약을 받는다고 주장했다. 시플라의 유수프 박사는 세계 최고 수준의 화학자들을 데리고 있으면서도 "브랜드 의약품만큼 질 낮은 제품을 만들어야 한다"라고 말했다.
5. 마일란의 초창기 역사에 관한 이야기는 다음 자료를 참고했다. John T. Seaman and John T. Landry, *Mylan: 50 Years of Unconventional Success: Making Quality Medicine Affordable and Accessible* (Canonsburg, PA: Mylan, 2011).
6. Ibid., 65.
7. Ibid., 114.
8. Carolyn Y. Johnson, "FDA Shames Drug Companies Suspected of Abusive Tactics to Slow Competition", *Washington Post*, May 18, 2018, http://www.

highbeam.com/doc/1P4-2040528829.html?refid=easy_hf (accessed November 12, 2018).

9. Sam H. Haidar, Barbara Davit, Mei-Ling Chen, Dale Conner, Laiming Lee, Qian H. Li, Robert Lionberger, Fairouz Makhlouf, Devvrat Patel, Donald J. Schuirmann, and Lawrence X. Yu, "Bioequivalence Approaches for Highly Variable Drugs and Drug Products", *Pharmaceutical Research* 25, no. 1 (2007): 237-41, doi:10.1007/s11095-007-9434-x. FDA의 생물학적 동등성 기준에 대해 더 자세히 알고 싶다면 다음의 자료를 참고하라. "Preface", in *Orange Book*; Lynda S. Welage, Duane M. Kirking, Frank J. Ascione, and Caroline A. Gaither, "Understanding the Scientific Issues Embedded in the Generic Drug Approval Process", *Journal of the American Pharmaceutical Association* 41, no. 6 (2001): 856-67, doi:10.1016/s1086-5802(16)31327-4.

10. FDA는 1992년에 생물학적 동등성의 핵심 개념을 개괄한 지침서를 발표했다. "Statistical Procedures for Bioequivalence Studies Using a Standard Two Treatment Cross-over Design" (Washington, DC: FDA, Center for Drug Evaluation and Research, 1992). 지침서는 AUC와 Cmax를 비롯한 약물동태를 측정하고 그것을 통계적으로 분석할 것을 권고했다. 또한 평균 비율은 90퍼센트의 신뢰 구간으로 계산하고, 신뢰 구간은 생물학적 동등성의 80-125퍼센트 이내로 설정하라고 제안했다. FDA는 이 접근법을 '평균 생물학적 동등성(average bioequivalence)'으로 간주했다. 하지만 생물학적 동등성에 관한 논쟁은 Robert Schall의 "Bioequivalence: Tried and Tested" (*Cardiovascular Journal of Africa* 21, no. 2 [April 2010]: 69-70)에 기록된 것처럼 1992년의 지침서로는 사그라지지 않았는데, 이것은 FDA가 지침서를 발표했을 당시 생물통계학자 샤론 앤더슨(Sharon Anderson)과 월터 W. 호크(Walter W. Hauk)가 "생물학적으로 동등하다"고 여겨지는 의약품이 각 환자에게 동일한 방식으로 작용하는지 여부와 의약품의 종류를 바꿔서 복용한 환자들에게 미치는 영향에 대해 새로운 의문을 제기했기 때문이다. "개별적인 생물학적 동등성"이라고 부르는 이 개념은 연구와 논쟁의 새로운 영역이 되었다. 하지만 개별적인 생물학적 동등성이라는 새로운 개념이 타당한 우려인지, 아니면 불필요한 사전 조치인지에 관해서는 여전히 의혹이 남아 있다. 샬(Schall)을 비롯한 비평가들에 따르면, FDA는 기본적으로 2003년 지침서의 개념을 무시하고 평균 생물학적 동등성에 관한 1992년 정의를 되풀이하여 사

용했다. 참고 자료는 다음과 같다. "Guidance for Industry: Bioavailability and Bioequivalence Studies for Orally Administered Drug Products: General Considerations" (Washington DC: FDA, Center for Drug Evaluation and Research, March 2003).

11. Natasha Singer, "J&J Unit Recalls Epilepsy Drug", *New York Times*, April 14, 2011, https://prescriptions.blogs.nytimes.com/2011/04/14/j-j-unit-recalls-epilepsy-drug/ (accessed July 16, 2018).
12. Seaman and Landry, *Mylan*, 121.

9장 임무 배정

1. 타쿠르와 아룬의 만남에 관한 자세한 내용은 타쿠르가 란박시를 퇴사하고 1년 후부터 작성한 글을 일부 참고했다. 2013년 5월에 아룬은 타쿠르가 아니라 회사와 정보를 공유했다고 주장했다. 그리고 경영진은 불법행위에 대해 몰랐기 때문에 조사에 착수한 것이라고 단언했다. 그는 최근의 접촉 시도에는 응하지 않았다. 아룬이 검토와 보고서 작성을 위해 정보를 공유했다는 타쿠르의 이야기는 라진데르 쿠마르가 FDA 범죄 수사국의 수사관들과 인터뷰한 내용에서도 확인할 수 있다. "쿠마르가 인허가팀 팀장 아룬에게 항레트로바이러스 약물(ARVs) 외에 폭로된 란박시 제품이 있느냐고 묻자 아룬은 지체 없이 "그렇다"고 대답했다. 쿠마르는 아룬과 타쿠르에게 ARV 제품에서 발견된 문제들의 위험성을 평가하고 요약해서 가져오라고 지시했다." Rajinder Kumar, "Food and Drug Administration Office of Criminal Investigations, Memorandum of Interview", April 10, 2007.
2. "Ex-Bristol-Myers Execs Plead Not Guilty", Associated Press, June 22, 2005. 검찰측은 2010년 4월 전문가 증인의 증언을 제한한다는 법원 판결 이후 두 남성에 대한 형사소송을 취하했다. 이 사건은 2012년에 두 남성이 미 증권 거래 위원회와 합의하면서 종결되었다. Richard Vanderford, "Ex-Bristol Myers Exec Settles SEC Profit Inflation Suit", *Law 360*, April 2, 2012.
3. 타쿠르가 준비한 열 장 분량의 스프레드시트는 란박시가 발표한 포트폴리오로 알려지게 되었다.
4. 2004년 10월 14일, 타쿠르가 준비하고 쿠마르가 이사회 소위원회에 발표한 파워포인트 프레젠테이션은 란박시 임원들에게 자기 평가보고서 또는 SAR로 알려졌다. 그것

은 2009년 11월 17일 검찰측이 란박시의 변호사들에게 보여준 미국 vs. 란박시(사건)와 관련된 파워포인트 프레젠테이션에도 등장했다. 또한 쿠마르 박사는 다음의 자료에서처럼 FDA 수사관들에게 이사회에서 벌어졌던 상황에 대해 설명했다. Rajinder Kumar, "Food and Drug Administration Office of Criminal Investigations, Memorandum of Interview", April 10, 2007.

5. 쿠마르의 인터뷰 기록에는 이렇게 적혀 있다. "템페스트는 프레젠테이션 복사본을 가진 사람들에게 그것을 전부 파기하라고 지시했다. 그는 프레젠테이션을 작성하는 데 사용한 컴퓨터도 부수라고 지시했다."

3부 쫓고 쫓기는 일

10장 국제적 은폐

1. Ramesh Adige, "Clinton Library Dedication", *Ranbaxy World: A Bi-Annual External Newsletter of Ranbaxy* (August 2005): 9. 기부 금액은 클린턴 재단의 웹사이트에 정리된 목록에서 가져온 것이다. https://www.clintonfoundation.org/contributors를 참고하라.
2. *Ranbaxy World*, 2, 18.
3. Amberish K. Diwanji (deputy managing editor), "The Rediff Interview/Malvinder Singh, President, Ranbaxy", *Rediff*, November 25, 2004, http://www.rediff.com/money/2004/nov/25inter.htm (accessed May 29, 2018).
4. Food and Drug Administration, "Drug Manufacturing Inspections Program (Foreign cGMP Pilot Protocol)", compliance program circular, October 1, 2006.
5. Raksha Kumar, "Planned 'Pharma City' to Pump Out Cheap Indian Drugs Is Making Indian Villagers Sick with Anger", *South China Morning Post*, February 17, 2018, https://www.scmp.com/week-asia/business/article/2133347/planned-pharma-city-pump-out-cheap-indian-drugs-making-villagers (accessed September 21, 2018).
6. U.S. Government Accountability Office, "Food and Drug Administration: Improvements Needed in the Foreign Drug Inspection Program", GAO/

HEHS-98-21 (Washington, DC: GAO, March 17, 1988).

7. FDA, "Establishment Inspection Report", Ranbaxy Laboratories Ltd., Paonta Sahib, India, December 17-21, 2004.
8. Stein Mitchell & Muse LLP, "Unregistered Use of 4°C Refrigerators to Conceal Drug Defects", February 21, 2011. 타쿠르의 변호사들이 란박시와 소송을 진행하면서 준비한 보고서에는 이렇게 적혀 있다. "그들은 1,800리터 용량의 써모랩 안정성 냉장고를 2004년 2월에 구입하여 2004년 5월 1일에 설치했고 2004년 5월 5일부터 가동시켰다."

11장 세계지도

1. Rajinder Kumar, "Food and Drug Administration Office of Criminal Investigations, Memorandum of Interview", April 10, 2007. 쿠마르 박사와의 인터뷰에서 FDA 수사관들은 다음과 같이 언급했다. "템페스트는 쿠마르에게 바르바이야가 란박시의 사기 행각을 세상에 공개하겠다고 협박하여 100만 달러 이상의 보상금을 받아냈다고 말했다."
2. V. K. Raghunathan, "Indian Engineer Killed for Exposing Graft", *Straits Times*, December 12, 2003.
3. "Malvinder Singh", "PEPFAR & ARVs", email to Randall Tobias, Mark Dybul, and Adriaan J. Van Zyl, August 15, 2005.
4. "Malvinder Singh", "Fwd: Pepfar & ARVs", email to Gary Buehler, Jane Axelrad, David Horowitz, Joseph Famulare, Steven Galson, Warren Rumble, and Robert West, August 17, 2005.
5. "Malvinder Singh", "Re: Fwd: PEPFAR & ARVs", email to FDA commissioner Lester Crawford, August 29, 2005.
6. "Malvinder Singh", "RE: PEPFAR & ARVs", email to Edwin Rivera-Martinez, September 9, 2005.
7. U.S. Department of Health and Human Services, Food and Drug Administration, Branch Chief, Investigations and Preapproval Compliance Branch, HFD-322, "Request for 'For Cause' Investigation FACTS #678634", memorandum sent to Director, Division of Field Investigations, HFC-130,

October 7, 2005.

12장 제약 업계의 파라오

1. 말빈데르의 유년 시절과 그의 가족사에 관한 이야기는 Bhandari의 *The Ranbaxy Story*를 참고했다.
2. 말빈데르의 경영 방식, 생활양식, 개인적 취향에 대한 서술은 그와 그의 형제를 다룬 수많은 인도 매체를 참고했다. "The Rediff Interview/Malvinder Singh, President, Ranbaxy"; Archna Shukla, "Ranbaxy Revs Up", *Business Today*, September 10, 2006, http://archives.digitaltoday.in/businesstoday/20060910/cover1.html (accessed June 8, 2018); Moinak Mitra and Bhanu Pande, "Ranbaxy's Singhs Ready to Build Empire", *Economic Times*, April 17, 2009, https://economictimes.indiatimes.com/magazines/corporate-dossier/ranbaxys-singhs-ready-to-build-empire/articleshow/4412356.cms (accessed June 8, 2018).
3. Joe Mathew, "Newsmaker: Malvinder Mohan Singh: Pharaoh of Pharma", *Business Standard*, January 12, 2007, https://www.business-standard.com/article/beyond-business/newsmaker-malvinder-mohan-singh-107011201042_1.html (accessed June 6, 2018).
4. Naazneen Karmali, "India's 40 Richest", *Forbes*, December 10, 2004, https://www.forbes.com/2004/12/08/04indialand.html#629040502bae (accessed June 15, 2018); Naazneen Karmali, "India's 40 Richest", *Forbes*, December 15, 2005, https://www.forbes.com/2005/12/15/india-richest-40_05india_land.html#5fa54b954faf (accessed June 15, 2018).
5. Katherine Eban, "Dirty Medicine", *Fortune*, May 15, 2013.
6. Archna Shukla, "Cars the Super Rich Drive", *Business Today*, October 22, 2006.
7. John Manuel, "Singhing the Same Tune", *Exchange* (Summer 2001): 34-35.
8. 파온타 사히브에서 시행된 점검의 전체 목록은 FDAzilla의 웹사이트 https://fdazilla.com/에서 확인할 수 있다.
9. FDA, "Establishment Inspection Report", Ranbaxy Laboratories Ltd., Paonta

Sahib, Simour District, India, February 20-25, 2006.

10. "Re: Ranbaxy's Responses to Food and Drug Administration (FDA) Warning Letter of June 15, 2006." Alok Ghosh, Vice President, Global Quality, to Mr. Nicholas Buhay, Acting Director, Division of Manufacturing and Product Quality, August 29, 2006.
11. Nicholas Buhay, Acting Director, Division of Manufacturing and Product Quality, CDER, FDA, U.S. Department of Health and Human Services, "Warning Letter" to Ramesh Parekh, Vice President, Manufacturing, Ranbaxy Laboratories Ltd., June 1, 2006, 4.
12. FDA, "Establishment Inspection Report", Ranbaxy Laboratories Ltd., Dewas, India, February 27-March 2, 2006.
13. Ibid., 21.

4부 소송

13장 그림자 밖으로

1. "Malvinder Singh", "Re: Information Meeting", email to Debbie Robertson, September 19, 2006.
2. 이 장면은 2006년 11월 29일에 작성된 란박시와 FDA의 회의록을 참고하여 재현했다.
3. U.S. Department of Health and Human Services, FDA, Karen Takahashi, Consumer Safety Officer, HFD-325, "Request for 'For Cause' Assignment FACTS #792363, Firm: Ranbaxy Laboratories, Ltd., Paonta Sahib, Himachal Pradesh, India FEI: 3002807978", to Rebecca Hackett, Branch Chief, HFC-130, January 16, 2007.
4. FDA, "Establishment Inspection Report", Ranbaxy Laboratories Ltd., Paonta Sahib, India, January 26-February 1, 2007.

14장 'FDA에 제출하지 말 것'

1. Patricia Van Arnum, "Ranbaxy Comments on Merck KGaA Generics Rumors, Confirms Federal Raid in NJ", *PharmTech*, February 15, 2007, http://

www.pharmtech.com/ranbaxy-comments-merck-kgaa-generics-rumors-confirms-federal-raid-nj (accessed September 21, 2018).

2. Ranbaxy, "Sotret—Investigation Report" (four-page internal document).
3. Cynthia Cooper, *Extraordinary Circumstances: The Journey of a Corporate Whistleblower* (Hoboken, NJ: Wiley, 2009), 281.
4. Saundra Torry, "Lewinsky Legal Team Brings Credibility", *Washington Post*, June 4, 1998.
5. Henry Scammell, *Giantkillers: The Team and the Law That Help Whistle-Blowers Recover America's Stolen Billions* (New York: Atlantic Monthly Press, 2004), 36.
6. Eric Wuestewald, "Timeline: The Long, Expensive History of Defense Rip-offs", *Mother Jones*, December 18, 2013, https://www.motherjones.com/politics/2013/12/defense-military-waste-cost-timeline/ (accessed September 21, 2018).

15장 '얼마나 큰 문제일까?'

1. FDA의 홍보 지원팀에 연례 보고서를 주기적으로 검토하는지 묻자 이렇게 답변했다. "적절하게 검토하고 있습니다."
2. Pew Charitable Trust, "After Heparin: Protecting Consumers from the Risks of Substandard and Counterfeit Drugs", July 12, 2011.
3. 란박시가 2008년 2월 12일에 수사관들이 483 양식을 통해 제기한 문제들을 처리하지 못하고 7개월이 지나자 FDA는 다음과 같은 경고장을 발부했다. "모든 시정 조치가 완료되고 FDA가 귀사의 cGMPs 준수 여부를 확인할 수 있을 때까지 완제 의약품 및 유효 성분의 제조 시설에 귀사를 포함시키는 신청서나 추가 자료는 승인하지 않도록 권고할 것이다." Richard L. Friedman, Division of Manufacturing and Product Quality, Office of Compliance, Center for Drug Evaluation and Research, Silver Spring, MD, to Mr. Malvinder Singh, "Warning Letter 320-08-03", September 16, 2008.
4. Jean C. Horton, Acting Director, Office of Acquisition and Assistance, USAID, "Re: Show Cause", letter to Venkat Krishnan, Vice President and

Regional Director, Ranbaxy Laboratories Inc., December 12, 2007.

5. FDA, "Establishment Inspection Report", Ranbaxy Laboratories Ltd., Paonta Sahib, Himachal Pradesh State, India, March 3-7, 2008.
6. Ibid., 44.
7. Dr. T. G. Chandrashekhar, "Re: Ranbaxy's Responses to Food and Drug Administration (FDA) Form 483 Observations of Batamandi during Inspection Conducted March 3-7, 2008", letter to John M. Dietrick, May 1, 2008.

16장 다이아몬드와 루비

1. Archna Shukla, "Like Father Like Son", *Business Today*, August 13, 2006.
2. "Corporate Profile—Finding a Cure for Ranbaxy's Ills", *AsiaMoney*, March 1, 2006.
3. Vidya Krishnan, "Private Practice: How Naresh Trehan Became One of India's Most Influential DoctorBusinessmen", *The Caravan—A Journal of Politics and Culture*, February 1, 2015.
4. Daiichi Sankyo, "Ranbaxy to Bring in Daiichi Sankyo as Majority Partner; Strategic Combination Creates Innovator and Generic Pharma Powerhouse", news release, June 11, 2008, https://www.daiichisankyo.com/media_investors/media_relations/press_releases/detail/005635.html (accessed June 15, 2018).
5. Eiichiro Shimoda, "Daiichi Sankyo Targets Generics", *Nikkei Weekly*, June 16, 2008.
6. 한 진술서에서 말빈데르는 다이이찌산쿄를 속이지 않았다고 단언했다. "다이이찌산쿄(다이이찌)에 정보를 와전하거나 은폐하지 않았다. U.S. FDA와 DOJ의 수사에 관한 내용은 모두 공개되어 있었고 다이이찌에도 알렸기 때문이다." 그는 오히려 란박시를 제대로 운영하지 못했다며 그 일본 기업을 탓했다. "란박시에 대한 지배권을 획득하고 3년 이상 지난 후 다이이찌가 제기한 모든 주장은 약 10개월 동안 진행된 실사에 따르면 거짓이고, 다이이찌의 감독하에 제조된 아토르바스타틴(리피토의 제네릭 버전)에서 복용하기에 안전하지 않은 유리 조각이 발견되어 제품을 회수하면서 발생한 손실을 뒤늦게 정

당화하려는 속셈에 불과하다." (흥미롭게도 아토르바스타틴은 다이이찌가 중재 소송을 제기한 2012년 11월에 회수되었다.)

7. Eban, "Dirty Medicine".
8. United States of America v. Ranbaxy Inc., and Parexel Consulting, Motion to Enforce Subpoenas and Points and Authorities (U.S. District Court for the District of Maryland, Southern Division, July 3, 2008).
9. FDA 승인을 받은 의약품 관련 개요서 《오렌지북》에 따르면, FDA는 란박시가 2005년 8월부터 2008년 8월까지 제출한 다양한 제형의 의약품 11종을 포함한 ANDA 27건을 승인했다.

17장 '이해를 못 하시는군요'

1. United States of America v. Ranbaxy Inc., and Parexel Consulting, Motion to Enforce Subpoenas and Points and Authorities (U.S. District Court for the District of Maryland, Southern Division, July 3, 2008).
2. Eban, "Dirty Medicine".
3. "FDA Issues Warning Letters to Ranbaxy Laboratories Ltd., and an Import Alert for Drugs from Two Ranbaxy Plants in India", *FDA News*, news release, September 16, 2008.
4. FTS-HHS FDA, "Transcript of Media Briefing on Ranbaxy Labs", news release, September 17, 2008.
5. 한 진술서에서 오터는 자신의 발언이 FDA 내부에 분노를 촉발했다는 이야기에 이렇게 답했다. "FDA 내에서 내 발언이 오해를 불러오거나 FDA가 애써 준비하던 란박시 사건에 해를 끼친다고 말하는 사람은 없었다. 그랬다면 분명 철저히 고려되고 다루어졌을 것이다."
6. Saundra Young, "FDA Says India Plant Falsified Generic Drug Data", CNN, February 25, 2009, http://edition.cnn.com/2009/HEALTH/02/25/fda.india.generic.drugs/index.html (accessed June 11, 2018).
7. 한 대변인의 진술서에서 라베쉬 삼타니는 이렇게 말했다. "변호사와 의뢰인의 비밀 유지 특권 때문에 아무것도 말할 수 없지만, 내가 다이이찌와 공유한 모든 자료는 그러한 특권을 보호하는 차원에서 작성되었다는 것은 말할 수 있다. 나는 다이이찌가 운영하

는 란박시를 대신하여 FDA와 DOJ의 문제를 해결하고 나서, 2014년에 새로운 사업을 시작하기 위해 떠나기로 결정했고 우네 박사와는 여전히 좋은 관계를 유지하고 있다."

5부 어둠 속의 탐정들

18장 의회가 깨어나다

1. "Guilty Plea in Drug Case", *New York Times*, May 26, 1989, https://www.nytimes.com/1989/05/26/business/guilty-plea-in-drug-case.html (accessed May 21, 2018).
2. Milt Freudenheim, "Exposing the FDA", *New York Times*, September 10, 1989.
3. Edmund L. Andrews, "A Scandal Raises Serious Questions at the FDA", *New York Times*, August 13, 1989.
4. Malcolm Gladwell and Paul Valentine, "FDA Battles for Authority amid Generic-Drug Scandal", *Washington Post*, August 16, 1989, https://www.washingtonpost.com/archive/politics/1989/08/16/fda-battles-for-authority-amid-generic-drug-scandal/54ef2d8b-4a9d-45b0-851a-4446d139137e/noredirect=on&utm_term=.33b423bb01c7 (accessed July 31, 2018).
5. William C. Cray and C. Joseph Stetler, *Patients in Peril? The Stunning Generic Drug Scandal* (n.p., 1991), 113.
6. 다음을 참고하라. Cray and Stetler, *Patients in Peril?*
7. Seaman and Landry, *Mylan*, 62.
8. "Founder of Generic Drug Firm Fined, Gets Jail Term in Bribery", *Los Angeles Times*, September 15, 1989, http://articles.latimes.com/1989-09-15/news/mn-183_1_generic-drug (accessed May 21, 2018).
9. 검찰의 수사망에 마침내 FDA 제네릭 의약품부 부장 사이페가 걸려들었다. 그는 호의와 솔직함으로 수사관들을 대했지만, 〈워싱턴 포스트〉가 지어준 "점심 문제(lunch problem)"라는 별명을 가지고 있었다. 그는 주기적으로 기업 임원들과 점심 식사를 했는데, 식사를 하는 동안 임원들이 그에게 로비를 하고 식사비를 계산했다. 그는 그 습관 때문에 거의 10년 전에도 질책을 당했다. 스캔들이 한창일 때 그는 더 이상 점심 식

사를 하지 않는다는 거짓 주장이 담긴 진술서에 서명했다. 1990년에 사이페는 두 건의 위증죄로 징역 10개월을 선고받고 텍사스 교도소에 수감되었다. 거기서 발에 맞지 않는 신발을 제공받았는데, 당뇨를 앓고 있어 발 부위가 쉽게 감염되었다. 교도소 당국이 병원에 데려갔지만 한쪽 무릎을 절단해야 했다. Phil McCombs, "The Bungled Punishment of Prisoner Seife", *Washington Post*, April 3, 1992.

10. Joe Graedon and Teresa Graedon, "Generic Drugs Still a Good Buy", *Buffalo News*, September 13, 1989, http://buffalonews.com/1989/09/13/generic-drugs-still-a-good-buy/ (accessed May 21, 2018).
11. Pew Health Group, Pew Charitable Trusts, "After Heparin: Protecting Consumers from the Risks of Substandard and Counterfeit Drugs", white paper, July 12, 2011.
12. FDA와 의회의 긴장감 있는 관계를 묘사한 장면들은 다음의 의회 청문회 기록을 바탕으로 재현했다. Janet Woodcock and Deborah Autor, "The Heparin Disaster: Chinese Counterfeits and American Failures", testimony before a hearing of U.S. House of Representatives Committee on Energy and Commerce, Subcommittee on Oversight and Investigations, April 29, 2008; William Hubbard,"FDA'S Foreign Drug Inspection Program: Weaknesses Place Americans at Risk", testimony before hearing of U.S. House of Representatives Committee on Energy and Commerce, Subcommittee on Oversight and Investigations, April 22, 2008.
13. Cheryl A. Thompson, "FDA Admits to Lacking Control over Counterfeit Drug Imports", *Health-System Pharmacists News* (American Society of Health-System Pharmacists), June 9, 2000.
14. Beth Miller, "Drama in the Dialysis Unit", *Outlook* (Office of Medical Public Affairs, Washington University in St. Louis) (Spring 2009), https://core.ac.uk/download/pdf/70380372.pdf (accessed May 28, 2018).
15. Marc Kaufman, "FDA Says It Approved the Wrong Drug Plant", *Washington Post*, February 19, 2008.
16. Richard L. Friedman, Public Health Service, FDA, "Warning Letter" to Dr. Van Wang, WL: 320-08-01, April 21, 2008.

17. Amanda Gardner, "Researchers Identify Contaminant in Tainted Heparin", *Washington Post*, April 23, 2008.
18. FDA, "Postmarket Drug Safety Information for Patients and Providers—Information on Heparin", last updated November 1, 2018, https://www.fda.gov/Drugs/DrugSafety/PostmarketDrugSafetyInformationforPatientsandProviders/default.htm.
19. Suketu Mehta, *Maximum City: Bombay Lost and Found* (New York: Random House, 2004), 192.

19장 미지수 X 구하기

1. Richard Knox, "As Imports Increase, a Tense Dependence on China", NPR, *Morning Edition*, May 25, 2007.
2. Bernard J. Gersh et al., "2011 ACCF/AHA Guideline for the Diagnosis and Treatment of Hypertrophic Cardiomyopathy", *Circulation* 124 (December 8, 2011): e783-831, http://circ.ahajournals.org/content/124/24/e783 (accessed May 29, 2018).
3. 2013년 위머링이 글렌마크의 프라바스타틴 복용을 멈춘 그해에 글렌마크는 소비자들로부터 약품에서 지독한 생선 냄새가 난다는 항의를 받고 프라바스타틴 24만 6,528개를 포함한 세 가지 제품을 회수했다. 글렌마크의 대변인은 위머링의 사례를 직접 보고받지 못했기 때문에 그녀의 불만 사항에 대해 언급할 수 없다고 말했다. "저희는 환자의 안전을 최우선으로 여기며, 부작용 보고나 품질에 관한 불만 사항을 매우 심각하게 받아들이고 있습니다." 더 자세한 내용은 다음을 참고하라. "Glenmark Recalls Three Drugs from U.S. Market", *Economic Times*, May 23, 2013.
4. Patient complaints made in 2013 about various Zydus drugs appear on the websites MedsChat.com and ConsumerAffairs.com.
5. Sarah Turner, "AstraZeneca to Launch Generic of Its Own Heart Drug", *MarketWatch*, November 22, 2006, https://www.marketwatch.com/story/astrazeneca-to-launch-generic-version-of-its-own-heart-drug (accessed May 29, 2018).
6. Tom Lamb, "Sandoz Metoprolol Succinate ER Tablets Recall Has Been

Done Rather Quietly", *Drug Injury Watch*, December 5, 2008, http://www.drug-injury.com/druginjurycom/2008/12/generic-drug-recall-metoprolol-er-tablets-by-sandoz-recall-metoprolol-er-tablets-by-sandoz wwwipcrxcompharmacy-industry-n.html (accessed May 29, 2018).

7. 클리블랜드병원의 약사 외에도 USP 논문을 따르지 않는 에덱스의 의약품이 판매 허가를 받은 이유에 대해 의혹을 제기한 곳이 또 있었다. 사설 의약품 시험 연구소 컨슈머 랩 역시 해당 의약품과 제품 설명서를 조사하고 보고서를 발표했다. 자세한 내용은 다음을 참고하라. "Drug Investigation: Toprol XL vs. Generic Metoprolol Succinate Extended-Release (ER) Tablets", product review, ConsumerLab.com, December 31, 2008, http://coyo.ga/www.consumerlab.com/reviews/Toprol_vs_Generic_Metoprolol/Toprol/ (accessed May 29, 2018.
8. Tom Lamb, "January 2009: ETHEX Corp. Issues Voluntary Recall of All Pills Due to Suspected Manufacturing Problems", *Drug Injury Watch*, February 2, 2009, http://www.drug-injury.com/druginjurycom/2009/02/ethex-corporation-issues-nationwide-voluntary-recall-of-products-press-release-includes-list-of-all-generic-drugs-by-ethex.html (accessed May 29, 2018).
9. Federal Bureau of Investigation, "Ethex Corporation, a Subsidiary of KV Pharmaceutical, Pleads Guilty to Two Felonies and Agrees to Pay United States $27,568,921 for Fine, Restitution, and Forfeiture", news release, March 2, 2010, https://archives.fbi.gov/archives/stlouis/press-releases/2010/sl030210.htm (accessed December 10, 2018).
10. 한 진술서에서 닥터 레디스는 타크로리무스가 안전하고 효과적이며 브랜드 의약품처럼 FDA 기준에 맞추어 제조되었다고 주장했다. 닥터 레디스에 따르면, 2010년에 출시한 이후로 미국 수출용 캡슐을 5억 6,900만 개 이상 생산했고, 효과가 없다는 불만은 단 20건뿐이었으며, 대부분은 출시 후 2년 안에 제기되었다. "출시 초기에 환자들이 브랜드 의약품을 제네릭 의약품으로 대체한다는 개념에 적응하는 동안 효과가 없다는 불만을 제기하는 것은 흔한 일이다." 닥터 레디스가 말했다.
11. According to the FDA's MedWatch database, the report from Loma Linda was filed on October 28, 2013, under the defect "Potency Questioned".

12. Rita R. Alloway, Alexander A. Vinks, Tsuyoshi Fukuda, Tomoyuki Mizuno, Eileen C. King, Yuanshu Zou, Wenlei Jiang, E. Steve Woodle, Simon Tremblay, Jelena Klawitter, Jost Klawitter, and Uwe Christians, "Bioequivalence between Innovator and Generic Tacrolimus in Liver and Kidney Transplant Recipients: A Randomized, Crossover Clinical Trial", *PLOS Medicine*, November 14, 2017, doi:10.1371/journal.pmed.1002428.

20장 인내력 테스트

1. 법무부 관료가 여러 질문에 대해 서면으로 간단히 답했다. "법무부는 예전 직원에 대한 무언의 주장에 동의하지 않는다. 그러한 주장들은 거짓이며 수사 결과에 아무런 영향도 미치지 못했을 것이다."

21장 깊고 어두운 우물

1. The Graedons' views on generic drugs over the years, as well as consumer comments and complaints about specific drugs, can be found on their website, http://www.peoplespharmacy.com/.
2. Joe Graedon and Terry Graedon, "Are Generic Equivalents as Good as Brand Name Drugs?" part 2 of 3, *King Features Syndicate*, May 18, 1998.
3. Joe Graedon and Teresa Graedon, "The Generic Drug Quandary: Questions about Quality", in *Best Choices from the People's Pharmacy: What You Need to Know before Your Next Visit to the Doctor or Drugstore* (New York: Rodale, 2006), 22.
4. *Statistical Procedures for Bioequivalence Studies Using a Standard Two-Treatment Crossover Design* (Washington, DC: FDA, CDER, 1992).
5. After both Toprol XL and Wellbutrin XL went generic, the Graedons saw an uptick in patient complaints, many of which can be found on their website (http://www.peoplespharmacy.com/).
6. Anna Edney, "Teva Pulls Version of Wellbutrin XL on Effectiveness", *Bloomberg*, October 4, 2012.
7. "Generic Bupropion Is Not Always the Same as Brand-Name Wellbutrin",

ConsumerLab.com, October 12, 2007, updated October 17, 2013, https://www.consumerlab.com/reviews/Wellbutrin_vs_Generic_Bupropion/Wellbutrin/ (accessed May 29, 2018).

8. Larry Mantle, producer, "Generic Drug Safety", KPCC, *AirTalk*, December 19, 2007.

9. FDA, Division of Drug Information (DDI), "Drug Information Update—Review of Therapeutic Equivalence Generic Bupropion XL 300 Mg and Wellbutrin XL 300 Mg", news release, April 16, 2008.

10. 제네릭 부데프리온을 홍보하고 판매한 것은 테바였지만, 제조·개발하고 2003년에 신청서와 생물학적 동등성 데이터를 FDA에 제출한 것은 임팩스였다. 제네릭 부데프리온이 회수된 후 테바는 생물학적 동등성을 오도했다는 혐의로 임팩스를 고소했다. 이 사건은 다음의 자료에서 찾아볼 수 있다. Roger Bate et al., "Generics Substitution, Bioequivalence Standards, and International Oversight: Complex Issues Facing the FDA", *Trends in Pharmacological Science* 37, no. 3 (December 2015), doi:10.1016/j.tips.2015.11.005; and Dan Packel, "Impax Must Pay for GSK Wellbutrin Settlement, Teva Says", *Law360*, August 31, 2017, https://www.law360.com/articles/959538/impax-must-pay-for-gsk-wellbutrin-settlement-teva-says (accessed May 29, 2018).

11. Andy Georgiades, "Teva Aims to Quell Concerns with Generic Wellbutrin Trial", *Wall Street Journal* (Toronto), December 2, 2009.

12. 2012년, FDA가 시험 결과를 발표한 후 테바는 다음과 같은 성명을 발표했다. "테바는 FDA로부터 연락을 받고 나서 임팩스에서 제조한 부데프리온 XL 300밀리그램의 수송을 즉시 중단했다. FDA의 지침에 대한 업데이트는 생물학적 동등성 평가에 영향을 주며 안전 문제와 무관하다. 테바는 환자들에게 양질의 의약품을 제공하는 것을 최우선으로 여긴다." 이 책에 대한 견해를 여러 번 요청했지만 테바는 응하지 않았다.

13. Pat Wechsler, *Bloomsberg News*, "Teva Hires Gary Buehler Away from FDA", SFGate, February 9, 2012, https://www.sfgate.com/business/article/Teva-hires-Gary-Buehler-away-from-FDA-3170563.php (accessed June 10, 2018).

14. 칼라 스토퍼가 FDA에 제기한 불만은 닥터 레디스에 도달하지 않았다. 닥터 레디스는

말했다. "2011년부터 지금까지 닥터 레디스는 이 제품의 제형에 벌레가 들어 있다는 연락이나 항의, 통보를 전혀 받지 못했다." 부작용 보고에 대한 묘사는 FDA의 의약품 품질 보고 시스템(Drug Quality Reporting System, DQRS)(메드워치 리포트)의 데이터베이스에서 가져왔다. 칼라 스토퍼의 항의는 DQRS 데이터베이스에 1,603,903번으로 기록되어 있다. FDA는 매년 환자와 보호자, 일반 대중으로부터 수백 만 건의 보고를 받는다. 다음의 자료를 참고하라. Lichy Han, Robert Ball, Carol A. Pamer, Russ B. Altman, and Scott Proestel, "Development of an Automated Assessment Tool for MedWatch Reports in the FDA Adverse Event Reporting System", *Journal of the American Medical Informatics Association* 24, no. 5 (September 1, 2017): 913-20, doi:10.1093/jamia/ocx022.

22장 6억 달러 재킷

1. U.S. Sen. Harkin and Others Urge FDA to Avoid Delays of Generic Drug Approvals", *Pharma Letter*, March 16, 2011, https://www.thepharmaletter.com/article/us-sen-harkin-and-others-urge-fda-to-avoid-delays-of-generic-drug-approvals (accessed December 11, 2018).
2. "Ranbaxy, Pfizer Sign Truce over Lipitor", *Economic Times*, June 19, 2008, https://economictimes.indiatimes.com/industry/healthcare/biotech/pharmaceuticals/ranbaxy-pfizer-sign-truce-over-lipitor/articleshow/3143801.cms (accessed December 11, 2018).
3. Eban, "The War over Lipitor".
4. Ashish Gupta, "The Pills That Saved Ranbaxy", *Fortune India*, August 5, 2012, https://www.fortuneindia.com/ideas/the-pills-that-saved-ranbaxy/100819 (accessed May 28, 2018).
5. 란박시의 아토르바스타틴 신청서에서 발견된 이례적 사항들에 대한 묘사와 란박시와 FDA가 주고받은 서신은 FDA CDER의 다음 자료를 참고했다. *Approval Package for Application Number: ANDA 076477Orig1s000, Sponsor: Ranbaxy, Inc.*, November 30, 2011, https://www.accessdata.fda.gov/drugsatfda_docs/anda/2011/076477Orig1s000.pdf (accessed May 24, 2018).
6. FDA, "Establishment Inspection Report", Ranbaxy Laboratories, Gurgaon,

India, April 27-May 12, 2009.

7. FDA, Center for Drug Evaluation and Research, "Enforcement Activities by FDA—Regulatory Action against Ranbaxy", updated May 15, 2017, https://www.fda.gov/Drugs/GuidanceComplianceRegulatoryInformation/EnforcementActivitiesbyFDA/ucm118411.htm (accessed May 28, 2018).
8. "District Court Dismisses Mylan's Complaint against FDA Concerning Generic Lipitor", *Orange Book Blog*, May 2, 2011, http://www.orangebookblog.com/2011/05/district-court-dismisses-mylans-complaint-against-fda-concerning-generic-lipitor.html (accessed May 28, 2018); Mylan Pharms. v. FDA and Ranbaxy Labs, 789 F.Supp.2d 1, Civil Action No. 11-566 (JEB) (U.S. District Court for the District of Columbia, 2011).
9. Eban, "The War over Lipitor".
10. Director, Office of Compliance, "Proposal to Review Ranbaxy's Atorvastatin ANDA", memo to Director, Center for Drug Evaluation and Research, Food and Drug Administration, May 11, 2011.
11. 당시 FDA는 각 공장을 2년에 한 번씩 점검하려고 노력했다. 이러한 관례는 2012년에 공장 점검 때 필요한 위험 기반 평가 모델을 성문화한 FDA 안전 및 혁신법(FDA Safety and Innovation Act, FDA-SIA)이 제정되면서 바뀌었다. Jerry Chapman, "How FDA And MHRA Decide Which Drug Facilities To Inspect—And How Often", Pharmaceutical Online, July 13, 2018, https://www.pharmaceuticalonline.com/doc/how-fda-and-mhra-decide-which-drug-facilities-to-inspect-and-how-often-0001 (accessed February 7, 2019).
12. FDA, "Establishment Inspection Report", Ranbaxy Laboratories, Toansa, India, November 21-25, 2011.
13. "FDA Confirms Nod for Ranbaxy's Generic Lipitor", *Reuters*, December 01, 2011, https://www.reuters.com/article/us-ranbaxy/fda-confirms-nod-for-ranbaxys-generic-lipitor-idUSTRE7B007L20111201 (accessed June 11, 2018).
14. Vikas Dandekar, "Ranbaxy Launches AG Version of Caduet as CEO Likens Lipitor Deal with Teva to an Insurance Policy", *The Pink Sheet*, December 6, 2011.

15. Ashish Gupta, "The Pills That Saved Ranbaxy", *Fortune India*, August 5, 2012.
16. "Ranbaxy Halts Generic Lipitor Production after Recall: FDA", *Reuters*, November 29, 2012, https://www.reuters.com/article/us-ranbaxy-lipitor-idUSBRE8AS1C620121129 (accessed May 24, 2018).

6부 분수령

23장 전등 스위치

1. FDA, Form 483, Inspectional Observations, Ranbaxy, Toansa, India, December 7-14, 2012.
2. Ibid., 2-3.
3. 웹사이트 FDAzilla에 따르면 FDA 수사관 가비니는 2001년부터 2011년까지 90개 시설을 점검했다. 보고서를 분석한 결과, 적어도 41건은 첫 방문임에도 불구하고 미국 수출에 대한 승인 가능성을 평가해야 했다. 가비니는 그중 85퍼센트에 해당하는 35개 시설을 승인했다.
4. FDA, "Establishment Inspection Report", RPG Life Sciences Ltd., Ankleshwar, India, November 20-24, 2012.
5. FDA, "Form 483: Inspectional Observations", Fresenius Kabi Oncology Ltd., Nadia, India, January 14-18, 2013.
6. Ibid., 1.
7. FDA, "Form 483: Inspectional Observations", Wockhardt Ltd., Aurangabad, India, March 18-22, 2013.
8. FDA, Establishment Inspection Report, Wockhardt Ltd., Waluj, Aurangabad, March 18-22, 2013, 7. FDA 점검팀이 점검 중에 받은 위협은 다음의 자료에 기록되어 있다. Pallavi Ail, "USFDA Says Team Threatened during Wockhardt Inspection", *Financial Express* (Mumbai), May 28, 2014.

24장 위 아 더 챔피언

1. Ranbaxy Laboratories, "Ranbaxy Laboratories Sets Aside $500 Million

to Settle U.S. Probe, Signs Consent Decree with FDA", news release, December 21, 2011.

2. 타쿠르가 2013년 1월 3일에 작성한 베아토와의 대화를 참고했다.
3. United States of America v. Ranbaxy USA, Inc., Ranbaxy Pharmaceuticals, Inc., Ranbaxy Laboratories, Inc., Ranbaxy, Inc., Ohm Laboratories, Inc., Ranbaxy Laboratories Ltd., filed by Dinesh S. Thakur, Settlement Agreement (U.S. District Court for the District of Maryland, Southern Division, May 10, 2013), PACER Case Locator Case 1:07-cv-00962-JFM.
4. Eban, "Dirty Medicine".
5. Daiichi Sankyo, Media Relations, "Ranbaxy Announces Improved Business Standards and Quality Assurance Initiatives", news release, May 22, 2013. https://www.daiichisankyo.com/media_investors/media_relations/press_releases/detail/005976.html (accessed December 16, 2018).

25장 파일 박살내기

1. Katie Thomas, "Mylan Buys Drug Maker of Generic Injectables", *New York Times*, February 27, 2013.
2. Gardiner Harris, "Deal in Place for Inspecting Foreign Drugs", *New York Times*, August 13, 2011.
3. FDA, "Form 483: Inspectional Observations", Mylan Laboratories Ltd., Bangalore, India, June 17-27, 2013.
4. Ibid.
5. Ibid., 3.
6. Michael Smedley, Acting Director, Office of Manufacturing and Product Quality, CDER, Office of Compliance, FDA, "Warning Letter" to Venkat Iyer, CEO, Agila Specialties Private Ltd., September 9, 2013, 2.
7. 2011년부터 2017년까지 마일란이 미 증권 거래 위원회에 제출한 위임장을 보면, 그들이 수많은 신청서를 해외 규제 기관에 제출하여 목표치를 초과 달성했다는 것을 알 수 있다. 이를테면 2012년의 목표치는 140개였고 실제로 제출한 신청서는 171개였다. U.S. Securities and Exchange Commission, proxy statement, Mylan Inc.,

April 12, 2013, 26. 또 다른 예로 2017년의 목표치는 135개였고 실제로 제출한 신청서는 184개였다. U.S. Securities and Exchange Commission, proxy statement, Mylan N.V., May 30, 2018, 46. 위임장에 따르면 목표한 해외 규제 기관에 제출한 신청서의 개수는 말릭의 연간 성과급의 4분의 1, 전체 성과급의 3분의 1을 차지했다.

8. Alex Nixon, "Firestorm Grows over Price Hikes on EpiPen", *Pittsburgh Tribune Review*, August 25, 2016.
9. 브레시의 2007년 성과급 수치는 다음 자료에서 가져왔다. U.S. Securities and Exchange Commission, proxy statement, Mylan Inc., April 5, 2010, 26. 2015년 성과급은 다음 자료에서 가져왔다. U.S. Securities and Exchange Commission, proxy statement, Mylan N.V., May 30, 2018, 53. 브레시와 말릭의 2014년 성과급은 다음 자료에서 가져왔다. U.S. Securities and Exchange Commission, proxy statement, Mylan N.V., May 23, 2017, 62. 에피펜의 매출액이 마일란의 총 매출액의 10퍼센트를 차지한다는 계산은 다음 자료를 참고했다. U.S. Congress, Full House Committee on Oversight and Government Reform, "Reviewing the Rising Price of EpiPens: Testimony of Heather Bresch, CEO of Mylan", 114th Cong., 2nd sess., September 21, 2016, https://oversight.house.gov/hearing/reviewing-rising-price-epipens-2/, 54.
10. Andrew Buncombe, "Mylan CEO's Salary Soared by 671% as Firm Hiked EpiPen Prices", *Independent*, August 26, 2016.
11. Dan Mangan, "Mylan CEO Bresch: 'No One's More Frustrated than Me' about EpiPen Price Furor", CNBC, *Squawk Box*, August 25, 2016.
12. 2017년 8월 17일, 마일란 Inc와 마일란 스페셜티 LLP는 부정 청구 방지법 소송을 합의하기로 결정하고 메디케이드에 거액의 환불액을 지급하지 않기 위해 에피펜을 브랜드 의약품이 아닌 제네릭 의약품으로 분류하여 법무부에 4억 6,500만 달러를 지급했다. U.S. Department of Justice, Office of Public Affairs, "Mylan Agrees to Pay $465 Million to Resolve False Claims Act Liability for Underpaying EpiPen Rebates", news release, August 17, 2017.
13. Patricia Sabatini and Len Boselovic, "MBA Mystery in Morgantown: Questions Raised over How WVU Granted Mylan Executive Her Degree", *Pittsburgh PostGazette*, December 21, 2007.

14. Tracy Staton, "Think EpiPen Is Mylan's First Scandal? Here's a Timeline of Jet Use, an Unearned MBA, and More", *FiercePharma*, September 2, 2016, https://www.fiercepharma.com/pharma/think-epipen-mylan-s-first-scandal-here-s-a-timeline-jet-use-resume-fakery-and-more (accessed June 13, 2018).
15. U.S. Congress, Full House Committee on Oversight and Government Reform, "Reviewing the Rising Price of EpiPens: Testimony of Heather Bresch, CEO of Mylan", 114th Cong., 2nd sess., September 21, 2016, https://oversight.house.gov/hearing/reviewing-rising-price-epipens-2/ (accessed June 19, 2018).
16. FDA, "Form 483: Inspectional Observations", Mylan Laboratories Ltd., Sinnar, Nashik District, Maharastra, India, September 5-14, 2016.
17. Ibid., 7.
18. FDA, "Form 483: Inspectional Observations", Mylan Pharmaceuticals Inc., Morgantown, West Virginia, November 7-18, 2016.
19. FDA, "Warning Letter 320-17-32" (re: Mylan Laboratories Ltd., Nashik, FDF), letter to Rajiv Malik, President, Mylan Pharmaceuticals Inc., April 3, 2017.

26장 최종 시험대

1. Jason W. Nickerson, Amir Attaran, Brian D. Westerberg, Sharon Curtis, Sean Overton, and Paul Mayer, "Fatal Bacterial Meningitis Possibly Associated with Substandard Ceftriaxone—Uganda, 2013", *Morbidity and Mortality Weekly Report* 64, nos. 50-51 (January 1, 2016), 1375-77, doi:10.15585/mmwr.mm6450a2.
2. Chris Obore, "Time Bomb: The Inside Story of Mulago Hospital's Troubles", *Daily Monitor*, January 20, 2013, http://www.monitor.co.ug/News/National/Time-bomb-The-inside-story-of-Mulago-hospital-s-troubles/688334-1669688-akvcb7/index.html (accessed June 3, 2018).
3. 전 세계에서 발견되는 의약품 품질의 다양성에 대한 묘사는 다음의 몇 가지 과학 연구에서 가져왔다. Roger Bate, Ginger Zhe Jin, Aparna Mathur, and Amir Attaran, "Poor Quality Drugs and Global Trade: A Pilot Study", Working Paper

20469 (Cambridge, MA: National Bureau for Economic Research, September 2014), doi:10.3386/w20469; and Richard Preston Mason, Robert F. Jacob, and Seth A. Gerard, "Atorvastatin Generics Obtained from Multiple Sources Worldwide Contain a Methylated Impurity That Reduces Their HMG-CoA Reductase Inhibitory Effects", *Journal of Clinical Lipidology* 7, no. 3 (2013): 287, doi:10.1016/j.jacl.2013.03.096.

4. Nickerson et al., "Fatal Bacterial Meningitis Possibly Associated with Substandard Ceftriaxone—Uganda, 2013".
5. Anita Nair, Stefanie Strauch, Jackson Lauwo, Richard W. O. Jhnke, and Jennifer Dressman, "Are Counterfeit or Substandard Antiinfective Products the Cause of Treatment Failure in Papua New Guinea?" *Journal of Pharmaceutical Sciences* 100, no. 11 (June 30, 2011): 5059-68, doi:10.1002/jps.22691.
6. FDA, "Form 483: Inspectional Observations", CSPC Zhongnuo Pharm (shijiazhuang) Co. Ltd., China, March 23-27, 2015.
7. Elizabeth Pisani, "Losing the War on Bugs", *Prospect* (February 2016).
8. Eric Karikari-Boateng and Kwasi Poku Boateng, *Post-Market Quality Surveillance Project: Maternal Healthcare Products (Oxytocin and Ergometrine) on the Ghanaian Market*, Ghana Food and Drugs Authority, Promoting the Quality of Medicines Program, USAID, February 2013.
9. World Health Organization, "Inspection Report", Shanghai Desano Chemical Pharmaceutical Co., China, March 18, 2011.
10. J.-M. Caudron, N. Ford, M. Henkens, C. Macé, R. Kiddle-Monroe, and J. Pinel, "Substandard Medicines in Resource-Poor Settings: A Problem That Can No Longer Be Ignored", *European Journal of Tropical Medicine and International Health* 13, no. 8 (August 13, 2008): 1062-72, doi:10.1111/j.1365-3156.2008.02106.x.
11. Jim O'Neill, "Antimicrobial Resistance: Tackling a Crisis for the Health and Wealth of Nations", *Review on Antimicrobial Resistance* (December 2014), https://amr-review.org/sites/default/files/AMR%20Review%20Paper%20-%20

Tackling%20a%20crisis%20for%20the%20health%20and%20wealth%20of%20nations_1.pdf (accessed June 3, 2018).

12. Ian Williams, "The Race to Contain Drug-Resistant Malaria", *NBCNews.com*, January 22, 2011, http://worldblog.nbcnews.com/_news/2011/01/22/5825008-the-race-to-contain-drug-resistant-malaria (accessed June 3, 2018).
13. Paul N. Newton, Céline Caillet, and Philippe J. Guerin, "A Link between Poor Quality Antimalarials and Malaria Drug Resistance?", *Expert Review of Anti-infective Therapy* 14, no. 6 (May 23, 2016): 531-33, doi:10.1080/14787210.2016.1187560.
14. Muhammad Zaman and Zohar B. Weinstein, "Evolution of Rifampicin Resistance Due to Substandard Drugs in E. Coli and M. Smegmatis", forthcoming in *Antimicrobial Agents and Chemotherapy*, posted online November 5, 2018.
15. Elizabeth Pisani, "Antimicrobial Resistance and Medicine Quality", *AMR Review* (November 2015), https://amr-review.org/sites/default/files/ElizabethPisaniMedicinesQualitypaper.pdf (accessed November 30, 2018).
16. Lei Chen, "Notes from the Field: Pan-Resistant New Delhi Metallo-Beta-Lactamase-Producing Klebsiella Pneumoniae—Washoe County, Nevada, 2016", *Morbidity and Mortality Weekly Report* 66, no. 1 (January 13, 2017): 33, https://www.cdc.gov/mmwr/volumes/66/wr/mm6601a7.htm?s_cid=mm6601a7_w (accessed June 3, 2018).
17. Sabrina Tavernise, "Infection Raises Specter of Superbugs Resistant to All Antibiotics", *New York Times*, May 27, 2016.
18. Margareth Ndomondo-Sigonda, Jacqueline Miot, Shan Naidoo, Alexander Dodoo, and Eliangiringa Kaale, "Medicines Regulation in Africa: Current State and Opportunities", *Pharmaceutical Medicine* 31 (November 3, 2017): 383-97, doi:10.1007/s40290-017-0210-x.

27장 들끓는 파리 떼

1. Going Global, Coming Home", *FDA Voice*, September 24, 2013.
2. 베이커에게 점검을 받고 1년도 채 지나지 않아 웍하트는 의약품을 줄줄이 회수하기 시작했다. Eric Palmer, "Wockhardt Again Recalls Generic of AstraZeneca Drug after It Fails Testing", *FiercePharma* (blog), September 2, 2014.
3. Dr. Harry M. Lever to Dr. Janet Woodcock, Director, Center for Drug Evaluation and Research, FDA, December 12, 2012.
4. Lawrence Yu, "FW: Metoprolol Response", email to Harry Lever, MD, December 19, 2012.
5. FDA, "Establishment Inspection Report", Wockhardt Ltd., Aurangabad, Maharashtra, India, July 22-31, 2013.
6. Ibid., 14.
7. Ibid., 21.
8. FDA가 2013년 7월에 치칼타나 공장을 점검한 후 수입 경보를 내리자 웍하트는 성명을 발표했다. 그들은 "US FDA의 관찰 내용을 처리하기 위해 이미 몇 가지 단계를 시작했고 문제를 조기에 해결하기 위해 모든 노력을 기울일 것"이라고 장담했다. "Wockhardt's Chikalthana Plant Hit by USFDA Import Restrictions", *Economic Times*. November 27, 2013, https://economictimes.indiatimes.com/industry/healthcare/biotech/pharmaceuticals/wockhardts-chikalthana-plant-hit-by-usfda-import-restrictions/articleshow/26466331.cms (accessed December 8, 2018).
9. FDA, "Establishment Inspection Report", Ranbaxy Laboratories Ltd., Toansa, Punjab, India, January 5-11, 2014.
10. Ibid., 33.
11. FDA 임원 코스그로브는 한 컨퍼런스에서 그 조사 결과를 가리켜 "충격적"이라고 말했다. "International Pharmaceutical Quality: Inside the Global Regulatory Dialogue: Lecture, 2015, https://www.ipqpubs.com/wp-content/uploads/2015/06/Cosgrove-box.pdf (accessed February 10, 2019).

12. Barbara W. Unger, "Does an FDA Import Alert Automatically Equate to an Impending FDA Warning Letter?", *FDAzilla.com* (blog), April 30, 2016, https://blog.fdazilla.com/2016/04/does-an-fda-import-alert-automatically-equate-to-an-impending-fda-warning-letter/ (accessed December 7, 2018).
13. 수년간 인도의 의약품 전문가들은 수많은 보고서를 통해 인도의 의약품 규정을 혹독하게 비난했다. 다음은 최근의 보고서들이다. Government of India, Ministry of Health and Family Welfare, *Report of the Expert Committee on a Comprehensive Examination of Drug Regulatory Issues Including the Problem of Spurious Drugs*, November 2003; Rajya Sabha, Parliament of India, *Fifty-Ninth Report on the Functioning of the Central Drug Standard Control Organisation (CDSCO)*, May 2012; *Report of the Prof. Ranjit Roy Chaudhury Expert Committee to Formulate Policy and Guidelines for Approval of New Drugs, Clinical Trials, and Banning of Drugs*, July 2013.
14. Sushmi Dey, "If I Follow U.S. Standards, I Will Have to Shut Almost All Drug Facilities: G. N. Singh Interview with Drug Controller General of India", *Business Standard*, January 30, 2014, https://www.business-standard.com/article/economy-policy/if-i-follow-us-standards-i-will-have-to-shut-almost-all-drug-facilities-g-n-singh-114013000034_1.html (accessed June 18, 2018).
15. 상호 인정에 대한 FDA 내부의 논쟁은 FDA 역사과(History Office)에서 진행한 구전 역사 프로그램의 직원 인터뷰에 기록되어 있다. 더 자세한 내용은 다음을 참고하라. Walter M. Batts, "History of the Food and Drug Administration", interviewed December 13 and 20, 2011; Stephanie Gray, "History of the Food and Drug Administration", interviewed April 11, 2000; Linda Horton, "History of the Food and Drug Administration", interviewed December 28, 2001; Gerald "Jerry" E. Vince, "History of the Food and Drug Administration", interviewed December 2, 1998; and Andrew Von Eschenbach, "History of the U.S. Food and Drug Administration", interviewed September 15, 2013.
16. Dr. Margaret Hamburg, Commissioner of the U.S. Food and Drug Administration, and Keshav Desiraju, Secretary of India's Department of Health and Family Welfare, signatories to "Statement of Intent between

the Food and Drug Administration of the United States of America and the Ministry of Health and Family Welfare of the Republic of India on Cooperation in the Field of Medical Products", New Delhi, India, February 10, 2014.

17. Gardiner Harris, "Medicines Made in India Set Off Safety Worries", *New York Times*, February 14, 2014, https://www.nytimes.com/2014/02/15/world/asia/medicines-made-in-india-set-off-safety-worries.html (accessed June 18, 2018).
18. Sumeet Chatterjee and Zeba Siddiqui, "UPDATE 1—U.S. Regulator on India Visit Calls for Greater Drug Safety Collaboration", *Reuters*, February 18, 2014, https://www.reuters.com/article/fda-hamburg-india/update-1-u-s-regulator-on-india-visit-calls-for-greater-drug-safety-collaboration-idUSL3N0LN38W20140218 (accessed June 18, 2018).

28장 원고 적격

1. "Some Brands of Nationalism Can Be Injurious to Your Health!" *Governance Now*, March 8, 2016, https://www.governancenow.com/news/regular-story/some-brands-nationalism-can-be-injurious-your-health (accessed December 16, 2018).
2. Dinesh S. Thakur, Executive Chairman, Medassure, to Honorable Dr. Harsh Vardhan, Minister of Health and Family Welfare, Government of India, October 19, 2013.
3. Pritha Chatterjee, "MCI Corrupt, Clinical Trials Body a Snake Pit: Harsh Vardhan", *Indian Express*, July 18, 2014.
4. Richard Preston Mason, Robert F. Jacob, and Seth A. Gerard, "Atorvastatin Generics Obtained from Multiple Sources Worldwide Contain a Methylated Impurity That Reduces Their HMG-CoA Reductase Inhibitory Effects", *Journal of Clinical Lipidology* 7, no. 3 (2013).
5. 프레스턴 메이슨 박사의 질 낮은 제네릭 리피토에 대한 연구 결과는 란박시가 유리 조각 때문에 제네릭 리피토를 회수한 지 6개월 후인 2013년 5-6월에 〈임상 지질학 저널〉에 실렸다. FDA는 메이슨의 연구에 방어적으로 반응했다. CDER 소장 우드콕은 〈블룸

버그〉 기자와의 인터뷰에서 메이슨의 팀이 적절한 시험 방법을 사용하지 않아서 샘플을 오염시킨 것이라고 주장했다. 우드콕은 나중에 공동 집필한 다음의 논문에서 그를 재차 공격했다. Mansoor A. Khan, "FDA Analysis of Atorvastatin Products Refutes Report of Methyl Ester Impurities", *Therapeutic Innovation and Regulatory Science* 48, no. 5 (May 27, 2014): 554-56, doi:10.1177/2168479014536567. 하지만 메이슨은 USP에 따른 시험 방법을 모든 샘플에 적용했고, 우드콕이 부적절한 시험의 증거라고 주장한 메틸화된 불순물은 일부에만 나타났다. 이 설명을 뒷받침하는 자료는 다음과 같다. Mason et al., "Atorvastatin Generics Obtained from Multiple Sources Worldwide Contain a Methylated Impurity That Reduces Their HMG-CoA Reductase Inhibitory Effects", 287; Anna Edney, "Disputing Study, U.S. FDA Says Generics from Abroad Safe", *Bloomberg*, March 25, 2014, http://www.bloomberg.com/news/articles/2014-03-25/disputing-study-u-s-fda-says-generics-from-abroad-safe (accessed July 13, 2018).

6. "Zero Defect, Zero Effect": Vishwa Mohan, "PM's Slogan: Zero Defect, Zero Effect," *Times of India*, August 16, 2014.
7. B. V. Mahalakshmi, "EU Bans 700 Generic Drugs for Manipulation of Trials by GVK", *Financial Express*, July 26, 2015.
8. 2012년 5월 6일, 내부 고발자 레디는 '피플스 세이프(People Safety)'라는 가명으로 프랑스, 영국, 미국, 호주의 의약품 규제 기관과 WHO에 "지난 5년간 인도 하이데라바드를 기반으로 하는 임상 시험 수탁 기관 GVK 바이오사이언스의 수석 분석관 V. 찬드라 세카르(V. Chandra Sekhar)가 생물학적 동등성과 생체 이용률을 연구하는 과정에서 저지른 규정 위반과 위법행위"라는 제목으로 이메일을 보냈다.
9. ANSM (French Agency on Medicinal Products), Trials and Vigilance Inspection Department, "Final Inspection Report: Investigation of the Clinical Part of Bioequivalence Trials, with a Specific Focus on Electrocardiograms, May 19-23, 2014, GVK Biosciences", July 2, 2014.
10. Vidya Krishnan, "A Love Story That Cost GVK Its International Reputation", *The Hindu*, October 9, 2015.
11. Joe Graedon, "Hold onto Your Hats (…) This Is Incredible!", email to Harry Lever, Erin Fox, Roger Bate, Preston Mason, and Dinesh Thakur, August 12,

2015.

12. Dinesh S. Thakur v. Union of India; Central Drug Standards Control Organisation, Drugs Consultative Committee, Comptroller and Auditor General of India (January 24, 2016); Dinesh S. Thakur v. Union of India (January 28, 2016).
13. Zeba Siddiqui, "Pharma Crusader Dinesh Thakur Takes India's Drug Regulators to Court", *Reuters*, March 7, 2016, https://www.reuters.com/article/india-pharma-whistleblower/pharma-crusader-takes-indias-drug-regulators-to-court-idUSKCN0W90C8 (accessed June 20, 2018).
14. Dinesh Thakur, "A Sincere Attempt to Improve the Quality of Medicine for People around the World", *Dinesh Thakur* (blog), March 11, 2016, http://dineshthakur.com/?s=A sincere attempt to improve the quality of medicine for people around the world&x=0&y=0 (accessed June 20, 2018).
15. Dinesh Thakur, "FDC Ban", email to K. L. Sharma, March 23, 2016.

에필로그

1. Jonathan Soble and Neal E. Boudette, "Kobe Steel's Falsified Data Is Another Blow to Japan's Reputation", *New York Times*, October 10, 2017, https://www.nytimes.com/2017/10/10/business/kobe-steel-japan.html (accessed June 9, 2018).
2. Dinesh Thakur, "Lessons from Ranbaxy: Suffocating Silence Prevented Us from Questioning the Rot in the System", *The Wire*, February 19, 2018, https://thewire.in/business/ranbaxy-suffocating-silence-prevented-us-questioning-rot-system (accessed June 9, 2018).
3. Zachary Brennan, "India's Drug Regulator Sees Top-Level Shakeup", *Regulatory Affairs Professionals Society*, February 21, 2018, https://www.raps.org/news-and-articles/news-articles/2018/2/india's-drug-regulator-sees-top-level-shakeup (accessed June 9, 2018).
4. 란박시 래버러토리스는 2015년 3월 25일 선 제약에 매각되어 사라졌고, 선 제약은 란박시의 인기 제네릭 의약품을 동일한 상품명으로 판매했다. 이 사건을 언급한 자료는

다음과 같다. Sun Pharma, "Sun Pharma Announces Closure of Merger Deal with Ranbaxy", news release, March 25, 2015, https://www.sunpharma.com/sites/default/files/docs/Press%20Release%20-%20Closure%20of%20Sun%20Pharma%20&%20Ranbaxy%20merger.pdf; Malvika Joshi and C. H. Unnikrishnan, "Sun Pharma to Retain Ranbaxy Brand Wherever It's Strong", *LiveMint*, April 10, 2014, https://www.livemint.com/Companies/rSdzvCSLvJesbEaSzgawVJ/Sun-Pharma-to-retain-Ranbaxy-brand-wherever-its-strong.html (accessed July 27, 2018); "Ranbaxy's Journey as a Company to End after Merger with Sun", Hindu BusinessLine, April 20, 2014, https://www.thehindubusinessline.com/companies/ranbaxys-journey-as-a-company-to-end-after-merger-with-sun/article20756422.ece# (accessed July 27, 2018); Sun Pharmaceutical Industries Ltd., "Annual Report of Subsidiary Companies", 2017-2018, http://www.sunpharma.com/investors/annual-report-of-subsidiary-companies (accessed July 27, 2018).

5. Chang-Ran Kim and Zeba Siddequi, "India's Sun Pharma to Buy Struggling Ranbaxy for $3.2 Billion", Reuters, April 7, 2014, https://www.reuters.com/article/us-daiichi-sankyo-ranbaxy-sunpharma/indias-sun-pharma-to-buy-struggling-ranbaxy-for-3-2-billion-as-daiichi-sankyo-retreats-idUSBREA3600L20140407 (accessed June 9, 2018).
6. Prabha Raghavan, "Delhi High Court Upholds Daiichi's Rs 3,500-Crore Arbitral Award against Singh Brothers", *Economic Times*, February 2, 2018, https://economictimes.indiatimes.com/industry/healthcare/biotech/pharmaceuticals/delhi-high-court-upholds-daiichis-rs-3500-crore-arbitral-award-against-singh-brothers/articleshow/62723186.cms (accessed June 9, 2018).
7. Ari Altstedter, George Smith Alexander, and P. R. Sanjai, "Indian Tycoons Took $78 Million Out of Hospital Firm Fortis", *Bloomberg*, February 9, 2018.
8. Ari Altstedter, "Billionaire Singh Brothers Accused by New York Investor of Siphoning Cash", *Bloomberg*, January 28, 2018, https://www.bloomberg.com/news/articles/2018-01-28/billionaire-singh-brothers-accused-in-

lawsuit-of-siphoning-money (accessed June 9, 2018).

9. Arun Kumar, "Fortis Founder Shivinder Singh Drags Elder Brother Malvinder Singh to NCLT", *Economic Times*, September 5, 2018.
10. ET Bureau, "Malvinder Singh and Shivinder Singh Ready for Mediation", *Economic Times*, September 15, 2018.
11. Generic Pharmaceuticals Pricing Antitrust Litigation, Plaintiff States' (Proposed) Consolidated Amended Complaint (Eastern District of Pennsylvania, October 21, 2017).
12. FDA, Establishment Inspection Report, Mylan Laboratories Ltd., Morgantown, West Virginia, March 19-April 12, 2018.
13. Mylan N.V., "Mylan Statement in Response to FDA Warning Letter Relating to Morgantown Plant", news release, November 20, 2018.
14. Dr. John Peters, Director, Division of Clinical Review, Office of Generic Drugs, FDA, to Dr. Harry Lever, Medical Director, Hypertrophic Cardiomyopathy Clinic, March 31, 2014.
15. Zeba Siddiqui, "Dr Reddy's Recalls over 13,000 Bottles of Hypertension Drug—FDA", *Reuters*, July 19, 2014.
16. Adam Minter, "Is China Blocking FDA Inspectors?", *Bloomberg*, February 28, 2014.
17. FDA, "Form 483: Inspectional Observations", Zhejiang Hisun Pharmaceutical Co., Taizhou, China, March 2-7, 2015, 7.
18. FDA, "Warning Letter" to Zhejiang Hisun Pharmaceutical Co., Taizhou, China, December 31, 2015.
19. 2017년 11월 10일, 베이커가 점검을 시작하고 약 2년 반 만에 화이자는 합작 투자의 결과물인 제품의 제조, 판매, 유통에 대한 권한은 유지하면서 하이정-화이자 제약의 지분 49퍼센트를 매각했다. Pfizer, "Pfizer Sells Its 49% Equity Share in Hisun-Pfizer Pharmaceuticals", news release, November 10, 2017.
20. FDA, "Form 483: Inspectional Observations", Pfizer Pharmaceuticals Ltd., Dalian, China, April 13-17, 2015.
21. 화이자의 대변인은 다롄 사건에 대해 이렇게 말했다. "화이자는 문제 제기에 응답했고

승인 전 실사 기간에 그것을 처리했다. FDA의 483 양식에 열거한 다렌 제조 시설의 문제는 품질이나 안전성과 무관하며 현재 시판 중인 제품들에 어떠한 영향도 미치지 않는다."

22. 2016년 중국 국가 식품 의약품 감독 관리국의 한 수사관은 중국 기업들이 규제 기관에 제출하여 승인받은 신약의 임상 시험 데이터 가운데 80퍼센트가 조작되었다고 밝혔다. Fiona Macdonald, "80% of Data in Chinese Clinical Trials Have Been Fabricated", *Science Alert*, October 1, 2016, https://www.sciencealert.com/80-of-the-data-in-chinese-clinical-trial-is-fabricated (accessed September 30, 2018).
23. 1992년, 전문 의약품 허가 신청자 비용 부담법(Prescription Drug User Fee Act, PDUFA)에 따라 FDA는 신약에 대한 승인이 필요한 기업에게 수수료를 받을 수 있었다. 후속법들은 소위 "신청자 비용" 시스템에 제네릭 의약품과 의료 장치 산업이 포함되도록 적용 범위를 확대했다. 현재 신청자 비용은 FDA의 총 예산에서 40퍼센트를 차지한다. 이 시스템에 대한 비난 여론도 존재한다. 일부는 신청자 비용으로 얻은 수익 때문에 규제와 관련하여 공정한 결정을 내리기 어려울 수 있다고 주장한다. 한 FDA 대변인은 전문 의약품 허가 신청자 비용의 도움으로 FDA가 의약품 신청서를 "시의적절하게 검토할 수 있다"라고 말했다. J. Carroll, "PDUFA Faces Rough Reauthorization", *Biotechnology Healthcare* (July 2007); Tara O'Neill Hayes and Anna Catalanotto, "Primer: FDA User Fees", *American Action Forum*, August 22, 2017.
24. Michael Mezher, "FDA Official Highlights Foreign Supply Chain Challenges", *Regulatory Affairs Professionals Society*, May 5, 2017, https://www.raps.org/regulatory-focus™/news-articles/2017/5/fda-official-highlights-foreign-supply-chain-challenges (accessed June 9, 2018).
25. 중국 저장성의 방글리 의약품(Bangli Medical Products)은 FDA 수사관을 인질로 잡아 회의실에 몇 시간 동안 가두어두고 사진을 파기하라고 협박했다. 그 기업은 점검과 의약품에 대한 제한 조치를 거부할 것이 분명했다. 한 FDA 감독관은 메릴랜드의 임원들에게 다음과 같은 답장을 보냈다. "그들은 처음부터 점검을 거부했고 공장 부지를 점검할 수사관의 권한을 인정하지 않았습니다. 즉시 수입 경보를 내려야 합니다." 하지만 본사 임원이 "해외 시설에 대한 '권한'이 있다고 단언한 것"에 대해 재빨리 주의를

주었다. 또 다른 임원이 끼어들더니 수사관을 가둔 공장 관리자가 "확실한 거부 의사를 밝힌 것"처럼 보이지 않는다고 말했다. 이 사건은 다음 자료에 기록되어 있다. Kelli Giannattasio, "Re: For Cause Inspection of Bangli Medical Products", email to Susan F. Laska and Sherry Bous, July 27, 2016.

26. FDA 대변인은 성명서를 통해 설명했다. "FDA는 공장의 규정 준수에 대한 평가를 바꿀 수 있고 바꾸고 있다. 규제 업무팀과 CDER이 수사관이 수집한 초기 데이터를 검토한 후에도 추가 정보가 고려될 수 있다. 기업이 점검 기간에 서류를 제공하지 못하더라도, 이후에 문제에 대해 더 많은 식견을 제공하는 서류를 작성할 수 있다. 또한 평가는 기업이 얼마나 적극적으로 협조하고 발견된 문제를 시정하는지에 따라 바뀔 수 있다."
27. E. J. Lane, "U.S. FDA Ingredient Exceptions from Banned Zhejiang Hisun Plant Draw Scrutiny", *FiercePharma*, July 25, 2016, https://www.fiercepharma.com/pharma-asia/u-s-fda-ingredient-exceptions-from-banned-zhejiang-hisun-plant-draw-scrutiny (accessed June 9, 2018).
28. Tamara Felton Clark, Branch Chief, Global Compliance Branch 4, "Reclassification of Surveillance Inspection: VAI as Inspection Classification", CMS File—Work Activity 161861, Zheijiang Huahai Pharmaceutical Co., Ltd. (FEI 3003885745), September 7, 2017.
29. Mathew Thomas, Dean Rugnetta, Solomon Yimam, Daniel Roberts, and Shiva Prasad, "Office of International Programs, U.S. FDA India Office (INO) Meeting Minutes", proceedings of FDA, IPA, CDSCO meeting, India International Centre, New Delhi, November 3, 2016. 2015년 7월에 FDA 임원들은 내부적으로 인도 파일럿 프로그램과 사전 고지 없는 점검을 돌연 중단했고, 16개월 후 인도 기업들에게 이 사실을 알렸다. 2018년, 한 기자가 인도 파일럿 프로그램을 중단한 이유를 묻자 FDA 대변인은 서면으로 이렇게 답했다. "파일럿 프로그램을 평가한 후 그것을 중단하기로 결정했다."

라벨 뒤의 진실

초판 1쇄 인쇄일 2023년 8월 17일
초판 1쇄 발행일 2023년 9월 15일

지은이 캐서린 에반
옮긴이 조은아

발행인 윤호권
사업총괄 정유한

편집 임채혁 **디자인** 김효정 **마케팅** 윤아림
발행처 ㈜시공사 **주소** 서울시 성동구 상원1길 22, 6-8층(우편번호 04779)
대표전화 02-3486-6877 **팩스(주문)** 02-585-1755
홈페이지 www.sigongsa.com / www.sigongjunior.com

ISBN 979-11-7125-013-4 03330

*시공사는 시공간을 넘는 무한한 콘텐츠 세상을 만듭니다.
*시공사는 더 나은 내일을 함께 만들 여러분의 소중한 의견을 기다립니다.
*잘못 만들어진 책은 구입하신 곳에서 바꾸어 드립니다.